船舶智能化与绿色技术丛书

船舶水润滑轴承性能参数识别及多场耦合建模

欧阳武　著

科学出版社

北京

内 容 简 介

本书在总结水润滑轴承性能试验规律的基础上，阐述考虑推进系统的水润滑轴承流固耦合和混合润滑建模方法，系统论述基于声、光、电、磁的轴承性能和工况原位识别技术，阐述基于流固耦合的水润滑轴承优化方法和新型阻尼减振技术，对拓展复杂润滑系统的摩擦学内涵具有重要意义，为解决船舶水润滑轴承承载和减振难题提供重要的理论基础。

本书可作为高等院校船舶与海洋工程、交通运输工程、动力工程、机械工程等专业的研究生教材和相关专业老师的教学和科研参考书，也可作为从事相关领域工作的工程技术和研究人员的参考书。

图书在版编目（CIP）数据

船舶水润滑轴承性能参数识别及多场耦合建模/欧阳武著. —北京：科学出版社，2023.2
（船舶智能化与绿色技术丛书）
ISBN 978-7-03-074641-2

Ⅰ.① 船… Ⅱ.① 欧… Ⅲ.①船舶轴系-水润滑轴承-性能 Ⅳ.① U664.21

中国国家版本馆 CIP 数据核字（2023）第 016401 号

责任编辑：杜 权/责任校对：高 嵘
责任印制：吴兆东/封面设计：苏 波

科学出版社 出版
北京东黄城根北街 16 号
邮政编码：100717
http://www.sciencep.com
北京建宏印刷有限公司印刷
科学出版社发行 各地新华书店经销
*
开本：787×1092 1/16
2023 年 2 月第 一 版 印张：20
2025 年 3 月第三次印刷 字数：475 000
定价：168.00 元
（如有印装质量问题，我社负责调换）

"船舶智能化与绿色技术丛书"序

近年来，世界船舶产业发展聚焦"智能"和"绿色"两大热点。国际海事组织、国际标准化组织等国际组织将"绿色智能船舶"列为重要议题，国际主要船级社先后发布了相关的规范或指导性文件，世界主要造船国家大力推进绿色智能船舶的研制与应用，船舶绿色智能化也成为我国船舶制造业发展的新机遇和新挑战。

绿色智能船舶中的"绿色"是指船舶在制造、运营、拆解的全生命过程中，以"绿色"为设计理念，在确保船舶质量、满足船舶的使用功能基础上，最大限度地降低成本，减少污染，提高船舶的资源及能源的利用率，打造环境友好型和资源节约型船舶。我国已将"碳达峰""碳中和"目标写入"十四五"规划，为配合国家 2060 年实现"碳中和"的目标，造船与航运业正在广泛开展船体节能技术（包括水动力节能和创新节能技术），替代燃料及主、辅机节能技术，航态优化与能效管理等技术的研究与产品开发。

绿色智能船舶中的"智能"是指利用传感器、通信、物联网、互联网等技术手段，自动感知和获取船舶自身、海洋环境、物流、港口等方面的信息和数据，并基于计算机技术、自动控制技术和大数据处理分析技术，在船舶航行、管理、维护保养、货物运输等方面实现智能化，以使船舶更加安全、环保、经济和可靠。2015 年，中国船级社发布了全球首部《智能船舶规范》，综合考虑了船舶安全、能效、环保、经济和可靠的需求，将（商用）智能船舶分解为智能航行、智能船体、智能机舱、智能能效管理、智能货物管理、智能集成平台等。经过划分后，各部分自成体系，而整体上又涵盖了船舶上的各类智能系统。

当前，我国正处于世界新一轮科技革命和产业变革同我国转变发展方式的历史交汇期，发展绿色智能船舶是实现船舶工业转型升级、由造船大国向造船强国迈进所面临的千载难逢的历史机遇。我国船舶工业和航运业在绿色智能船舶领域进行了有益探索，相关科研攻关取得积极进展，船舶智能化与绿色技术的工程应用初显成效，已形成一定的技术积累和产业基础，基本与国际先进水平保持同步。为了给广大船舶科技工作者系统介绍船舶智能化与绿色技术的研究成果，将国内与国际研究相结合，更好地为国家海洋强国战略服务，科学出版社组织国内多所高校的专家学者编著了"船舶智能化与绿色技术丛书"。

"船舶智能化与绿色技术丛书"重点介绍新技术与新产品，注重学科交叉，理论与应用相结合，系统性、专业性较强。本套丛书的推出将在引领我国船舶与海洋工程领域的基础研究、原始创新和规模化发展，加快船舶与海洋工程建设水平，促进船舶与海洋工程领域研究成果转化和相关先进设备的产业化进程，推进我国成为海洋强国等方面起到积极的作用。

随着新技术特别是人工智能技术的迅猛发展，丛书内容难免会有缺陷与不足，但希望在我国船舶领域的高等学校、科研院所、造船企业及相关科技界的关怀下，在参加编著的专家学者的共同努力下，丛书的出版能够为我国船舶与海洋工程的技术进步与创新、推动船舶产业的"绿色化发展、数字化转型、智能化升级"做出应有的贡献，并为船舶与海洋工程界的科研人员和高等学校师生提供参考和指导。

吴卫国

2022 年 2 月 18 日

序

水路交通运输具有成本低、运距广、货量大和能耗低等显著特点，具有不可替代的优势。2021 年我国水路交通完成货物周转量 115578 亿吨公里，占所有交通方式的 53%。水路交通运输已成为国内国际双循环的重要组成部分，有力保障了国民经济和社会发展。船舶是水路运输、海洋开发和国防建设的重要载体，船舶摩擦在船舶能耗中占主导地位，船舶设备磨损占设备故障的 45% 以上，是困扰船舶运行经济性和可靠性的重大难题。在此背景下，我带领团队创立了船舶摩擦学研究分支，将船舶摩擦学分为船舶内摩擦和船舶外摩擦两部分，系统地构筑了船舶摩擦学理论框架，建立了船舶摩擦学技术体系。船舶水润滑轴承作为船舶内摩擦部件的典型代表，在船舶绿色化和舰艇隐蔽性发展过程中起着举足轻重的作用。

在船舶绿色化方面，目前我国内河民用船舶均采用油润滑尾轴承，按我国现行船舶轴系密封装置安装检验相关标准（JT/T 286—1995、CB/T 3419—1992）规定的"每分钟滴油不超过 2～3 滴时允许使用"推算，一艘双轴系内河船舶泄漏量约为 105 升/年。根据航运公司调研结果，即使船舶状况较好、维护更换及时的一艘 3000 吨级集装箱船，每年单根尾轴密封的泄漏量也达 50～70 升/年。截至 2021 年年底，全国拥有内河运输船舶约 11.36 万艘，据此推算我国每年因为采用油润滑尾轴承造成的滑油泄漏高达数十万吨！为避免尾轴滑油泄漏造成水域污染，船舶水润滑轴承是解决这一问题的关键绿色船舶技术。

在舰艇隐蔽性方面，为了应对舰艇高机动性带来的冲击、推进轴系振动和噪声、低速航行等恶劣工况，舰艇推进轴系尾轴承材料经历了黄铜、铁梨木、桦木层压板、布质层压板、天然橡胶、合成丁腈橡胶和树脂基复合材料等的发展历程，如今全世界主要的舰艇都采用了水润滑尾轴承。目前，我国船舶使用的水润滑轴承主要依靠进口，例如英国飞龙（Feroform）材料、加拿大赛龙（Thordon）材料和美国 Duramax 公司开发的 ROMOR 系列材料等，但在日趋严峻的国际形势下，部分材料已限制向我国出口。虽然我国陆续开发了国产替代材料，但在磨损寿命、减振降噪和性能稳定性等方面与发达国家的轴承性能之间还存在较大差距。大承载、低摩擦、低振动、长寿命的船舶水润滑轴承已成为制约我国船舶绿色化和低噪声发展的卡脖子难题之一。

船舶水润滑轴承结构特殊，由于工作在应力偏布、含沙水域等严苛环境，并存在启停、转向、低速和重载等服役工况，船舶水润滑轴承的摩擦学和动力学行为机制复杂，与轴承的材料成分、结构形式、制造工艺和服役工况等密切相关。一方面，由于船舶水润滑轴承高分子材料的特殊结构和浸水环境，轴承润滑、磨损和动力学参数高精度原位识别一直是未解难题，影响轴承润滑、磨损和噪声演化机理的揭示；另一方面，基于经典流体动压润滑理论的水润滑轴承模型与船舶实际情况差距较大，对船舶推进系统、材料特性和磨损等因素考虑不足，导致船舶水润滑轴承缺乏准确正向设计，实际工作中主要依靠反复试凑的低效办法。因此，开展水润滑轴承先进测试技术和多场耦合建模方法研究意义重大。

　　武汉理工大学船机运用工程系是我国最早从事船舶水润滑轴承研究的机构之一，从20世纪70年代开始，一直致力于船舶水润滑轴承润滑理论、材料研制、结构优化和试验技术研究，为我国船舶水润滑轴承更新换代提供了大量的理论成果和技术支持。近年来，欧阳武教授团队在国家自然科学基金项目和科技部国家重点研发计划国际合作项目等项目的支持下，系统开展了水润滑轴承性能参数原位识别技术和多场耦合建模方法研究，并形成了这本专著，对丰富船舶摩擦学理论和技术体系具有积极贡献。希望专著的出版能为水路交通运输、船舶工业等领域的科技创新、技术进步和人才培养发挥重要作用。

中国工程院院士

武汉理工大学教授

2022 年 10 月

船舶在我国水路运输、海洋开发和国防安全等领域中占据重要地位，船舶动力推进系统是船舶的"心脏"，尾轴承和推力轴承是船舶推进系统的重要组成部分。一方面，水润滑轴承是国内外舰艇推进系统的"标配"；另一方面，随着绿色环保航运的大力推行，水润滑轴承替代具有滑油泄漏污染缺点的油润滑轴承已成为重要发展趋势。然而，船舶长期离岸、流动作业，航行持续时间长，环境变化频繁甚至恶劣等因素，给船舶水润滑轴承带来了恶劣的服役条件。

推进轴系水润滑尾轴承和轮缘推进器水润滑推力轴承是两类服役工况苛刻的典型船舶水润滑轴承。对于机械轴系船舶推进系统，在螺旋桨大悬臂的作用下，水润滑尾轴承处于严重偏载状态，而且在低速、启停、转向等工况下，水润滑尾轴承界面常常处于混合润滑或边界润滑状态，导致轴承极易出现异常磨损，界面接触摩擦诱发系统振动和噪声，严重影响船舶推进系统可靠性和运行品质。对于船舶轮缘推进器，水润滑推力轴承是限制推进器大功率化的瓶颈部件之一，以 2.6 MW 的轮缘推进器为例，当额定转速为 187 r/min 时，比压将超过 0.6 MPa（约为船舶水润滑尾轴承比压的 4.7 倍），而且最低转速仅为 10 r/min，这将导致按照一般的流体动压原理难以形成全膜润滑，严重磨损和摩擦振动等问题严重制约推进器的性能和使用寿命。

船舶水润滑轴承的磨损和摩擦诱导振动是一个极其复杂的摩擦学和动力学现象，缺乏准确的测试方法来识别关键参数和揭示演变机理，而且现有的经典流体动力学建模方法在船舶轴承高分子软材料、局部接触等方面考虑不足，难以满足高性能水润滑轴承研制需求。为此，本书总结作者及其团队十余年来在水润滑轴承方面的研究进展，基于摩擦学、流体动力学、表面工程学、系统动力学、仪器科学与技术等多学科交叉和融合，系统阐述水润滑轴承先进测试技术和耦合建模方法。全书共 10 章：第 1 章为绪论，从船舶推进系统组成出发，概括水润滑轴承类型、特点、研究进展和发展趋势；第 2 章介绍水润滑轴承试验台，阐述水润滑轴承温度、水膜压力和磨损等参数介入式识别技术及典型试验案例；第 3 章分别介绍基于荧光成像和超声的水润滑轴承水膜分布非介入式识别技术及典型试验案例；第 4 章系统阐述水润滑尾轴承动特性参数识别理论及试验技术；第 5 章介绍船舶推进轴系轴承服役载荷识别技术及试验案例；第 6 章论述考虑轴系状态的水润滑尾轴承流固耦合建模和仿真方法；第 7 章介绍水润滑尾轴承性能评估及承载性能优化方法；第 8 章阐述基于挤压油膜的水润滑尾轴承流固耦合减振技术及试验案例；第 9 章论述水润滑推力轴承热流固耦合建模及仿真方法；第 10 章介绍水润滑轴承混合润滑建模、仿真及试验案例。

　　本书研究得到了作者主持的相关项目的资助，主要包括：国家自然科学基金面上项目（52071244）和青年项目（51609191）、国家重点研发计划中欧政府间国际合作项目（2018YFE0197600）、装备预研领域基金（61402100402）、及中国船舶集团有限公司 701 研究所和 719 研究所等单位的委托项目，以及武汉理工大学研究生教材专著资助建设项目。

　　本书撰写工作得到了团队大力支持，严新平院士、刘正林教授和金勇副教授对本书的写作框架给予了宝贵的指导，对全书修订给予了帮助；课题组研究生梁兴鑫、宁昶雄、程启超、刘祺霖、汪盛通、邝俊信、闫琦隆、黄海、周振江、张琢、胡飞等参与了有关研究并提供了相关材料；梁兴鑫博士参与了本书第 3 章、第 9 章、第 10 章关于水润滑推力轴承等内容的撰写；课题组博士生张琢、刘祺霖、宁昶雄、王斌、杨植、张雪琴等参与了本书的初稿整理和文字校对。此外，本书参考和引用了国内外相关文献。在此一并向他们致以衷心的感谢！

　　由于作者水平有限，书中难免有不足和疏漏之处，请读者不吝赐正。

作　者
2022 年 6 月

C目 录
ONTENTS

第 *1* 章

绪　　论

1.1 船舶推进系统

船舶航行需要一个与阻力相等而方向相反的推力。在船舶的不同发展阶段，这种推力由不同形式的推进系统产生。推进系统经历了摇橹、风帆、明轮和近代的内燃机驱动螺旋桨的发展历程（图1-1）。创造高效、可靠的船舶推进装置一直是人们的不懈追求。目前，"原动机+传动+螺旋桨"的轴驱推进模式是军船和商船应用最广泛的推进模式，这种模式具有动力大、设计方法和制造工艺成熟等优点。随着电力电子、水动力和轴承等技术的发展，不断涌现出新型推进技术，主要表现出两个趋势：内燃机机械动力向电动力转变、分离式驱动向集成直驱转变。其中，吊舱电力推进器和轮缘驱动推进器是两个最有代表性的直驱电力推进器。

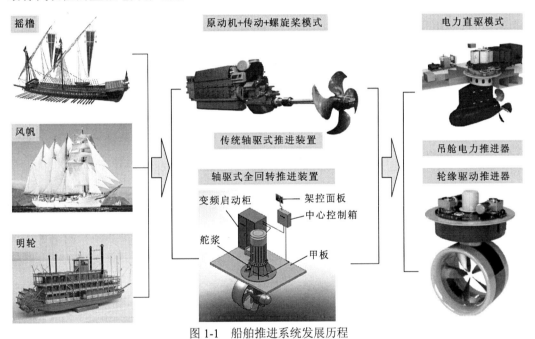

图 1-1   船舶推进系统发展历程

1.1.1   轴驱式推进系统

轴驱式推进系统一般由螺旋桨、传动轴系、主机等构成，如图1-2所示，其中传动轴系是船舶对外传递功率的重要部分。在工作过程中螺旋桨受水的反作用力经传动轴系传递驱动船舶运动。

由图1-2可知，传动轴承一般包括推力轴承、中间轴承和尾管轴承。其中，推力轴承用于承受螺旋桨所产生的推力或拉力，使船舶前进或倒航，同时承担推力轴的径向负荷。中间轴承用于承受中间轴的径向负荷和轴系的自重，以及减小轴系的挠度。尾管轴承用于承受螺旋桨在水中回转时的不均匀悬臂负荷，以及轴或螺旋桨偶然碰到障碍物时的动力负荷和运转过程中可能产生的附加振动力。

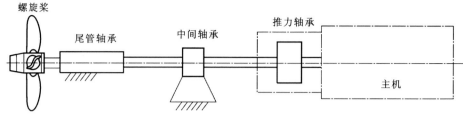

图 1-2 轴驱式推进系统示意图

在传统轴驱式推进系统中,传动轴系长度可达几十米甚至一百米,占用部分船舱,导致空间利用率低下。此外,复杂的轴系结构使能量在传递过程中损耗增大,传递效率降低,同时也导致保养和维护难度增加,维修成本高。在船舶运行过程中,由传动轴系、齿轮箱等传动机构产生的振动占振动总量的 60%~70%,严重影响军用舰艇的隐蔽性和游轮等的舒适性。

轴驱式全回转推进装置通过伞齿轮传动机构驱动螺旋桨,缩短了传动环节,而且回转装置可以实现螺旋桨绕竖轴做 360° 转动。它替代舵装置,常用于渡船等对操控性要求很高的船舶中。

1.1.2 轮缘驱动推进系统

在节能、绿色和舒适的技术发展趋势下,采用电力直驱模式来完成电能与机械能的无传动转化是能源与动力高端装备领域的未来战略性技术之一。轮缘驱动推进器(rim-driven thruster,RDT)是一种高度集成的电力直驱系统,其结构原理如图 1-3 所示。轮缘驱动推进器将永磁电机、螺旋桨、水润滑轴承和舵集成一体,吊装在船体之外,取消了贯穿船体的机械轴,规避了轴系振动、密封泄漏和传递能耗等难题,是现代船舶推进技术的革命性创新,有望大幅提升军用舰艇的隐蔽性,其节能、无润滑油污染等优势对民用船舶也非常有吸引力[1]。据测算,与传统机械轴推进器相比,轮缘驱动推进器可节省船舱空间的 15%~25%、节能 6%~10%、降噪 10~20 dB。但目前已有的轮缘驱动

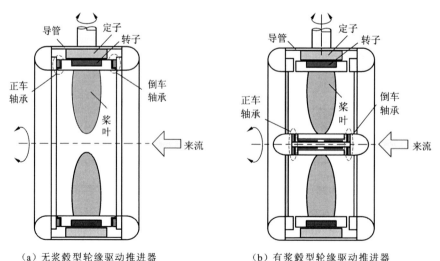

(a)无桨毂型轮缘驱动推进器 　(b)有桨毂型轮缘驱动推进器

图 1-3 轮缘驱动推进器结构原理图

推进器产品功率较低，一般不超过 1 MW，单个轮缘驱动推进器难以满足大型舰艇和运输船舶的主推进需求，攻克这一关键难题，对实现节能、绿色航运和舰艇低噪推进，突破电力直驱高端装备共性技术有重大意义。

从结构上看，轮缘驱动推进器可分为有桨毂型、无桨毂型，也可分为单桨、对转桨或多级串联桨等形式。轮缘驱动推进器可以单独使用，也可以与其他机构组合使用，例如与全回转机构组合形成全回转式轮缘驱动推进器（图1-4）、与翘摆式机构组合形成翘摆式轮缘驱动推进器、与升降机构组合形成升降式轮缘驱动推进器、与舵轴组合形成摆舵式轮缘驱动推进器。从用途上看，轮缘驱动推进器可以做主推进也可以用于侧推或辅推。轮缘驱动推进器在鱼雷、无人潜航器、潜艇等军事装备制造领域发挥了巨大的作用，而且在邮轮、客轮、渡船、游船、工程船等各型船舶中也有广阔的应用前景。轮缘驱动技术也可用于轮缘驱动电力水轮机、轮缘驱动潮流能发电机、轮缘驱动风机等装置。

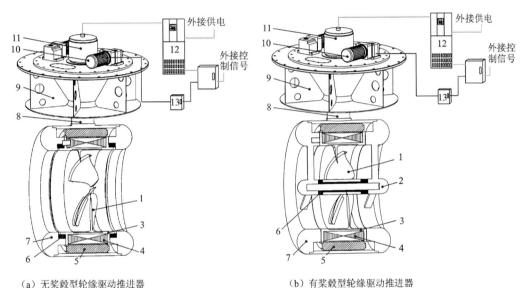

（a）无桨毂型轮缘驱动推进器　　　　　（b）有桨毂型轮缘驱动推进器

图 1-4　全回转式轮缘驱动推进器基本构造示意图

1.桨叶；2.桨毂；3.旋转环；4.电机转子；5.电机定子；6.轴承；7.导流罩壳；
8.立柱；9.安装基座；10.转向电机；11.导电滑环；12.主控制箱；13.转向控制箱

1.2　船舶水润滑轴承

无论是轴驱式推进装置还是轮缘驱动推进装置，水润滑轴承都是其中关键的功能保障部件。水润滑轴承及相关标准、法规的发展如图1-5所示。随着材料科学、设计技术的发展及相关法规标准的日益规范，船舶水润滑轴承得到了长足发展和大范围推广应用，继而促进了材料及设计的进步。无轴推进技术的发展应用，使水润滑轴承在船舶上的应用从径向轴承扩展到推力轴承领域。

油润滑轴承这种需要消耗大量矿物油和贵金属资源的尾轴承形式与环境保护和资源节约的发展趋势相悖，且其结构复杂，摩擦、磨损、振动、冲击、噪声和无功能耗难以降低。水润滑轴承作为一种环境友好、资源节约和噪声较低的解决方案，符合节能、环保和

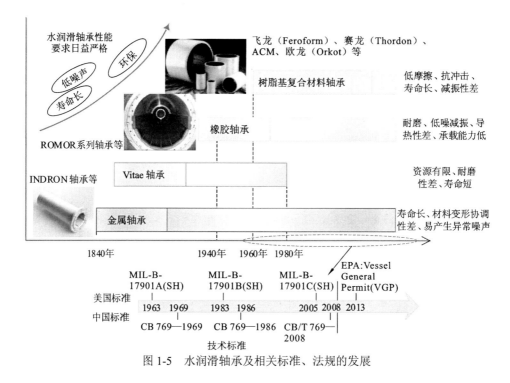

图 1-5 水润滑轴承及相关标准、法规的发展

绿色航运的发展需求，同时，其结构更加简单，采用橡胶等高分子轴承材料，在减振降噪方面有着显著优势，因此有着广阔的应用前景，在船舶领域可用于取代油润滑轴承。随着船舶设计要求的提高，对影响水润滑轴承运行性能的振动噪声指标和影响服役寿命的减摩耐磨指标的要求日益严苛，需要对水润滑轴承的材料和结构进行更加深入的研究[2]。

1.2.1 类型及功能

水润滑轴承按结构可分为水润滑径向轴承、水润滑推力轴承和水润滑径-推联合轴承，如图 1-6 所示。其中，水润滑径向轴承主要承受径向载荷，水润滑推力轴承主要承受轴向载荷，水润滑径-推联合轴承则可以同时承受轴向载荷和径向载荷。在船舶推进轴系中，尾轴及螺旋桨重力引起的载荷由水润滑尾轴承承载，该轴承的结构形式是径向轴

（a）水润滑径向轴承

（b）水润滑推力轴承

（c）水润滑径-推联合轴承

图 1-6 三种水润滑轴承实物图

承，而螺旋桨产生的轴向推力则由水润滑推力轴承承载；对于某些较短的轴系，可能会将径向轴承和推力轴承组合设计，使用水润滑径-推联合轴承，这种轴承结构更紧凑。例如，部分轮缘驱动推进器采用了水润滑径-推联合轴承。

1.2.2 影响因素

与其他领域的滑动轴承相比，船舶推进系统水润滑轴承的运行工况比较特殊，如图1-7所示，水质、转速、载荷、泥沙、安装状态等因素都会对轴承的工作产生影响。

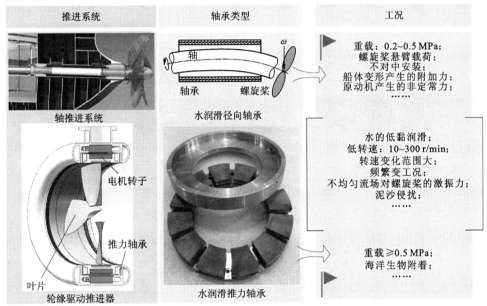

图 1-7 水润滑轴承在船舶推进系统中的应用及工况

1. 水质

与油润滑相比，水润滑的润滑介质成本低、环境友好、冷却效果好，但也存在一些不足。

（1）与矿物油相比，水的黏度较低，常温下水的黏度约为普通润滑油的 1/64，相同工况下承载水膜的厚度仅为油膜厚度的 1/8，这导致水润滑轴承的承载能力显著降低，水润滑尾轴承设计比压一般小于 0.3 MPa、水润滑推力轴承设计比压小于 0.5 MPa。尤其是在启停或低速时，轴与轴瓦相互接触，轴承处于非完全流体润滑状态，容易出现异常磨损和摩擦振动。

（2）水（尤其是海水）具有良好的导电性，容易引起轴承中金属材料的电化学腐蚀及高分子材料的老化，海洋腐蚀已成为水润滑轴承环境适应性的重要挑战。

（3）水的空化压强较高，随着线速度提高，容易发生空化现象，由此引起的空蚀对轴承使用寿命也会造成影响。

（4）水的黏度受温度的影响较大。船舶在不同水域、不同水深、不同季节下航行时，水的温度变化可能超过 30 ℃，例如极地低温、赤道高温等，必须考虑温度变化对水润滑轴承性能的影响[3]。润滑水的温度通过影响水的黏度和轴承弹性变形，进而影响轴承的润滑和承载特性，以及轴承的减振效果。

2. 转速

由轴承动压润滑理论可知，轴承的转速会改变轴与轴承间的润滑状态。一般而言，船舶轴系转速低，变速范围为 10～200 r/min，极端情况甚至在 10 r/min 以下。同时，部分船舶推进系统还需频繁启停。对于大长径比水润滑尾轴承，在螺旋桨悬臂载荷作用下，轴颈倾斜或弯曲，如图 1-8 所示，此时水润滑尾轴承界面难以形成完整的动压水膜，处于局部接触干摩擦、边界润滑和薄膜润滑沿着轴向分区共存的状态[4]。随着转速变化，几种润滑状态相互转化。

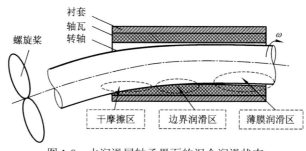

图 1-8　水润滑尾轴承界面的混合润滑状态

3. 载荷

轴承的载荷通过影响轴承和轴之间的偏心距及最小水膜厚度，进而影响水润滑轴承的润滑状态及承载能力。当载荷增大到一定程度后，过小的水膜厚度会使轴承润滑性能严重恶化。在周向上，水膜的有效承载区域随载荷的增加而减小，轴承的承载能力随之降低。

大长径比船舶水润滑尾轴承还须额外承担尾轴一端所受到的螺旋桨不均匀悬臂载荷，以及转轴在轴承中处于倾斜或弯曲状态导致的轴承偏载，如图 1-8 所示。偏载状态下，悬臂端的压力明显大于其他位置，轴承的润滑状态沿轴向呈现分区特性，越靠近悬臂端，弹流润滑特征越明显，且轴承沿轴向的不同分段需要不同的水流速度来产生动压水膜。由此可见，偏载时轴承的实际运行情况要比具有单一润滑状态和直线轴颈的滑动轴承复杂得多，需要考虑轴向润滑状态分区、弯曲轴颈和负压等因素。

4. 泥沙

自然水域中常存在泥沙等固体颗粒和杂质，其对水润滑尾轴承的侵害不容忽视。对于航线内水域泥沙量较大的船舶或从事挖沙、清淤等特种工作的船只，更应该重视泥沙对水润滑轴承的影响。对长江上游主要控制站的水沙量统计分析表明，长江中沙粒的平均质量分数约为 0.58%，有些流域则超过 1.1%；长江中的泥沙颗粒粒度主要为 0～60 μm，小部分大于 60 μm[5]。船舶在富含泥沙的水环境中运行，泥沙不断进入轴与轴承所构成的摩擦副当中，造成磨料磨损，严重影响轴系的安全性能和服役寿命。

1.2.3　润滑系统

根据供水方式，可以将水润滑轴承的润滑系统分为开式系统和闭式系统[6]。其中，开式系统可进一步分为全开式系统和半开式系统。

（1）全开式系统的前后两端均无密封装置，直接暴露在水中，利用螺旋桨抽吸和船舶航行形成的船体周围自然水的流动来起到轴承润滑和冷却作用。船舶尾轴架轴承和后尾轴承一般紧邻螺旋桨，均属于全开式润滑。

（2）半开式系统靠近螺旋桨的后端，无密封，远离螺旋桨的驱动端有密封。工作时一般须借助水泵将水泵入轴承前端、水从后端排出船舱的过程中实现润滑和冷却的目的。供水压力受船吃水深度的影响，要求大于舷外水深的自然压力，还能将轴承水槽中的泥沙冲走，内河船舶供水压力一般为 0.05～0.10 MPa。

（3）闭式系统在轴承前后端均进行密封，与油润滑轴承相似，须配备一套具备冷却和过滤能力的润滑系统，给轴承持续供水。该水经过过滤和密封，杂质少，可有效减少轴承磨损。

相较而言，开式系统结构简单，附属设备少，无须艉轴套管，直接采用外部环境水润滑，水中的泥沙等杂质会侵入轴承中，对轴承和轴造成一定的磨损；而闭式系统结构较为复杂，须额外配备热交换系统。尾轴套管及轴承密封装置等应用相对较少，但该系统采用强制循环润滑，润滑效果好，且可有效避免泥沙等杂质的侵扰，可用于在恶劣水质环境中航行或工作的船舶。

1.3　水润滑尾轴承结构

尾轴承一般包括衬套和轴瓦（内衬）两部分，衬套为铜或不锈钢，内衬为高分子复合材料，两者通过硫化、黏结、冷冻或机械方式固连。转轴轴颈处安装有轴套，轴套一般选用 10-2 锡青铜（$ZCuSn_{10}Zn_2$）。与常规油润滑轴承相比，水润滑尾轴承的结构特点主要体现在长径比大，轴向沟槽多，设计专用瓦块（或板条）形面。水润滑轴承结构如图 1-9 所示，轴承的结构参数一般包括轴承的长径比、间隙、水槽结构参数、内衬厚度等。

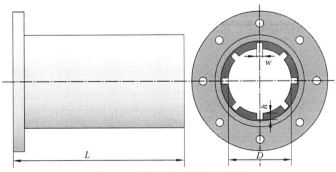

图 1-9　水润滑轴承结构示意图

L.轴承长度；*w*.水槽宽度；*h*.水槽深度；*D*.轴承内径

1.3.1　长径比

轴承长径比为轴承长度与内径的比值，表示为 L/D。长径比对轴承承载能力影响较大。一般而言，长径比增大，轴承受载面积增加，轴承水膜压力减小，轴承的承载能力增强。油润滑径向轴承的长径比一般取 0.7～1.2，而水润滑尾轴承的长径比要大得多。如表 1-1 所示，国际上对水润滑尾轴承长径比的选择无统一标准[2]。长径比一般由轴承负荷和材料决定，还要考虑安装和散热等因素。在船用轴承应用中，长径比通常选择 2～4，其中橡胶轴承的长径比长期为 4。

表 1-1　国外一些国家常用的轴承长径比数据

项目	俄罗斯	德国	日本	英国
长径比	2.75～3.5	2.5	2～4	4

船舶尾轴受偏载影响，会出现轴线倾斜或轴的弯曲变形，当长径比较大时，轴承对轴线倾斜的敏感性增加。同时，过大的长径比不利于轴承冷却水的流通，容易导致轴承过热。长径比的选择须考虑的因素包括承载面积、偏载下轴承边缘载荷、散热等。随着材料技术和轴承仿真技术的发展，水润滑尾轴承长径比有减小趋势，部分水润滑尾轴承长径比取 2。

1.3.2　摩擦面及水槽方案

从内衬安装方式看，水润滑轴承可分为板条式和整体式两种。

板条式水润滑轴承结构如图 1-10 所示，板条摩擦面可分为凹面形、平面形和凸面形。对于橡胶轴承，日本舰船使用凹面形，俄罗斯使用凸面形，美国使用平面形。相较于凹面形和凸面形，平面形具有良好的启动和低速运转性能，在常规轴承工作压力和速度范围内轴承摩擦系数更低，且更容易建立弹流动压润滑状态[2]。因此，从降低尾轴承振动发生的临界速度和摩擦系数的角度出发，推荐使用平面形。各板条相互独立，可以单独更换承载区域磨损严重的板条，维护方便，成本也相对较低。

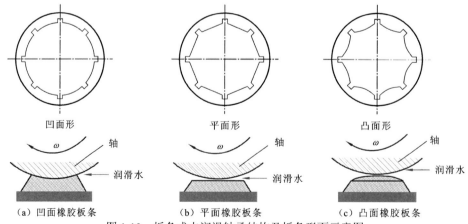

图 1-10　板条式水润滑轴承结构及板条形面示意图

整体式水润滑轴承的内衬是一个完整的圆筒状结构，内衬内壁开水槽以便于润滑水在轴承中流动，改善轴承的润滑条件，同时带走轴承运转过程中的热量及杂质颗粒。根据水槽方向，一般包括直槽和螺旋槽，前者与轴线平行，后者绕轴线呈螺旋线布置；根据水槽在内衬中的布置方式，还可分为全开槽和部分开槽两种形式，如图 1-11 所示。

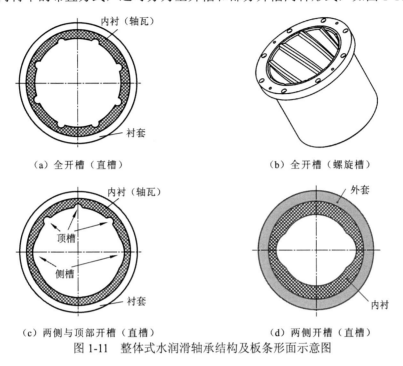

（a）全开槽（直槽）　　　　　　　　　　　　（b）全开槽（螺旋槽）

（c）两侧与顶部开槽（直槽）　　　　　　　　　（d）两侧开槽（直槽）

图 1-11　整体式水润滑轴承结构及板条形面示意图

全开槽轴承在其最下方的承载区开槽，导致承载面积减小，承载能力下降，同时摩擦系数增大，轴承磨损加剧，但该形式可以提高轴承的散热和排杂能力；螺旋槽轴承的排沙能力显著，更容易形成流体动压润滑，使用寿命长；部分开槽轴承较全开槽轴承工作比压大，承载能力更强，但由于轴承承载区域没有开槽，比较考验内衬材料的自润滑和抗磨性能。如图 1-12 所示，水润滑轴承的水槽截面形状包括 V 形、梯形、U 形、方形、圆形等，也有组合的 UV 形水槽。此外，国外还开发了特殊槽形，如水滴形[2]。

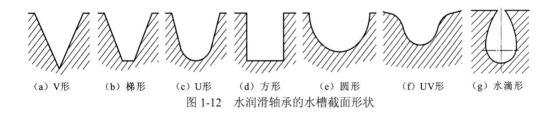

（a）V形　　（b）梯形　　（c）U形　　（d）方形　　（e）圆形　　（f）UV形　　（g）水滴形

图 1-12　水润滑轴承的水槽截面形状

1.3.3　间隙

水润滑尾轴承的径向间隙是轴承内径与轴径之差，包括直径间隙和半径间隙。轴承间隙直接决定了润滑液膜的最小厚度、排水能力等，对轴承承载能力和运转性能有很大影响。水润滑尾轴承设计间隙通常由运行间隙、热膨胀余量和水涨余量组成，其中，运行间隙主要由承载力和散热等因素决定，热膨胀余量和水涨余量由轴承材料决定。结构设计和材料共同决定了半径间隙取值。例如，劳氏船级社和 Orkot 船用轴承的半径间隙取值分别为

$$\begin{cases} c_{\mathrm{LR}} = 0.001d + 0.5 \\ c_{\mathrm{Orkot}} = 0.001d + 0.05 \end{cases} \tag{1-1}$$

式中：c_{LR} 为劳氏船级社船用轴承的半径间隙，mm；c_{Orkot} 为 Orkot 船用轴承的半径间隙，mm；d 为轴径，mm。

1.3.4　内衬厚度

一般而言，水润滑尾轴承直径越大，轴承内衬越厚。与水润滑尾轴承内衬厚度直接相关的因素主要是水槽深度和磨损寿命。有水槽的轴承内衬厚度大于无水槽的轴承。通常可以通过增加内衬厚度来提高轴承使用寿命，但内衬磨损后轴承间隙会变大，达到最大间隙时，必须对轴承进行维修。

研究发现，适当地减小轴承内衬厚度，对改善散热和提高承载力有利，而且轴承间隙和加工公差可减小。但有些场合须适当增加内衬厚度，例如须承受低频冲击载荷的轴承，采用较大的内衬厚度可提高减振效果。Orkot 船用轴承给出了理想的内衬厚度：

$$s = 0.04d + 2 \tag{1-2}$$

式中：s 为内衬厚度，mm。

1.4　水润滑推力轴承结构

水润滑推力轴承也称为水润滑轴向轴承，一般由推力盘、推力瓦、推力瓦基体、支撑环、支撑层等组成，如图 1-13 所示。工作时，推力盘与推力瓦之间形成楔形水膜间隙，起到承载、润滑和散热作用。船舶轮缘驱动推进器多采用水润滑推力轴承承担螺旋桨产生的推力。

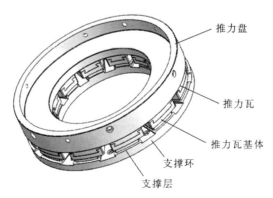

图 1-13　水润滑推力轴承结构示意图

推力轴承的推力盘摩擦面一般为锡青铜、不锈钢或陶瓷等；推力瓦摩擦面一般为高分子材料、碳化硅（SiC）、石墨、氮化硅（Si_3N_4）和 Si_3N_4/碳纤维混合物等[7]。一般水润滑推力轴承包括固定瓦推力轴承和可倾瓦推力轴承两种。

1.4.1　固定瓦推力轴承

固定瓦推力轴承的推力瓦倾角固定，如图 1-14 所示，根据其轴瓦的结构形式，可分为斜面平台瓦、斜平面瓦、阶梯瓦，这些轴承水槽都为直槽，也有采用螺旋槽。

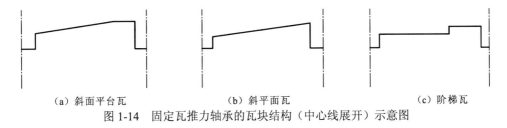

（a）斜面平台瓦　　　　　　　　（b）斜平面瓦　　　　　　　　（c）阶梯瓦

图 1-14　固定瓦推力轴承的瓦块结构（中心线展开）示意图

1.4.2　可倾瓦推力轴承

可倾瓦推力轴承的推力瓦倾角不固定，可随载荷、转速自动调整，具有工况适应性好、承载能力大、结构紧凑等优点。可倾瓦推力轴承可分为点支撑、线支撑等多种形式，其中刚性球头点支撑的可倾瓦推力轴承最常用，如图 1-15 所示。该支撑结构在瓦背偏心位置设置一个球面支点，支点与支撑环形成接触摩擦副。这种支撑结构可以绕支点灵活摆动，对变转速和变载荷的适应能力较强，但当轴线倾斜或瓦块高度误差较大时，载荷不均匀地分布在每块瓦上，容易造成每块瓦的磨损不均。

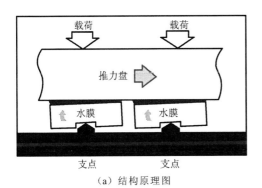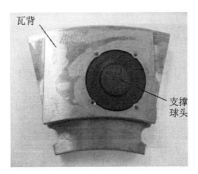

（a）结构原理图　　　　　　　　　　　　（b）瓦块背部照片

图 1-15　点支撑可倾瓦推力轴承结构图

工作在敞水环境中的推力轴承容易遭受微生物附着、泥沙侵扰及腐蚀破坏，其支点附近会快速磨损、腐蚀，瓦背与支撑环之间也会被海洋生物附着和填满；平衡块支撑的推力轴承、弹性油箱支撑的推力轴承体积笨重、结构复杂，需要单独的供油设备。

为此，研究人员将目光转移到具有均载和减振潜力的弹支可倾瓦方案。橡胶垫支撑可倾瓦轴承将一块等厚度的橡胶垫放置在瓦块与支撑环之间，已在水轮机中成功应用。

该方案以其良好的均载和减振能力被引入小型轮缘驱动推进器中[7]，如图 1-16（a）所示，但存在零件较多和橡胶垫脱落等不足。此后，研究人员提出了一种阶梯硫化橡胶的弹支可倾瓦方案[8]，但存在阶梯处应力集中的缺点。经过改进，最终形成了平滑过渡的非等厚硫化橡胶弹支可倾瓦方案[9]，如图 1-16（b）所示。

（a）偏置橡胶垫推力轴承　　　　　　　（b）非等厚橡胶垫推力轴承

图 1-16　弹性橡胶支撑的水润滑推力轴承实物图

此外，欧阳武等还提出了其他多种用于轮缘驱动推进器的水润滑推力轴承创新结构设计[10-12]，如图 1-17 所示。

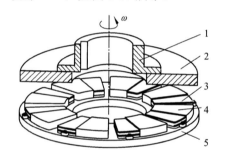 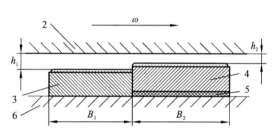

（a）可变阶梯阻尼推力轴承方案总体结构及支撑原理示意图

1.压头；2.推力盘；3.可活动瓦；4.固定瓦；5.支撑环；6.阻尼垫

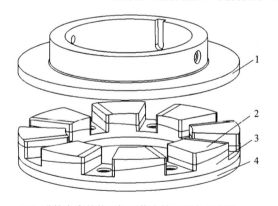 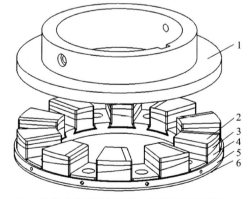

（b）弹性盘支撑的可倾瓦推力轴承方案示意图　　（c）快换式弹支可倾瓦推力轴承方案示意图

1.推力盘；2.瓦面材料层；3.弹性盘；4.铜环　　　1.推力盘；2.瓦面材料层；3.瓦基体；4.弹性垫
　　　　　　　　　　　　　　　　　　　　　　　5.止退挡圈；6.支撑环

图 1-17　几种弹支水润滑推力轴承设计方案示意图

ω 为推力盘角速度；h_1 和 h_2 分别为入水边和出水边水膜厚度；B_1 和 B_2 分别为瓦块阶梯密度

1.4.3 磁液双浮推力轴承

受水自身物性影响，传统水润滑推力轴承的承载和减振能力难以满足某些大功率的应用场景。受磁轴承启发，磁液双浮推力轴承采用将液膜力和磁力复合的方式提高轴承承载力。事实上，早期已有学者提出了磁轴承与液膜轴承组合使用方案，例如：将动压径向轴承与永磁径向轴承并排使用来提高承载力[13]；冯龙飞等[14]在血泵中采用动压轴承提供径向悬浮，永磁轴承提供轴向悬浮；Bekinal 等[15]在两个径向箔片轴承之间加装一个永磁轴承来提升高速稳定性。这种分离的磁液组合方案结构较复杂且需要较大的安装空间。Samanta 等[16]在铝轴承圈中嵌入永磁块，形成了磁液双浮径向轴承，试验表明该方案可提高承载能力和稳定性；Zhao 等[17]创新地将电磁悬浮与静压悬浮集成在一个轴承中，进一步提高轴系稳定性；此外，许吉敏[18]利用火箭发动机涡轮泵的天然低温环境提出了超导磁力与液膜力复合的思路，设计了超导磁斥力分别与流体动压力和静压力复合的方案。这些研究证实了磁液双浮的可行性，但一般采用简单的单向充磁方案。该方案磁力较小，且直接依靠轴系试验进行验证，但该方案对轴承承载和减振机理及定量设计研究不足。

为了提高轮缘驱动推进器水润滑推力轴承的承载能力，王斌提出一系列磁液双浮推力轴承设计，图 1-18 所示为磁液双浮固定瓦推力轴承方案[19]。对比图中的两种固定瓦方案，层叠复合方案可最大限度地增加磁力和液膜力的承载面积，保证磁力和液膜力足够大，优于并排复合方案。王斌进一步提出了磁液双浮弹支可倾瓦推力轴承方案（图 1-19），以最大限度地满足推力轴承的工况和载荷自适应性。其中，磁块 Halbach 阵列大幅提升了磁力。

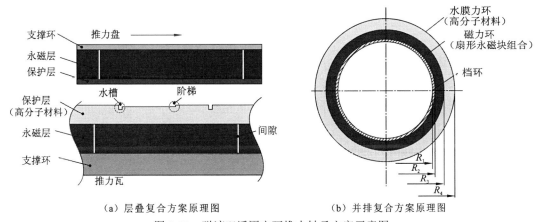

(a) 层叠复合方案原理图   (b) 并排复合方案原理图

图 1-18　磁液双浮固定瓦推力轴承方案示意图

R_1.推力盘保护层厚度；R_2.推力盘与推力瓦之间的间隙；R_3.推力瓦保护层厚度；R_4.推力瓦永磁层厚度

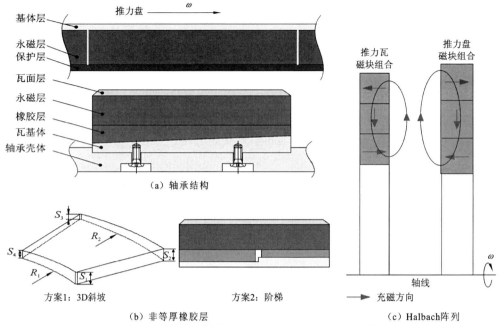

（a）轴承结构

方案1：3D斜坡　　　方案2：阶梯

（b）非等厚橡胶层

（c）Halbach阵列

图 1-19　磁液双浮弹支可倾瓦推力轴承方案示意图

R_1. 内径；R_2. 外径；$S_1 \sim S_4$. 厚度；ω. 转速

1.5　典型水润滑轴承材料及特性

水润滑轴承在船舶尾轴承领域的应用已有 170 多年。轴承材料经历了黄铜、天然铁梨木、桦木层压板、布质层压板和天然橡胶（natural rubber，NR）、合成丁腈橡胶（nitrile butadiene rubber，NBR）和高分子聚合物材料的发展过程。水润滑轴承因为润滑介质特性，在选择轴承材料时需要把材料摩擦性能、耐磨性能和抗腐蚀能力作为主要考虑的因素，要求轴承材料具有良好的摩擦润滑性能，优良的机械物理力学性能，高耐磨、耐泥沙性能及较小的振动和噪声。

随着现代船舶对磨损和噪声等性能要求的提高，传统的单体橡胶存在无法克服的缺点，逐渐出现了改性橡胶和复合聚合物材料等。

1.5.1　橡胶

1. 传统橡胶

橡胶是一种高弹性、不透气、不透水、绝缘良好的高分子化合物，具有良好的物理力学性能和化学稳定性，按制作过程可以划分为天然橡胶和合成橡胶。橡胶的高弹性特点使其用于水润滑尾轴承时可以起到缓冲、减振、降噪的作用。橡胶加工很方便，抗摩擦磨损、磨粒磨损、疲劳磨损等性能优异。水润滑橡胶尾轴承有较好的异物嵌藏性能，且在运行中受水压力的作用，与轴颈接触的表面会发生弹性变形形成楔形间隙，有利于流体动压润滑的形成。此外，水的低黏度将促使轴承摩擦系数处于一个较低的水平。

但是橡胶尾轴承也有很多不足，例如在载荷较大及转动速度较低的情况下，润滑水膜无法形成。此时的润滑状况非常差，由于橡胶的自润滑性能较差，摩擦系数很高，磨损严重，摩擦表面温度的迅速升高也将加速橡胶老化。轴与轴承在这样的工况条件下容易产生较大的摩擦噪声，在启动和停机频繁时甚至会发生抱死的状况。

2. 改性橡胶

针对传统橡胶的不足，研究人员对橡胶进行了大量改进。李方等[20]研制了以橡胶为基体的高分子材料，既保留了橡胶高弹性和吸振性等优点，又改善了橡胶轴承极限承压低、易出现低速噪声等状况。Bhushan 等[21]在腈类橡胶中添加了固体润滑颗粒，以达到自润滑目的。Bielinski 等[22]研究发现，MoS_2 可在橡胶表面形成润滑层，能降低表面能和滞后效应，进而降低摩擦系数。廖静[23]研制的 BTG 塑料合金材料已有实船应用。Yan 等[24]在丁腈橡胶混炼胶中加入超高分子量聚乙烯和石墨粉末，制备了一种新型尾轴承复合橡胶材料 SPB-N，其摩擦系数达到了美国军标 MIL-DTL-17901C 要求，在低速工况下 SPB-N 耐磨性优于普通橡胶。

1.5.2 树脂基复合材料

树脂基复合材料是以有机树脂为基体的增强材料，常用的树脂为环氧树脂与不饱和聚酯树脂，包括热固性树脂、热塑性树脂，以及各种各样改性或共混基体。

1. 聚氨酯材料

聚氨酯（polyurethane，PU），全名为聚氨基甲酸酯，是一种高分子化合物。在静力学性能方面，聚氨酯材料具有强度较高、模量可调性、低蠕变性能等特点；在动态力学性能方面，聚氨酯材料具有宽温域模量稳定性、阻尼可调节性和耐环境性等特点，被广泛应用于舰船隔振器、消声瓦、水润滑轴承等。

加拿大赛龙公司（Thordon Bearing Inc.）制备了一系列聚氨酯水润滑轴承产品，其中赛龙（Thordon）材料是由三次元交叉结晶热凝性树脂制造的聚合物，具有耐磨性好、摩擦系数较低、抗冲击性好等优点，在全球大量推广应用。中国科学院长春应用化学研究所制备了有机-无机杂化的聚氨酯复合材料，具有合适的硬度和较低的摩擦系数，可满足水润滑轴承产品对材料低摩擦、高承载、易加工的要求[25]。

2. 树脂基纤维增强材料

根据工艺，目前常见的水润滑轴承树脂基纤维增强材料包括叠层复合材料和缠绕复合材料等。其中，树脂基叠层复合材料是指以树脂为基体，将不同类型的增强组分以叠层结构形式组成的复合材料。比较有代表性的轴承产品有：英国飞龙公司（Tenmat Ltd.）研制的系列飞龙轴承，包括 T11、T12、T14、T814、T127 等；瑞典特瑞堡公司（Trelleborg Ltd.）研制的 Orkot 轴承，主要有 TLM 和 TXM 两种材料。

缠绕成型工艺是将浸过树脂胶液的连续纤维（或布带、预浸纱）按照一定规律缠绕到芯模上，然后经固化、脱模，获得制品。根据纤维缠绕成型时树脂基体的物理化学状态不同，分为干法缠绕、湿法缠绕和半干法缠绕等。瓦锡兰公司采用缠绕成型工艺，制备了具有低摩擦、高耐磨、低噪声、低膨胀率及热稳定性强的 Envirosafe 系列轴承，适合在破冰船和酷热条件下使用。

1.5.3　梯度材料

通常单一材料的性能局限性较大，因此工程上常用浇铸或黏接等方法将两种及以上不同材料组合在一起，形成梯度材料，实现性能上的取长补短。根据不同材料的叠加方向可以分为径向梯度材料和轴向梯度材料两种。其中，比较有代表性的径向梯度材料轴承有美国 Duramax 公司的 Romor 系列轴承和日本 Mikasa 公司的 FF Bearings。Romor I 轴承采用板条结构，每个板条有橡胶瓦面层和超高分子量聚乙烯（Ultra-high molecular weight polyethylene，UHMWPE）基体层，如图 1-20[26]所示。瓦面层是丁腈橡胶改性材料，表面粗糙度为 0.381~0.508 μm，这种光滑镜面设计有利于降低启动摩擦系数和减小摩擦噪声。该材料仍具有橡胶对泥沙的嵌藏能力，当橡胶受力变形形成"水囊"时可改善轴承摩擦界面润滑效果；与传统黄铜基体相比，UHMWPE 基体层具有耐腐蚀、吸振和避免脱锌等优点，可通过改变厚度来调整轴承间隙和补充轴承磨损。这两层材料的黏接非常重要，须避免长期服役中产生的脱落。

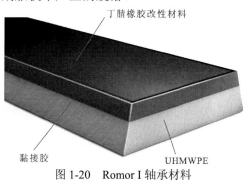

图 1-20　Romor I 轴承材料

FF Bearings 主要有三种类型，如图 1-21 所示，它们的共同特点是在轴承壳体和聚四氟乙烯瓦面层之间夹一层软橡胶[27]。聚四氟乙烯材料在低转速区域具有良好的摩擦性

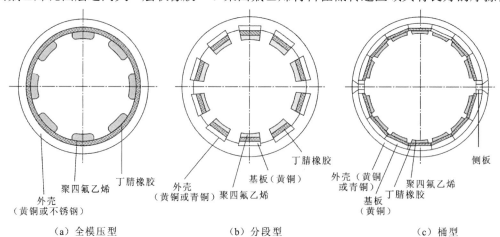

（a）全模压型　　　　　　　（b）分段型　　　　　　　（c）桶型

图 1-21　FF Bearings 的三种类型

能，因此在启动和停止时可以减少黏滑现象，对降低噪声有利。而且，软橡胶层具有适当的弹性，除保留了其减振优点，还可以有效减轻由螺旋桨重力悬臂作用所导致的尾轴承尾部产生的高局部表面压力。

1.6 水润滑轴承研究进展及发展趋势

1.6.1 研究进展

1. 水润滑轴承摩擦学和动力学

水润滑轴承的摩擦学和动力学研究实际上是以润滑理论为基础开展的。根据润滑状态及模型因素，将水润滑轴承润滑理论分为流体动压润滑和混合润滑，如图 1-22 所示。

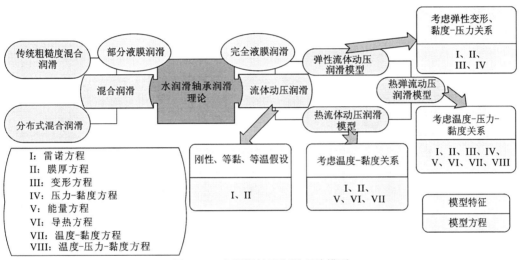

图 1-22　水润滑轴承润滑理论模型

总体而言，面向完全液膜润滑的轴承热弹流动压润滑模型发展已较为完善。但当润滑膜很薄时，润滑表面的部分粗糙微体将出现顶峰接触，上述弹流润滑模型由于未考虑局部固体接触和磨损等问题，不能直接用于该润滑状态下轴承性能分析，须引入部分弹流润滑或混合润滑理论，而完全液膜润滑理论可以为混合润滑提供基础。

混合润滑一般在（热）弹流动压润滑的基础上引入粗糙表面接触模型来考虑流体动压力和表面接触压力。如何描述粗糙表面并同时求解这两个压力是混合润滑的难点，根据粗糙表面的描述方式，可将模型分为统计模型和确定性模型。Patir 等[28]提出的平均流量模型（the average flow model）是统计模型的代表，但该模型不能反映微观几何的弹性变形。而随着表面形貌观测能力的提升，如光学干涉测量技术和薄膜比色干涉法等的引入，粗糙度确定性模型越来越受到关注。

对于船舶水润滑尾轴承，除了粗糙度引起的微观混合润滑，轴线倾斜和大变形等因素还会导致部分区域出现宏观面接触。因此，Han 等[29]提出将接触区按润滑状态分区计算的观点值得借鉴。欧阳武等[30]首次提出针对部分液膜润滑现象应建立分布参数润滑模型，该模型的主要特点是将分布特征参数引入基本润滑方程中，针对润滑区和接触区分别建模、求解和合成，为部分液膜润滑轴承刚度试验与理论值相差较大（甚至成倍差距）的问题提供了研究思路。

2. 参数识别

水润滑轴承性能主要包括润滑性能、摩擦磨损性能、动力学性能，具体参数包括液膜压力、液膜厚度、摩擦系数、磨损量、振动、刚度和阻尼系数等。性能试验是识别水润滑轴承参数的有效方法。针对不同的参数，水润滑轴承性能试验主要包括试样级的基础摩擦学特性试验、部件级的轴承台架试验和系统级的考核性试验，如图1-23所示。

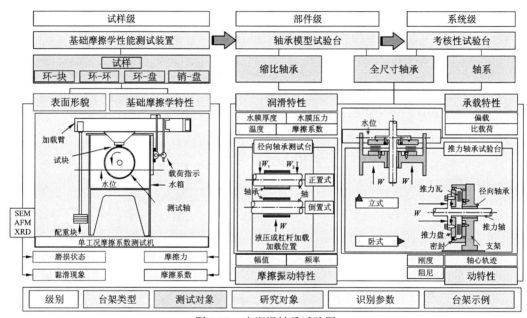

图1-23　水润滑轴承试验图

SEM（scanning electronic microscope，扫描电子显微镜）；AFM（atomic force microscope，原子力显微镜）；XRD（X-ray diffraction，X射线衍射）

3. 摩擦振动和噪声

水润滑尾轴承作为舰船推进系统的重要组成部分，螺旋桨、轴系的自重及不良的轴系对中状态使其成为轴系中负荷最大的支承。在启停及低速重载工况下，过大的负荷往往会破坏轴颈与尾轴承间良好的水膜润滑状态，且会落入边界润滑或混合润滑区域，导致轴颈与轴承直接接触，在无明显外激励条件下，系统仍可能产生异常振动、噪声，严重影响舰船的隐蔽性、可靠性及舒适性。

目前被广泛接受的水润滑尾轴承的摩擦振动和噪声产生机理是黏着-滑动机理，该机理认为当润滑水膜被破坏而导致轴与轴承直接接触时，会诱发橡胶内衬黏滑现象，进而使推进轴系中轴承、轴及尾轴承支架不可避免地发生摩擦诱导振动。Bhushan[31]将其在水润滑橡胶轴承研究中测得的较高频率（560～1 670 Hz）的振动噪声称为鸣音

（squeal），较低频率（300～600 Hz）的振动噪声称为颤振（chatter）。

关于摩擦噪声的产生机理研究主要从理论和试验两方面展开。理论研究主要是通过对摩擦系统进行合理简化，建立机理模型，进行影响因素或系统耦合方面的研究；试验研究则是通过试验设计，对扭矩、位移、振动等信号进行采集分析，对摩擦状态进行识别，由此捕捉振动噪声特征并分析产生机理。

近些年比较具有代表性的试验研究是利用高速摄像机将摩擦振动信息可视化，捕捉摩擦振动现象，借助计算机视觉实现水润滑橡胶尾轴承摩擦诱导振动噪声的原位测量[32]。该方法虽然受配副材料限制，存在一定局限性，但却为水润滑轴承的摩擦及振动噪声演化的研究提供了新思路。

4. 失效模式和磨损寿命

Peng 等[33]对径向水润滑橡胶轴承的失效模式归纳发现，橡胶轴承大部分的失效都与轴承磨损有关。磨损对轴承的服役寿命、服役期间的工作状态、运行性能等有重要影响，因此揭示了磨损失效机理，提出可行的寿命预测方法及减摩、抗摩措施，是水润滑尾轴承磨损研究的主要内容。

通过销盘试验研究发现，在纯水环境下丁腈橡胶主要呈现黏着磨损。董从林[34]在水润滑条件下对丁腈橡胶和 1Cr18Ni9Ti 不锈钢盘这对摩擦副进行滑动磨损试验，揭示了丁腈橡胶的黏着磨损机理，即黏着磨损是一个黏着—拉伸变形—撕裂—再黏着—再拉伸—再撕裂的循环过程。除此之外，工作于浑浊水域中的开式水润滑轴承受到水中泥沙、硬质悬浮物等的影响，还会发生以磨料磨损为代表的机械磨损，表现为冲击、铲削、犁耕及切削作用，在轴承表面产生沟槽、划痕和冲击坑等微观形貌。在此基础上，董从林[34]拟合得到了如式（1-3）所示的丁腈橡胶磨损量与力学参数、载荷和转速的关系式，并进一步建立了纯水润滑下丁腈橡胶的体积磨损经验公式（1-4）。

$$A = 2.227 \times 10^{-4} H^{1.0133} N^{0.7876} v^{0.5499} \tag{1-3}$$

$$V_X = \frac{V}{L} = \frac{4.35 v^{-0.6505} N^{0.8193}}{\left\{ 30 \exp\left[-183\,510 \exp\left(\frac{-5\,186.35}{T} \right) t^{0.52} \right] \right\}^{1.191}} \tag{1-4}$$

式中：A 为质量磨损率；H 为丁腈橡胶的邵氏硬度；N 为载荷；v 为速度；V_X 为平均行程磨损体积；V 为磨损体积；L 为不锈钢盘在丁腈橡胶上滑行的距离；t 为老化时间；T 为老化温度。

5. 性能提升与优化

水润滑轴承的性能提升须从轴承减摩、耐磨和减振降噪三个方面考虑，性能提升方式主要有结构优化、材料改性和创新设计。

对于水润滑径向轴承，除了合理设计轴承长径比、相对间隙及水槽布置和开槽方式等传统结构参数以提高轴承润滑性能，降低轴承摩擦和磨损，抑制振动噪声，近 20 年来，表面织构被认为是提高表面摩擦学性能的新方法之一。该方法利用精细加工技术实现对表面形貌的精确控制，在摩擦副表面加工出凹坑、沟槽或微凸体等不同形貌以提高摩擦副表面的摩擦学性能。对不同类型表面织构改善水润滑轴承摩擦学性能进行仿真和试验的系列研究结果表明，表面织构使接触表面间形成楔形间隙或局部阶梯结构从而改变流场，产生楔形、收敛或压力梯度效应，改善润滑区域流场，促进动压润滑状态的形成，同时降低黏着作用，防止磨料颗粒积聚。正确选择表面织构形状，并将织构加工于轴承表面合适位置，可以有效提升水润滑轴承的流体润滑水平，极大改善轴承摩擦学特性。

除此之外，采用磁液双浮的轴承设计，可以提高水润滑轴承承载能力，有效降低润滑水膜的载荷，削弱轴和轴承的接触作用，使轴承运行更加平稳，由此达到减摩、耐磨和减振降噪的目的。另外，考虑螺旋桨悬臂载荷对水润滑尾轴承的偏载作用，针对分布式润滑状态，对尾轴承进行非等厚或阶梯状设计，也可以提高轴承的磨损失效阈值，延长轴承磨损寿命。如图 1-24 所示，饱和含液穿孔板条[35]和挤压油膜阻尼器[36]这两类阻尼增强型结构可以使轴承在保持高承载能力的前提下，有效降低摩擦振动和噪声。

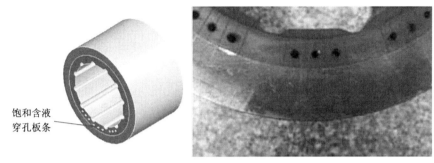

（a）饱和含液穿孔板条阻尼增强型水润滑尾轴承

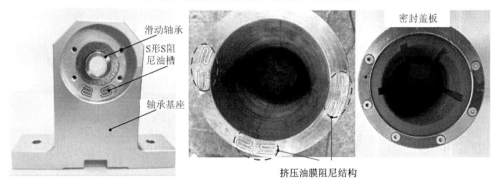

（b）挤压油膜阻尼型轴承

图 1-24　水润滑轴承阻尼增强型结构照片

除结构优化外，对水润滑轴承进行材料改性也是提高其摩擦学特性的有效手段。最常用的材料改性方式是共混改性，其关键在于通过摩擦过程中的机械、物理或化学作用，在摩擦区形成较为稳定的中间层，将接触面分开形成稳定的自润滑。共混改性通常针对高分子聚合物轴承材料，通过在其中添加不同形貌和尺度的石墨、石墨烯、碳纳米管、SiO_2 或 MoS_2 纳米粒子、各种碳纤维和玻璃纤维等，削弱摩擦过程中的变形和黏着，并在磨损过程中借助共混物自身的强度和韧性来达到减摩、耐磨性能提升的目的。

除共混改性外，应用仿生原理，对材料的自润滑结构进行仿生设计，从而研制出具有低摩擦系数、高承载能力、低噪声，以及自润滑性能好、结构优化的新型水润滑轴承材料，对实现船舶绿色摩擦目标有着重要意义。

此外，还可以通过优化摩擦配副以实现轴承摩擦学性能的提升。Xuan 等[37]研究指出，流体润滑中磨粒磨损取决于磨损面硬度、对偶表面硬度和所涉及磨粒的硬度，并提出在工程中用磨损系数 K 这一无量纲参数来评估磨粒磨损：

$$K = (VH) / (FX) \tag{1-5}$$

$$V(H_b/H_j, H_j/H_a) = a(H_j/H_a)^b \tag{1-6}$$

式中：K 为磨损系数；V 为磨损体积；H 为摩擦表面的硬度；F 为载荷；X 为滑动距离；H_j 为摩擦表面的硬度；H_b 为对偶面的硬度；H_a 为磨料硬度；a 和 b 均为磨损函数 V 的经验硬度常数，且 b 为负数。由式（1-6）可知，减小 H_a 或增大 H_j 可以减小磨损体积，提高摩擦副的耐磨粒磨损性能。针对橡胶轴承的研究也表明，增加橡胶层硬度有利于降低轴承的摩擦振动和噪声。

1.6.2 发展趋势

随着船舶大型化、高速化的发展，水润滑尾轴承作为船舶推进轴系的关键部件，对船舶的高效平稳安全运行起着重要作用。相关研究已经在润滑理论、测试技术、摩擦、磨损及振动噪声的机理和防治方面都取得了一系列成果。但在船舶水润滑轴承绿色化、智能化、韧性化发展的要求下，尚有许多技术瓶颈有待突破。

（1）在润滑理论方面，水润滑尾轴承属于热软弹流润滑，须发展考虑材料非线性的热流固耦合模型和算法。针对现有的理论模型，须结合更加先进的测试技术，收集更多的试验数据，进行模型修正，使理论模型能更好地指导轴承设计。

（2）目前的试验测试技术无法很好地分离摩擦振动，需要进一步发展动态摩擦力测试技术。此外，目前关于润滑状态的识别大多是基于单点测量，难以反映真实的润滑状态，须发展传感器阵列测试技术，实现润滑状态的分布测量。还可以将机器视觉、大数据技术等引入超声及荧光识别技术中，提高识别准确率。此外，相较美国对轴承材料各项性能指标和检验方法及试验台、试验方法、条件、试件、指标等都有详细规定的MIL-DTL-17901C 标准，我国现行的《船用整体式橡胶轴承》（CB/T 769—2008）标准在材料及产品制造、性能测试和指标等方面存在不足，须完善水润滑轴承的性能指标、测试及评价标准。

（3）对水润滑轴承的摩擦、磨损及振动噪声进行研究，提高其减摩、耐磨、减振降噪性能是理论研究走向工程应用的最重要的环节。但当前研究存在试验与理论结合不紧密的问题，一些理论尚未得到试验验证，部分试验现象没有深入的理论解释。此外，轴承磨损过程的可观测性、材料磨损与轴承磨损之间的相似关系、尾轴承磨损可靠性强化试验方法及磨损预测方法等将是摩擦磨损方面研究的重点；针对振动噪声复杂的产生机理，须建立考虑多因素的轴承系统摩擦振动模型。最后，须建立轴承试验与实船运行数据之间的映射关系，提高相互验证的能力及服役寿命预测能力。

（4）在轴承性能提升方面，须进一步发展材料科学，将一些新材料应用于水润滑轴承，同时注重材料改性和结构优化双效并举、综合设计。在减振降噪方面，须对挤压油膜技术进一步发展，提升主动控制能力；轴承的摩擦磨损、振动噪声之间存在复杂的相互作用关系，应对演化机理进行全面综合的考虑，并将其作为整体优化目标来开发防治技术及手段，提升系统韧性。

参 考 文 献

[1] YAN X P, LIANG X X, OUYANG W, et al. A review of progress and applications of ship shaft-less rim-driven thrusters[J]. Ocean Engineering, 2017, 144: 142-156.

[2] 严新平, 梁兴鑫, 刘正林, 等. 船舶水润滑尾轴承服役性能研究及其进展[J]. 中国造船, 2017, 58(3): 221-232.

[3] 马俊, 吴激, 陈长盛, 等. 船用水润滑艉轴承的润滑承载特性[J]. 船舶工程, 2020, 42(S1): 192-195.

[4] OUYANG W, ZHANG X B, JIN Y, et al. Experimental study on the dynamic performance of water-lubricated rubber bearings with local contact[J]. Shock and Vibration, 2018(1): 1-10.

[5] 许全喜, 石国钰, 陈泽方. 长江上游近期水沙变化特点及其趋势分析[J]. 水科学进展, 2004(4): 420-426.

[6] 王家序. 水润滑轴承技术与应用[M]. 北京: 科学出版社, 2018.

[7] LIANG X X, YAN X P, OUYANG W, et al. Thermo-Elasto-Hydrodynamic analysis and optimization of rubber-supported water-lubricated thrust bearings with polymer coated pads[J]. Tribology International, 2019, 138: 365-379.

[8] 梁兴鑫, 严新平, 刘正林, 等. 水润滑可倾瓦推力轴承设计与性能分析[J]. 交通运输工程学报, 2017, 17(4): 89-97.

[9] 欧阳武, 王建, 梁兴鑫, 等. 无轴推进器水润滑推–径联合轴承: CN105882929A[P]. 2016-08-24.

[10] 欧阳武, 刘正林, 严新平, 等. 可变阶梯阻尼推力轴承: CN105114446A[P]. 2015-12-02.

[11] 严新平, 梁兴鑫, 刘正林, 等. 一种弹性盘支撑的可倾瓦推力轴承: CN106438675A[P]. 2017-02-22.

[12] 严新平, 梁兴鑫, 欧阳武, 等. 一种快换式弹支可倾瓦推力轴承: CN106321623A[P]. 2017-01-11.

[13] TAN Q C, LI W, LIU B. Investigations on a permanent magnetic-hydrodynamic hybrid journal bearing[J]. Tribology International, 2002, 35(7): 443-448.

[14] 冯龙飞, 云忠, 徐军瑞, 等. 一种轴流血泵的磁液双悬浮支承系统[J]. 中国医学物理学杂志, 2018, 35(8): 939-944.

[15] BEKINAL S I, KULKARNI S S, JANA S. A hybrid (permanent magnet and foil) bearing set for complete passive levitation of high-speed rotors[J]. Proceedings of the Institution of Mechanical Engineers, Part C: Journal of Mechanical Engineering Science, 2017(20): 3679-3689.

[16] SAMANTA P, HIRANI H. Magnetic bearing configurations: Theoretical and experimental studies[J]. IEEE Transactions on Magnetics, 2008, 44(2): 292-300.

[17] ZHAO J H, CHEN T, WANG Q, et al. Stability analysis of single DOF support system of magnetic-liquid double suspension bearing[J]. Machine Tool and Hydraulics, 2019, 47(6): 1-7.

[18] 许吉敏. 超导磁力与液膜力复合轴承的应用基础研究[D]. 西安: 西安交通大学, 2017.

[19] 王斌. 水润滑磁液复合固定瓦推力轴承承载特性研究[D]. 武汉: 武汉理工大学, 2019.

[20] 李方, 帅长庚, 何琳, 等. 可用作水润滑轴承的聚氨酯复合材料的制备[J]. 应用化学, 2012, 29(1): 14-17.

[21] BHUSHAN B, GRAY S E, GRAHAM R W. Development of low-friction elastomers for bearings and seals[J]. Lubrication Engineering, 1982, 38(10): 626-634.

[22] BIELINSKI D, SLUSARSKI L, JANCZAK K J, et al. Physical modification of elastomers to improve their tribological properties[J]. Wear, 1993, 169(2): 257-263.

[23] 廖静. 基于流固耦合的水润滑橡胶轴承润滑特性研究[D]. 重庆: 重庆大学, 2014.

[24] YAN Z M, ZHOU X C, QIN H L, et al. Study on tribological and vibration performance of a new UHMWPE/graphite/NBR water lubricated bearing material[J]. Wear, 2015, 332-333: 872-878.

[25] 鲍海阁, 王宇飞, 郇彦, 等. 新型聚氨酯材料及其在舰船中的应用[J]. 应用化学, 2013, 30(10): 1099-1106.

[26] DURAMAX MARINE. Duramax ROMOR 1-Product information and selection guide[EB/OL]. http://www.duramaxmarine.com/advanced-bearings/romor-i-dove+ail-stave-bearings.htm[2021-3-19].

[27] MIRASA CORPORATION. Friction free bearing (FFB)-water lubricated stern tube bearing[EB/OL]. https://mikasa-industry.com/en/product/mizujyunnkatu/ffpairing/[2021-4-12].

[28] PATIR N, CHENG H S. Application of average flow model to lubrication between rough sliding surfaces[J]. Journal of Tribology, 1979, 101(2): 220-229.

[29] HAN Y F, XIONG S W, WANG J X, et al. A new singularity treatment approach for journal-bearing mixed lubrication modeled by the finite difference method with a herringbone mesh[J]. Journal of Tribology, 2016, 138(1): 11704.

[30] 欧阳武, 陈润霖, 彭林, 等. 考虑局部固体接触的滑动轴承主刚度和主阻尼研究[J]. 西安交通大学学报, 2014, 48(1): 112-117.

[31] BHUSHAN B. Stick-slip induced noise generation in water-lubricated compliant rubber bearings[J]. Journal of Lubrication Technology, 1980, 102(2): 201-210.

[32] KUANG F M, ZHOU X C, HUANG J, et al. Machine-vision-based assessment of frictional vibration in water-lubricated rubber stern bearings[J]. Wear, 2019, 426-427(Part A): 760-769.

[33] PENG E G, LIU Z L, ZHOU X C, et al. Application of vibration and noise analysis in water-lubricated rubber bearings fault diagnosis[J]. Advanced Materials Research, 2011, 328-330: 1995-1999.

[34] 董从林. 水润滑橡胶轴承材料的摩擦磨损机理及磨损寿命预测研究[D]. 武汉: 武汉理工大学, 2015.

[35] 金勇, 邝俊信, 田相玉, 等. 饱和含液穿孔板条水润滑尾轴承减振性能研究[J]. 中国舰船研究, 2019, 14(5): 58-63.

[36] OUYANG W, YAN Q L, KUANG J X, et al. Simulation and experimental investigations on water-lubricated squeeze film damping stern bearing[J]. Journal of the Brazilian Society of Mechanical Sciences and Engineering, 2021(1): 1-13.

[37] XUAN J L, HONG I T, FITCH E C. Hardness effect on three-body abrasive wear under fluid film lubrication[J]. Journal of Tribology, 1989, 111(1): 35-40.

第 2 章

水润滑轴承摩擦学性能参数
介入式识别技术及试验

低速、重载、泥沙等恶劣工况下水润滑轴承承载、磨损和振动机理复杂，相关理论还需建立和完善，试验研究是水润滑轴承研究的一个重要组成部分。本章将对几种主要的水润滑轴承试验台进行介绍，阐述水润滑轴承的温度、水膜压力、摩擦系数和磨损等摩擦学性能参数介入式识别技术，并给出几种典型的水润滑轴承试验。

2.1　水润滑轴承试验台

2.1.1　试块试验台

1. 试块摩擦磨损试验机

　　试块试验是获取水润滑轴承材料摩擦学性能的主要手段。一般的试块摩擦磨损试验机需要进行适当的改造以适应水润滑环境，例如不锈钢试验舱防锈、盐水防腐、泥沙防堵润滑模块等。项目组常用的 CBZ-1 船舶轴系摩擦磨损试验机[1]，如图 2-1 所示，试验机由水介质温控系统、主机旋转系统和控制与采集系统三个主要部分组成。其中主机的转速运行范围是 50~2 000 r/min，可通过改变电机频率进行调整，施加的载荷范围为 0~500 N，试验中的最大测试扭矩为 2 N·m。与主轴相连的 AN-1 摩擦传感器对主轴的转速和扭矩进行测试，其中转速的测试精度为 ±1%，扭矩的测试精度为 ±0.2%。压力传感器位于载物台下方，其测试精度为 ±5%，根据加载压力、摩擦扭矩和试样平均半径可计算出摩擦系数。不考虑材料表面上的各种结构，各种加工后的材料为环状试样，厚度、内径和外径分别为 10 mm、18 mm 和 30 mm，并将其固定在水槽的底部。而试验所用的 QSn7-0.2 铜盘的厚度、内径和外径则分别为 6 mm、16 mm 和 32 mm，试验中将其与主轴末端通过螺钉固定，在电机的驱动下，QSn7-0.2 铜盘随主轴一起转动，在各种加工制备的材料的表面旋转滑动，通过这种设计可以保证两种材料的表面有良好的接触。

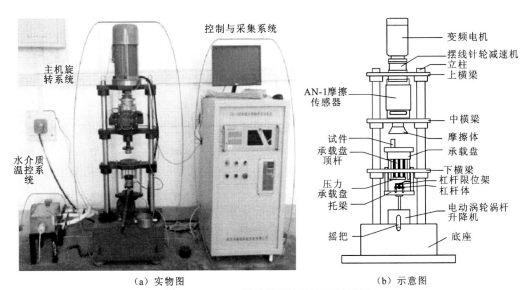

（a）实物图　　　　　　　　（b）示意图

图 2-1　CBZ-1 船舶轴系摩擦磨损试验机

2. 试块摩擦振动试验机

项目组自主设计搭建的船舶水润滑轴承摩擦诱导振动原位测量平台[2]，采用高速相机，基于计算机视觉图像处理技术对舰船推进轴系摩擦诱导振动发生机理及系统参数对水润滑橡胶轴承摩擦振动影响机理进行全面、直观的研究，为水润滑橡胶轴承的摩擦振动机理及其与尾轴扭转振动的耦合机制研究创造了试验条件。原位测量系统如图 2-2 所示，试验台主要由驱动部分、传动部分、试验部分、加载部分和测量部分 5 部分组成。

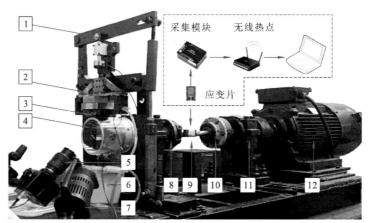

图 2-2　船舶水润滑轴承摩擦诱导振动原位测量系统照片

1.加载系统；2.加速度传感器；3.橡胶试块；4.玻璃轴；5.高速相机；6.水箱；7.光源；
8.联轴器；9.无线扭矩测量系统；10.齿轴器；11.支座；12.交流电机

驱动部分和传动部分位于试验台的右侧，由交流电机、变频器、齿式联轴器、假轴（用于扭矩测量）、弹性联轴器等部件组成，驱动电机与试验部分用弹性联轴器连接，可有效减少轴系不校中对试验造成的影响。加载系统部分由加载杆、轴向滑轨和弹性加载单元组成，可以模拟推进轴系尾轴的实际受力情况。测量部分主要包括高速相机、加速度传感器、无线扭矩测量系统和声级计。其中：高速相机主要用来实现橡胶板条、玻璃轴、试块夹具振动响应的同步测量；加速度传感器主要用来测量摩擦副摩擦振动强度；无线扭矩测量系统主要用来测量橡胶板条作用在推进轴系尾轴上的摩擦力矩；另外，通过手持式声级计测量摩擦振动辐射噪声，以联合分析方法全面地对水润滑橡胶尾轴承摩擦诱导振动进行机理揭示。

针对水润滑轴承的工作特点，借助高速相机同时追踪并测量了该摩擦系统中玻璃轴、橡胶板条摩擦面和试块夹具（模拟尾轴承支架）的动态响应，方法如图 2-3 所示。在该摩擦系统中激励力的方向沿轴的切向方向，因此在对图像中各部件上标记点进行追踪和测量时，仅须考虑标记点在切向方向上的位移、速度和加速度。总体来看，高速相机的摄入方向虽然不是垂直于拍摄平面，但却是垂直于各标记点位移方向。采用该测试方法能够精确测量各标记点在轴切向方向上的运动状态。

该技术的特点是采用玻璃轴代替金属轴与橡胶试块构成一对摩擦副，借助计算机视觉技术追踪并计算橡胶板条、玻璃轴和试块夹具（模拟尾轴承支架）的动态响应，联合分析图像、振动、噪声和摩擦力信号，可视化地探究摩擦诱导振动发生的机理及尾轴多振动耦合过程，为水润滑尾轴承系统振动噪声评估及水润滑尾轴承选材设计提供了技术支撑。

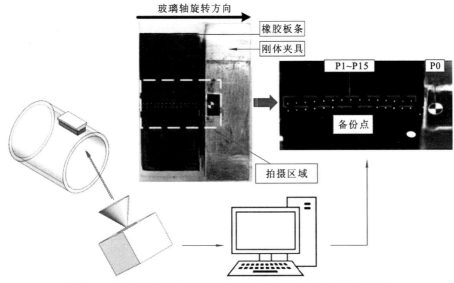

图 2-3　船舶水润滑橡胶尾轴承摩擦诱导振动测量原理示意图

3. 其他试块试验台

Orndorff[3]使用图 2-4 所示的一种类似摩擦磨损试验机结构对橡胶轴承的单个板条进行试验,试验过程中橡胶板条固定不动,轴进行旋转。该试验装置既可以测量静摩擦系数,又可以测量动摩擦系数。载荷通过对加载臂悬挂载重的方式施加。轴颈采用部分浸泡在水中的方式,以求减少水产生的摩擦阻碍作用,但是橡胶轴承的板条没有浸泡在水中。试验包括对多种不同结构试件的磨损量、表面磨损状况等进行观测、分析,并得出相关结论。

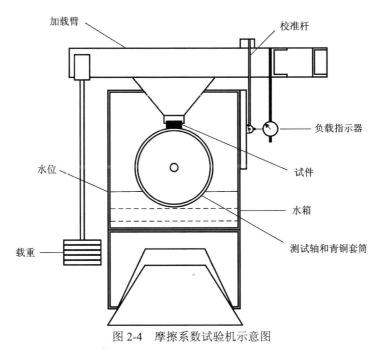

图 2-4　摩擦系数试验机示意图

水润滑试验条件下，该平台摩擦系数公式可简化为

$$\mu = 2.07\sqrt{\frac{\nu BV}{F}} \tag{2-1}$$

式中：μ为摩擦系数；ν为润滑液黏度，lb·s/inches^2（1 inche＝2.54 cm）；B为沿轴颈轴线的轴承长度，inches；V为轴颈速度，inches/s；F为径向载荷，lb。

Cabrera 等[4]对橡胶轴承承载区域的板条进行了测试研究，所使用的试验台专为直径50 mm、长径比为 2 的轴承设计，如图 2-5 所示。试验轴由不锈钢制成，对表面做镀铬处理，由两个刚度远大于试验轴承的动静压混合轴承支撑固定。试验轴承所受载荷由安装在正上方的加载装置提供，并在两者中间安装压力测量仪表直接读数。此试验台允许施加的最大载荷为 1 000 N。待测轴承内部与主轴之间安装一个微型压力传感器，用来测量其承受压力的大小。用光学传感器观测轴承位置和角度的变化。以上数据会同步输入计算机中进行记录和分析。

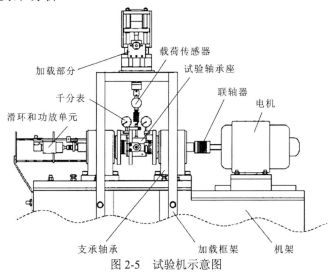

图 2-5　试验机示意图

Kommers 磨料测试仪[5]是一种双工位滚筒式摆臂机器（图 2-6），为 Kommers 在20 世纪 50 年代初期为马里兰州安纳波利斯的美国海军工程实验站设计的系统磨损测试仪。Kommers 磨料测试仪被用作几个军用规范的磨损测试手段。滚筒直径为 53.4 mm，

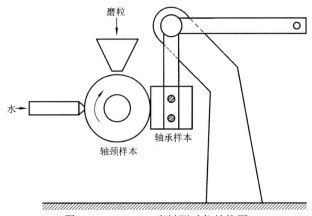

图 2-6　Kommers 磨料测试仪结构图

其转速为 98 r/min。正常载荷为 7.83 N，每个样品的测试时间为 10 h。样品是 25.4 mm×25.4 mm×12.7 mm 的扁平块。润滑剂是含有 0.04%（体积分数）磺化油（Triton X-100）作为润湿剂的自来水，并以 75 mL/min 的速度喷到滚筒上。磨料是 54 粒度的氧化铝，通过小传送带以 1.25 g/min 的速度进入接触辊隙。

2.1.2　径向轴承试验台

根据加载方式，可将径向轴承试验台划分为正置式轴承试验台和倒置式轴承试验台。倒置式轴承试验台的特点是试验轴承悬挂在转轴上，同时作为加载装置的一部分。正置式轴承试验台的特点是试验轴承为转子的支承轴承，其加载装置为一个独立的子结构，不包括试验轴承。

1. 倒置式轴承试验台

图 2-7 为武汉理工大学自主研发的 SSB-100 型倒置式水润滑尾轴承试验台，该试验台主要由驱动电机、加载装置、试验轴承和测试系统组成。电机额定转速为 1 200 r/min，额定工况为 20 kW；最大载荷为 15 kN；试验轴颈为 150~170 mm。试验轴承座下方安装有液压油缸，载荷通过液压加载系统直接施加在轴承上。

图 2-7　倒置式水润滑尾轴承试验台照片

测试参数及方法：使用转矩转速仪测量摩擦力矩、转速和摩擦系数；压力表提供液压加载油压；在试验轴承和轴承座上布置速度和加速度传感器，测量绝对振动和相对振动；在转轴上开孔，安装微型压力传感器和集流环测量水膜压力。

2. 正置式轴承试验台

正置式轴承试验台主要由驱动电机、测试系统、试验轴承和加载系统组成，该试验台基本特点是试验轴承支撑转轴，加载力通过转轴施加在试验轴承上。加载部位布置方案一般有两种。

（1）在试验轴承尾部转轴上加载，可采用配重盘、液压加载等方式，模拟螺旋桨偏载；

（2）在试验轴承首部和尾部各布置一套加载系统，两套加载装置同时在垂直方向施加加载力，模拟轴承服役载荷。这种方式可以通过调整前后加载力来控制转轴的倾斜角。图 2-8 给出了一个试验台方案，后加载系统可提供水平和垂直两个方向的加载力，包括静载力和动载力，这种加载方案可以更全面地模拟水润滑尾轴承的服役受载情况。

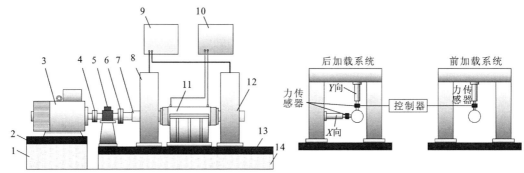

图 2-8 正置式水润滑尾轴承试验台结构示意图

1.电机地基；2.电机基座；3.低速电机；4.电机联轴器；5.扭矩仪；6.扭矩仪联轴器；7.油润滑径向轴承；8.首端加载模块；9.液压系统；10.润滑系统；11.试验轴承（含密封）；12.尾端加载模块；13.主体基座；14.主体地基

2.1.3 推力轴承试验台

根据试验推力轴承的安装方式，推力轴承试验台可以分为卧式试验台和立式试验台。试验台的推力轴承承担轴向力，卧式试验台的轴向力为水平方向，立式试验台的轴向力为垂直方向。

1. 卧式试验台

卧式试验台结构紧凑，由底座、变频电机、高精度扭矩仪和试验舱等组成[6]，如图 2-9 所示。其中试验舱包括试验推力轴承、径向轴承和加载装置等。该试验台具有压电晶体动态加载功能，能够精确控制动态力。4 个电涡流传感器均匀安装在推力盘前，分别对应实验舱内 4 块推力瓦的位置；3 个加速度传感器安装在支架右侧顶部，用于测量试验台 X、Y 和 Z 方向的振动加速度；2 个温度传感器分别安装在进水和出水管中，用于测量冷却水温升。电机转速为 5~960 r/min，额定功率为 5.5 kW，力传感器最大量程为 10 kN。

该试验台能够实现的功能如下。

（1）开展水润滑推力轴承静特性性能试验，测量摩擦扭矩与转速、载荷的关系，以及润滑水温升与摩擦扭矩的关系。

（2）开展水润滑推力轴承动特性试验，测量不同支撑形式的推力轴承刚度、阻尼特性，验证推力轴承的减振方法。

（3）进行润滑状态转变观测试验，采用玻璃材质推力盘，在推力盘前面架设高速摄像机，采用染色剂，观测瓦面水膜产生与破裂、转变等现象。

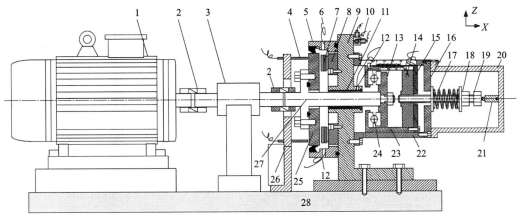

（a）试验台结构示意图

（b）试验台实物照片

图 2-9　卧式试验台结构示意图及实物照片

1.变频电机；2.梅花联轴器；3.转矩转速仪；4.电涡流传感器；5.试验舱；6.出水口；7.推力瓦块；8.支撑环；9.支架；10.加速度传感器；11.径向轴承；12.进水口；13.滚动轴承座；14.力传感器；15.力传感器座；16.弹簧座；17.加载弹簧；18.加载螺母；19.加载螺杆；20.压电促动器座；21.压电促动器；22.导筒；23.滑套；24.滚动轴承；25.推力盘；26.电涡流传感器安装支架；27.推力轴承；28.底座

2. 立式试验台

立式试验台如图 2-10 所示，主要部件包括变频电机、扭矩仪、模块化试验舱（含试验轴承）、液压加载系统、润滑系统和测试系统。试验台为立式结构，试验轴承安装在实验舱内，顶部电机将扭矩传递到实验舱。加载系统可以施加径向力和轴向力（静载和动载）；润滑系统可提供高低温水和泥沙水，模拟推进器服役环境。在推力盘上安装传感器，通过信号无线遥测，可以采集到轴承全周信号分布数据。

该试验台的主要参数指标如下。

（1）推力轴承：外直径为 150～300 mm，径向轴承直径为 100～200 mm，最大长度为 400 mm。

（2）驱动电机转速范围为 10～1 500 r/min，额定功率为 37 kW，额定扭矩为 220 Nm。

（3）加载系统：径向静载为 20 kN，动载为 4 kN；轴向静载为 30 kN，动载为 6 kN。

（4）润滑系统：冷却水流量为 0～60 L/min；温度范围为 0～80 ℃；海水试验含盐质量分数为 3.5%；泥沙水试验含砂量为 0.25 kg/m^3，粒径 <0.05 mm。

图 2-10 立式试验台照片

该试验台能够实现的功能如下。

（1）开展水润滑径向轴承、推力轴承及径向-推力联合轴承的静态和动态特性研究。

（2）研究水润滑轴承可靠性加速试验方法，开展模拟环境下轴承磨损寿命考核和预测试验。

（3）研究混合润滑下水润滑轴承摩擦振动机理，包括异常振动产生的临界转速和临界载荷，研究橡胶弹性支撑下轴承的减振效果等。

2.1.4 轴系试验台

1. 船舶推进轴系振动特性试验台

为了研究不同船体变形激励方向及转速对轴系振动的影响规律，设计并研制了船舶推进轴系振动特性试验台，如图 2-11 所示。该试验台主要包括变频电机（型号为 Y225S-8，频率为 50 Hz，额定功率和转速分别为 18.5 kW 和 730 r/min）、曲轴、轴系（2 根中间轴和 1 根尾轴）、支承轴承（2 个中间轴承和 1 个尾轴承）、附件、加载装置及检测控制系统，所有部件均安装于地基的机座上[7]。

图 2-11 船舶推进轴系振动特性试验台照片

船舶推进轴系振动特性试验台主要功能是研究轴系的横振、扭振、纵振三大振动的测试技术，并利用加载装置模拟船舶轴系受到的船体变形和尾部螺旋桨带来的载荷，分析不同加载力对三大振动及其耦合振动的影响规律。相较于国内外同类平台，船舶推进轴系振动特性试验台创新性地利用液压加载状态模拟船体变形，是国内第一台专门用于研究船体变形对轴系振动影响的试验装置。该试验台作为船体变形影响下船舶轴系振动特性理论研究计算的验证平台，推动了大型船舶船体变形作用下船舶动力系统运行状态的理论计算和监测方法的发展，有助于进一步提升大型船舶动力系统设计的合理性，以此为理论指导的实船动力系统调校能够提升整个系统运行的可靠性。

2. 船舶轴系性能综合试验平台

船舶轴系性能综合试验平台如图 2-12 所示，试验数据记录界面如图 2-13 所示。该平台由变频电机经过齿轮箱驱动 2 根中间轴和 1 根尾轴，其中轴承包括 1 副双向推力轴承、2 个中间轴承和 2 个尾轴承。

图 2-12　船舶轴系性能综合试验平台照片

该试验平台基本特点如下。

（1）该平台含 5 大子系统：驱动和转动子系统、支撑子系统、加载子系统、润滑与冷却子系统、电控子系统。

（2）轴系尾部三个方向（垂向 20 kN、横向 20 kN 和轴向 60 kN）液压加载，可实现静态加载和动态激振。

（3）能够实现的试验包括水胀试验（用于水润滑轴承）、静变形试验、磨合试验、摩擦系数-速度特性试验、摩擦系数-负荷特性试验、冷却水极限温度试验、摩擦系数-温度特性试验、振动试验、磨损试验、轴系校中试验等，还可模拟船体变形对轴系静动特性的影响。

3. 其他典型轴系试验平台

图 2-14 为缩比轴系试验平台[8]，该试验平台由 5 部分组成：驱动部分、机械传动部分、加载部分、测试部分及辅助部分。其中：驱动部分采用变频调速电机；机械传动部

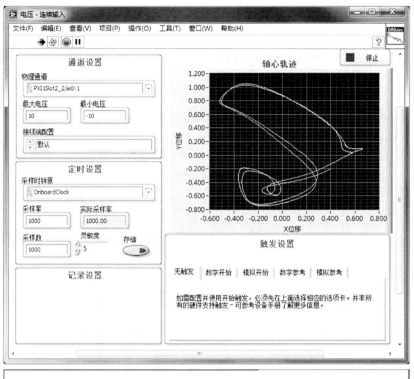

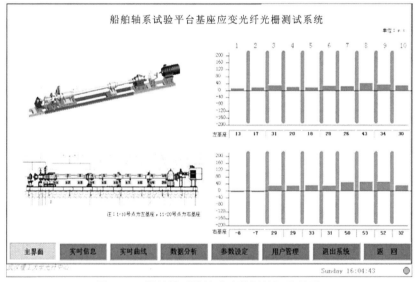

图 2-13 船舶轴系性能试验数据的记录界面

分包括高弹性联轴器、船用齿轮箱、实验主轴、中间轴承、水润滑橡胶合金轴承、尾轴前密封装置和尾轴后密封装置等；加载部分采用液压加载方案，可以实现两个相互垂直方向的独立加载，以及静态加载、动态加载两种加载模式。测试部分包括工控机及控制系统、转矩转速传感器、无线压力传感器、力传感器、高精度称重仪等，可以实现对输出转矩、输出转速、摩擦系数、水温、运行时间、水膜压力、轴心轨迹、摩擦功耗、水膜的动态刚度系数和阻尼系数及磨损量等的测试；辅助部分主要包括循环水系统、支座及配套工装等。

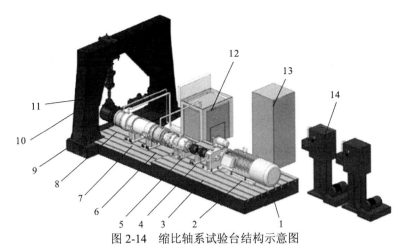

图 2-14   缩比轴系试验台结构示意图

1.铸铁平台；2.变频电机；3.船用齿轮箱；4.转矩转速传感器；5.中间轴承；6.前置密封装置；7.实验舱；
8.后置密封装置；9.轴端夹具；10.加载框架；11.作动器；12.循环水系统；13.变频器；14. 液压站

图 2-15 为中国舰船研究设计中心制造的船舶全尺寸轴系试验台[9]。该试验台采用模块化设计，由动力装置、配重盘、标高调节装置、润滑系统和传动部件组成。其中：动力装置为一台最高转速为 300 r/min 的低速电机；转轴采用不锈钢空心结构，各段轴颈均大于 300 mm，整个轴系传动部件包括后尾轴承、前尾轴承、径向-推力轴承和 4 对联轴器，其中推力轴承是油润滑轴承，后尾轴承和前尾轴承为水润滑轴承；润滑系统供水压力为 0.13 MPa；配重盘质量为 75 kg，可以模拟真实螺旋桨产生的偏置载荷；在前尾轴承底座部分设置标高调节装置以改变轴承的相对高度，模拟船体变形。该试验台可以开展变转速和变标高下全尺寸偏载水润滑尾轴承润滑特性的研究。

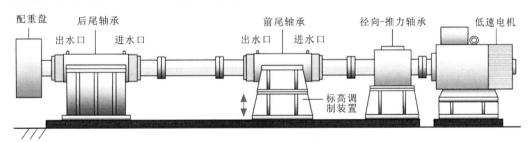

图 2-15   船舶全尺寸轴系试验台

2.2   水润滑轴承温度识别技术

2.2.1   基于热电阻和热电偶的温度识别技术

以水润滑推力轴承温度识别为例，推力瓦块的水膜温度分布和水膜厚度分布一样难以直接测试，常用的办法是在轴瓦上打孔，将温度传感器伸到孔内，根据识别部位的不同决定温度传感器探头与瓦面的距离，即打孔深度。在热瞬态相关的研究中，由于水膜温度测试需要较快的响应速度，需要将温度传感器探头安装在瓦表面处并密封。在稳态下进行水膜温度分布测试时，可将探头深入瓦表面附近处，在不破坏水膜原有状态的前提下测得温度分布。

常用温度传感器有热电阻、热电偶两大类，热电阻探头尺寸基本大于 2 mm，热电偶探头尺寸可以做到 1 mm 以下。考虑轴瓦尺寸小、温度测点多，使用热电偶温度传感器进行测量，布置在瓦块上的传感器可测量瓦块周向、径向温度分布。

温度传感器也可安装在推力盘上，温度信号通过无线遥测仪器采集[10]。信号测试方案如图 2-16（a）所示，将微型温度传感器嵌入推力盘背面，位于中部主要承载区（安装位置如图 2-16（b）所示），传感器随推力盘旋转，因为温度为缓变信号，所以可以得到轴承温度。该方法要求无线遥测模块尺寸和重量较小，尽量减少模块对试验台运转的影响。无线遥测模块包括电压节点、应变温度节点和无线网关。安装时，将压力传感器连接至电压节点，温度传感器连接至应变温度节点，两个无线节点安装在主轴上。此外，在推力盘边缘布置 1 个电涡流传感器并与无线电压节点连接，采集鉴相信号，其位置对着 1 号瓦的入口处，用于辨别旋转后每块瓦的位置。所有节点将传感器采集数据实时传输至无线网关，通过 USB 端口连接至计算机来监测和记录数据。

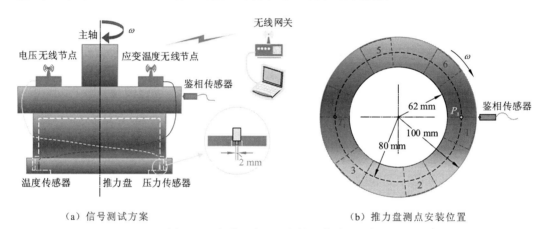

（a）信号测试方案　　　　　　　　　　（b）推力盘测点安装位置

图 2-16　水膜温度和压力的无线遥测方案

2.2.2　其他温度识别技术

除基于热电阻和热电偶温度传感器的温度识别技术外，也有学者将光纤光栅嵌入具有高热膨胀系数的铜合金中制成光纤布拉格光栅（fiber Bragg grating，FBG）混合传感器进行轴承温度的测量[11]，传感器结构及外形尺寸如图 2-17 所示，该传感器测温敏感性达到 35.165 pm/℃（1 pm=1×10⁻¹² m）。

上述方法均需要传感器与被测对象接触，属于接触式温度测量技术。除此之外，可以借助红外测温原理[12]或基于 CdTe 量子点薄膜的光谱参数分析方法[13]实现非接触的温度测量，如图 2-18 所示，其中后者与热电偶温度传感器的识别结果验证误差小于 10%。但这两种非接触式的测温技术目前还只用于滚动轴承，尚未引入水润滑轴承水膜温度的识别中。

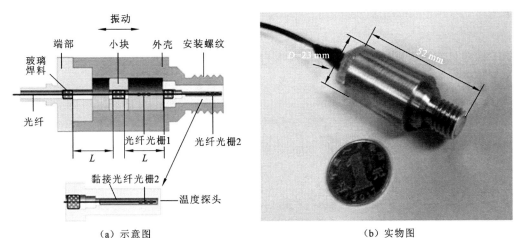

（a）示意图　　　　　　　　　　　　　　　（b）实物图

图 2-17　FBG 混合传感器结构示意图及实物图

图 2-18　基于 CdTe 量子点薄膜的光谱参数分析方法的非接触测温照片

2.3　水润滑轴承水膜压力识别技术

根据传感器的安装位置，可将水润滑轴承水膜压力识别技术分为两种：一种是将传感器安装于轴承上的轴承体嵌入式识别技术，另一种是将传感器安装于转轴上的转轴嵌入式识别技术。目前使用较为广泛的识别水膜压力的压力传感器是基于微机械加工技术的硅压阻式水膜压力传感器，部分研究者也采用了基于光纤光栅的水膜压力传感器和基于聚二甲基硅氧烷纤维水膜压力传感器等其他类型传感器。

2.3.1　轴承体嵌入式识别技术

轴承体嵌入式识别技术需要在轴承承载区打孔，然后安装压力传感器识别打孔处的水膜压力，为了更好地识别某一截面的压力分布情况，一般需要打孔安装多个压力传感器。如图 2-19 所示，在轴承 A-A 截面承载区域，均匀安装 8 个压力传感器用于水膜压力的识别[14]。

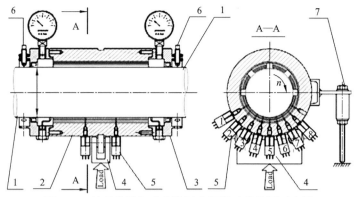

图 2-19　轴承体嵌入式水膜压力识别试验装置示意图

1.转轴；2.测试轴承；3.密封盖；4.底部加载装置；5.压力传感器(对称分布于加载装置左右两个截面)；
6.电涡流传感器；7.用于扭矩测量的力传感器的臂

上述轴承体嵌入式水膜压力识别方法需要在轴承上打通孔安装压力传感器,会对轴承承载表面造成破坏,进而影响水膜的形成,因此也有研究通过在轴承内衬上覆盖机电膜阵列,利用多点阵列采集水膜压力并拟合生成全轴承水膜压力分布[15],如图 2-20 所示。若采用一种新型压电材料 EMFi 制成的机电薄膜传感器阵列完成水膜压力识别,相较于聚偏氟乙烯材料制成的传感器,其受外力变形时产生的电压更高,且对法向压力的敏感程度高于剪切应力,更适合水膜压力测试场景。

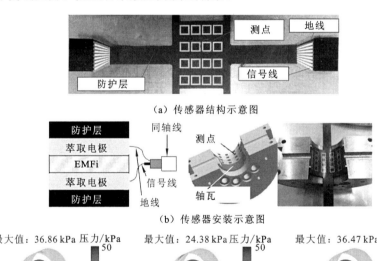

（a）传感器结构示意图

（b）传感器安装示意图

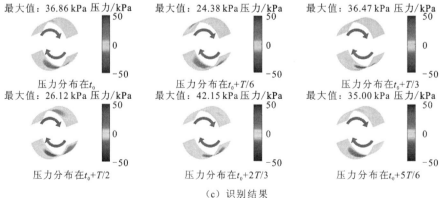

（c）识别结果

图 2-20　用于水膜压力测试的 EMFi 传感器的结构示意图、安装示意图及识别结果

2.3.2 转轴嵌入式识别技术

如 2.3.1 小节所述，利用轴承体嵌入式识别技术进行水膜压力识别时，每个传感器只能识别所在点处的压力，如需得到全周水膜压力，则须安装多个传感器组成阵列，这给测试工作带来很大的不便。而转轴嵌入式识别技术是将微型压力传感器嵌入轴中，传感器随轴旋转，利用单个传感器即可获得轴承截面的全周水膜压力分布数据。但测试过程中，旋转信号的准确获取是一大难点。有研究者采用电刷滑环技术[4, 16]，但该技术存在电刷与滑环接触不良、磨损和干扰信号大等问题。本小节介绍一种采用高精度无线遥测的信号获取技术。

如图 2-21 所示，在轴上设置 4 个压力截面（A_1、A_2、A_3 和 A_4），在每个截面安装一个微型压力传感器；在实船检修中发现水润滑尾轴承的异常磨损常出现在轴承长度 L 的 1/10 段，因此，将 P_1 压力传感器的位置布置在轴承 $1/10L$ 处；在轴承的轴向中间部位布置 1 个压力传感器 P_2；在中部两侧对称设置压力传感器 P_3 和 P_4，便于分析轴倾斜时压力分布特性；相邻的两个传感器沿周向间隔 90° 布置，ω 为轴角速度。此外，在轴水平方向布置一个电涡流传感器，采集鉴相信号，用于辨别旋转后各压力传感器的位置。

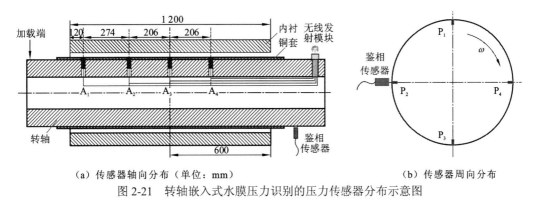

（a）传感器轴向分布（单位：mm）　　　　　（b）传感器周向分布

图 2-21　转轴嵌入式水膜压力识别的压力传感器分布示意图

2.4　水润滑轴承磨损识别技术

2.4.1　传统磨损识别技术

针对水润滑推力轴承，目前常用的磨损识别方式为轴承称重法，如图 2-22（a）所示，通过测量轴承磨损前后的质量来计算质量损失量，从而衡量其耐磨性。磨损试验前后，为了排除各种杂质、水分、氧化物等的干扰，首先将轴承进行多次冲洗，然后放入恒温真空干燥箱中进行烘干处理。该干燥箱的温度设定范围为 20～250 ℃，温度精度小于 1 ℃，升温速度为 1～3 ℃/min。每次烘干流程设定为 45 ℃烘干 48 h。之后将轴承放入梅特勒分析天平中进行重量标定，该天平测量精度为 0.00001 g，根据磨损前后的质量差值分析轴承的磨损情况。

针对水润滑尾轴承，目前常用的磨损识别方法为直接测量法。如图 2-22（b）和（c）所示，先测量试验前后尾轴承多个截面多个测点的内径数值，测量精度为 0.001 mm，然后计算出不同位置处的平均厚度磨损量，进而得到平均磨损率。

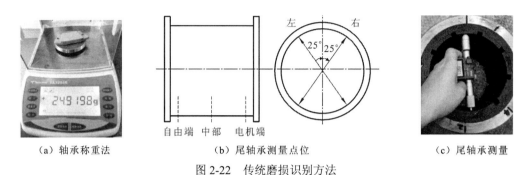

（a）轴承称重法　　　　　　　（b）尾轴承测量点位　　　　　　　（c）尾轴承测量

图 2-22　传统磨损识别方法

2.4.2　超声磨损识别技术

传统的轴承磨损识别技术均为非原位测量，这些方法需要拆卸轴承装配结构，重新装配后轴承状态和工况难以完全恢复，而且这种离散的测量并不能实时发现磨损量异常导致的轴承故障，因此需要发展水润滑轴承磨损量原位测量方法。超声作为一种非侵入式测试技术，其沿直线传播的特性保留了光学方法的优势，其强大的穿透能力弥补了光学方法要求被测物具有透光性的不足，具有原位磨损测量的潜力。为此武汉理工大学针对高分子推力轴承，提出一种基于超声反射系数幅度谱和差分进化算法的轴承磨损识别方法，如图 2-23 所示。

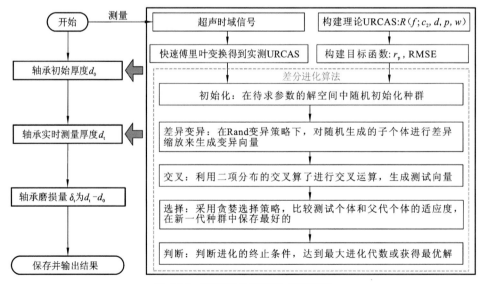

图 2-23　超声磨损识别技术流程图

如图 2-24 所示，超声磨损测量系统由延迟块探头、脉冲发射仪、数字示波器和高精度螺旋测微仪组成。延迟块探头由 Bigprobe 公司制造，采用直径为 13 mm 的复合晶片，中心频率为 2.25 MHz，延迟块材料为聚甲基丙烯酸甲酯（polymethyl methacrylate，PMMA），厚度为 15 mm，其声阻抗通过反演标定为 3.29×10^5 g/（cm²·s）；脉冲发射仪型号为奥林巴斯 5072PR，可产生带宽 35 MHz（–3 dB）的负尖波脉冲，最大重复频率为 5 kHz，具有超声回波模式和超声透射模式，可进行 1 MHz 的高通滤波和 10 MHz 的低通滤波；数字示波器用于接收脉冲回波的射频信号，型号为 RIGOL DS2102A，双通道输入显示，带宽为 100 MHz，最大采样频率为 2 GSa/s（G sampling per second，每秒采样 10^9 个）；高精度螺旋测微仪用于厚度标定，其分辨率为 1 μm，精度为 ±2 μm。

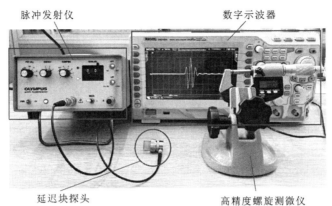

图 2-24　超声磨损识别系统

2.5　偏载对水润滑尾轴承润滑特性影响试验

偏载对水润滑尾轴承润滑特性影响试验在如图 2-15 所示的试验台上进行，采集 75 kN 偏载和无偏载条件下轴承截面周向水膜压力进行分析。

2.5.1　测试方法

1. 周向水膜压力

周向水膜压力采用转轴嵌入式识别技术，在转轴上选择如图 2-21 所示的 4 个测试截面（$A_1 \sim A_4$）。选用法国 FGP 公司的微型压力传感器 XPM10，安装螺纹 M5，量程范围为 0～10 MPa，额定供电为 10～30 VDC，输出电压范围为 0.5～4.0 V，线性度达 ±0.25% 满量程输出（full scale output，FSO）。为了将传感器嵌入转轴中，设计如图 2-25 所示的压盖，压盖上开设直径为 2 mm 的引流孔。首先将传感器安装在压盖中，然后再将压盖安装进转轴的测量孔中。转轴为空心轴，压力传感器的信号线通过空心轴连接到信号无线发射模块。信号无线测试系统采用德国 KMT 的无线遥测系统，信号转换模块 MT32-VOLT 质量仅 20 g，尺寸为 52 mm×27 mm×11 mm。该系统采用电磁感应原理进行供电和信号采集，确保信号稳定、精度高，连续运行时间长。

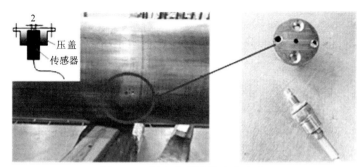

图 2-25　压力传感器的安装方案

2. 轴心轨迹

在 3 个转轴位置测试截面（B_1、B_2、B_3）安装电涡流传感器。图 2-26 给出了 B_1 截面的布置方案，2 个传感器（D_{1-1}、D_{1-2}）在轴承竖直方向左右对称分布，与竖直方向夹角 45°，其他截面的布置方案与 D_1 截面相同。图中：θ_0 为偏位角；a 为偏心距；O 为轴承中心；O' 为转轴中心；s_1 和 s_2 为 2 个传感器头部离轴承孔壁面的距离。选用德国米铱公司的 3010-U3 型高精度电涡流传感器，量程为 3 mm，分辨率为 0.15 μm。安装时，传感器探头与轴表面的距离接近传感器线性中点，保证测量精度。

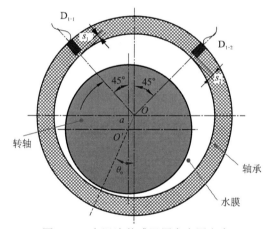

图 2-26　电涡流传感器周向布置方案

2.5.2　润滑特性

当转速为 145 r/min、标高为 0 mm、供水压力为 0.13 MPa 时，施加 75 kN 偏载和无偏载下的水润滑尾轴承润滑特性，其水膜周向压力信号如图 2-27 所示。

当偏载为空载时，A_1～A_4 截面在两个周期内的水膜压力信号如图 2-27（a）所示，不同测点的水膜压力波形相似，初始水膜压力的周期与轴的转速一致。一个周期内水膜压力的变化反映了轴承在整个圆周上的水膜压力分布。水膜压力先迅速上升，然后缓慢攀升并达到峰值，之后迅速下降到谷底，反映了流体动压润滑效应。比较水膜压力峰值可以看出 A_1～A_4 段的压力峰值呈上升趋势，说明电机端轴颈存在偏移，这是因为前尾

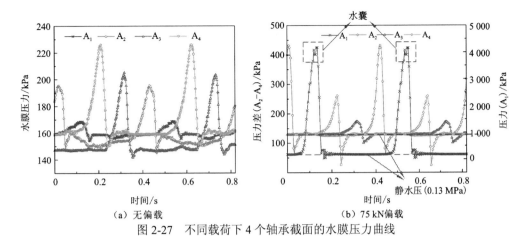

图 2-27　不同载荷下 4 个轴承截面的水膜压力曲线

轴承标高上升加剧了轴颈对轴承的挤压效应。由于压力传感器布置在轴表面的圆周角不同，不同圆周角处压力传感器的水膜压力波形依次延迟了 1/4 周期。此外，整个压力分布曲线的值均大于静水压力（供水压力），并且 $A_1 \sim A_4$ 截面的水膜压力峰值呈逐渐上升趋势，表明轴承有轻微的错位，可能是由安装误差造成的。

图 2-27（b）所示为 75 kN 载荷下 $A_1 \sim A_4$ 截面在两个循环中的水膜压力曲线。A_1、A_2 和 A_4 截面的水膜压力在高压区呈现出不同程度的升高趋势，其中 A_1 截面最大，A_4 截面最小。而 A_3 截面的水膜压力峰值下降，表明轴的悬臂端比电机端偏转更多，这将引起悬臂端水膜厚度的急剧减小，水膜峰值压力显著升高。施加偏载后轴承的最大水膜压力从 170 kPa 升高到 4 000 kPa，并在 A_1 截面的峰值压力处出现了"水囊"，这反映了轴承内衬在高压下的弹性变形，这是弹流润滑的一个重要特征。由于悬臂效应，轴颈中部呈弧形并处于动压润滑状态，其膜压峰值比较平稳且膜厚（为表述方便，若无明确指明，本书中的膜厚指水膜厚度）较厚。此外，$A_1 \sim A_4$ 截面的低压区压力在供水压力附近波动，但三个截面的最小压力均低于静水压力（0.13 MPa），说明水润滑轴承在运行过程中会出现明显的"负压"现象。

2.6　流量对水润滑尾轴承润滑特性影响试验

在图 2-15 所示的全尺寸水润滑轴承试验台上进行流量对水润滑轴承润滑特性影响的试验研究。试验过程中，保持配重不变，标高为 0 mm，在进水流量为 0 m³/h、1.25 m³/h、2.5 m³/h、3.5 m³/h、4.2 m³/h 工况下，按照 15 r/min、25 r/min、…、215 r/min、220 r/min 依次增加转速，每个转速运行时间约 5 min，待参数稳定后记录压力传感器、电涡流传感器和温度传感器的数据，获得轴承水膜压力、水膜厚度和瓦温特性。

2.6.1　水膜压力

当转速为 45 r/min 和 165 r/min，进水流量为 0～4.2 m³/h 时，后尾轴承各截面水膜压力分布如图 2-28 和图 2-29 所示。

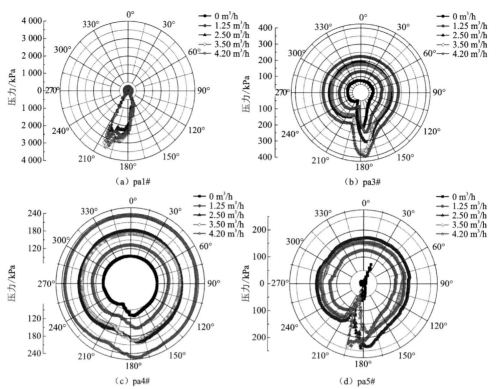

图 2-28 转速 45 r/min 时不同进水流量下后尾轴承各截面水膜压力分布曲线

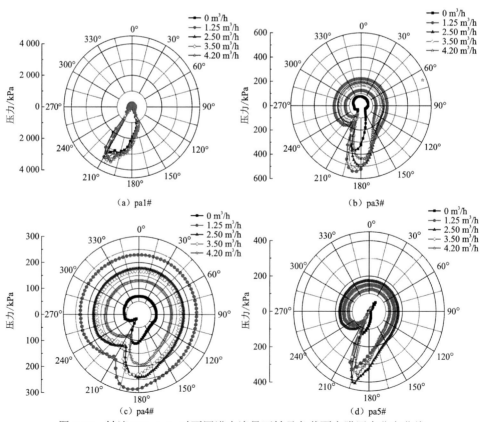

图 2-29 转速 165 r/min 时不同进水流量下轴承各截面水膜压力分布曲线

（1）当转速为 45 r/min 时，随着轴承进水流量的增加，各截面压力均有增加，但压力与进水流量之间并非完全线性关系。对于pa1#截面，压力与进水流量之间基本为线性关系，进水流量取 3.5 m³/h 和 4.2 m³/h 时，水膜压力最大；其他截面的水膜压力在进水流量取 1.25 m³/h 和 3.5 m³/h 时达到最大。对比而言,进水流量从 1.25 m³/h 增加到 4.2 m³/h 时，pa1#截面水膜压力增幅约为 1000 kPa，pa3#截面水膜压力增幅约为 150 kPa，pa4#截面水膜压力增幅约为 90 kPa，pa5#截面水膜压力增幅约为 75 kPa。

总体而言，进水流量增加，轴承大部分区域压力只有少量增加，其增加效果小于转速增加带来的轴承压力增加效果。

（2）当转速为 165 r/min 时，随着轴承进水流量的增加，各截面水膜压力均有增加，但压力与进水流量之间仍然并非完全线性关系（图 2-29）。对比不同进水流量，pa1#截面在 3.5 m³/h 时水膜压力最大，pa3#截面和pa4#截面在 1.25 m³/h 时水膜压力最大，pa5#截面在 2.5 m³/h 时水膜压力最大。对比而言，进水流量从 1.25 m³/h 增加到 4.2 m³/h 时，pa1#截面水膜压力增幅约为 333 kPa，pa3#截面水膜压力增幅约为 110 kPa，pa4#截面水膜压力增幅约为 100 kPa，pa5#截面水膜压力增幅约为 60 kPa。

2.6.2 水膜厚度

当转速为 45 r/min、105 r/min 和 165 r/min 时，不同进水流量下后尾轴承各测点水膜厚度如图 2-30 所示。

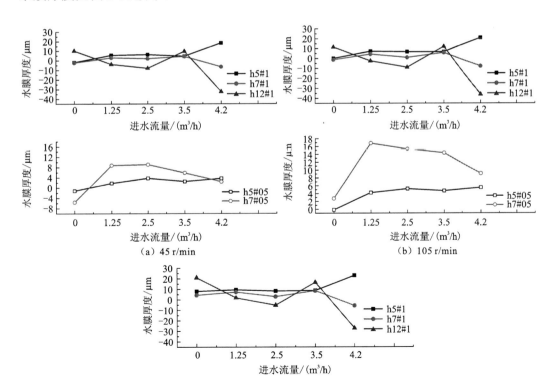

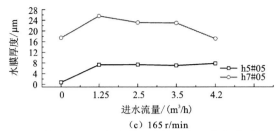

图 2-30　不同转速、不同进水流量下轴承各测点水膜厚度变化曲线

由图 2-30 可得出以下结论。

（1）随着进水流量的增加，h5#05 测点水膜厚度也有所增加。进水流量为 0 时，h5#05 测点水膜厚度约为 0 μm。在不同转速下，水膜厚度随进水流量的增幅不同：45 r/min 时约为 4 μm，105 r/min 时约为 6 μm，165 r/min 时约为 8 μm。当转速达到 105 r/min 后，进水流量从 0 m³/h 增加到 1.25 m³/h 时，测点水膜厚度有明显增加，之后随着进水流量增加，水膜厚度增加较缓慢。因此，进水流量增加对轴承水膜厚度有比较明显的增幅效果。

（2）对于 h7#05 测点，水膜厚度随进水流量的增加先增大后减小，最大水膜厚度出现在进水流量约为 1.25 m³/h 时，最大水膜压力也出现在该流量下。因此，对于轴承中部，由于该处的水膜动压效应比较明显，进水流量对轴承中部的润滑效果有限，并非进水流量越大越好。

2.7　标高对水润滑尾轴承润滑特性影响试验

由于水润滑尾轴承工作环境十分复杂，为模拟船舶推进轴系中水润滑尾轴承实际运行状态，需要考虑螺旋桨的偏置载荷，风浪冲击、装载条件等因素而产生的非线性、强随机性船体变形对轴承的作用，以及长期处于低速运行的工作状态。其中，船体变形对轴系的作用本质是改变轴承的标高，从而影响推进轴系运行状态。在图 2-15 所示的全尺寸水润滑轴承试验台上进行标高对水润滑尾轴承润滑特性影响的试验研究。在前尾轴承底座部分设置标高调节装置，其结构和实物如图 2-31 所示，标高调节范围为–2.5～2.5 mm。标高调节装置的工作原理是利用楔形滑块一侧为平面、另一侧为斜面的特点，通过旋转丝杆带动两个楔形滑块反向移动，移动楔形滑块改变斜面接触位置，实现前尾轴承标高的变化。

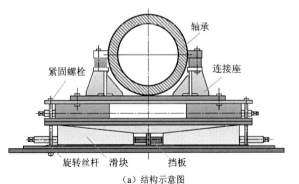

（a）结构示意图　　　　　　　　　　　（b）实物照片

图 2-31　标高调节装置结构示意图及实物照片

通过改变轴承高度，模拟了船体变形对船舶推进轴系的影响。前尾轴承标高的变化将减少或增加其余支撑组件的相对位置。因此，本节进行变标高试验，以研究船体变形对水润滑尾轴承的影响，转速为 145 r/min，供水压力为 0.13 MPa，悬臂端施加 75 kN 的偏载。

2.7.1 水膜压力

图 2-32 显示了在不同标高下，转速为 145 r/min 时轴承的水膜压力分布。标高从 0 mm 上升到+1.13 mm 的过程中 A_1 截面的水膜压力略有增加，但分布角减小，而 A_2～A_4 截面的水膜压力峰值显著降低，表明轴颈上升。标高升至+2.18 mm 后，轴颈和悬臂端轴承之间的挤压效应增强，A_1 截面的水膜压力急剧上升，A_2～A_4 截面的水膜压力进一步下降至供水压力 0.13 MPa，表明轴颈中拱高度随着标高的升高而升高。轴承负载主要由悬臂端承担，因此标高过高会使轴承悬臂端润滑状态恶化，产生磨损、摩擦噪声和振动，严重影响水润滑尾轴承的使用寿命。

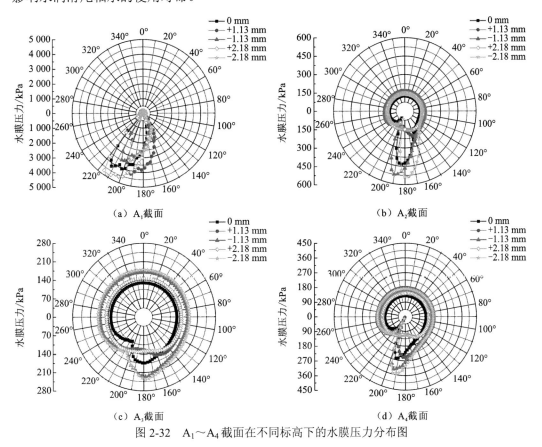

图 2-32　A_1～A_4 截面在不同标高下的水膜压力分布图

当标高低于 0 mm 时，尾轴承的相对位置上升，轴颈电机端的挠曲程度增加，轴颈悬臂端的挤压效应减少。因此，轴承电机端的动压润滑效应得到加强，同时削弱了轴承悬臂端混合润滑效应。对于沿轴向的水膜压力分布，A_1～A_3 截面的最大压力逐渐降低，而 A_4 截面的最大压力大于 A_3 截面。综上所述，水润滑轴承在悬臂和电机端会出现两个较大的压力峰值，一个是由偏载引起的，另一个是由相邻轴承的轴颈抑制作用引起的。

2.7.2 轴心轨迹

图 2-33 显示了三个截面（$D_1 \sim D_3$）的轴心轨迹与不同标高的关系。表 2-1 给出了各截面的平均偏心率和偏位角。当标高为 0 mm 时，D_1 和 D_2 截面的轴心轨迹带有较多尖刺，D_1 和 D_2 截面的平均偏心率大于 1，反映了在混合润滑状态下轴承内衬存在较为明显的弹性变形和局部接触。D_3 截面的轴心轨迹为平滑的椭圆，偏心率为 0.95，说明其处于动压润滑状态。

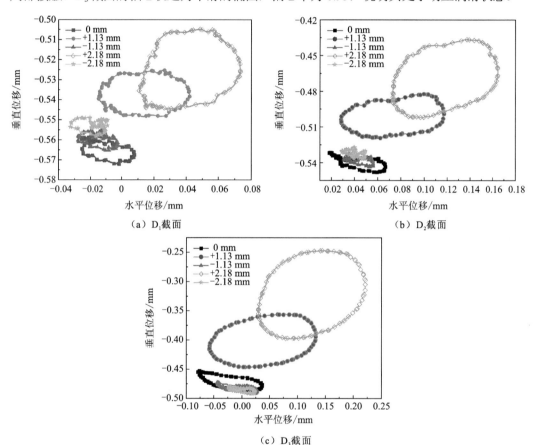

（a）D_1截面　　　　　　　　　（b）D_2截面

（c）D_3截面

图 2-33　$D_1 \sim D_3$ 截面在不同标高下的轴心轨迹

表 2-1　$D_1 \sim D_3$ 截面的平均偏心率和偏位角

标高/mm	D_1 截面		D_2 截面		D_3 截面	
	偏心率	偏位角/（°）	偏心率	偏位角/（°）	偏心率	偏位角/（°）
−2.18	1.11	1.73	1.07	−4.38	0.97	0.37
−1.13	1.12	1.41	1.08	−4.40	0.97	1.42
0	1.13	1.34	1.08	−4.05	0.95	3.19
1.13	1.08	−0.92	1.02	−8.02	0.82	−5.50
2.18	1.06	−4.03	0.97	−13.76	0.71	−20.98

当标高小于 0 mm 时，随着标高的降低各截面的轴心轨迹面积变小。D_1、D_2 截面的轴心轨迹向左上方移动，D_3 截面的轴心轨迹向右下方移动，导致悬臂端轴颈挠度减小。D_2 截面的轴心轨迹形状随标高的降低而逐渐变为"8"字形，说明轴承的不校中加剧。然而由图 2-33（a）和（b）可知，随着标高的降低，D_1 截面的最大水膜压力减小，D_2 截面的水膜压力增大，水膜压力峰值均匀，说明不校中的加剧并没有导致悬臂端润滑状态的恶化。

当标高大于 0 mm 时，轴心轨迹向左上方移动，偏位角减小，轴心轨迹面积增加且形状更加平滑。由此可以推断出轴颈抬升时，混合润滑区缩减，动压润滑区扩大。由于载荷主要由凹凸面接触承担，混合润滑区域的缩减会导致膜压峰值增大，这将加剧混合润滑区的磨损。一般来说，轴颈挠度直接影响轴向各润滑子区域的状态，而轴颈挠曲受到船体变形的影响。因此，船体变形将影响轴承润滑子区域的面积和润滑状态。

2.8 水润滑推力轴承摩擦与磨损试验

针对图 2-34 所示的推力瓦材料为 Throden SXL 的三种不同结构形式的推力瓦，在图 2-9 所示的试验台上开展水润滑推力轴承润滑特性及磨损特性试验。试验分为性能测试试验和耐久性试验两个部分：性能测试试验时长为 10 h，每个工况和转速测试 20 min；耐久性试验转速为 600 r/min，载荷为 0.5 MPa，持续时间为 178 h。

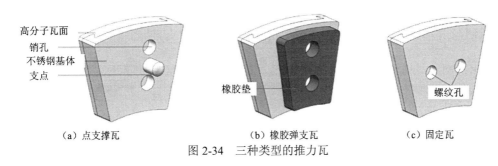

(a) 点支撑瓦   (b) 橡胶弹支瓦   (c) 固定瓦

图 2-34 三种类型的推力瓦

2.8.1 摩擦特性测试

图 2-35 为点支撑瓦推力轴承摩擦特性试验结果，由图可知，在性能测试[图 2-35（a）]中，除由低速（100 r/min）和重载（0.4 MPa、0.5 MPa）条件下的接触摩擦引起的大摩擦系数外，其他条件下摩擦系数随着负荷的增加而减小，随转速增大先降低后上升。在耐久性测试[图 2-35（b）]中，在 100 h 之前，摩擦系数保持在 0.010 以下，这意味着该轴承在此期间具有良好的润滑性能。然而，在 100 h 之后，摩擦系数波动地增加到最大值 0.024，然后略有下降，但波动的幅度增加。这意味着 100 h 以后，轴承的磨损导致了其润滑性能的劣化。冷却水温升（出口水温和入口水温之间的差异，ΔT）表现出与摩擦系数类似的变化规律，即在 100 h 之前保持在大约 2.3 ℃，然后逐渐升至约 4.5 ℃并持续到测试结束。随着试验时间的增加，水温的上升和摩擦系数的增加表明在测试后期推力瓦和推力盘之间的磨损加剧。

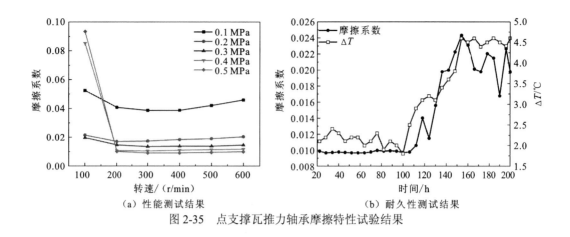

（a）性能测试结果　　　　　　　　　　（b）耐久性测试结果

图 2-35　点支撑瓦推力轴承摩擦特性试验结果

　　图 2-36 为橡胶弹支瓦推力轴承摩擦特性试验结果，由图可知，在性能测试[图 2-36（a）]中，摩擦系数变化趋势与点支撑推力轴承类似，而在耐久性测试[图 2-36（b）]中摩擦系数在 100 h 之前缓慢增加至 0.017，然后在 124 h 时略微减小至 0.015，并波动变化至试验结束。冷却水温升 ΔT 在初始阶段（60 h 之前）从 1.8 ℃ 降至 1.4 ℃，然后持续增加至试验结束时的 4 ℃。耐久性测试中橡胶支撑轴承的摩擦系数表明，试验开始时可能已经存在轻微的接触摩擦，且随着测试时间的增加而加剧。

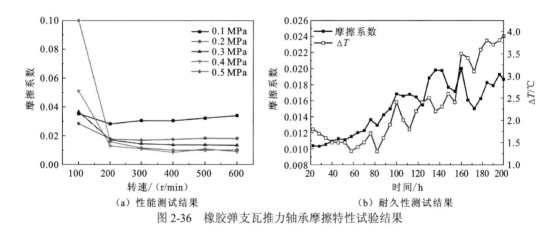

（a）性能测试结果　　　　　　　　　　（b）耐久性测试结果

图 2-36　橡胶弹支瓦推力轴承摩擦特性试验结果

　　图 2-37 所示为固定瓦推力轴承摩擦特性试验结果，由图可知，除在低负荷（0.1 MPa）条件下的摩擦系数值较小外，其他情况均较大。与相同工况下的点支撑推力轴承或橡胶弹支瓦推力轴承相比，固定瓦推力轴承在比压大于 0.1 MPa 的条件下处于接触摩擦状态，水温的升高也证明了接触摩擦的存在。在 10 h 的性能测试试验中，冷却水温升 ΔT 随速度和负荷的变化如图 2-37（b）所示。在每种定载荷条件下，推力盘的转速在 2 h 内由 100 r/min 上升到 600 r/min，冷却水温升随转速的增加而升高，负荷越大，温升越大。特别是在 0.5 MPa 的重载工况下，转速达到 600 r/min 后，温升在很短的时间内达到 40 ℃，此时推力盘损坏，推力瓦的聚合物表面磨损，耐久性试验无法继续进行。

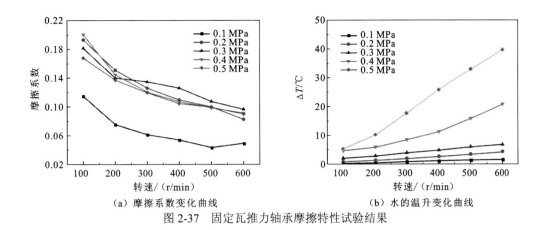

（a）摩擦系数变化曲线 （b）水的温升变化曲线

图 2-37 固定瓦推力轴承摩擦特性试验结果

2.8.2 磨损特性测试

测试后，推力轴承的推力盘形态如图 2-38 所示。在摩擦区域中出现磨损，在非工作区域中存在一些锈蚀。图 2-39 所示为 3 个推力盘的最严重磨损区域的表面形貌，它们的最深磨损划痕分别小于 28.57 μm、33.8 μm 和 57.53 μm。

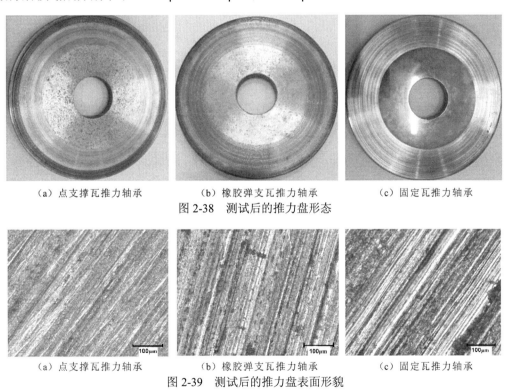

（a）点支撑瓦推力轴承 （b）橡胶弹支瓦推力轴承 （c）固定瓦推力轴承

图 2-38 测试后的推力盘形态

（a）点支撑瓦推力轴承 （b）橡胶弹支瓦推力轴承 （c）固定瓦推力轴承

图 2-39 测试后的推力盘表面形貌

图 2-40（a）～（c）所示为测试后的三种推力瓦表面形貌，每个瓦的左侧是出水侧，右侧是进水侧。与固定瓦推力轴承（测试 22 h）相比，点支撑瓦和橡胶弹支瓦的聚合物表面状态良好，但 200 h 后表面会出现一些划痕。由摩擦热引起的聚合物烧结黏附到固

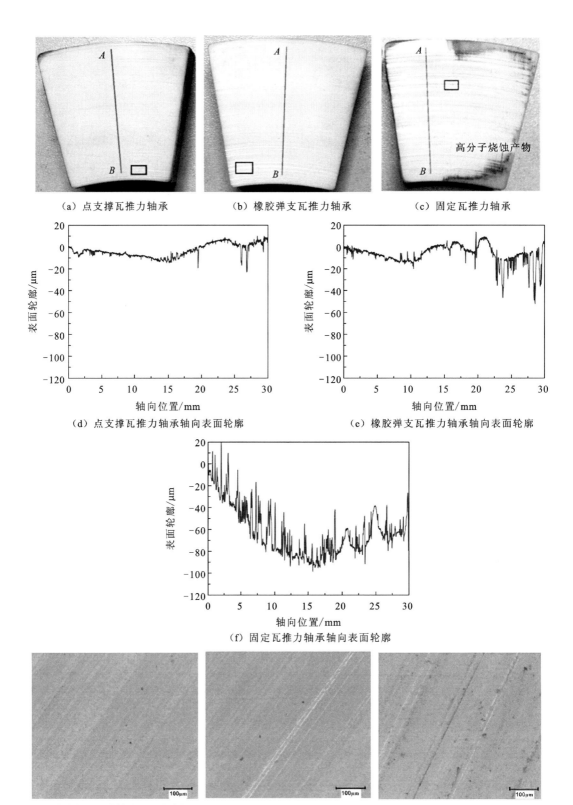

（a）点支撑瓦推力轴承 　　（b）橡胶弹支瓦推力轴承 　　（c）固定瓦推力轴承

（d）点支撑瓦推力轴承轴向表面轮廓 　　（e）橡胶弹支瓦推力轴承轴向表面轮廓

（f）固定瓦推力轴承轴向表面轮廓

（g）点支撑瓦推力轴承局部放大图　（h）橡胶弹支瓦推力轴承局部放大图　（i）固定瓦推力轴承局部放大图

图 2-40　测试后的推力瓦表面形貌

定瓦的边缘，这些烧着的聚合物碎屑使固定瓦轴承的出口冷却水也变为黑色。测量三种推力瓦上点 A 到点 B 的表面轮廓，由图 2-40（d）～（f）可知，点支撑瓦和橡胶弹支推力瓦的最严重磨损出现在内边缘附近，而固定瓦出现在中间，这是因为橡胶支撑和点支撑的推力轴承，靠近推力瓦内边缘处推力盘的线速度较小，所以产生流体动压润滑的能力弱于外边缘处，易发生接触摩擦。通过向外移动点支撑位置和橡胶垫或者增加橡胶垫的内径可以解决此问题。但对于固定瓦轴承，推力瓦始终存在接触摩擦，推力瓦中间部分的散热能力最差，会发生严重的磨损。图 2-40（g）～（i）为试验后推力瓦［图 2-40（a）～（c）中矩形标记区域］的表面形貌，可以看出固定瓦表面的划痕最明显，点支撑瓦表面的划痕最少。

　　磨损量也可以用高精度天平和游标卡尺来测量。测试前后测量并记录每个瓦块的质量和 4 个顶点附近的厚度。每次测量前，将瓦块加热至 80 ℃，并保持 24 h，以确保其干燥。图 2-41 所示为每个轴承止推垫的平均磨损量，3 种推力瓦的平均质量损失量和高度减少量分别为 0.023 2 g、0.029 6 g、0.061 1 g 和 35 μm、42.4 μm、112.5 μm。

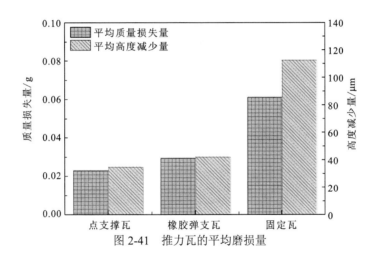

图 2-41　推力瓦的平均磨损量

参 考 文 献

[1] GUO Z, YUAN C, LIU A, et al. Study on tribological properties of novel biomimetic material for water-lubricated stern tube bearing[J]. Wear, 2017, 376: 911-919.

[2] KUANG F, ZHOU X, LIU Z, et al. Computer-vision-based research on friction vibration and coupling of frictional and torsional vibrations in water-lubricated bearing-shaft system[J]. Tribology International, 2020, 150: 106336.

[3] ORNDORFF J R L. Water-lubricated rubber bearings, history and new developments[J]. Naval Engineers Journal, 1985, 97(7): 39-52.

[4] CABRERA D L, WOOLLEY N H, ALLANSON D R, et al. Film pressure distribution in water-lubricated rubber journal bearings[J]. Proceedings of the Institution of Mechanical Engineers, Part J: Journal of Engineering Tribology, 2005, 219(2) : 125-132.

[5] ORNDORFF J R L. New UHMWPE/rubber bearing alloy[J]. Journal of Tribology, 2000, 122(1) : 367-373.

[6] LIANG X, YAN X, OUYANG W, et al. Experimental research on tribological and vibration performance of water-lubricated hydrodynamic thrust bearings used in marine shaft-less rim driven thrusters[J]. Wear, 2019, 426: 778-791.

[7] OUYANG W, LIU Q, CHENG Q, et al. Identification of distributed dynamic characteristics of journal bearing with large aspect ratio under shaft bending[J]. Journal of Marine Science and Engineering, 2022, 10(5) : 658.

[8] 袁佳. 水润滑轴承及传动系统综合性能实验平台设计与开发[D]. 重庆: 重庆大学, 2013.

[9] LI J, OUYANG W, LIU Q, et al. Film-thickness identification method and lubrication characteristic experiment of full-size water-lubricated stern bearing under offset load[J]. Sensors, 2022, 22(10) : 3670.

[10] 宁昶雄, 严新平, 欧阳武. 轮缘推进器水润滑橡胶弹支可倾瓦推力轴承均载特性[J]. 交通运输工程学报, 2021, 21(2) :138-149.

[11] WANG X, GUO Y, XIONG L. Hybrid fiber bragg grating sensor for vibration and temperature monitoring of a train bearing[J]. Chinese Optics Letters, 2018, 16(7) : 070604.

[12] BHARDWAJ V, PANDEY R K, AGARWAL V K. Performance studies of textured race ball bearing[J]. Industrial Lubrication and Tribology, 2019, 71(9): 1116-1123.

[13] YAN K, YAN B, LI B Q, et al. Investigation of bearing inner ring-cage thermal characteristics based on CdTe quantum dots fluorescence thermometry[J]. Applied Thermal Engineering, 2017, 114: 279-286.

[14] LITWIN W. Experimental research on water lubricated three layer sliding bearing with lubrication grooves in the upper part of the bush and its comparison with a rubber bearing[J]. Tribology International, 2015, 82: 153-161.

[15] CHEN C, JING J, CONG J, et al. Experimentally study of dynamic pressure distribution and oil film forces in journal bearing using electromechanical film sensor array[J]. Proceedings of the Institution of Mechanical Engineers, Part C: Journal of Mechanical Engineering Science, 2020, 234(4) : 903-913.

[16] ZHOU G, WANG J, HAN Y, et al. An experimental study on film pressure circumferential distribution of water-lubricated rubber bearings with multiple grooves[J]. Tribology Transactions, 2017, 60(3) : 385-391.

第 **3** 章

水润滑轴承水膜分布
非介入式识别技术及试验

水膜厚度是水润滑轴承最重要的润滑性能参数，直接关系轴承能否正常工作，因此学者研发了许多水膜厚度识别方法和技术。按照测量传感器或者传感器探头的测量通道是否需要与水膜直接接触，可以将测量技术分为介入式测量与非介入式测量。

常用的介入式测量方法有电涡流传感器法、光纤传感器法等，其弊端是需要将测量传感器探头一端安装在被测轴承表面，破坏了被测轴承的工作面。此外，对采用"软"质高分子材料的水润滑轴承，采用介入式测量方法将传感器固定后，无法测量出轴承内衬变形对膜厚的影响，测量误差大。

针对上述情况，采用非介入式水膜厚度识别技术可取得较好的测量结果。非介入式测量技术是指传感器无须穿透试验轴承，利用光学或声音穿透原理，从光或声音的反射信号中提取轴承水膜厚度信息。本章重点介绍激光诱导荧光法和超声波法两种非介入式识别方法。

3.1 基于荧光成像的水润滑轴承水膜分布识别技术

3.1.1 识别原理

激光诱导荧光（laser induced fluorescence，LIF)技术是一种基于荧光团或荧光染料的光激发技术，近些年在缸套-活塞环间润滑膜厚、唇形密封润滑膜厚测量方面取得进展。荧光是由荧光团或荧光染料的某些分子（通常是多色烃或杂环化合物）在一定波长的光照作用下产生，其过程可分为三个阶段，如图 3-1 所示[1]。

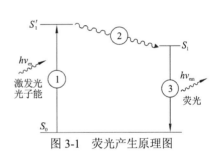

图 3-1 荧光产生原理图

（1）激发阶段。一个能量为 hv_{ex} 的光子（由外部光源如白炽灯或激光器提供），被荧光物质的电子吸收，该电子由能量为 S_0 的基态跃迁全能量为 S_1' 的激发态。

（2）荧光物质和其环境的相互作用阶段。激发态属于不稳定状态，因此激发态存在的时间极短，通常为 $1\sim10$ ns。在此期间，荧光团经历构象变化，并受到与其分子环境的多种可能相互作用的影响。这一过程使激发态的能量 S_1' 部分耗散，能量降为 S_1。

（3）荧光发射阶段。荧光团发射一个能量为 hv_{em} 的光子，使其能量由 S_1 返回到基态 S_0。由于在第（2）阶段的能量耗散中，光子发射的能量比吸收的能量低，发射的荧光波长比吸收光子的波长长。

这种激发和发射能量或波长的差异由 hv_{ex}-hv_{em} 表示，称为斯托克斯位移。斯托克斯位移是荧光技术灵敏度的基础，它为区分激发光和所激发的荧光提供了可能，它允许通过一定的技术将激发光源隔离，而将检测波长较长的荧光光强用于定量测量。

若将一定量的荧光物质溶于水润滑轴承的润滑水中，则水膜中也含有相应浓度的荧光物质。对于给定体积的含有荧光物质的溶液，在激发光照射作用下，其发射的荧光光子强度是相关参数的函数：荧光物质质量浓度 C_{dye}、激发光光强 I_{ex}、荧光物质对激发光的摩尔吸收系数 $\varepsilon(\lambda_{ex})$、荧光量子产率 $\Phi(\lambda_{em})$，以及激发光在水膜中通过的路径长度，即膜厚 h。应用上述参数，含有低浓度荧光物质的溶液发射的荧光光强 I_{em} 可以通过比尔-朗伯（Beer-Lambert）定律求得

$$I_{em}=2.303C_{dye}I_{ex}\varepsilon(\lambda_{ex})\Phi(\lambda_{em})h \qquad (3\text{-}1)$$

如果荧光物质质量浓度 C_{dye}、激发光光强 I_{ex}、摩尔吸收系数 $\varepsilon(\lambda_{ex})$ 和荧光量子产率 $\Phi(\lambda_{em})$ 保持恒定，则由式（3-1）可知，发射的荧光光强与激发光在水膜中通过的路径长度成正比，即与水膜厚度 h 成正比。

当激发光垂直瓦面照射水膜时，激发光和荧光的光路重合。但荧光和激发光的波长不同，可以通过滤光镜将两者分开测量。应用荧光强度与膜厚的关系标定值，可将其映射到未知膜厚的荧光光强上，通过反向计算求出该光强对应的膜厚信息，这就是采用荧光法测量膜厚的基本原理。

3.1.2　测试系统

在观测中采用氙光灯作为激发光源，用罗丹明 6G（Rhodamine 6G）作为荧光物质，配置质量浓度为 100 mg/L 的罗丹明 6G 水溶液开展水润滑推力轴承水膜厚度测量试验，其测量原理如图 3-2 所示。试验台主要包括试验舱、推力瓦块、石英玻璃推力盘、氙光灯、高速相机、滤光镜、驱动系统和加载系统等。推力瓦块安装在试验舱内，冷却水循环系统向试验舱泵送压力为 4 kPa 的罗丹明水溶液，加载系统施加轴向载荷使石英玻璃推力盘压紧推力瓦，驱动系统带动推力盘旋转，从而在瓦面和推力盘间建立润滑水膜。氙光灯和高速相机安装在推力盘前，且与推力盘的垂直距离均为 L，与推力盘法线夹角为 α。氙光灯灯头和高速相机镜头上都安装有滤光镜，前者允许波长为 510～520 nm 的光透过去激发荧光，后者允许波长为 540～560 nm 的荧光通过，并且高速相机会记录瓦面上荧光光强分布。

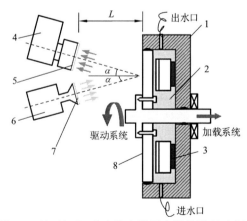

图 3-2　基于氙光-荧光的水膜厚度测量原理示意图

1.试验舱；2.润滑冷却水；3.推力瓦块；4.高速相机；5.荧光滤光镜（540～560 nm 波长通过）；

6.氙光灯；7.激发光滤光镜（510～520 nm 波长通过）；8.石英玻璃推力盘

实际的水膜厚度测量试验台如图 3-3 所示，可测量顶部瓦块的水膜厚度。该试验台是在轴承润滑性能试验台的基础上开发的,将原试验台的金属推力盘换成石英玻璃材质,并增加了氙光灯、高速相机等设备后改造而成。氙光灯为国产 CEL-S500L 型,其采用500 W 短弧氙光灯泡输出平行光,发散角小于 5°,光源稳定度为±0.5%,光斑直径可在3～100 mm 调节。高速相机为日本 Photrom 公司生产的 FASTCAM Mini AX200,最大拍摄帧率为 212 500 帧/s。试验前,设定电机的加速特性,使其在 30 s 内由静止线性加速至额定转速（600 r/min）。高速相机拍摄整个加速过程中瓦面荧光光强的变化,高速相机的拍摄像素与帧率成反比,帧率越高则分辨率越低。测试中将相机的拍摄帧率设置为50 帧/s,此时拍摄的瓦面荧光光强照片像素为 1024×1024。每一次加速试验,相机一共拍摄 1500 张瓦面荧光光强照片,分别对应不同转速。将对应转速下的荧光光强与标定的荧光光强与膜厚关系对比,即可计算出该转速时瓦面上各点的水膜厚度分布。

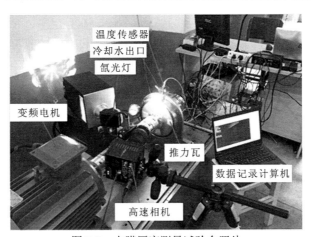

图 3-3　水膜厚度测量试验台照片

3.1.3　荧光光强−水膜厚度关系标定

基于荧光法的水润滑推力轴承水膜厚度分布观测的基本流程：①进行荧光光强与水膜厚度关系的标定；②轴承试验中,利用高速相机获取不同工况下轴承瓦面的荧光强度分布；③将荧光光强与水膜厚度关系代入轴瓦光强分布图中,得到轴瓦膜厚分布；④对误差因素进行修正。

荧光光强与水膜厚度映射关系的标定原理如图 3-4（a）所示。在水平载物台上放置经打磨抛光后的高分子材料试块,将石英玻璃试块（40 mm×18 mm×15 mm）放在高分子材料试块上。石英玻璃一端用 20 μm 厚的塞尺垫高,使玻璃和高分子材料试块间形成一个楔形空间。将 100 mg/L 的罗丹明 6G 水溶液（与试验过程中使用的浓度相同）注射到该楔形空间内,并在石英玻璃两端各施加 3 N 的力,可认为玻璃块左端与高分子材料接触,膜厚为 0；而塞尺端的水膜厚度为 20 μm。假定石英玻璃和高分子材料试块所形成的楔形间隙上下两表面为平面,则楔形水膜的厚度呈线性变化。氙光灯和高速相机位于两个试块上方,在氙光灯激发下,楔形空间内荧光物质发射的荧光可以通过相机拍照记录。氙光灯和高速相机与石英玻璃试块的相对位置与图 3-3 中实际测量瓦面水膜厚度的位置相同，可避免因位置不同带来的光强误差。实际标定所用的试块如图3-4（b）所示。根据拍摄的荧光光强相对于石英玻璃表面位置的变化规律，即可计算出荧光光强和水膜厚度之间的映射关系。

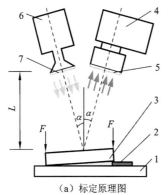 

（a）标定原理图　　　　　　　　　　　（b）标定实物照片

图 3-4　水膜厚度标定原理图及标定实物照片

1.高分子材料试块；2.厚度为 20 μm 的塞尺；3.石英玻璃试块；

4.高速相机；5.荧光滤光镜；6.氙光灯；7.激发光滤光镜

石英玻璃表面荧光分布如图3-5（a）所示，依次用 MATLAB 软件的 imread、rgb2gray 和 im2double 函数读取荧光光强分布图并将其转化为双精度灰度图，如图3-5（b）所示，即可获得量化的荧光光强分布。

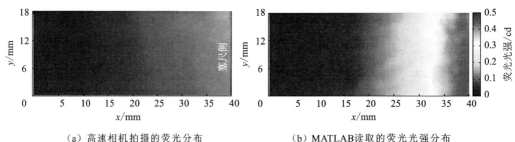

（a）高速相机拍摄的荧光分布　　　　　（b）MATLAB读取的荧光光强分布

图 3-5　标定结果

提取图 3-5（b）中 $y=9$ mm 的中轴线上荧光光强分布曲线，如图 3-6（a）所示，荧光光强为沿横坐标非线性增大的非平滑曲线。由式（3-1）可知，当膜厚沿横坐标线性增加时，荧光光强理应沿横坐标线性增加。因此，实测的荧光光强的非线性可能是由高分子试块的弯曲变形及激发光没有垂直入射所致；曲线平滑程度则受高分子材料粗糙度和高速相机像素影响。将荧光光强曲线做平滑处理，并将横坐标变换为膜厚，得到水膜厚度与荧光光强的映射关系，如图 3-6（b）中实线所示，图中虚线为连接实线两端点的直线，即理论上荧光光强与水膜厚度的变化关系。由图可见，假如荧光光强与水膜厚度是线性变化关系，则当荧光光强为 0.22 cd 时，试验测量值和理论上的水膜厚度最大误差约为 21%。在实际的荧光光强到水膜厚度映射过程中，荧光光强与水膜厚度是线性变化关系，即采用图 3-6（b）中虚线所对应的映射关系计算并表征瓦面各处的水膜厚度。

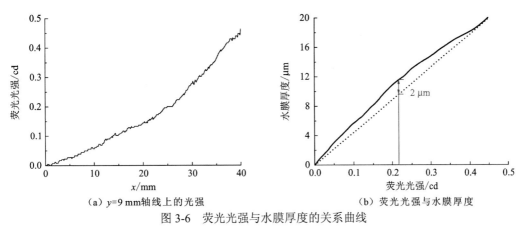

（a）y=9 mm轴线上的光强　　　　　　（b）荧光光强与水膜厚度

图 3-6　荧光光强与水膜厚度的关系曲线

3.2　基于超声的水润滑轴承水膜分布识别技术

目前基于电、磁、声、光特性提出的诸多摩擦副间隙测试方法都有各自的适用范围和局限性。以电特征为基础的电阻法和电容法，需要在轴承摩擦副之间建立导电回路，不能用于非金属材料轴承。拉曼光谱法、光干涉法测量精度较高，但只能测量接触点或较小面积范围内的膜厚。激光诱导荧光技术可以测量小于光波波长的膜厚，但这些基于光原理的方法都需要至少一侧摩擦副材料是透光物质或需设置一透明窗口，摩擦副材料改变会带来一定误差。在可倾瓦径向轴承的瓦块两端安装电涡流传感器，获得轴承两端膜厚的传感电流，这种方法实施简单，但测量孔会破坏摩擦副工作面的完整性，且难以测量轴瓦变形。

基于超声波强穿透能力的非介入式测量的超声波法可以避免摩擦副界面的破坏，已经发展出了不同识别膜厚范围的多种超声波膜厚识别模型。Pialucha 等[2]给出了谐振频率的定义，形成的共振模型适合 10 μm 以上的膜厚测量。Zhang 等[3]论证了共振模型还可以测量 100 μm 以上的膜厚。Dwyer-Joyce 等[4]采取反射回波的振幅和相位来表征膜厚，避免了每次测量前都要测量参考信号。Dwyer-Joyce 等[5]利用弹簧模型实现了超声法在 1 μm 以下距离的测量。从试验结果看，这些模型在各自适用的膜厚范围内结果较为准确，但试验比较分散，缺乏在同一个标定装置上对各模型准确适用范围的验证。此外，这些膜厚测量方法一般只布置了一个或数个测点，难以获得膜厚分布和最小膜厚等关键信息，无法判断轴承全界面的润滑状态。

因此，为了完善超声波膜厚测量方法，本节提出基于信号无线遥测的轴承全周液膜厚度测量和基于测点数据预测的径向轴承液膜厚度分布测量方法，研究基于超声波的膜厚识别模型，构建膜厚测量装置和标定装置，在 1～150 μm 膜厚范围内对测量装置进行标定，在滑动轴承试验台上开展膜厚分布测量试验。

3.2.1　识别模型

滑动轴承工作时，在轴承与轴之间会形成液膜间隙，如图 3-7 所示。沿着转轴运动方向，液膜厚度逐渐变化。对于利用流体动压原理工作的滑动轴承，轴承具有楔形液膜分布，最小液膜间隙范围为 5～100 μm。润滑膜厚超声检测方法主要是利用超声波在润滑膜下界面的反射信号来获得润滑膜厚度值[6]。

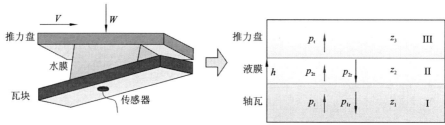

图 3-7　超声波垂直入射至三层结构的示意图

设轴承润滑层厚度为 h，润滑层两侧材料的声阻抗为 z_1 和 z_3，液膜层的声阻抗为 z_2。当一列平面波（p_i, v_i）垂直入射到润滑层上界面时，如图 3-7 所示，一部分反射回到媒介 I 中，即形成反射波（p_{1r}, v_{1r}）；另一部分透射进入润滑层 II，为（p_{2t}, v_{2t}）；当声波继续到达润滑层的下界面时，一部分声波（p_{2r}, v_{2r}）反射回润滑层，其余透入介质 III，记为（p_t, v_t）。

对于不同厚度的润滑膜，超声波反射信号的特征各不相同，因此发展出了不同的膜厚识别模型。

1. 飞行时间模型

飞行时间模型利用超声波在润滑膜中来回传播的时间来换算膜厚，该模型要求超声波波长远小于液膜厚度，此时液膜上、下表面反射回波在时域上能够分离，因此该模型适用于大膜厚。滑动轴承的最小膜厚一般为 5～120 μm，因此一般不采用飞行时间模型。

2. 共振模型

对于窄脉冲激励产生的超声波，其频谱中包含多个频率成分，当润滑膜厚度是超声波带宽内某个频率成分的半波长整数倍时，其频谱在该频率点处会出现极小值。膜厚与超声波带宽内极小值对应的频率之间的关系式[2]为

$$h = \frac{mc}{2f_m} \tag{3-2}$$

式中：h 为膜厚；m 为共振频率的阶数；f_m 为第 m 阶谐振频率；c 为超声波在液膜中的传播速度。为了便于测量，常选用一阶谐振频率。当入射声波的频率 $f=\omega/2\pi$，f 与液膜的谐振频率相同时，$f=f_m$，得到反射系数：

$$R = \frac{z_1 - z_3}{z_1 + z_3} \tag{3-3}$$

式中：z_1 和 z_3 分别为液膜两侧物质的声阻抗。当膜厚处在共振模型所测膜厚范围内时，反射系数极小值点对应的频率即为谐振频率，从而计算出膜厚。设信号频率分辨率为 Δf，取 $m=1$，则当谐振频率 $f_m=f$ 时，膜厚为

$$h = h(f) = \frac{c}{2f} \tag{3-4}$$

当谐振频率为 $f_m = f + \Delta f$ 时，膜厚为

$$h' = h(f + \Delta f) = \frac{c}{2(f + \Delta f)} \tag{3-5}$$

h' 与 h 之差为厚度的最小分辨率：

$$\Delta h = h(f + \Delta f) - h(f) = \frac{c\Delta f}{2f(f + \Delta f)} \tag{3-6}$$

由此可知，膜厚分辨率与超声波有效带宽内的频率大小有关。随着频率的增加，膜厚分辨率逐渐增大，测量精度提高。共振模型通过润滑膜界面间的回波共振来识别润滑膜厚，信号频谱的频率大小决定了液膜厚度分辨率，当膜厚很小时，要求很高的超声波频率，这会带来严重的信号衰减，因此共振模型只能识别较厚的膜厚。

根据试验可知，当膜厚很大时，超声波在润滑层上的反射系数随频率发生周期性变化，反射系数会出现多个极小值。此时，膜厚与两个极小值之间的间隔 Δf_m 的关系式为

$$h = \frac{c}{2\Delta f_m} \tag{3-7}$$

式（3-2）和式（3-4）很相似。当膜厚较小时，通常在超声波反射信号频域带宽内只出现一阶极小值，利用式（3-4）识别膜厚。当膜厚较大时，超声波反射信号频域带宽内将出现多个极小值点，通过相邻极小值点的频率间隔来识别膜厚。

3. 弹簧模型

当液膜厚度远小于超声波半波长时（$h \ll \lambda$），超声波在润滑膜下界面的反射信号几乎完全重叠，难以从回波信号中直接识别膜厚。Drinkwater 等[7]挖掘了弹簧模型在检测固体表面间介质厚度的应用潜力，使超声波膜厚检测技术延伸到微米级及亚微米级。液膜刚度 K 决定了入射波经过液膜时的反射系数：

$$R = \frac{z_1 - z_3 + i\omega(z_1 z_3 / K)}{z_1 + z_3 + i\omega(z_1 z_3 / K)} \tag{3-8}$$

式中：ω 为超声波角频率。润滑膜厚度与反射系数及各层材料介质参数之间的关系为

$$h = \frac{\rho c^2}{\omega z_1 z_2} \sqrt{\frac{R^2(z_1 + z_2)^2 - (z_1 - z_2)^2}{1 - R^2}} \tag{3-9}$$

式中：ρ 为液膜的密度。

先测出介质层（轴承体）在空气界面的反射回波作为参考信号，然后将从轴承液膜界面反射的回波信号幅值与参考回波信号幅值相比，得到近似的反射系数，最后推算出膜厚。

3.2.2　测试系统

1. 基于信号无线遥测的轴承全周液膜厚度测量方案

基于信号无线遥测的轴承全周液膜厚度测量方案如图 3-8 所示，该方案将超声波传感器内置到空心的轴中，信号线从轴孔中引出连接到脉冲发生器。脉冲发生器向超声波传感器发射电压脉冲，然后接收被测对象反射的信号，反射信号经信号采集模块通过电

磁感应方式接收，并最终到达信号分析模块。传感器随着转轴旋转，就可以得到全周液膜厚度分布信息，其中脉冲发生器设计为短轴状。脉冲发生器的供电同样可采用感应原理进行。该方案的优点是可以适时获取全周液膜厚度信息，而无须考虑轴承变形等因素的影响，也不会破坏摩擦副的完整性，但该方案对信号无线遥测的精度和稳定性要求较高。

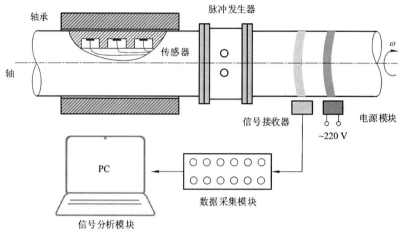

图 3-8　基于信号无线遥测的轴承全周液膜厚度测量方案

2. 基于测点数据预测的径向轴承液膜厚度分布测量方案

对于轴承变形较小的情况，如轴承内衬为金属材料、载荷小、液膜温度低等，轴承工作时内孔几何形状几乎保持不变，可以建立明确的膜厚计算式[8]。不考虑变形时的径向轴承液膜厚度几何方程为

$$h = c_b[1 + \varepsilon \cos(\varphi - \theta_0)] \tag{3-10}$$

式中：c_b 为轴承半径间隙；ε 为偏心率；θ_0 为偏位角；φ 为圆周角。

c_b 在制造后可以被测量得到，如果传感器位置固定，那么 φ 已知，只需要建立 2 个方程即可求解 ε 和 θ_0。对长期服役存在磨损的轴承，也可通过建立 3 个方程求解 c_b、ε 和 θ_0。图 3-9 所示为基于测点数据的轴承液膜厚度分布预测系统，沿着周向，在轴承外壁布置 3 个膜厚测点，即可获得 3 个方程。根据式（3-10）求得上述未知参数，即可识别最小膜厚 h_{min} 等关键膜厚信息。

3. 润滑膜厚度测量装置

滑动轴承润滑膜厚度测量装置包括硬件和软件两部分。硬件部分组成如图 3-9 所示，主要包括传感器、脉冲发生器、数据采集模块和信号分析模块。其中，利用示波器来采集脉冲发生器接收的反射信号。超声波传感器为摩根公司的 PZT5A1 圆形超声压电元件，其直径为 7 mm、厚度为 0.2 mm。根据传感器的频率选择脉冲发射接收器。脉冲重复频率为每秒激励脉冲的发射次数，决定了膜厚测量速度。脉冲发射接收器为奥林巴斯公司的 5072 pr，其激励脉冲形状为负方波脉冲，最大脉冲重复频率为 20 kHz，激励脉冲幅值可根据需要进行调节；激励脉冲宽度根据所选超声波中心频率及超声波压电元件黏合质量进行调节。示波器为普源公司的 DS2102A 型数字示波器，其带宽为 100 MHz，具有 2 个通道接入端口，采样频率为 2 GSa/s。

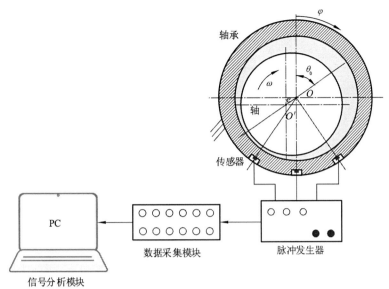

图 3-9　基于测点数据的轴承液膜厚度分布预测系统示意图

软件部分用于求解上述识别模型得到测点膜厚。首先，需对反射信号进行处理，得到反射系数频域图。然后，根据反射系数曲线的特征来选择合适的识别模型：如果反射系数随频率增加的变化呈现一条平滑的递增曲线，则采用弹簧模型；若反射系数随频率增加，出现一个极小值点或多个极小值点，则选择共振模型。

3.2.3　验证试验

1. 验证装置

为了验证膜厚测试装置的识别精度，需要设计标定装置，该装置可以提供已知的标准膜厚，利用测试装置来识别膜厚，将识别值与已知值进行对比，即可判断测试装置的膜厚识别精度。膜厚标定装置最重要的两个功能特点：测量平面的水平高度，可以调节微米级别的间隙用于膜厚模拟。为此，设计立式标定装置，如图 3-10 所示，该装置主要包括螺旋测微头 （日本 Mitutoyo 公司的 153-301 型）、测试模块、上板、下板、底板、立柱和可调节支撑。螺旋测微头的精度很高，其调节范围为 0～25 mm，调节精度为 0.5 μm，轴直径为 8 mm，千分尺安装在上板上，须保证其轴线与下板垂直，利用 4 个支撑调节下板上表面的水平度。测试模块包括旋转块和静止块。旋转块安装在千分尺上，随轴一起旋转，用于模拟轴承的运动部件。静止块安装在下板上，用于模拟轴承的静止部件，其上表面附有机玻璃环，用于存储润滑液，下表面粘贴超声传感器。标定试验时，旋转块和静止块材料分别选用了黄铜和 304 不锈钢，即测试模块为铜-油-铜系统和不锈钢-油-不锈钢系统，其中，润滑油牌号为 ISO VG46[6]。

黄铜声阻抗为 3.96×10^6 g/（$cm^2 \cdot$s），不锈钢声阻抗为 4.53×10^6 g/（$cm^2 \cdot$s），润滑油的声阻抗为 0.1×10^6 g/（$cm^2 \cdot$s）。超声波在不锈钢、黄铜和润滑油中传播速度分别为 6.2 km/s、4.7 km/s 和 1.45 km/s。利用标定装置构造出不同的膜厚，并应用对应的模型进行识别，分析识别误差。

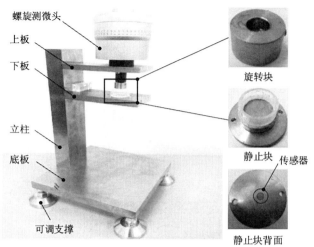

螺旋测微头
上板
下板
立柱
底板
可调支撑
旋转块
静止块
传感器
静止块背面

图 3-10　立式标定装置组成图

2. 标定试验

1）10～150 μm 膜厚的标定

利用标定装置构造 10～150 μm 膜厚，利用共振模型分析不同材料的回波信号，如图 3-11 所示[6]。当膜厚范围为 10～100 μm 时，大部分区域的相对误差小于 5%，在膜厚小于 25 μm 时，相对误差大于 5%且小于 10%，但膜厚为 10 μm 时，黄铜试块的相对误差达到了 17.7%；当膜厚为 100～150 μm 时，识别值的相对误差都小于 3%，精度较高。这表明当膜厚大于 10 μm 时，共振模型同时适用于识别小膜厚和大膜厚。此外，黄铜试块和不锈钢试块的测试结果有微小差异，当膜厚为 10～100 μm 时，两种材料的识别值与标准值之间的平均绝对误差（mean absolute error，MAE）分别为 6.50 μm 和 7.36 μm，表明黄铜试块的测试精度略高于不锈钢试块；当膜厚为 100～150 μm 时，两种材料的 MAE 分别为 1.67 μm 和 0.93 μm，表明不锈钢试块的测试精度略高于黄铜试块。

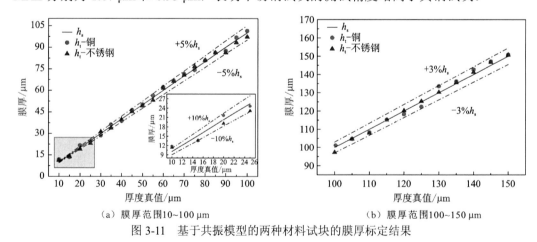

（a）膜厚范围10~100 μm　　　　　　（b）膜厚范围100~150 μm

图 3-11　基于共振模型的两种材料试块的膜厚标定结果

在标定装置上，通过螺旋测微头调节出 2.5 μm、3.5 μm、4.5 μm、6.0 μm 和 7.5 μm 膜厚，然后利用膜厚识别装置进行测试，采用弹簧模型来识别膜厚。不同油膜厚度的超声波反射信号如图 3-12 所示，反射信号频域图呈抛物线形状，膜厚越大，幅值越大。反射回波幅值随膜厚增大而增大，反射系数随频率和膜厚的增加而增大，且趋于 1。

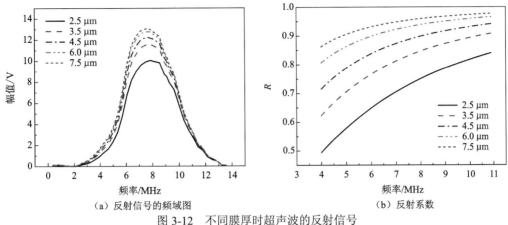

（a）反射信号的频域图　　　　　　（b）反射系数

图 3-12　不同膜厚时超声波的反射信号

不同频率下的膜厚识别值如图 3-13（a）所示，随着频率的变化，膜厚识别值在标准值之间有所波动。这是因为不同频率处信号能量不同，导致信号的信噪比有所差异，获取的反射系数也会发生变化。误差分析如图 3-13（b）所示，由各试验的平均值与标准值之差可知：h_s＝4.5 μm 和 h_s＝6.0 μm 时差值约为 0.18 μm，其他试验差值绝对值小于 0.05 μm。当 h_s＝7.5 μm 时，识别值的标准差（standard deviation，SD）最小，表明该测试数据的离散性最好，且随着膜厚减小，测试数据的离散度略有增大，当 h_s＝2.5 μm 时标准差最大。为了规避数据度量单位的影响，分析各试验的变异系数（coefficient of variation，CV）可知：当 h_s＝7.5 μm 时，变异系数最小，h_s 取 2.5 μm 时变异系数是取 7.5 μm 时的 9 倍，这同样表明 h_s 取 2.5 μm 时，测试结果受频率的影响最大。

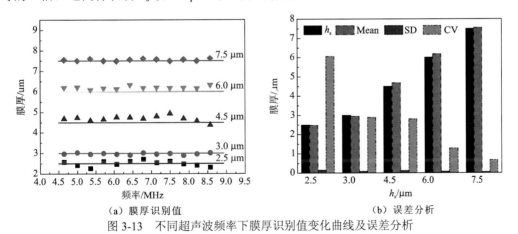

（a）膜厚识别值　　　　　　（b）误差分析

图 3-13　不同超声波频率下膜厚识别值变化曲线及误差分析

2）1～10 μm 膜厚的标定

利用标定装置构造 1～10 μm 膜厚，弹簧模型对两种材料试块的膜厚标定结果如图 3-14 所示。由图可知：在 2.5～7.5 μm 区间，识别值与标准值很接近，识别误差小于5%；但在这个区域之外，识别值与标定值之间存在明显误差。其中，在 1#区域，膜厚识别值几乎保持在 2.3 μm，这是因为试块表面存在加工误差，当两试块距离小于一定值后被粗糙峰支撑，导致界面出现接触，此时虽然千分尺继续拧紧，但相互接触的试块间距基本保持不变。如果试块表面的粗糙度进一步降低，识别的最小膜厚也会进一步减小。

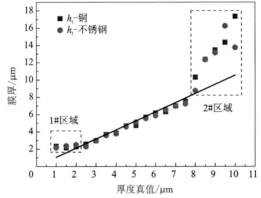

图 3-14　基于弹簧模型的两种材料试块的膜厚标定结果

为了分析弹簧模型的测试范围，对超声波在图 3-7 中的传递模型进行推算，可以得出声压反射系数与膜厚及频率之间的关系为[3]

$$R = \sqrt{\frac{\dfrac{1}{4}\left(n-\dfrac{1}{n}\right)^2 \sin^2\left(\dfrac{2\pi h}{\lambda}\right)}{1+\dfrac{1}{4}\left(n-\dfrac{1}{n}\right)^2 \sin^2\left(\dfrac{2\pi h}{\lambda}\right)}} \tag{3-11}$$

式中：$n=z_1/z_2$。

当液膜两侧材料都为不锈钢时，结果如图 3-15 所示，其中横坐标为膜厚与频率乘积的对数（$\lg(hf)$），纵坐标为反射系数（R）。由图可知，$0.1<R<0.98$ 为弹簧模型的测量区域，该区域对应的膜厚与频率乘积范围为 $1\sim3.5$ μm·MHz。试验采用中心频率为 10 MHz 的传感器，其-6 DB 宽带为 $4.5\sim8.5$ MHz，故上述条件下弹簧模型的测量范围为 $0.11\sim7.8$ μm。当 $0.1<R<0.95$ 时，该区域对应的膜厚与频率乘积范围为 $1\sim2.2$ μm·MHz，弹簧模型的测量范围为 $0.11\sim4.8$ μm。对于中心频率为 10 MHz 的传感器，当膜厚超过 5 μm 后，润滑膜反射系数大于 0.95。由式（3-8）可知，膜厚越大，分母越趋于 0，膜厚识别结果对反射系数的误差越敏感。这从理论上揭示了 2#区域中试验数据误差大的原因。

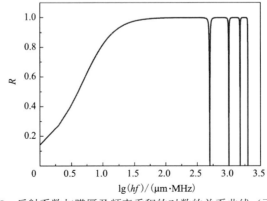

图 3-15　反射系数与膜厚及频率乘积的对数的关系曲线（不锈钢）

3.3 推力轴承膜厚分布识别试验

基于荧光法进行膜厚识别，在 0.2 MPa 比压下，实验舱顶部瓦块表面荧光光强随转速的变化情况如图 3-16（a）所示。转速（n）由 80 r/min 增大到 600 r/min 的过程中，瓦面大部分区域的荧光光强由深蓝色变为浅蓝色，入口边则由浅黄色变为深黄色。这说明随着转速增加，瓦块与推力盘间建立起了水膜。水膜厚度随转速的增大而增大，荧光光强也随之增大。值得注意的是在瓦块 4 个顶点及边缘处，荧光强度比其他区域强。这是因为高分子复合材料极难加工和抛光，在抛光过程中，瓦块顶点及边缘处容易形成"圆角"，特别是在瓦块的入口和出口边缘。瓦块上局部深色斑点为水中杂质造成的局部接触。

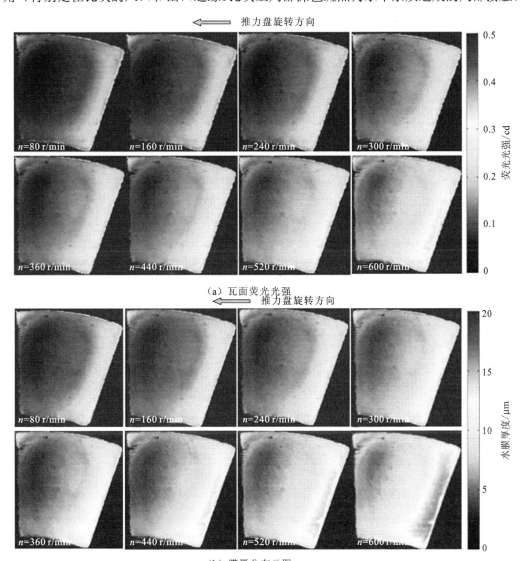

（a）瓦面荧光光强

（b）膜厚分布云图

图 3-16 瓦面荧光光强和膜厚分布随转速的变化情况

扫描封底二维码看彩图

利用图 3-6（b）中荧光光强与膜厚的映射关系，可以将不同转速下瓦面荧光光强分布转换为膜厚分布，如图 3-16（b）所示。可见在高转速时，从进口侧到出口侧膜厚存在明显的渐变过程，表明推力瓦块与推力盘之间存在楔形水膜。与低速工况相比，高转速时瓦面整体水膜厚度出现了明显的增大。这表明氙光-荧光技术可以用于观测水润滑推力轴承水膜的生成过程和表征瓦面水膜厚度分布状况。

膜厚分布云图可转化成膜厚分布等高线图，如图 3-17 所示。图中膜厚等高线并非光滑曲线，主要是由瓦面粗糙度和水中杂质附着在瓦面所致。

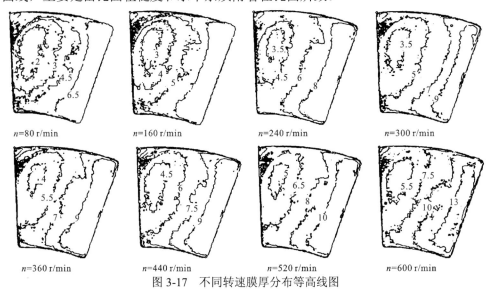

图 3-17　不同转速膜厚分布等高线图

提取转速为 600 r/min 时不同载荷下周向过虚拟支点的直线上水膜厚度分布，并做平滑处理，结果如图 3-18 所示。随着载荷增大，瓦块上相同位置的水膜厚度下降，0.25 MPa时出口侧最小膜厚约为 5.0 μm。瓦面上入水侧和出水侧的膜厚明显大于其邻近区域，这与瓦面研磨后的平面度有关。图中点画线表示平行于 y 轴且与瓦面相切的直线，用以表示瓦块平面。由图可见，瓦面上水膜入口侧和出口侧分别有约 2 μm 和 1.5 μm 的倒角。

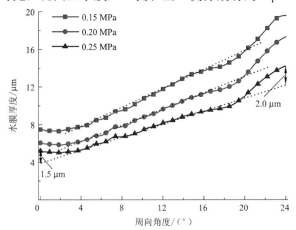

图 3-18　转速为 600 r/min 时不同载荷下 y 轴上水膜厚度分布曲线

改变转速和载荷，水膜厚度随转速和载荷的变化关系如图 3-19 所示。以点画线表示瓦块的倾斜状态，则瓦块周向膜厚比 k 可以按 $k=(h_i-h_o)/h_o$ 计算，式中 h_o 和 h_i 分别为瓦块平面出水处和入水处的膜厚。

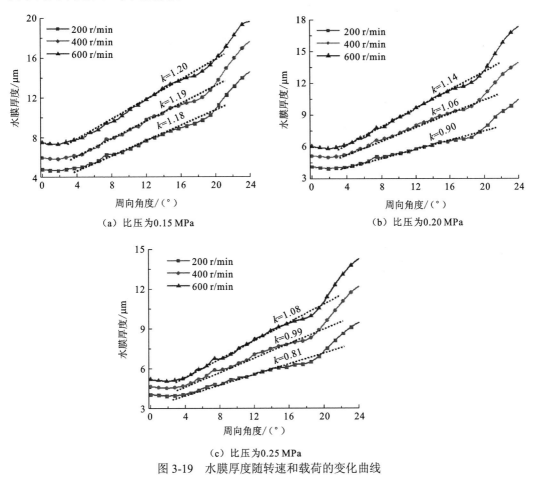

（a）比压为0.15 MPa

（b）比压为0.20 MPa

（c）比压为0.25 MPa

图 3-19　水膜厚度随转速和载荷的变化曲线

由图 3-19 可知，保持载荷恒定，增加转速，水膜厚度增大。额定转速工况下，比压为 0.15 MPa、0.20 MPa 和 0.25 MPa 时，纵坐标上最小膜厚分别约为 5.0 μm、5.8 μm 和 7.3 μm。分别将水膜厚度曲线两端背离点画线处的膜厚作为 h_o 和 h_i，随着转速增大周向膜厚比 k 增大。这与采用 THD 模型计算的膜厚比变化规律相矛盾（THD 模型计算表明膜厚比与转速和载荷变化无关），这一现象与 h_o 和 h_i 数值的选取位置有关。因为测量的膜厚值在入口侧和出口侧受瓦面倒角的影响，并未选取测量曲线的端点值作为 h_o 和 h_i 的实际值，而是选择与点画线分离时的膜厚，所以计算的 k 值偏小。

3.4　径向轴承膜厚分布识别试验

3.4.1　轴承试验台

图 3-20 为滑动轴承试验台[8]，试验台包括驱动模块、试验轴承模块、加载模块和测试模块。驱动模块的电机功率为 600 W，最大转速为 3 000 r/min，驱动力矩通过两条 V

形带传递到试验轴，通过皮带轮减速，试验轴转速范围为 0～1 500 r/min。试验轴被两个滚动轴承支撑，试验轴承悬浮在试验轴上方。加载螺杆将加载力向下作用在试验轴承上，其与试验轴承之间安装有力传感器，通过反馈控制保证轴承受到指定的加载力。在大皮带轮侧面安装红外线测试装置测试试验轴转速。

图 3-20 滑动轴承试验台照片

试验轴承为半轴瓦，内半径为 30 mm，外半径为 35 mm，宽度为 130 mm，轴承半径间隙为 56 mm，轴瓦的材料为青铜。如图 3-21 所示，在轴瓦的一侧等间距布置超声波传感器。在传感器粘贴之前，先将对应的轴瓦背部打磨光滑，形成三个平台，并用酒精将平台擦洗干净，传感器粘贴在平台上。传感器离轴瓦内壁面的距离为 3 mm。粘贴后，将信号线焊接到传感器的正极和负极，并连接到脉冲发射接收器。

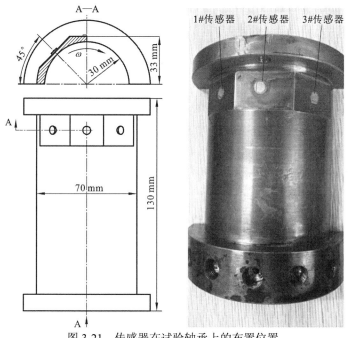

图 3-21 传感器在试验轴承上的布置位置

3.4.2　试验结果及分析

试验轴的转速范围为 100～500 r/min，调速间隔为 50 r/min；轴承载荷范围为 1～6 kN，载荷变化间隔为 1 kN。当轴承在对应的工况运行稳定后，记录数据，每个工况记录 20 组。

1. 膜厚识别结果的稳定性

由于试验台制造和安装误差，试验过程中轴瓦存在振动，为了分析振动对测试结果的影响，对相同工况的多次测量数据进行分析。以 2#测点为例，载荷为 1 kN，转速分别为 300 r/min、400 r/min 和 600 r/min，相同工况下反复测量 20 次，结果如图 3-22 所示。由图可知：不同转速下膜厚识别值都存在波动，这表明轴瓦振动会影响测试精度。取识别值的最大值、最小值分别与平均值求相对误差值，则 300 r/min、400 r/min 和 600 r/min 转速下的相对误差值分别为-3.2%～3.5%、-4.3%～4.6%和-9.0%～5.7%。对比不同转速下识别值的标准差，转速为 600 r/min 时标准差最大，400 r/min 时标准差次之，300 r/min 时标准差最小。变异系数随转速的变化规律与标准差正好相反，转速为 300 r/min 时变异系数约为转速 600 r/min 时的 1.66 倍。由此可知，转速越高，膜厚识别数据的离散性越大。这是因为轴瓦的振动随着转速增大而增大，但转速越高，膜厚越大，数据的相对误差值越小。因此，膜厚测量前应调整试验台使其获得较好的稳定性，同时可以取多次测量的平均值作为最终识别值。

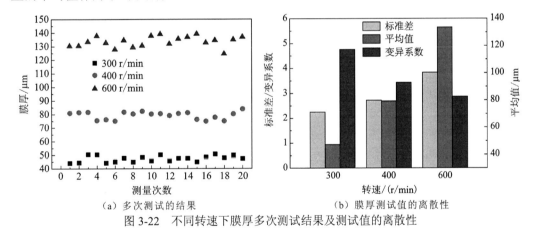

（a）多次测试的结果　　　　　　　（b）膜厚测试值的离散性

图 3-22　不同转速下膜厚多次测试结果及测试值的离散性

2. 试验值与理论值对比

如果试验对象满足纯流体动压润滑理论，通过对比轴承膜厚的理论值与试验值，可以侧面验证试验结果的准确性。膜厚的仿真[8]，即建立滑动轴承流体动压润滑模型，利用有限差分法或有限元法求解该模型，得到轴承的膜厚分布，并从中提取测点处的膜厚值。

载荷为 2 kN 时不同转速下轴承膜厚的试验值和理论值如图 3-23 所示。由图可知：不同测点的理论值与试验值差值不同，1#测点的差值最小，大部分转速下相对误差小于

4%，当转速为 350 r/min、400 r/min 和 450 r/min 时，相对误差约为 1.5%；2#测点的差值最大，当转速为 350 r/min、400 r/min 和 450 r/min 时，相对误差约为 8%，其他转速时相对误差约为 14%。而且，1#测点和 2#测点在高转速时的相对误差明显小于低转速。对于 3#测点，当转速为 200 r/min 和 250 r/min 时，相对误差约为 3%，其他转速时相对误差约为 8%。造成上述相对误差的主要原因是理论模型并不能完全模拟实际测试情况，试验过程中，加载螺杆对瓦块施加加载力，加载装置与瓦块存在接触摩擦力，该摩擦力会影响瓦块的运动，从而影响瓦块的偏心率和偏位角。这些因素在轴承理论模型中并未考虑，因此存在一定的误差。

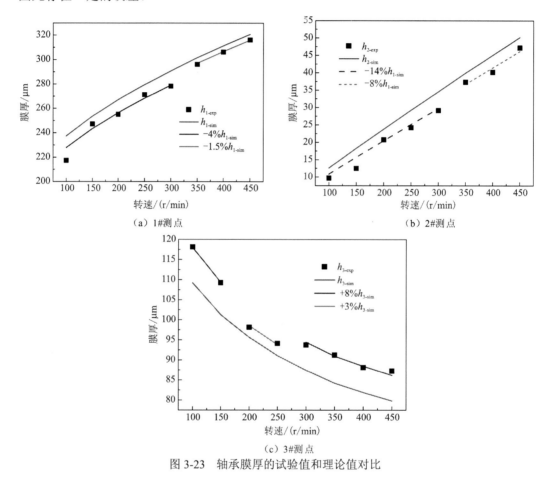

（a）1#测点　　　　　　　　　　（b）2#测点

（c）3#测点

图 3-23　轴承膜厚的试验值和理论值对比

3. 轴承最小膜厚的预测

根据基于测点数据的轴承液膜厚度分布预测方法，将 3 个测点的膜厚值代入式（3-2），可以预测轴承膜厚分布状态。对载荷 4 kN 时不同转速下的偏位角和偏心率进行预测，同时对不同转速下轴承半径间隙的预测值取平均值，为 0.5619 mm，实测值为 0.56 mm，两者很接近。根据预测的偏心率和半径间隙可以进一步推算出最小膜厚。转速为 350～550 r/min 时的预测值与理论值如图 3-24 所示，由图可知：偏位角的预测值与理论值之间相对误差为 3.1%～8.3%；偏心率相对误差为 0.1%～0.2%；除转速为 350 r/min

外，其他转速时最小膜厚相对误差为 2.8%～7.1%，转速为 350 r/min 时最小膜厚相对误差为 13.3%，但相差仅 1 μm 左右。偏心率的预测精度对膜厚的预测结果有较大影响。

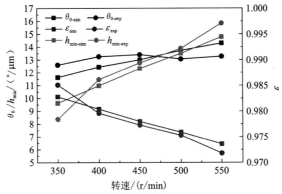

图 3-24　轴承状态参数的预测值与理论值对比

　　总体而言，本章提出的方法具有较高的可行性和预测精度。根据轴承膜厚分布的预测值，可以对轴承润滑状态进行实时监测，为轴承润滑失效的监测与预警提供了可行手段。此外，预测的轴承膜厚分布还可用于修正滑动轴承润滑模型，例如反求轴颈倾斜值等。

参 考 文 献

[1] LIANG X X, YAN X P, OUYANG W. Comparison of measured and calculated water film thickness of a water-lubricated elastically supported tilting pad thrust bearing[J]. Surface Topography: Metrology and Properties, 2019, 7(4): 045010.

[2] PIALUCHA T, GUYOTT C C H, CAWLEY P. Amplitude spectrum method for the measurement of phase velocity[J]. Ultrasonic, 1989, 27: 270-279.

[3] ZHANG K, WU T, MENG Q, et al. Ultrasonic measurement of oil film thickness using piezoelectric element[J]. The International Journal of Advanced Manufacturing Technology, 2018, 94: 3209-3215.

[4] DWYER-JOYCE R S, DRINKWATER B W, DONOHOE C J. The measurement of lubricant-film thickness using ultrasound[C]//Proceedings of the Royal Society of London A: Mathematical, Physical and Engineering Sciences. The Royal Society, 2003, 459(2032): 957-976.

[5] DWYER-JOYCE R S, HARPER P, DRINKWATER B W. A method for the measurement of hydrodynamic oil films using ultrasonic reflection[J]. Tribology Letters, 2004, 17(2): 337-348.

[6] OUYANG W, ZHOU Z, JIN Y, et al. Ultrasonic measurement of lubricant film thickness distribution of journal bearing[J]. Review of Scientific Instruments, 2020, 91(6): 065111.

[7] DRINKWATER B W, ZHANG J, KIRK K J, et al. Ultrasonic measurement of rolling bearing lubrication using piezoelectric thin films[J]. Journal of Tribology, 2009, 131(1): 011502.

[8] GONG J Y, JIN Y, LIU Z L, et al. Study on influencing factors of lubrication performance of water-lubricated micro-groove bearing[J]. Tribology International, 2019, 129: 390-397.

第 **4** 章

水润滑尾轴承动特性参数
识别技术及试验

船舶尾轴承作为螺旋桨-轴系-主机-船体之间振动能量传递链路的关键元件,其动力学特性影响着推进轴系的动力学行为,直接关系到推进系统运转质量的优劣[1-3]。准确识别尾轴承动特性系数对揭示推进轴系动力学行为和提出减振降噪方法具有重要价值,对实现船舶机舱振动故障智能诊断具有重要意义。

4.1　偏载下水润滑尾轴承动特性

船舶水润滑尾轴承由高分子内衬和金属衬套组成,与转轴及润滑水构成了水润滑轴承系统。水润滑尾轴承与普通径向轴承的结构和工况有较大区别:普通径向轴承的长径比(轴承长度与直径的比值)为 0.8~1.2,但尾轴承长径比达到 2~4[4];普通径向轴承一般受载比较均匀,但在螺旋桨重力作用下,尾轴承受到悬臂载荷,受载不均匀,出现"边缘效应"。随着船舶吨位增加,螺旋桨越来越大,悬臂载荷下螺旋桨轴弯曲情况越严重[5]。

4.1.1　径向多层刚度叠加特性

水润滑尾轴承系统径向刚度 k_b 可视作高分子内衬刚度 k_g 与水膜刚度 k_1 串联,如图 4-1 所示。对于橡胶尾轴承,水膜刚度远大于橡胶内衬刚度,内衬刚度在轴承系统总刚度中占主导地位,可考虑测试轴承内衬刚度为主刚度。

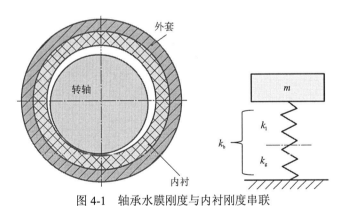

图 4-1　轴承水膜刚度与内衬刚度串联

4.1.2　轴向刚度分布特性

如图 4-2 所示,对于受载均匀的普通径向轴承,一般采用集中参数动力学模型,假设轴承有一个等效支点支撑着转轴,在经过支点且垂直于轴线的截面上有 8 个动特性系数[6](4 个刚度系数和 4 个阻尼系数)。图中:L、D 分别为轴承的长度和宽度;M 为主轴质量;K、C 分别为普通径向轴承的刚度和阻尼;K_1~K_n、C_1~C_n 分别为大长径比径向轴承分布式刚度及阻尼。尾轴承悬臂载荷下轴弯曲和轴承大长径比这两个因素导致轴承沿着轴向方向的液膜厚度和压力分布严重不均匀[7],轴承界面各区域的挤压和剪切效应区别较大，难以找到上述"等效支点"，轴承动特性呈现分布特征，集中参数动力学模型不再适用，因此需要建立分布式动特性理论[8]。

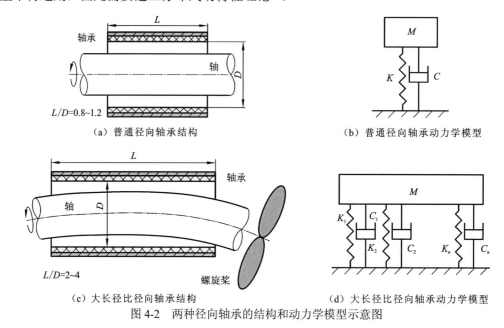

图 4-2　两种径向轴承的结构和动力学模型示意图

4.2　偏载下水润滑尾轴承分布式动特性参数识别技术

为了解决考虑轴弯曲的大长径比轴承分布式动特性系数识别问题，构建轴承动特性试验台。采用模拟轴弯曲和激励的双截面加载法，提出 4 次垂向和 8 次交叉激振技术对轴承进行动特性系数识别试验。

4.2.1　试验台及轴倾斜模拟方法

本节采用在轴承两端分别加载的方式模拟轴倾斜和弯曲，试验台如图 2-11 所示。试验轴承为油润滑大长径比径向滑动轴承，内径为 125 mm，长度为 360 mm，长径比接近 3∶1，轴承间隙为 0.4 mm，轴承内衬材料为巴氏合金，外衬材料为碳钢。

轴承动特性试验关键在于加载力及位移响应的测试。测试系统方案如图 4-3 所示。在液压缸处设置压力传感器测量加载力信号。在试验轴承两侧各设置一个位移测试截面，在每个截面同时布置 2 个电涡流传感器，分别测试水平方向和垂直方向的位移信号。此外，布置一个电涡流传感器，用于测试相位。加载装置 2-Y 在试验轴承右侧施加竖直方向的静态载荷，将会造成右侧轴下沉，从而模拟螺旋桨悬臂时轴承轴颈的弯曲情况。试验轴承两侧的垂直方向的电涡流传感器可以测试轴的位置变化，从而换算出轴的等效倾斜角。

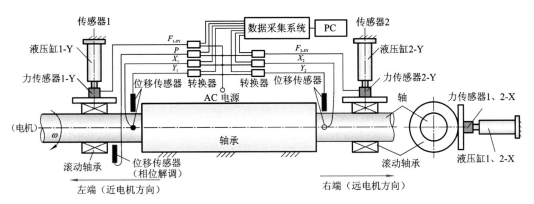

图 4-3　测试系统方案

当轴静止时，在轴右侧施加 18 kN 的静态载荷，试验轴承两侧的电涡流传感器与轴的距离变化如图 4-4 （a）和（b）所示。由图可知，加载后轴的左、右两侧位置变化分别为-0.002 mm 和+0.132 mm，表明右侧加载导致轴右侧下沉的同时，还会导致轴左侧出现微小的抬起。如图 4-4（c）和（d）所示，与轴静止相比，当轴旋转时轴两侧的位移信号因为轴振动而出现了波动，但总体变化趋势明显。取数据平均值，可得加载后轴左侧抬起 0.041mm，轴右侧下沉 0.143 mm，表明轴旋转后的不平衡力会加剧轴颈的倾斜和弯曲程度。

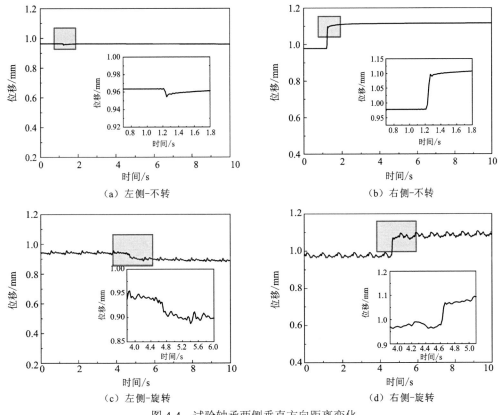

图 4-4　试验轴承两侧垂直方向距离变化

4.2.2 激振方案及算法

针对所建模型，假设：①液膜力为线性，即若静平衡位置有小扰动（位移和速度），则液膜力有增量；②轴承为双支点支撑结构，对应的轴颈为两个轴单元，两个单元相互作用。基于上述假设，构建双截面分布式动特性模型。不同于传统的轴承 8 个动特性系数，该模型拥有 16 个动特性系数。图 4-5 中，m_l 和 m_r 分别为轴左侧和右侧单元的质量；$[K_l, C_l]$ 和 $[K_r, C_r]$ 分别为轴承左单元和轴承右单元的刚度矩阵和阻尼矩阵。试验时，在试验轴承的右侧施加静载 F_s 使转轴弯曲，在试验轴承的左侧施加动载 F_d，为轴承系统提供激励力。本小节给出两种激励方法。

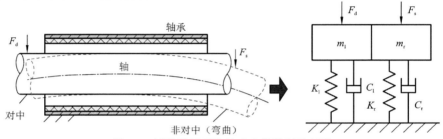

图 4-5 试验轴承系统的动力学模型示意图

1.4 次垂向激振法

对轴施加第一次垂向激励力 $F_1(t)$ 后，可获得左侧转子单元的输出位移响应 x_{1l}、y_{1l} 和右侧转子单元的输出位移响应 x_{1r}、y_{1r}，试验轴承动力学方程为

$$
\begin{bmatrix} k_{xxl} & k_{xyl} \\ k_{yxl} & k_{yyl} \end{bmatrix} \begin{bmatrix} x_{1l} \\ y_{1l} \end{bmatrix} + \begin{bmatrix} c_{xxl} & c_{xyl} \\ c_{yxl} & c_{yyl} \end{bmatrix} \begin{bmatrix} \dot{x}_{1l} \\ \dot{y}_{1l} \end{bmatrix} + \begin{bmatrix} k_{xxr} & k_{xyr} \\ k_{yxr} & k_{yyr} \end{bmatrix} \begin{bmatrix} x_{1r} \\ y_{1r} \end{bmatrix}
$$
$$
+ \begin{bmatrix} c_{xxr} & c_{xyr} \\ c_{yxr} & c_{yyr} \end{bmatrix} \begin{bmatrix} \dot{x}_{1r} \\ \dot{y}_{1r} \end{bmatrix} = \begin{bmatrix} 0 \\ F_1(t) \end{bmatrix} - m_l \begin{bmatrix} \ddot{x}_{1l} \\ \ddot{y}_{1l} \end{bmatrix} - m_r \begin{bmatrix} \ddot{x}_{1r} \\ \ddot{y}_{1r} \end{bmatrix}
$$

（4-1）

式中：$K_1 = \begin{bmatrix} k_{xxl} & k_{xyl} \\ k_{yxl} & k_{yyl} \end{bmatrix}$；$C_1 = \begin{bmatrix} c_{xxl} & c_{xyl} \\ c_{yxl} & c_{yyl} \end{bmatrix}$；$K_2 = \begin{bmatrix} k_{xxr} & k_{xyr} \\ k_{yxr} & k_{yyr} \end{bmatrix}$；$C_2 = \begin{bmatrix} c_{xxr} & c_{xyr} \\ c_{yxr} & c_{yyr} \end{bmatrix}$。

对式（4-1）进行傅里叶变换：

$$
\begin{bmatrix} k_{xxl} & k_{xyl} \\ k_{yxl} & k_{yyl} \end{bmatrix} \begin{bmatrix} H_{x1l}(w_1) \\ H_{y1l}(w_1) \end{bmatrix} + iw_1 \begin{bmatrix} c_{xxl} & c_{xyl} \\ c_{yxl} & c_{yyl} \end{bmatrix} \begin{bmatrix} H_{x1l}(w_1) \\ H_{y1l}(w_1) \end{bmatrix} + \begin{bmatrix} k_{xxr} & k_{xyr} \\ k_{yxr} & k_{yyr} \end{bmatrix} \begin{bmatrix} H_{x1r}(w_1) \\ H_{y1r}(w_1) \end{bmatrix}
$$
$$
+ iw_1 \begin{bmatrix} c_{xxr} & c_{xyr} \\ c_{yxr} & c_{yyr} \end{bmatrix} \begin{bmatrix} H_{x1r}(w_1) \\ H_{y1r}(w_1) \end{bmatrix} = \begin{bmatrix} 0 \\ 1 \end{bmatrix} + m_l w_1^2 \begin{bmatrix} H_{x1l}(w_1) \\ H_{y1l}(w_1) \end{bmatrix} + m_r w_1^2 \begin{bmatrix} H_{x1r}(w_1) \\ H_{y1r}(w_1) \end{bmatrix}
$$

（4-2）

式中：$H(w) = X(w) / T(w)$。

若

$$
X(w) = X\mathrm{e}^{\mathrm{j}(wt+\phi_1)}, \quad T(w) = T\mathrm{e}^{\mathrm{j}(wt+\phi_2)}
$$

则

$$
H(w) = \frac{X(w)}{T(w)} = \frac{X}{T}[\cos(\phi_1 - \phi_2) + \mathrm{j}\sin(\phi_1 - \phi_2)]
$$

由式（4-2）可知，每进行一次垂向激励，可以得到激振力及左右侧水平和垂直方向位移的时域数据，据此建立 4 个线性方程组。为了识别轴承的 16 个动特性系数，需建立 16 个线性方程，因此要进行 4 次激励。与第一次激励类似，当对轴施加垂向激励力 $F_2(t)$、$F_3(t)$、$F_4(t)$ 后，左侧轴单元的位移响应为 x_{2l}、y_{2l}、x_{3l}、y_{3l}、x_{4l}、y_{4l}，右侧轴单元的位移响应为 x_{2r}、y_{2r}、x_{3r}、y_{3r}、x_{4r}、y_{4r}。对 3 次激振时的轴承系统动力学方程均进行傅里叶变换，可得

$$
\begin{aligned}
&\begin{bmatrix} k_{xxl} & k_{xyl} \\ k_{yxl} & k_{yyl} \end{bmatrix}\begin{bmatrix} H_{x2l}(w_2) \\ H_{y2l}(w_2) \end{bmatrix} + \mathrm{i}w_2\begin{bmatrix} c_{xxl} & c_{xyl} \\ c_{yxl} & c_{yyl} \end{bmatrix}\begin{bmatrix} H_{x2l}(w_2) \\ H_{y2l}(w_2) \end{bmatrix} + \begin{bmatrix} k_{xxr} & k_{xyr} \\ k_{yxr} & k_{yyr} \end{bmatrix}\begin{bmatrix} H_{x2r}(w_2) \\ H_{y2r}(w_2) \end{bmatrix} \\
&+\mathrm{i}w_2\begin{bmatrix} c_{xxr} & c_{xyr} \\ c_{yxr} & c_{yyr} \end{bmatrix}\begin{bmatrix} H_{x2r}(w_2) \\ H_{y2r}(w_2) \end{bmatrix} = \begin{bmatrix} 0 \\ 1 \end{bmatrix} + m_1 w_2^2\begin{bmatrix} H_{x2l}(w_2) \\ H_{y2l}(w_2) \end{bmatrix} + m_r w_2^2\begin{bmatrix} H_{x2r}(w_2) \\ H_{y2r}(w_2) \end{bmatrix}
\end{aligned}
\tag{4-3}
$$

$$
\begin{aligned}
&\begin{bmatrix} k_{xxl} & k_{xyl} \\ k_{yxl} & k_{yyl} \end{bmatrix}\begin{bmatrix} H_{x2l}(w_3) \\ H_{y2l}(w_3) \end{bmatrix} + \mathrm{i}w_3\begin{bmatrix} c_{xxl} & c_{xyl} \\ c_{yxl} & c_{yyl} \end{bmatrix}\begin{bmatrix} H_{x2l}(w_3) \\ H_{y2l}(w_3) \end{bmatrix} + \begin{bmatrix} k_{xxr} & k_{xyr} \\ k_{yxr} & k_{yyr} \end{bmatrix}\begin{bmatrix} H_{x2r}(w_3) \\ H_{y2r}(w_3) \end{bmatrix} \\
&+\mathrm{i}w_3\begin{bmatrix} c_{xxr} & c_{xyr} \\ c_{yxr} & c_{yyr} \end{bmatrix}\begin{bmatrix} H_{x2r}(w_3) \\ H_{y2r}(w_3) \end{bmatrix} = \begin{bmatrix} 0 \\ 1 \end{bmatrix} + m_1 w_3^2\begin{bmatrix} H_{x2l}(w_3) \\ H_{y2l}(w_3) \end{bmatrix} + m_r w_3^2\begin{bmatrix} H_{x2r}(w_3) \\ H_{y2r}(w_3) \end{bmatrix}
\end{aligned}
\tag{4-4}
$$

$$
\begin{aligned}
&\begin{bmatrix} k_{xxl} & k_{xyl} \\ k_{yxl} & k_{yyl} \end{bmatrix}\begin{bmatrix} H_{x2l}(w_4) \\ H_{y2l}(w_4) \end{bmatrix} + \mathrm{i}w_4\begin{bmatrix} c_{xxl} & c_{xyl} \\ c_{yxl} & c_{yyl} \end{bmatrix}\begin{bmatrix} H_{x2l}(w_4) \\ H_{y2l}(w_4) \end{bmatrix} + \begin{bmatrix} k_{xxr} & k_{xyr} \\ k_{yxr} & k_{yyr} \end{bmatrix}\begin{bmatrix} H_{x2r}(w_4) \\ H_{y2r}(w_4) \end{bmatrix} \\
&+\mathrm{i}w_4\begin{bmatrix} c_{xxr} & c_{xyr} \\ c_{yxr} & c_{yyr} \end{bmatrix}\begin{bmatrix} H_{x2r}(w_4) \\ H_{y2r}(w_4) \end{bmatrix} = \begin{bmatrix} 0 \\ 1 \end{bmatrix} + m_1 w_4^2\begin{bmatrix} H_{x2l}(w_4) \\ H_{y2l}(w_4) \end{bmatrix} + m_r w_4^2\begin{bmatrix} H_{x2r}(w_4) \\ H_{y2r}(w_4) \end{bmatrix}
\end{aligned}
\tag{4-5}
$$

联立式（4-2）～式（4-5），分离实虚部并进行整理后可得

$$
HK_{11} = S_1 \tag{4-6}
$$

$$
HK_{22} = S_2 \tag{4-7}
$$

式中：

$$
K_{11} = \begin{bmatrix} k_{xxl} \\ k_{xyl} \\ c_{xxl} \\ c_{xyl} \\ k_{xxr} \\ k_{xyr} \\ c_{xxr} \\ c_{xyr} \end{bmatrix}
\qquad
S_1 = \begin{bmatrix} m_1 w_1^2 H_{x1l}^{R}(w_1) + m_r w_1^2 H_{x1r}^{R}(w_1) \\ m_1 w_1^2 H_{x1l}^{I}(w_1) + m_r w_1^2 H_{x1r}^{I}(w_1) \\ m_1 w_2^2 H_{x2l}^{R}(w_2) + m_r w_2^2 H_{x2r}^{R}(w_2) \\ m_1 w_2^2 H_{x2l}^{I}(w_2) + m_r w_2^2 H_{x2r}^{I}(w_2) \\ m_1 w_3^2 H_{x3l}^{R}(w_3) + m_r w_3^2 H_{x3r}^{R}(w_3) \\ m_1 w_3^2 H_{x3l}^{I}(w_3) + m_r w_3^2 H_{x3r}^{I}(w_3) \\ m_1 w_4^2 H_{x4l}^{R}(w_4) + m_r w_4^2 H_{x4r}^{R}(w_4) \\ m_1 w_4^2 H_{x4l}^{I}(w_4) + m_r w_4^2 H_{x4r}^{I}(w_4) \end{bmatrix}
$$

$$
K_{22} = \begin{bmatrix} k_{yxl} \\ k_{yyl} \\ c_{yxl} \\ c_{yyl} \\ k_{yxr} \\ k_{yyr} \\ c_{yxr} \\ c_{yyr} \end{bmatrix}
\qquad
S_2 = \begin{bmatrix} 1 + m_1 w_1^2 H_{y1l}^{R}(w_1) + m_r w_1^2 H_{y1r}^{R}(w_1) \\ m_1 w_1^2 H_{y1l}^{I}(w_1) + m_r w_1^2 H_{y1r}^{I}(w_1) \\ 1 + m_1 w_2^2 H_{y2l}^{R}(w_2) + m_r w_2^2 H_{y2r}^{R}(w_2) \\ m_1 w_2^2 H_{y2l}^{I}(w_2) + m_r w_2^2 H_{y2r}^{I}(w_2) \\ 1 + m_1 w_3^2 H_{y3l}^{R}(w_3) + m_r w_3^2 H_{y3r}^{R}(w_3) \\ m_1 w_3^2 H_{y3l}^{I}(w_3) + m_r w_3^2 H_{y3r}^{I}(w_3) \\ 1 + m_1 w_4^2 H_{y4l}^{R}(w_4) + m_r w_4^2 H_{y4r}^{R}(w_4) \\ m_1 w_4^2 H_{y4l}^{I}(w_4) + m_r w_4^2 H_{y4r}^{I}(w_4) \end{bmatrix}
$$

$$H = \begin{bmatrix} H_{x1l}^{R}(w_1) & H_{y1l}^{R}(w_1) & -w_1 H_{x1l}^{I}(w_1) & -w_1 H_{y1l}^{I}(w_1) & H_{x1r}^{R}(w_1) & H_{y1r}^{R}(w_1) & -w_1 H_{x1r}^{I}(w_1) & -w_1 H_{y1r}^{I}(w_1) \\ H_{x1l}^{I}(w_1) & H_{y1l}^{I}(w_1) & w_1 H_{x1l}^{R}(w_1) & w_1 H_{y1l}^{R}(w_1) & H_{x1r}^{I}(w_1) & H_{y1r}^{I}(w_1) & w_1 H_{x1r}^{R}(w_1) & w_1 H_{y1r}^{R}(w_1) \\ H_{x2l}^{R}(w_2) & H_{y2l}^{R}(w_2) & -w_2 H_{x2l}^{I}(w_2) & -w_2 H_{y2l}^{I}(w_2) & H_{x2r}^{R}(w_2) & H_{y2r}^{R}(w_2) & -w_2 H_{x2r}^{I}(w_2) & -w_2 H_{y2r}^{I}(w_2) \\ H_{x2l}^{I}(w_2) & H_{y2l}^{I}(w_2) & w_2 H_{x2l}^{R}(w_2) & w_2 H_{y2l}^{R}(w_2) & H_{x2r}^{I}(w_2) & H_{y2r}^{I}(w_2) & w_2 H_{x2r}^{R}(w_2) & w_2 H_{y2r}^{R}(w_2) \\ H_{x3l}^{R}(w_3) & H_{y3l}^{R}(w_3) & -w_3 H_{x3l}^{I}(w_3) & -w_3 H_{y3l}^{I}(w_3) & H_{x3r}^{R}(w_3) & H_{y3r}^{R}(w_3) & -w_3 H_{x3r}^{I}(w_3) & -w_3 H_{y3r}^{I}(w_3) \\ H_{x3l}^{I}(w_3) & H_{y3l}^{I}(w_3) & w_3 H_{x3l}^{R}(w_3) & w_3 H_{y3l}^{R}(w_3) & H_{x3r}^{I}(w_3) & H_{y3r}^{I}(w_3) & w_3 H_{x3r}^{R}(w_3) & w_3 H_{y3r}^{R}(w_3) \\ H_{x4l}^{R}(w_4) & H_{y4l}^{R}(w_4) & -w_4 H_{x4l}^{I}(w_4) & -w_4 H_{y4l}^{I}(w_4) & H_{x4r}^{R}(w_4) & H_{y4r}^{R}(w_4) & -w_4 H_{x4r}^{I}(w_4) & -w_4 H_{y4r}^{I}(w_4) \\ H_{x4l}^{I}(w_4) & H_{y4l}^{I}(w_4) & w_4 H_{x4l}^{R}(w_4) & w_4 H_{y4l}^{R}(w_4) & H_{x4r}^{I}(w_4) & H_{y4r}^{I}(w_4) & w_4 H_{x4r}^{R}(w_4) & w_4 H_{y4r}^{R}(w_4) \end{bmatrix}$$

对 4 次垂向激励后得到的力和位移时域数据进行傅里叶变换，将所得到的幅值和相位代入式（4-6）和式（4-7），即可得到轴承系统的 16 个动特性系数。以转速为 100 r/min 的第 1 次垂向激振（激励频率为 1.5 Hz）为例，获得力和位移的时域和频域数据，如图 4-6 所示，其中频域图中的直流分量已被滤除。由图可知，单次垂向激励可以同时获得水平和垂直方向的响应。因此在理想状态下，上述识别方法是可行的，但水平方向的响应数据存在幅值较小的问题，当信噪比不足时会导致较大的识别误差[9]。此外，频域图除了含有激励频率 1.5 Hz，还出现了幅值更大的 1.7 Hz 谱线成分，这可能与试验台安装等因素相关，该频率成分会削弱激励频率成分的能量，影响识别精度。

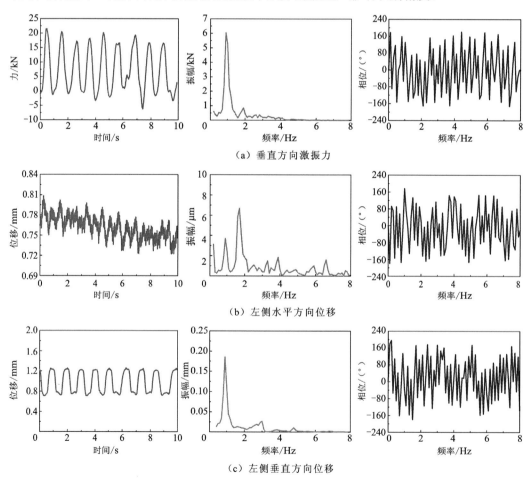

（a）垂直方向激振力

（b）左侧水平方向位移

（c）左侧垂直方向位移

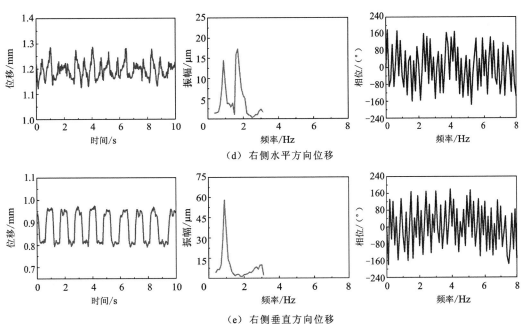

（d）右侧水平方向位移

（e）右侧垂直方向位移

图 4-6　1 路激励力和 4 路位移的时域和频域图

2.8 次交叉激振法

针对上述多次垂向激振法存在的水平方向响应较小的问题，提出交叉激振法，每一组交叉激振包括一次垂直方向激振和一次水平方向激振。施加垂向激励，假设水平方向未产生位移响应，有

$$\begin{bmatrix} k_{xxl} & k_{xyl} \\ k_{yxl} & k_{yyl} \end{bmatrix}\begin{bmatrix} 0 \\ H_{y1l}(w_1) \end{bmatrix} + \mathrm{i}w_1\begin{bmatrix} c_{xxl} & c_{xyl} \\ c_{yxl} & c_{yyl} \end{bmatrix}\begin{bmatrix} 0 \\ H_{y1l}(w_1) \end{bmatrix} + \begin{bmatrix} k_{xxr} & k_{xyr} \\ k_{yxr} & k_{yyr} \end{bmatrix}\begin{bmatrix} 0 \\ H_{y1r}(w_1) \end{bmatrix}$$
$$+\mathrm{i}w_1\begin{bmatrix} c_{xxr} & c_{xyr} \\ c_{yxr} & c_{yyr} \end{bmatrix}\begin{bmatrix} 0 \\ H_{y1r}(w_1) \end{bmatrix} = \begin{bmatrix} 0 \\ 1 \end{bmatrix} + m_1 w_1^2\begin{bmatrix} 0 \\ H_{y1l}(w_1) \end{bmatrix} + m_r w_1^2\begin{bmatrix} 0 \\ H_{y1r}(w_1) \end{bmatrix} \tag{4-8}$$

同时对轴承系统施加相同频率的水平激励，假设垂直方向未产生位移响应，则有

$$\begin{bmatrix} k_{xxl} & k_{xyl} \\ k_{yxl} & k_{yyl} \end{bmatrix}\begin{bmatrix} H_{x2l}(w_2) \\ 0 \end{bmatrix} + \mathrm{i}w_2\begin{bmatrix} c_{xxl} & c_{xyl} \\ c_{yxl} & c_{yyl} \end{bmatrix}\begin{bmatrix} H_{x2l}(w_2) \\ 0 \end{bmatrix} + \begin{bmatrix} k_{xxr} & k_{xyr} \\ k_{yxr} & k_{yyr} \end{bmatrix}\begin{bmatrix} H_{x2r}(w_2) \\ 0 \end{bmatrix}$$
$$+\mathrm{i}w_2\begin{bmatrix} c_{xxr} & c_{xyr} \\ c_{yxr} & c_{yyr} \end{bmatrix}\begin{bmatrix} H_{x2r}(w_2) \\ 0 \end{bmatrix} = \begin{bmatrix} 1 \\ 0 \end{bmatrix} + m_1 w_2^2\begin{bmatrix} H_{x2l}(w_2) \\ 0 \end{bmatrix} + m_r w_2^2\begin{bmatrix} H_{x2r}(w_2) \\ 0 \end{bmatrix} \tag{4-9}$$

联立式（4-8）和式（4-9）可得

$$\begin{bmatrix} k_{xxl} & k_{xyl} \\ k_{yxl} & k_{yyl} \end{bmatrix}\begin{bmatrix} H_{x2l}(w_2) \\ H_{y1l}(w_1) \end{bmatrix} + \mathrm{i}w_1\begin{bmatrix} c_{xxl} & c_{xyl} \\ c_{yxl} & c_{yyl} \end{bmatrix}\begin{bmatrix} H_{x2l}(w_2) \\ H_{y1l}(w_1) \end{bmatrix} + \begin{bmatrix} k_{xxr} & k_{xyr} \\ k_{yxr} & k_{yyr} \end{bmatrix}\begin{bmatrix} H_{x2r}(w_2) \\ H_{y1r}(w_1) \end{bmatrix}$$
$$+\mathrm{i}w_1\begin{bmatrix} c_{xxr} & c_{xyr} \\ c_{yxr} & c_{yyr} \end{bmatrix}\begin{bmatrix} H_{x2r}(w_2) \\ H_{y1r}(w_1) \end{bmatrix} = \begin{bmatrix} 1 \\ 1 \end{bmatrix} + m_1 w_2^2\begin{bmatrix} H_{x2l}(w_2) \\ H_{y1l}(w_1) \end{bmatrix} + m_r w_2^2\begin{bmatrix} H_{x2r}(w_2) \\ H_{y1r}(w_1) \end{bmatrix} \tag{4-10}$$

由式（4-10）可知，每次激励后，都可得到该方向的响应信号，进而提取频域数据。一组交叉激振可获得 4 个线性方程，为求解轴承的 16 个动力特性系数共须进行 4 组交叉激振。依次重复第 1 组交叉激振步骤，可得后 3 组交叉激振动力学方程：

$$\begin{bmatrix} k_{xxl} & k_{xyl} \\ k_{yxl} & k_{yyl} \end{bmatrix}\begin{bmatrix} H_{x41}(w_4) \\ H_{y31}(w_3) \end{bmatrix} + \mathrm{i}w_3\begin{bmatrix} c_{xxl} & c_{xyl} \\ c_{yxl} & c_{yyl} \end{bmatrix}\begin{bmatrix} H_{x41}(w_4) \\ H_{y31}(w_3) \end{bmatrix} + \begin{bmatrix} k_{xxr} & k_{xyr} \\ k_{yxr} & k_{yyr} \end{bmatrix}\begin{bmatrix} H_{x4r}(w_4) \\ H_{y3r}(w_3) \end{bmatrix}$$
$$+\mathrm{i}w_3\begin{bmatrix} c_{xxr} & c_{xyr} \\ c_{yxr} & c_{yyr} \end{bmatrix}\begin{bmatrix} H_{x4r}(w_4) \\ H_{y3r}(w_3) \end{bmatrix} = \begin{bmatrix} 1 \\ 1 \end{bmatrix} + m_1 w_3^2\begin{bmatrix} H_{x41}(w_4) \\ H_{y31}(w_3) \end{bmatrix} + m_r w_3^2\begin{bmatrix} H_{x4r}(w_4) \\ H_{y3r}(w_3) \end{bmatrix} \tag{4-11}$$

$$\begin{bmatrix} k_{xxl} & k_{xyl} \\ k_{yxl} & k_{yyl} \end{bmatrix}\begin{bmatrix} H_{x61}(w_6) \\ H_{y51}(w_5) \end{bmatrix} + \mathrm{i}w_5\begin{bmatrix} c_{xxl} & c_{xyl} \\ c_{yxl} & c_{yyl} \end{bmatrix}\begin{bmatrix} H_{x61}(w_6) \\ H_{y51}(w_5) \end{bmatrix} + \begin{bmatrix} k_{xxr} & k_{xyr} \\ k_{yxr} & k_{yyr} \end{bmatrix}\begin{bmatrix} H_{x6r}(w_6) \\ H_{y5r}(w_5) \end{bmatrix}$$
$$+\mathrm{i}w_5\begin{bmatrix} c_{xxr} & c_{xyr} \\ c_{yxr} & c_{yyr} \end{bmatrix}\begin{bmatrix} H_{x6r}(w_6) \\ H_{y5r}(w_5) \end{bmatrix} = \begin{bmatrix} 1 \\ 1 \end{bmatrix} + m_1 w_5^2\begin{bmatrix} H_{x61}(w_6) \\ H_{y51}(w_5) \end{bmatrix} + m_r w_5^2\begin{bmatrix} H_{x6r}(w_6) \\ H_{y5r}(w_5) \end{bmatrix} \tag{4-12}$$

$$\begin{bmatrix} k_{xxl} & k_{xyl} \\ k_{yxl} & k_{yyl} \end{bmatrix}\begin{bmatrix} H_{x81}(w_8) \\ H_{y71}(w_7) \end{bmatrix} + \mathrm{i}w_7\begin{bmatrix} c_{xxl} & c_{xyl} \\ c_{yxl} & c_{yyl} \end{bmatrix}\begin{bmatrix} H_{x81}(w_8) \\ H_{y71}(w_7) \end{bmatrix} + \begin{bmatrix} k_{xxr} & k_{xyr} \\ k_{yxr} & k_{yyr} \end{bmatrix}\begin{bmatrix} H_{x8r}(w_8) \\ H_{y7r}(w_7) \end{bmatrix}$$
$$+\mathrm{i}w_7\begin{bmatrix} c_{xxr} & c_{xyr} \\ c_{yxr} & c_{yyr} \end{bmatrix}\begin{bmatrix} H_{x8r}(w_8) \\ H_{y7r}(w_7) \end{bmatrix} = \begin{bmatrix} 1 \\ 1 \end{bmatrix} + m_1 w_7^2\begin{bmatrix} H_{x81}(w_8) \\ H_{y71}(w_7) \end{bmatrix} + m_r w_7^2\begin{bmatrix} H_{x8r}(w_8) \\ H_{y7r}(w_7) \end{bmatrix} \tag{4-13}$$

联立式（4-11）～式（4-13），分离实虚部并进行整理后可得

$$H'K_{11} = S_3 \tag{4-14}$$

$$H'K_{22} = S_4 \tag{4-15}$$

式中：

$$K_{11} = \begin{bmatrix} k_{xxl} \\ k_{xyl} \\ c_{xxl} \\ c_{xyl} \\ k_{xxr} \\ k_{xyr} \\ c_{xxr} \\ c_{xyr} \end{bmatrix} \qquad S_3 = \begin{bmatrix} 1 + m_1 w_1^2 H_{x21}^R(w_2) + m_r w_1^2 H_{x2r}^R(w_2) \\ m_1 w_1^2 H_{x21}^I(w_2) + m_r w_2^2 H_{x2r}^I(w_2) \\ 1 + m_1 w_3^2 H_{x41}^R(w_4) + m_r w_3^2 H_{x4r}^R(w_4) \\ m_1 w_3^2 H_{x41}^I(w_4) + m_r w_3^2 H_{x4r}^I(w_4) \\ 1 + m_1 w_5^2 H_{x61}^R(w_6) + m_r w_5^2 H_{x6r}^R(w_6) \\ m_1 w_5^2 H_{x61}^I(w_6) + m_r w_5^2 H_{x6r}^I(w_6) \\ 1 + m_1 w_7^2 H_{x81}^R(w_8) + m_r w_7^2 H_{x8r}^R(w_8) \\ m_1 w_7^2 H_{x81}^I(w_8) + m_r w_7^2 H_{x8r}^I(w_8) \end{bmatrix}$$

$$K_{22} = \begin{bmatrix} k_{yxl} \\ k_{yyl} \\ c_{yxl} \\ c_{yyl} \\ k_{yxr} \\ k_{yyr} \\ c_{yxr} \\ c_{yyr} \end{bmatrix} \qquad S_4 = \begin{bmatrix} 1 + m_1 w_1^2 H_{y11}^R(w_1) + m_r w_1^2 H_{y1r}^R(w_1) \\ m_1 w_1^2 H_{y11}^I(w_1) + m_r w_1^2 H_{y1r}^I(w_1) \\ 1 + m_1 w_3^2 H_{y31}^R(w_3) + m_r w_3^2 H_{y3r}^R(w_3) \\ m_1 w_3^2 H_{y31}^I(w_3) + m_r w_3^2 H_{y3r}^I(w_3) \\ 1 + m_1 w_5^2 H_{y51}^R(w_5) + m_r w_5^2 H_{y5r}^R(w_5) \\ m_1 w_5^2 H_{y51}^I(w_5) + m_r w_5^2 H_{y5r}^I(w_5) \\ 1 + m_1 w_7^2 H_{y71}^R(w_7) + m_r w_7^2 H_{y7r}^R(w_7) \\ m_1 w_7^2 H_{y71}^I(w_7) + m_r w_7^2 H_{y7r}^I(w_7) \end{bmatrix}$$

$$H' = \begin{bmatrix} H_{x21}^R(w_2) & H_{y11}^R(w_1) & -w_1 H_{x21}^I(w_2) & -w_1 H_{y11}^I(w_1) & H_{x2r}^R(w_2) & H_{y1r}^R(w_1) & -w_1 H_{x2r}^I(w_2) & -w_1 H_{y1r}^I(w_1) \\ H_{x21}^I(w_2) & H_{y11}^I(w_1) & w_1 H_{x21}^R(w_2) & w_1 H_{y11}^R(w_1) & H_{x2r}^I(w_2) & H_{y1r}^I(w_1) & w_1 H_{x2r}^R(w_2) & w_1 H_{y1r}^R(w_1) \\ H_{x41}^R(w_4) & H_{y31}^R(w_3) & -w_3 H_{x41}^I(w_4) & -w_3 H_{y31}^I(w_3) & H_{x4r}^R(w_4) & H_{y3r}^R(w_3) & -w_3 H_{x4r}^I(w_4) & -w_3 H_{y3r}^I(w_3) \\ H_{x41}^I(w_4) & H_{y31}^I(w_3) & w_3 H_{x41}^R(w_4) & w_3 H_{y31}^R(w_3) & H_{x4r}^I(w_4) & H_{y3r}^I(w_3) & w_3 H_{x4r}^R(w_4) & w_3 H_{y3r}^R(w_3) \\ H_{x61}^R(w_6) & H_{y51}^R(w_5) & -w_5 H_{x61}^I(w_6) & -w_5 H_{y51}^I(w_5) & H_{x6r}^R(w_6) & H_{y5r}^R(w_5) & -w_5 H_{x6r}^I(w_6) & -w_5 H_{y5r}^I(w_5) \\ H_{x61}^I(w_6) & H_{y51}^I(w_5) & w_5 H_{x61}^R(w_6) & w_5 H_{y51}^R(w_5) & H_{x6r}^I(w_6) & H_{y5r}^I(w_5) & w_5 H_{x6r}^R(w_6) & w_5 H_{y5r}^R(w_5) \\ H_{x81}^R(w_8) & H_{y71}^R(w_7) & -w_7 H_{x81}^I(w_8) & -w_7 H_{y71}^I(w_7) & H_{x8r}^R(w_8) & H_{y7r}^R(w_7) & -w_7 H_{x8r}^I(w_8) & -w_7 H_{y7r}^I(w_7) \\ H_{x81}^I(w_8) & H_{y71}^I(w_7) & w_7 H_{x81}^R(w_8) & w_7 H_{y71}^R(w_7) & H_{x8r}^I(w_8) & H_{y7r}^I(w_7) & w_7 H_{x8r}^R(w_8) & w_7 H_{y7r}^R(w_7) \end{bmatrix}$$

对 8 次交叉激励后得到的力和位移时域信号进行傅里叶变换，将得到的幅值和相位代入式（4-14）和式（4-15），即可得到轴承系统的 16 个动特性系数。以转速为 100 r/min 时第一组交叉激振为例，垂直方向和水平方向激励力和响应的时域图和频域图如图 4-7 和图 4-8 所示，其中频域图中的直流分量已被滤除。由图可知，两次交叉激励得到的水平方向的响应明显大于单次垂向激励时的值，且信噪比较好。此外，因在左侧施加激励力，故左侧的响应要大于右侧。

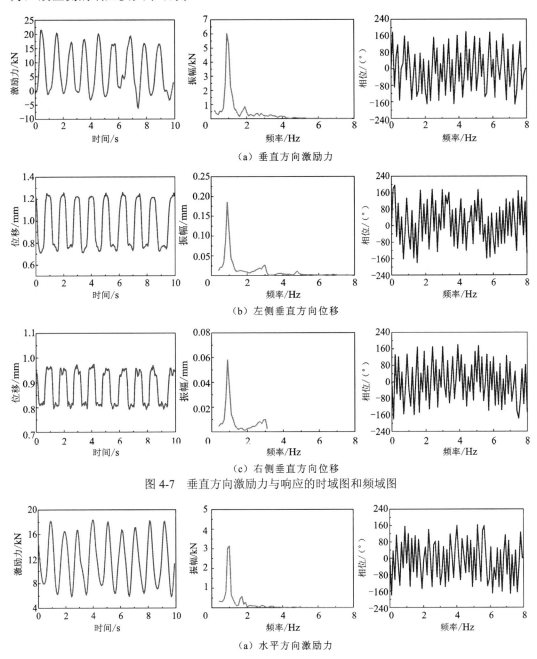

（a）垂直方向激励力

（b）左侧垂直方向位移

（c）右侧垂直方向位移

图 4-7　垂直方向激励力与响应的时域图和频域图

（a）水平方向激励力

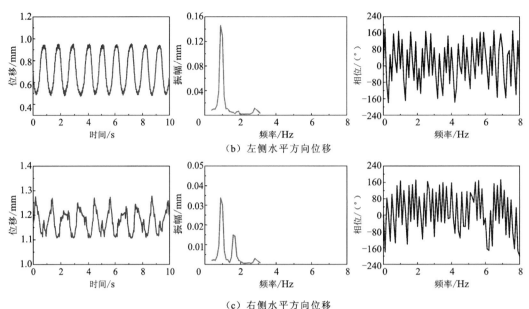

（b）左侧水平方向位移

（c）右侧水平方向位移

图 4-8　水平方向激励力与响应的时域图和频域图

4.2.3　试验结果及分析

1. 试验流程

由轴承分布式动特性系数识别模型可知，识别结果与激振方法、激振频率、轴是否弯曲和转速等因素相关，针对这些因素开展轴承动特性影响试验。4 次垂向激振法的激振频率为 1.5 Hz。轴弯曲和变转速试验采用 8 次交叉激振法。不考虑轴弯曲的试验时，右侧轴上静载力 F_s 为 0 N，转速为 50～225 r/min，每一转速下对左侧轴施加 1 Hz、1.5 Hz、2 Hz、2.5 Hz 的水平激励和垂直激励。垂直激励时采集 1 路力信号及试验轴承两侧的水平方向和垂直方向共 4 路位移信号；水平激励时，采集 1 路力信号及轴承两侧的水平方向的 2 路位移信号。该信号采集方式可保证两种激励法的轴承运行状态基本相同。考虑轴弯曲的试验流程与不考虑轴弯曲时基本一致，前者须在右侧轴上施加 18 kN 的静载模拟轴弯曲。

2. 试验结果分析

1）激励方式影响

当转速为 50 r/min 和 225 r/min 时，两种激振方法识别的轴承刚度系数如图 4-9 所示。由图可知：两种激振法得到的轴承交叉刚度差值较小，但主刚度系数差值较大。当转速为 50 r/min 时，k_{yyl} 和 k_{yyr} 的识别差值分别为 2.05×10^7 N/m 和 2.25×10^7 N/m，k_{xxl} 和 k_{xxr} 的识别差值分别为 3.44×10^7 N/m 和 3.60×10^7 N/m；当转速为 225 r/min 时，k_{yyl} 和 k_{yyr} 的识别差值分别为 2.20×10^7 N/m 和 3.80×10^7 N/m，k_{xxl} 和 k_{xxr} 的识别差值分别为 3.05×10^7 N/m 和 3.83×10^7 N/m。此外，垂直主刚度系数的识别差值小于水平主刚度系数的差值。该现象进一步证实了 4 次垂向激振法的缺陷。由轴承系统动力学方程式（4-6）

和式（4-7）可知，k_{xxl}、k_{xxr} 与 S_1 和 H 有关，S_1 和 H 与水平响应信号相关，因此 k_{xxl}、k_{xxr} 对水平响应信号的误差敏感；k_{yyl}、k_{yyr} 与 S_2 和 H 有关，但 S_2 与水平响应信号无关，因此 k_{yyl}、k_{yyr} 在两种激振法下识别值的差异相对较小。

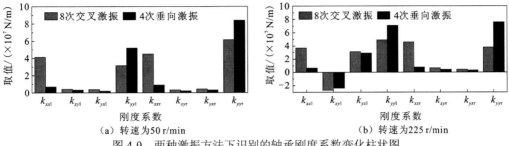

（a）转速为50 r/min （b）转速为225 r/min

图 4-9 两种激振方法下识别的轴承刚度系数变化柱状图

当转速为 150 r/min 和 225 r/min 时，两种激振方法识别的轴承阻尼系数如图 4-10 所示。由图可知：两种激振法得到的轴承主阻尼系数的差值明显大于交叉刚度法，且水平主阻尼系数的差值大于垂直主阻尼系数。其中，转速为 50 r/min 时，c_{xxl} 和 c_{xxr} 的识别差值分别达到了 6.95×10^7 N/m 和 7.83×10^7 N/m，远大于 4 次垂向激振法得到的 0.45×10^7 N/m 和 0.67×10^7 N/m。上述规律与文献[9]的仿真试验结果相似，当相位识别误差为 $1°$ 时，刚度系数识别误差小于 1%，但阻尼系数识别误差达 10%～20%。4 次垂向激振法得到的水平响应信噪比低，相位识别误差大，导致水平方向阻尼系数识别误差大。此外，随着转速的增加，轴的不平衡激励增大，水平方向响应增大，缩小了两种识别方法得到的水平方向阻尼系数的差距。综上所述，为了减小识别误差，后续试验采用 8 次交叉激振法。

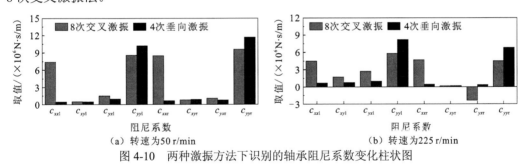

（a）转速为50 r/min （b）转速为225 r/min

图 4-10 两种激振方法下识别的轴承阻尼系数变化柱状图

2）激励频率影响

当转速为 150 r/min 时，分别对左侧轴施加 1～2.5 Hz 和 2～3.5 Hz 的水平激励和垂直激励，所识别的轴承动特性系数结果如图 4-11 所示。由图可知，轴承的各刚度系数均随激励频率的增加而增大，各阻尼系数随激励频率的增大而减小，且变化幅度较小。试验时，激振频率应该避开试验系统的共振频率和转频。

3）轴弯曲影响

轴对中与弯曲状态下的刚度系数识别结果如图 4-12 所示。轴弯曲的试验结果表明：当转速为 50 r/min 时，受轴不对中安装和不平衡力等因素影响，轴承右侧单元的刚度系数略大于轴承左侧单元，这说明大长径比轴承对轴的空间位置比较敏感；与轴对中相比，

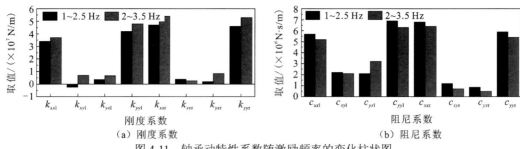

（a）刚度系数

（b）阻尼系数

图 4-11　轴承动特性系数随激励频率的变化柱状图

施加静载后轴承单元的 k_{xyl}、k_{yxl}、k_{yyl} 略有降低，但 k_{xxr}、k_{xyr}、k_{yxr}、k_{yyr} 均有显著升高，分别升高了 100%、253%、1195% 和 237%，这说明轴弯曲将明显改变轴承动特性系数沿着轴向分布的情况。这是因为在轴弯曲时，轴承左侧单元的偏心率略有减小，少量减小了刚度系数。轴承右侧单元的偏心率显著增加，承载力对位移扰动更敏感，单元刚度系数迅速增大。

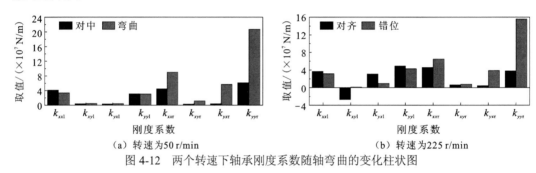

（a）转速为50 r/min

（b）转速为225 r/min

图 4-12　两个转速下轴承刚度系数随轴弯曲的变化柱状图

当转速为 225 r/min 时，施加静载后轴承刚度系数的变化趋势与转速为 50 r/min 时相似，k_{xxr}、k_{xyr}、k_{yxr} 和 k_{yyr} 分别升高了 41%、22%、767% 和 311%，表明转速增加一方面使轴承刚度系数沿轴向分布更加均匀，削弱了轴弯曲对轴承右侧单元刚度系数的增加效果，但转速增大了不平衡力的激励效果，导致 k_{yyr} 的相对增幅有所提高。

轴对中与弯曲状态下的阻尼系数识别结果如图 4-13 所示，由图可知，阻尼系数的变化规律与刚度系数相似。当转速为 50 r/min、轴对中时，轴承左右侧单元的刚度系数比较接近。右侧加载后，轴弯曲导致轴承左侧单元的阻尼系数略有降低，而轴承右侧单元的阻尼系数明显增加，c_{xxr} 和 c_{yyr} 分别增加了 25% 和 64%。此外，当转速为 225 r/min 时，轴承右侧单元阻尼系数增幅有所降低，轴承阻尼系数沿轴向分布更加均匀。

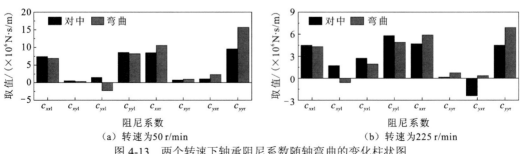

（a）转速为50 r/min

（b）转速为225 r/min

图 4-13　两个转速下轴承阻尼系数随轴弯曲的变化柱状图

综上，轴弯曲会导致轴承局部动特性系数增加，其中刚度系数相对增幅大于阻尼系数。转速增加对上述增加效应有削弱作用。因此低速时，轴弯曲引起的轴承动特性系数不均匀分布更显著。

4）转速影响

不考虑轴弯曲时，不同转速下轴承动特性系数识别结果如图 4-14 所示。由图可知，当转速为 50～200 r/min 时，主刚度系数的数量级为 10^7 N/m，交叉刚度系数的数量级为 10^6 N/m，且垂直主刚度系数略大于水平主刚度系数。当不考虑轴弯曲时，轴承左右两侧单元的刚度系数比较接近，且随转速变化的幅度较小。随着转速增加，轴承左侧单元的水平刚度系数略有减小，垂直主刚度系数略有增加，交叉刚度系数存在小幅波动。由于右侧没有加载，轴的运动相对自由，在转子不平衡和安装不对中等因素的作用下，随着转速增加轴左侧略有下沉趋势，轴承左侧单元的垂直主刚度系数略有增加。同时，右轴承单元的刚度系数随转速增加总体呈现降低趋势，但在部分工况时略有增加，这是由安装因素和转速共同造成的。一般情况下，转速的增加减小了该轴段的偏心率，从而降低了刚度系数，但轴段下沉时增加偏心率会造成相反的结果。如图 4-14（c）和（d）所示，主阻尼系数的数量级为 10^6 N·s/m，交叉阻尼系数的数量级为 10^5 N·s/m，且垂直主阻尼系数略大于水平主阻尼系数。随着转速增加，轴承左右侧单元的主阻尼系数都明显减小，这是由转速增加减弱了轴承油膜的挤压效应所致。

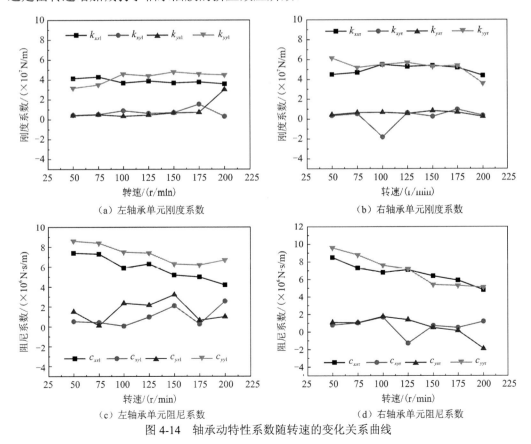

（a）左轴承单元刚度系数　　　　　　（b）右轴承单元刚度系数

（c）左轴承单元阻尼系数　　　　　　（d）右轴承单元阻尼系数

图 4-14　轴承动特性系数随转速的变化关系曲线

4.3 轴承动特性参数识别仿真试验

水润滑轴承动特性系数高精度识别难度大，是因为实际试验环境复杂，难以从中分离出单一干扰因素来进行分析，大量试验会耗费大量人、财、物资源。从该角度看，仿真试验具有先天的优势，它能自由选定干扰因素并精确设定干扰大小。径向轴承试验台可分为正置式和倒置式，两种试验台都可以用于轴承动特性测试，其中，"倒置式"试验台的干扰因素相对较少，轴承动特性测试精度较高。因此本节以"倒置式"试验台为例，建立水润滑轴承动特性参数识别模型，给出轴承动特性参数仿真试验技术[9]。

4.3.1 正反融合算法

针对"倒置式"试验台，建立测试方程前首先进行液膜力的线性假设，即假设平衡位置有小扰动（位移和速度），则液膜力有增量，图 4-15 给出了试验轴承系统力学模型。

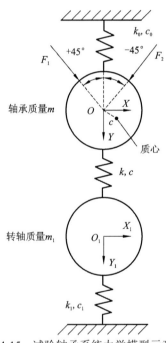

图 4-15 试验轴承系统力学模型示意图

F_1、F_2 为动载力；(X, Y) 为试验轴承相对于静平衡位置的绝对位移；(X_1, Y_1) 为试验轴承处转轴的绝对位移；(X_2, Y_2) 为试验轴承轴孔中心相对转轴轴心的位移；m、m_1 为试验轴承和转轴质量；k_0、c_0 为连接刚度和阻尼系数；k_1、c_1 为转子支撑的刚度和阻尼系数；k、c 为试验轴承的刚度和阻尼系数

假设所施加的激振力矢量通过轴承的几何中心，且轴承作平面平行运动，则描述轴承试验系统运动的微分方程为

$$\begin{cases} m\begin{bmatrix}\ddot{X}\\\ddot{Y}\end{bmatrix}+k_0\begin{bmatrix}X\\Y\end{bmatrix}+c_0\begin{bmatrix}\dot{X}\\\dot{Y}\end{bmatrix}+k\begin{bmatrix}X_2\\Y_2\end{bmatrix}+c\begin{bmatrix}\dot{X}_2\\\dot{Y}_2\end{bmatrix}=\begin{bmatrix}\sqrt{2}/2\\\sqrt{2}/2\end{bmatrix}F_1+\begin{bmatrix}-\sqrt{2}/2\\\sqrt{2}/2\end{bmatrix}F_2\\ m_1\begin{bmatrix}\ddot{X}_1\\\ddot{Y}_1\end{bmatrix}+k_1\begin{bmatrix}X_1\\Y_1\end{bmatrix}+c_1\begin{bmatrix}\dot{X}_1\\\dot{Y}_1\end{bmatrix}+k\begin{bmatrix}-X_2\\-Y_2\end{bmatrix}+c\begin{bmatrix}-\dot{X}_2\\-\dot{Y}_2\end{bmatrix}=0 \end{cases} \tag{4-16}$$

根据式（4-16），原则上只需已知 4 个力和位移数据即可求出 8 个振动量。但实际系统还受非主动激振干扰力、测试系统温漂、轴不圆及材质不均等影响，导致这种时域原理尚难建立。但上述部分因素具有周期性，可通过选择激振频率来避开，且温漂对位移测量的影响是慢变过程，这些都为基本频域原理的形成提供了前提。即对上述测试方程进行傅里叶变换后在频域中进行求解。频域测试方程可表示为

$$\begin{cases} (k+\mathrm{j}\omega c)\begin{bmatrix}\bar{X}_2(\omega)\\\bar{Y}_2(\omega)\end{bmatrix}=\begin{bmatrix}\sqrt{2}/2\\\sqrt{2}/2\end{bmatrix}\bar{F}_1(\omega)+\begin{bmatrix}-\sqrt{2}/2\\\sqrt{2}/2\end{bmatrix}\bar{F}_2(\omega)+(m\omega^2-k_0-\mathrm{j}\omega c_0)\begin{bmatrix}\bar{X}(\omega)\\\bar{Y}(\omega)\end{bmatrix}\\ (-m_1\omega^2+k_1+\mathrm{j}\omega c_1)\begin{bmatrix}\bar{X}_1(\omega)\\\bar{Y}_1(\omega)\end{bmatrix}=(k+\mathrm{j}\omega c)\begin{bmatrix}\bar{X}_2(\omega)\\\bar{Y}_2(\omega)\end{bmatrix} \end{cases} \tag{4-17}$$

1）正问题求解的算法

重载轴承动特性研究的正问题是将刚度和阻尼系数及两路激振数据代入式（4-17），求解相对位移和绝对位移。如图 4-15 所示，在+45°方向激振为 F_1，频率为 ω_1，代入式（4-17）并以实部和虚部的形式展开，得到线性方程组：

$$\boldsymbol{A}_1\boldsymbol{B}_1=\boldsymbol{C}_1 \tag{4-18}$$

矩阵元素如式（4-19）所示：

$$\boldsymbol{A}_1=\begin{bmatrix} k_{xx} & k_{xy} & -(m\omega_1^2-k_{0xx}) & 0 & \cdots\\ k_{yx} & k_{yy} & 0 & -(m\omega_1^2-k_{0yy}) & \cdots\\ -\omega_1 c_{xx} & -\omega_1 c_{xy} & -\omega_1 c_{0xx} & 0 & \cdots\\ -\omega_1 c_{yx} & -\omega_1 c_{yy} & 0 & -\omega_1 c_{0yy} & \cdots\\ k_{xx}+k_{1xx}-m_1\omega_1^2 & k_{xy} & m_1\omega_1^2-k_{1xx} & 0 & \cdots\\ k_{yx} & k_{yy}+k_{1yy}-m_1\omega_1^2 & 0 & m_1\omega_1^2\quad k_{1yy} & \\ \omega_1 c_{xx}+\omega_1 c_{1xx} & \omega_1 c_{xy} & -\omega_1 c_{1xx} & 0 & \cdots\\ \omega_1 c_{yx} & \omega_1 c_{yy}+\omega_1 c_{1yy} & 0 & -\omega_1 c_{1yy} & \cdots \end{bmatrix}$$

$$\begin{bmatrix} -\omega_1 c_{xx} & -\omega_1 c_{xy} & -\omega_1 c_{0xx} & 0\\ -\omega_1 c_{yx} & -\omega_1 c_{yy} & 0 & -\omega_1 c_{yy}\\ k_{xx} & k_{xy} & -(m\omega_1^2-k_{0xx}) & 0\\ k_{yx} & k_{yy} & 0 & -(m\omega_1^2-k_{0yy})\\ -\omega_1 c_{xx}-\omega_1 c_{1xx} & -\omega_1 c_{xy} & \omega_1 c_{1xx} & 0\\ -\omega_1 c_{yx} & -\omega_1 c_{yy}-\omega_1 c_{1yy} & 0 & \omega_1 c_{1yy}\\ k_{xx}+k_{1xx}-m_1\omega_1^2 & k_{xy} & (m_1\omega_1^2-k_{1xx}) & 0\\ k_{yx} & k_{yy}+k_{1yy}-m_1\omega_1^2 & 0 & (m_1\omega_1^2-k_{1yy}) \end{bmatrix}$$

$$
B_1 = \begin{bmatrix} \mathrm{Re}[X_2(\omega_1)] \\ \mathrm{Re}[Y_2(\omega_1)] \\ \mathrm{Re}[X(\omega_1)] \\ \mathrm{Re}[Y(\omega_1)] \\ \mathrm{Im}[X_2(\omega_1)] \\ \mathrm{Im}[Y_2(\omega_1)] \\ \mathrm{Im}[X(\omega_1)] \\ \mathrm{Im}[Y(\omega_1)] \end{bmatrix} \quad C_1 = \begin{bmatrix} \dfrac{\sqrt{2}}{2}\mathrm{Re}[F(\omega_1)] \\ \dfrac{\sqrt{2}}{2}\mathrm{Re}[F(\omega_1)] \\ \dfrac{\sqrt{2}}{2}\mathrm{Im}[F(\omega_1)] \\ \dfrac{\sqrt{2}}{2}\mathrm{Im}[F(\omega_1)] \\ 0 \\ 0 \\ 0 \\ 0 \end{bmatrix} \tag{4-19}
$$

式中：A_1 和 C_1 已知，A_1 为 8×8 矩阵，省略号代表连接到同一行，其矩阵元素的值可根据各已知量得到。求解矩阵方程 $B_1 = A_1^{-1}C_1$ 可得到频率 ω_1 下的轴承绝对振动 $X(\omega_1)$ 和 $Y(\omega_1)$ 及轴承相对转子的振动 $X_2(\omega_1)$ 和 $Y_2(\omega_1)$。

在 $-45°$ 方向动载力频率为 ω_2，同理，求解矩阵方程可得到频率 ω_2 下的轴承绝对振动 $X(\omega_2)$ 和 $Y(\omega_2)$ 及轴承相对转子的振动 $X_2(\omega_2)$ 和 $Y_2(\omega_2)$，进而得到正问题求解的 8 个振动量。

2）反问题求解的算法

反问题求解是将两方向的力和位移数据代入式（4-17）的第一个方程求轴承刚度和阻尼系数。将式（4-17）实部和虚部展开得到线性方程组：

$$
DE = F \tag{4-20}
$$

矩阵元素如式（4-21）所示：

$$
D = \begin{bmatrix}
\mathrm{Re}[X_2(\omega_1)] & \mathrm{Re}[Y_2(\omega_1)] & 0 & 0 & \cdots \\
0 & 0 & \mathrm{Re}[X_2(\omega_1)] & \mathrm{Re}[Y_2(\omega_1)] & \cdots \\
\mathrm{Im}[X_2(\omega_1)] & \mathrm{Im}[Y_2(\omega_1)] & 0 & 0 & \cdots \\
0 & 0 & \mathrm{Im}[X_2(\omega_1)] & \mathrm{Im}[Y_2(\omega_1)] & \cdots \\
\mathrm{Re}[X_2(\omega_2)] & \mathrm{Re}[Y_2(\omega_2)] & 0 & 0 & \cdots \\
0 & 0 & \mathrm{Re}[X_2(\omega_2)] & \mathrm{Re}[X_2(\omega_2)] & \cdots \\
\mathrm{Im}[X_2(\omega_2)] & \mathrm{Im}[Y_2(\omega_2)] & 0 & 0 & \cdots \\
0 & 0 & \mathrm{Im}[X_2(\omega_2)] & \mathrm{Im}[Y_2(\omega_2)] & \cdots
\end{bmatrix}
$$

$$
\begin{aligned}
&-\omega_1\mathrm{Im}[X_2(\omega_1)] \quad -\omega_1\mathrm{Im}[Y_2(\omega_1)] \qquad 0 \qquad\qquad 0 \\
&\qquad 0 \qquad\qquad\qquad 0 \qquad\qquad -\omega_1\mathrm{Im}[X_2(\omega_1)] \quad -\omega_1\mathrm{Im}[Y_2(\omega_1)] \\
&\;\;\omega_1\mathrm{Re}[X_2(\omega_1)] \quad\;\; \omega_1\mathrm{Re}[Y_2(\omega_1)] \qquad 0 \qquad\qquad 0 \\
&\qquad 0 \qquad\qquad\qquad 0 \qquad\qquad \omega_1\mathrm{Re}[X_2(\omega_1)] \quad \omega_1\mathrm{Re}[Y_2(\omega_1)] \\
&-\omega_2\mathrm{Im}[X_2(\omega_2)] \quad -\omega_2\mathrm{Im}[Y_2(\omega_2)] \qquad 0 \qquad\qquad 0 \\
&\qquad 0 \qquad\qquad\qquad 0 \qquad\qquad -\omega_2\mathrm{Im}[X_2(\omega_2)] \quad -\omega_2\mathrm{Im}[Y_2(\omega_2)] \\
&\;\;\omega_2\mathrm{Re}[X_2(\omega_2)] \quad\;\; \omega_2\mathrm{Re}[Y_2(\omega_2)] \qquad 0 \qquad\qquad 0 \\
&\qquad 0 \qquad\qquad\qquad 0 \qquad\qquad \omega_2\mathrm{Re}[X_2(\omega_2)] \quad \omega_2\mathrm{Re}[Y_2(\omega_2)]
\end{aligned}
$$

$$
E = \begin{bmatrix} k_{xx} \\ k_{xy} \\ k_{yx} \\ k_{yy} \\ c_{xx} \\ c_{xy} \\ c_{yx} \\ c_{yy} \end{bmatrix} \quad F = \begin{bmatrix} \dfrac{\sqrt{2}}{2}\mathrm{Re}[F_1(\omega_1)] + (m\omega_1^2 - k_{0xx})\mathrm{Re}[X(\omega_1)] + \omega_1 c_{0xx}\mathrm{Im}[X(\omega_1)] \\[2mm] \dfrac{\sqrt{2}}{2}\mathrm{Re}[F_1(\omega_1)] + (m\omega_1^2 - k_{0yy})\mathrm{Re}[Y(\omega_1)] + \omega_1 c_{0yy}\mathrm{Im}[Y(\omega_1)] \\[2mm] \dfrac{\sqrt{2}}{2}\mathrm{Im}[F_1(\omega_1)] + (m\omega_1^2 - k_{0xx})\mathrm{Im}[X(\omega_1)] - \omega_1 c_{0xx}\mathrm{Re}[X(\omega_1)] \\[2mm] \dfrac{\sqrt{2}}{2}\mathrm{Im}[F_1(\omega_1)] + (m\omega_1^2 - k_{0yy})\mathrm{Im}[Y(\omega_1)] - \omega_1 c_{0yy}\mathrm{Re}[Y(\omega_1)] \\[2mm] -\dfrac{\sqrt{2}}{2}\mathrm{Re}[F_2(\omega_2)] + (m\omega_2^2 - k_{0xx})\mathrm{Re}[X(\omega_2)] + \omega_2 c_{0xx}\mathrm{Im}[X(\omega_2)] \\[2mm] \dfrac{\sqrt{2}}{2}\mathrm{Re}[F_2(\omega_2)] + (m\omega_2^2 - k_{0yy})\mathrm{Re}[Y(\omega_2)] + \omega_2 c_{0yy}\mathrm{Im}[Y(\omega_2)] \\[2mm] -\dfrac{\sqrt{2}}{2}\mathrm{Im}[F_2(\omega_2)] + (m\omega_2^2 - k_{0xx})\mathrm{Im}[X(\omega_2)] - \omega_2 c_{0xx}\mathrm{Re}[X(\omega_2)] \\[2mm] \dfrac{\sqrt{2}}{2}\mathrm{Im}[F_2(\omega_2)] + (m\omega_2^2 - k_{0yy})\mathrm{Im}[Y(\omega_2)] - \omega_2 c_{0yy}\mathrm{Re}[Y(\omega_2)] \end{bmatrix} \quad (4\text{-}21)
$$

式中的动载力、位移、试验轴承质量、连接刚度和阻尼系数已知，因此矩阵 D、F 已知，求解矩阵方程 $E = D^{-1}F$ 即得轴承动特性系数。

4.3.2 仿真试验

1. 干扰因素添加方案

由于测试方程中系数矩阵的元素测试存在一定的误差，这些初始误差在计算过程中将会向前传播，从而影响方程组解的精度。因此有必要获悉各种干扰因素对识别结果的影响规律和程度，进而寻求消除或减少这些干扰的方法。

信号噪声干扰一般包括周期性噪声和随机噪声。此外，针对水润滑轴承还需研究转轴自身干扰。

（1）周期性干扰添加，对频域中激振频率处的幅值和相位直接添加误差，即

$$
\begin{cases} A_m = \left(1 + \dfrac{a_{Az}}{100}\right) A_{m0} \\ \varphi = \varphi_0 + a_{\varphi z} \end{cases} \quad （4\text{-}22）
$$

式中：(A_{m0}, φ_0) 和 (A_m, φ) 分别为添加干扰前后激振频率下信号的幅值和相位；a_{Az} 和 $a_{\varphi z}$ 分别为幅值的相对干扰和相位的绝对干扰。

（2）随机干扰添加，在时域信号中添加

$$
x = A_{m0}\cos(2\pi\omega t + \varphi) + A_{m0}a_{As}\mathrm{randn}(N) \quad （4\text{-}23）
$$

式中：等式后端第一项为标准位移信号项，第二项为随机干扰项，其中 a_{As} 为干扰的比例，函数 randn( ) 是 MATLAB 软件中产生的均值为 0、方差为 1 的正态分布随机数矩阵

的函数。该方式下的随机干扰对频域中激振频率处幅值的影响具有随机性，因此需要反复添加干扰和识别误差，并进行统计分析。此处采取反复计算 1000 次后取平均值的统计方案。

（3）转轴自身干扰。对于水润滑轴承动特性测试，需要考虑转轴自身的圆度误差和回转误差。构建圆度误差和回转误差函数，分析不同误差成分及大小对动特性系数识别精度的影响。离散化的圆度误差 Re(i) 可表示为

$$\text{Re}(i) = A_r \cos\frac{22\pi i}{N_0} + A_r \cos\frac{30\pi i}{N_0} \tag{4-24}$$

式中：$t(i) = (i-1)/F_s$，F_s 为采样频率；N_0 为转动一周的采样个数。

给定的离散化回转误差为

$$\begin{cases} h_{ex}(i) = h_1 \cos[2\pi\omega_1 t(i)] + h_2 \cos[2\pi\omega_2 t(i)] + h_3 \cos\dfrac{2\pi n t(i)}{60} \\ h_{ey}(i) = h_1 \cos[2\pi\omega_1 t(i)] + h_2 \cos[2\pi\omega_2 t(i)] + h_3 \cos\dfrac{2\pi n t(i)}{60} \end{cases} \tag{4-25}$$

式中：等式右端前两项为外激励相关位移（ω_1 和 ω_2 为两种激振频率），第三项为转子自激励相关位移；n 为转速。

对轴承水平和垂直方向的相对位移干扰量为

$$\begin{cases} \text{d}X(i) = r_e(i) + h_{ex}(i) \\ \text{d}Y(i) = r_e(j) + h_{ex}(i)\cos\dfrac{\pi}{2} + h_{ey}(i)\cos\dfrac{\pi}{2} \end{cases} \tag{4-26}$$

式中：$i = \theta N_0/2\pi$；$j = i + N_0/4$。

添加干扰后的轴承相对位移可表示为

$$\begin{cases} X_2 = X_{20} + \text{d}X \\ Y_2 = Y_{20} + \text{d}Y \end{cases} \tag{4-27}$$

2. 仿真试验流程

仿真试验的基本流程如图 4-16 所示，首先求解轴承刚度和阻尼系数理论值 $(k, c)_{\text{calcul}}$，正问题求解位移响应数据；然后在位移和动载力数据中叠加干扰，反问题求解轴承液膜刚度和阻尼系数识别值 $(k, c)_{\text{smeas}}$；最后将识别值与理论值对比，分析识别误差。其中，相对误差表示为

$$\delta = \frac{\left| (k,c)_{\text{smeas}} - (k,c)_{\text{calcul}} \right|}{(k,c)_{\text{calcul}}} \times 100\% \tag{4-28}$$

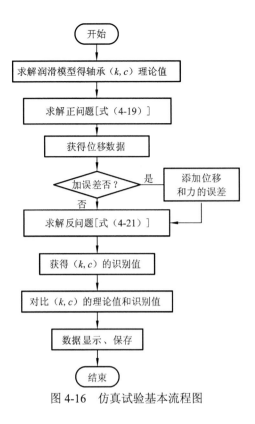

图 4-16　仿真试验基本流程图

4.4　轴承动特性参数识别测试系统标定技术

　　水润滑轴承动特性参数识别过程，是根据力和位移信号求解轴承系统传递函数的过程。仪器系统每路通道有其固有的传递函数，因而经过每路通道后获得的力或位移信号并非原始信号，需要通过动态标定，将仪器系统自身传递函数从测试的传递函数中剔除。本节将从动态标定的原理出发，分析测试系统对动特性识别精度影响的机理，从而给出基于磁悬浮的仪器系统标定新方法。

4.4.1　动态标定技术

1. 测试系统对识别精度的影响原理

　　本小节以双频激振下的轴承系统动力学模型为例来进行阐述，即两个方向和两个频率（ω_1 和 ω_2）的正弦动载力同时施加在试验轴承上，式（4-17）可转化为

$$
\begin{cases}
(k+\mathrm{j}\omega_1 c)\begin{bmatrix} \bar{X}_2(\omega_1)/\bar{F}_1(\omega_1) \\ \bar{Y}_2(\omega_1)/\bar{F}_1(\omega_1) \end{bmatrix} = \begin{bmatrix} \sqrt{2}/2 \\ \sqrt{2}/2 \end{bmatrix} + (m\omega_1^2 - k_0 - \mathrm{j}\omega_1 c_0)\begin{bmatrix} \bar{X}(\omega_1)/\bar{F}_1(\omega_1) \\ \bar{Y}(\omega_1)/\bar{F}_1(\omega_1) \end{bmatrix} \\
(k+\mathrm{j}\omega_2 c)\begin{bmatrix} \bar{X}_2(\omega_2)/\bar{F}_2(\omega_2) \\ \bar{Y}_2(\omega_2)/\bar{F}_2(\omega_2) \end{bmatrix} = \begin{bmatrix} -\sqrt{2}/2 \\ \sqrt{2}/2 \end{bmatrix} + (m\omega_2^2 - k_0 - \mathrm{j}\omega_2 c_0)\begin{bmatrix} \bar{X}(\omega_2)/\bar{F}_2(\omega_2) \\ \bar{Y}(\omega_2)/\bar{F}_2(\omega_2) \end{bmatrix}
\end{cases}
\tag{4-29}
$$

将各位移、质量代入式（4-29），可得 8 个线性方程，求解方程组即可得刚度与阻尼系数。

假设无干扰，在激振力 $F(j\omega)$ 作用下试验轴承产生的位移响应为 $Z(j\omega)$，则位移与力的比即为试验轴承传递函数 $H(j\omega)$。由于测试系统各通道电气干扰等因素，实际测得的传递函数已经叠加了这些干扰因素，如图 4-17 所示，其测得的位移和力信号分别为 $Z'(j\omega)$ 和 $F'(j\omega)$，两者比值即为实际传递函数 $H'(j\omega)$。其中，测试系统各通道自身传递函数为 $Q(j\omega)$。三种传递函数的关系如式（4-30）所示。

$$H'(j\omega) = \frac{Z'(j\omega)}{F'(j\omega)} = \frac{Z(j\omega) \cdot H_Z(j\omega)}{F(j\omega) \cdot H_F(j\omega)} = H(j\omega) \cdot Q(j\omega) \tag{4-30}$$

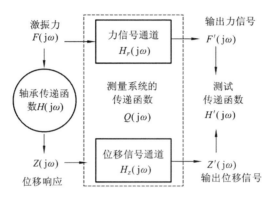

图 4-17　测量系统中测试信号的误差传递与转换

传递函数和测试信号通常用幅度和相位表示：$H'(j\omega) = A_{H'}(\omega) e^{j[\omega t + \varphi_{H'}(\omega)]}$，其中该传递函数的幅度和相位为

$$\begin{cases} A_{H'}(\omega) = A_Q(\omega) + A_H(\omega) \\ \varphi_{H'}(\omega) = \varphi_Q(\omega) \cdot \varphi_H(\omega) \end{cases} \tag{4-31}$$

从某种意义上说，测试系统对信号的干扰本质上是影响了信号的幅值和相位。

2. 基于磁悬浮的测试系统动态标定方法

1）动态标定的原理

为了获取测试系统的传递函数 $Q(j\omega)$，以便在识别轴承动特性系数时将 $Q(j\omega)$ 剔除，对滑动轴承动特性测试系统进行动态标定。动态标定的基本方法：研制一个标定装置，它可以产生标准传递函数 $H_0(j\omega)$，测试系统对该标定装置进行测试，得到一个测试传递函数 $H_0'(j\omega)$，根据式（4-30）得到 $Q(j\omega)$。在轴承动特性系数识别时，测试传递函数除以 $Q(j\omega)$ 即为试验轴承真实的传递函数。

测试的力和位移信号分解可表示为

$$\begin{cases} Z'(j\omega) = A_Z'(\omega) e^{j[\omega t + \varphi_Z'(\omega)]} \\ F'(j\omega) = A_F'(\omega) e^{j[\omega t + \varphi_F'(\omega)]} \end{cases} \tag{4-32}$$

式中：$A_F'(\omega)$、$A_Z'(\omega)$、$\varphi_F'(\omega)$ 和 $\varphi_Z'(\omega)$ 分别为测试的力和位移信号的幅值和相位。

将式（4-32）代入式（4-30）可得

$$Q(\mathrm{j}\omega) = \frac{H_0'(\mathrm{j}\omega)}{H_0(\mathrm{j}\omega)} = \frac{A_Z'(\omega)}{A_0(\omega)A_F'(\omega)} \mathrm{e}^{\mathrm{j}[\varphi_Z'(\omega)-\varphi_F'(\omega)-\varphi_0(\omega)]} \qquad (4\text{-}33)$$

测试系统传递函数的幅值和相位可表示为

$$\begin{cases} A_Q(\omega) = \dfrac{A_Z'(\omega)}{A_0(\omega)A_F'(\omega)} = \dfrac{\mathrm{d}A(\omega)}{A_0(\omega)} \\ \varphi_Q(\omega) = \varphi_Z'(\omega) - \varphi_F'(\omega) - \varphi_0(\omega) = \mathrm{d}\varphi(\omega) - \varphi_0(\omega) \end{cases} \qquad (4\text{-}34)$$

由式（4-34）可知，测试系统动态测试误差的本质是测试系统对传递函数幅值和相位的干扰，动态标定即为消除该干扰。

2）基于磁悬浮的标准传递函数产生方法

本小节提出一种非接触式动态标定方法[10]，利用电磁悬浮装置在电磁场、重力场和弹性力场相互耦合作用下形成标准传递函数。非接触动态标定装置原理如图 4-18 所示。该装置主要包括电磁铁、振子、弹簧和控制系统。其中振子为参振部分，由质量块、隔磁板、支撑板和感应块组成。电磁铁静态电磁力将振子悬浮，与弹簧力一起使振子处于初始的静态平衡位置；电磁铁提供动态电磁力，使振子产生振动。对振子而言，电磁力随间隙的减小而增大，即存在负刚度，这将导致系统不稳定，为此，通过弹簧提供正向刚度来补偿。

给电磁铁通入直流电 I_0，产生静态电磁力 F_{es}，振动部件处于静态平衡时的受力如图 4-19 所示，其中 F_s 为受压弹簧力；G 为振子重力；$-y_0$ 为静平衡位置。受力方程为

$$F_{es} = F_s + mg \qquad (4\text{-}35)$$

式中：$F_s = ks_0$，k 和 s_0 分别为弹簧刚度和初始受压距离。

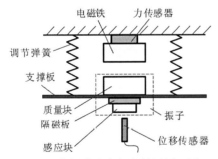

图 4-18　非接触式动态标定装置原理图

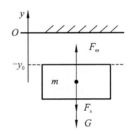

图 4-19　振动部件受力示意图

给电磁铁通入正弦交流电 i_x，产生正弦电磁力 F_{ed}，振子会在平衡点上下做微小振动。当向上移动 y 时，新的受力方程为

$$F_{es}' + F_{ed} = k(s_0 + y) + mg + m\ddot{y} \qquad (4\text{-}36)$$

式中：F_{es}' 为间隙变化后的静态电磁力。

将式（4-35）与式（4-36）相减得振子运动方程：

$$\begin{cases} \Delta F_e = ky + m\ddot{y} \\ \Delta F_e = F_{ed} + F_{es}' - F_{es} = \dfrac{SN^2\mu_0}{2k_l^2}\left(\dfrac{i_x^2}{(y_0-y)^2} + \dfrac{I_0^2}{(y_0-y)^2} - \dfrac{I_0^2}{y_0^2}\right) \end{cases} \qquad (4\text{-}37)$$

式中：S 为磁极面积；N 为线圈匝数；μ_0 为磁导率；k_l 为漏磁系数。

本小节设计的标定装置 $y_0 = 10$ mm，y 小于 0.2 mm，当 i_x 与 I_0 处于相同数量级时，式（4-37）中 ΔF_e 等式右边后两项之差与第一项的比值约为 10^{-4} 量级，ΔF_e 近似等于正弦电磁力 F_{ed}。此时，标准传递函数为

$$H_0(j\omega) = \frac{Y(j\omega)}{F(j\omega)} = \frac{1}{k - m\omega^2} \tag{4-38}$$

振子受力与垂直方向位移的关系如图 4-20 所示，对振子进行静态平衡点设计。假设振子静态平衡点为 y_0，振子受扰动后偏离平衡点距离为 dy，弹簧力和电磁力分别变化 dF_s 和 dF_e。当合力指向平衡位置时，振子在平衡点附近来回运动，故 dF_s 和 dF_e 应满足：

$$\left| dF_s \right| - \left| dF_e \right| > 0 \tag{4-39}$$

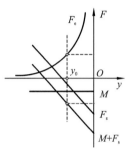

图 4-20　振子所受的三个力与竖直方向位移的关系

将式（4-39）两侧同除以 dy 可得

$$\left| \frac{dF_s}{dy} \right| > \left| \frac{dF_e}{dy} \right| \tag{4-40}$$

式中：$\left| \dfrac{dF_s}{dy} \right|$ 为弹簧刚度 k；$\left| \dfrac{dF_e}{dy} \right|$ 为电磁力对位移求导。

将式（4-37）代入式（4-40）可得

$$k > \left| \frac{S\mu_0 (Ni_x)^2}{k_l^2} (y_0 - y)^{-3} \right| \tag{4-41}$$

当该磁悬浮标定装置的弹簧刚度满足式（4-41）时，系统稳定，振子在平衡点附近振动。

4.4.2　动态标定试验

1. 动态校准装置

本小节设计的磁悬浮标定装置如图 4-21 所示，其设计参数如表 4-1 所示。该装置在限位弹簧处设置限位结构，防止电磁铁与振子完全吸合。此外，该装置还包括控制模块，它由直流稳压电源（TPR-6405D）、信号发生器（EM1642V）和功率放大器（GF-300W）组成，用于提供直流电和交流电。进行标定试验时，首先安装标定装置，将电涡流传感器安装在感应块正下方，以电涡流传感器的线性中点作为其与感应块的初始间隙；然后将力和位移传感器信号线接入测试仪器系统，通入直流电，使电磁铁初始间隙保持为 10 mm；最后，给电磁铁通入交流电，记录不同频率下的力和位移数据。

图 4-21 磁悬浮标定装置实物照片

表 4-1 磁悬浮标定装置主要设计参数

参数	取值	参数	取值	参数	取值
振子质量/kg	0.3	导线直径/mm	0.7	单根弹簧刚度/(N/m)	4 505
最大振幅/mm	±0.1	磁极面积/mm²	1 100	频率范围/Hz	10~30
线圈匝数/匝	626	初始间隙/mm	10		

当直流电取 4.2 A、交流电峰值取 1.2 A 时，10 mm 间隙下静态电磁力为 25.1 N，动态电磁力为 1.1 N。弹簧总刚度为 9 010 N/m，代入式（4-38）得标准传递函数：

$$H_0(\omega) = \frac{1}{9\,010 - 0.3\omega^2} \tag{4-42}$$

2. 结果分析

交流电频率为 6 Hz 时测得的力与位移时域波形图如图 4-22 所示，该数据含直流分量。由图可知，电磁力和位移交流成分的波动范围分别约为 4 N 和 350 μm。

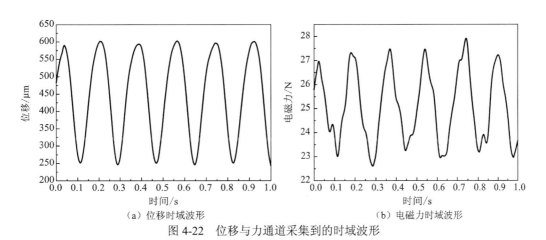

（a）位移时域波形   （b）电磁力时域波形

图 4-22 位移与力通道采集到的时域波形

采用消除趋势项的方法对时域信号进行处理，去除直流分量。将不包含直流分量的信号进行滤波及傅里叶变换，得到力和位移的频域信号。各频率下位移与力的幅值比 $dA(\omega)$ 和相位差 $dj(\omega)$ 如表 4-2 所示。

表 4-2　测试的位移与力信号的幅值比和相位差

参数	$\dfrac{\omega}{2\pi}$ /Hz							
	6	10	12	14	16	18	20	22
d$A(\omega)$	1.530 22	1.444 16	1.588 95	1.410 16	1.392 08	1.668 51	2.155 15	1.565 26
dj(ω)/（°）	−0.37	1.35	0.557	0.393	1.02	−1.46	1.6	−1.01

将 d$A(\omega)$、dj(ω)和标准传递函数式（4-42）代入式（4-34），可得到测试系统相关通道的传递函数在 6 Hz 下的取值。此外，若将表 4-2 中数据进行拟合，并将拟合公式代入式（4-34），也可得到测试系统传递函数。若拟合公式采用式（4-43）所示的多项式，则拟合结果见表 4-3。

$$y = A_0 + A_1 x + A_2 x^2 + A_3 x^3 + A_4 x^4 + A_5 x^5 \qquad （4-43）$$

表 4-3　采用式（4-43）的拟合结果

参数	A_0	A_1	A_2	A_3	A_4	A_5
$\Delta A(\omega)$	39.894 4	−16.925 9	2.813 2	−0.223 2	0.008 4	−0.000 1
$\Delta\varphi(\omega)$/（°）	73.641 6	−34.598 8	6.051 5	−0.494 3	0.019 1	−0.000 3

参 考 文 献

[1] LITWIN W. Marine propeller shaft bearings under low-speed conditions: Water vs. oil lubrication[J]. Tribology Transactions, 62(5): 839-849.

[2] LIANG X X, YAN X P, LIU Z L, et al. Effect of perturbation amplitudes on water film stiffness coefficients of water-lubricated plain journal bearings based on CFD-FSI methods[C]//Proceedings of the Institution of Mechanical Engineers, Part J: Journal of Engineering Tribology, 233(7): 1003-1015.

[3] FENG H H, JIANG S Y, JIA A M. Investigations of the static and dynamic characteristics of water-lubricated hydrodynamic journal bearing considering turbulent, thermohydrodynamic and misaligned effects[J]. Tribology International, 130: 245-260.

[4] LV F R, JIAO C X, TA N, et al. Mixed-lubrication analysis of misaligned bearing considering turbulence[J]. Tribology International, 119: 19-26

[5] HE T, ZOU D Q, LU X Q, et al. Mixed-lubrication analysis of marine stern tube bearing considering bending deformation of stern shaft and cavitation[J]. Tribology International, 73: 108-116.

[6] LUND J W. Review of the concept of dynamic coefficients for fluid film journal bearings[J]. ASME Journal of Tribology, 109(1): 37-41.

[7] 欧阳武, 程启超, 王磊, 等. 偏载下水润滑尾轴分布式动力学特性[J]. 交通运输工程学报, 2019, 19(2): 92-100.

[8] LIU S B, YANG B E. A new model of water-lubricated rubber bearings for vibration analysis of flexible multistage rotor systems[J]. Journal of Sound and Vibration, 349: 230-258.

[9] OUYANG W, PENG L, CHEN R L, et al. Simulated identification on dynamic characteristics of large heavy-load bearing[J]. Journal of Vibroengineering, 19(5): 3230-3242.

[10] OUYANG W, ZHAO Z M, CAI L, et al. Magnetic suspension dynamic calibration device of measurement system for dynamic characteristics of sliding bearings[J]. Review of Scientific Instruments, 2017, 88(10): 104701.

第 **5** 章

推进轴系轴承服役载荷识别技术及试验

5.1 典型的轴承载荷识别方法

5.1.1 直接测量法

采用压力传感器直接测量轴承载荷。

1. 压力传感器的安装

将压力传感器置于轴承下，在轴承安装固定前直接测量轴承载荷。压力传感器的安装方式有两种。①在轴承的一侧下安装压力传感器，另一侧用两个调节螺栓支撑。应保证 $l_1 = l_2$，且轴系在水平方向上不存在偏中，如图 5-1（a）所示。②在轴承下对称地安装两个压力传感器，如图 5-1（b）所示。

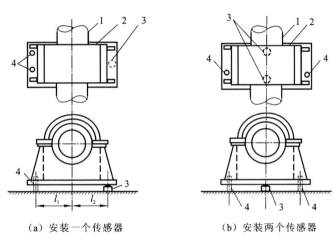

（a）安装一个传感器　　　　（b）安装两个传感器

图 5-1　压力传感器在轴承下的安装方式示意图

1.转轴；2.轴承；3.压力传感器；4.调节螺栓

2. 轴承载荷的测量及计算

当采用图 5-1（a）所示的方式安装压力传感器时，轴承位置首先用调节螺栓调好，然后将压力传感器安放在相应位置，利用垫片调节传感器的高度，使传感器与轴承座底平面刚好接触。再后放松调节螺栓，使传感器受力。此时应注意在放松调节螺栓后，轴承位置的变化不得超过 0.03 mm，方可记录传感器载荷数值。否则应增加垫片的厚度。这时轴承载荷为

$$R = 2F_\mathrm{p} - G_\mathrm{B} \tag{5-1}$$

式中：R 为被测轴承载荷；F_p 为压力传感器的读数；G_B 为轴承自重。

当采用 5-1（b）所示的方式安装压力传感器时，可采用上述加垫片的方式使压力传感器受载，也可采用将压力传感器安装在可微调的螺栓下方，用螺栓代替垫片调整传感器。此时轴承的实际载荷为

$$R = \sum F_{\mathrm{p},i} - G_{\mathrm{B}} \tag{5-2}$$

式中：$F_{\mathrm{p},i}$ 为第 i 个压力传感器的读数。

直接测量法进行轴承载荷识别具有测量操作简单和测量精度高等优点。但受实际轴系空间位置、运行工况等因素影响，直接测量法使用受限。

5.1.2 顶举法

顶举法是一种成熟可靠的测量轴承负荷的方法。基本原理是：选定目标轴承，在靠近轴承的转轴截面下方放置一个液压千斤顶，用它将轴慢慢顶起，直至轴与轴承完全脱离，轴承处不再有支反力。在千斤顶活塞正上方放置百分表，并将其用磁性座固定在轴承座或试验台基座上，用来测试轴的顶升高度。在顶升及下降的过程中分别记录千斤顶的油压及顶升点的顶升高度即可绘制出顶升曲线，顶升油压值乘以液压缸面积可以获得顶举力，用顶举力乘以顶举系数，即可获得被测轴承的实际负荷值。根据 CB/Z 338—2005[1] 和中国船级社《钢质海船入级规范》[2]，可得到如图 5-2 所示轴承载荷顶举法的流程。

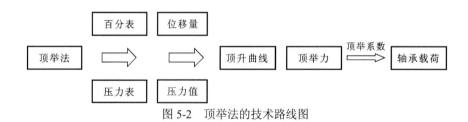

图 5-2　顶举法的技术路线图

顶举时，在轴肩同千斤顶不发生干涉的情况下，支点在选取时应尽可能靠近轴承的端面，这样可以提高测试精度。安装好千斤顶后，在其正上方固定百分表，并保证百分表的测头与顶举方向均严格位于垂直方向。其布置位置如图 5-3 所示。

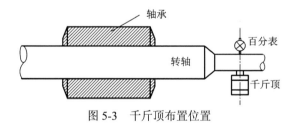

图 5-3　千斤顶布置位置

利用顶举法进行轴承载荷测试时，根据顶举所记录的轴承位移量及千斤顶负荷（由相应的油压算得），可绘制如图 5-4 所示的顶举曲线。在具体操作过程中，有两个环节容易出现误差，主要是顶举曲线分析和通过顶举系数 K 值的近似计算，常受到主要因素和数学模型精度的影响，因此也有学者提出改进方法。

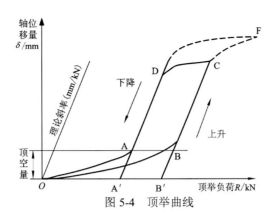

图 5-4　顶举曲线

5.1.3　压力反演法

当轴系开始运转，润滑介质进入转轴和轴承之间形成稳定液膜时，可以通过测量轴系运行状态下液膜压力大小来达到对轴承载荷的间接测量，该方法即为压力反演法。

压力反演法测轴承载荷就是通过测量轴承液膜力分布，并通过积分得到轴承载荷。本小节主要介绍通过测量个别点的液膜压力及轴承几何、运行参数，结合轴承承载特性理论计算来识别轴承负荷的方法[1]。

利用雷诺方程进行液膜分析，其一般形式为

$$\frac{\partial}{\partial x}\left(\frac{h^3}{\mu}\frac{\partial p}{\partial x}\right)+\frac{\partial}{\partial z}\left(\frac{h^3}{\mu}\frac{\partial p}{\partial z}\right)=6U\frac{\partial h}{\partial x} \tag{5-3}$$

式中：x 为径向坐标；z 为轴向坐标；p 为液膜压力；h 为液膜厚度；μ 为润滑介质动力黏度；U 为轴径表面切向速度。

1. 直接解法

直接解法的特点是直接利用特征压力和轴承液膜力之间的非线性关系曲线。直接解

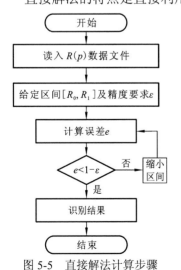

图 5-5　直接解法计算步骤

法的计算步骤如图 5-5 所示，针对单测点情况，液膜压力的测量值可从 $R(p)$ 曲线直接查出或插值求出对应的载荷；如果一个轴承有多个测点，则利用各测点的 $R(p)$ 曲线，根据载荷值由某一测点的 $R(p)$ 曲线查出或插值求出对应的液膜压力，使压力值与实测液膜压力的误差最小，由此得到载荷识别值。

2. 拟合公式法

研究表明，压力和负荷之间呈一一对应关系，且线性较好，这是一个有普遍性的规律[2-3]。

根据已知几组压力随载荷变化的数据 (p_i, R_i)($i =$ 1, 2, $\cdots$, n)，可将载荷与压力关系表示为

$$p=AR+B \tag{5-4}$$

拟合公式中 p-R 转换关系称为载荷转换函数，转换函数中包含常数 A 和 B，称为载

荷转换系数。不同轴承、不同压力测试点的载荷转换系数有所不同。可利用最小二乘法确定载荷转换系数值，即使式（5-5）达到最小。根据极致原理即可求出 A、B 的值。

$$q = \sum_{i=1}^{n} [p_i - (AR_i + B)]^2 \qquad (5\text{-}5)$$

分段线性拟合公式及线性拟合公式的精度均较高，但分段线性拟合适用的范围更广，更易于在轴承载荷分布不均时使用。线性拟合的适用性较好，一般的轴承载荷识别均在此范围内。

利用拟合公式在现场进行轴承负荷识别时，只要已知液膜压力就可查出相应的拟合公式，计算出轴承负荷（$R=pB/A$）。

压力反演法也有其适用的局限性，当液膜压力与外载荷的平衡被破坏后，转轴会在轴承内部产生涡动，当转速过高时，失稳力越来越大，到一定程度后，轴承与转轴之间会产生摩擦，此时的轴承载荷无法再用液膜压力来计算。

5.1.4 应变反演法

考虑轴承与轴承座之间为刚性连接，轴承所受的载荷直接传递到轴承座上，使轴承座受力产生变形，通过采集轴承座的应变信号，就能够间接测量轴承受力情况，这种通过识别轴承座应变而求得轴载荷的方法即为轴承座应变反演法。

一般将应变片粘贴于轴承支座靠近转动轴 50～200 mm 处，如图 5-6 所示。测量此处的受力大小，然后间接测量得到轴承的受力变化。

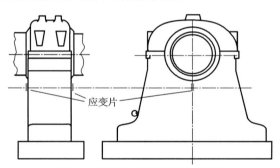

应变片

图 5-6 轴承座应变片布置示意图

根据力的分解原理，可以将轴承载荷分解为 x、y、z 三个方向的 R_x、R_y 和 R_z 三个载荷。对轴承进行静态标定试验，确定载荷与应变信号的关系矩阵 A，则载荷与应变之间的关系为

$$\begin{bmatrix} a_{1x} & a_{1y} & a_{1z} \\ a_{2x} & a_{2y} & a_{2z} \\ a_{3x} & a_{3y} & a_{3z} \end{bmatrix} \begin{bmatrix} R_x \\ R_y \\ R_z \end{bmatrix} = \begin{bmatrix} \varepsilon_1 \\ \varepsilon_2 \\ \varepsilon_3 \end{bmatrix} \qquad (5\text{-}6)$$

简化公式为

$$\boldsymbol{AR} = \boldsymbol{E} \qquad (5\text{-}7)$$

式中：$\boldsymbol{R}$ 为力的列矩阵；$\boldsymbol{E}$ 为应变的列矩阵。

轴系运转时，测量轴承座动态应变信号 $\boldsymbol{E}$，再由式（5-7）反求轴承座的实际载荷[4]。

5.2 基于轴应变的轴承载荷识别及验证

轴承是船舶推进轴系的重要组成部分，起到支承转子的重要作用，对轴系的安全运行至关重要。

基于应变法建模不同于传统的整体建模和识别法。基于轴应变的轴承载荷识别模型，针对单个轴承载荷识别问题采用局部建模和识别法，轴承载荷值由三个截面上的应变值求得，可以消除误差积累与传递，提高识别精度。同时该方法所用应变片只需布置在轴承附近，且布置简单，大大减少了测试工作量[5-7]。

5.2.1 单一轴承动载荷识别模型

如图 5-7 所示，若转轴上只有一个轴承，则在该轴承附近选定三个截面布置三组应变片，布置形式采用能消除电压波动和进行温度补偿的惠斯通全桥模式。

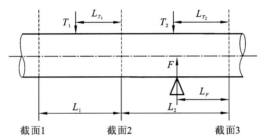

图 5-7 单一轴承静态外力及载荷识别模型示意图

假设通过应变测试得到的三个截面测点的应变值分别为 ε_1、ε_2、ε_3，各自相应的面弯矩为 M_1、M_2、M_3，可得

$$\begin{cases} M_1 = EW\varepsilon_1 \\ M_2 = EW\varepsilon_2 \\ M_3 = EW\varepsilon_3 \end{cases} \tag{5-8}$$

式中：E 为转轴的弹性模量；W 为转轴的抗弯截面模量。

如图 5-8 所示，以截面 2 为分界点，把轴分为两个独立自由的单元进行受力分析，通过列出轴段受力平衡方程和力矩平衡方程，得到剪力 Q_i、力矩 M_i 与载荷 F 之间的关系，表达式为

$$\begin{cases} Q_1 - Q_2 = q_1 L_1 + T_1 \\ Q_1 L_1 = M_2 - M_1 + \dfrac{q_1 L_1^2}{2} + T_1 L_{T_1} \\ Q_2 - Q_3 + F = q_2 L_2 + T_2 \\ Q_2 L_2 + F L_F = M_3 - M_2 + \dfrac{q_2 L_2^2}{2} + T_2 L_{T_2} \end{cases} \tag{5-9}$$

式中：T_i 为集中载荷，本模型将螺旋桨、联轴节、轮盘等视为集中载荷；q_i 为轴段均布载荷；L_F 为等效支点位置到右侧测量截面之间的距离；L_{T_i} 为集中载荷施加位置至右侧测

量截面之间的距离。

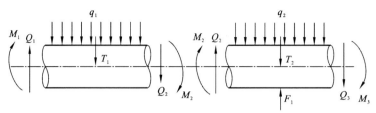

图 5-8　单一轴承静态外力及载荷识别模型受力分析图

上述 4 个方程，有 4 个未知数，方程解唯一。由此可求得各截面剪力 Q_1、Q_2、Q_3 与载荷 F。

转化成方程组形式：

$$
\begin{bmatrix}
1 & -1 & 0 & 0 \\
L_1 & 0 & 0 & 0 \\
0 & 1 & -1 & 1 \\
0 & L_2 & 0 & L_F
\end{bmatrix}
\begin{bmatrix}
Q_1 \\
Q_2 \\
Q_3 \\
F
\end{bmatrix}
=
\begin{bmatrix}
q_1 L_1 + T_1 \\
M_2 - M_1 + \dfrac{q_1}{2} L_1^2 + T_1 L_{T_1} \\
q_2 L_2 + T_2 \\
M_3 - M_2 + \dfrac{q_2}{2} L_2^2 + T_2 L_{T_2}
\end{bmatrix}
\qquad （5\text{-}10）
$$

5.2.2　多轴承动载荷识别模型

如图 5-9 所示，存在 n 个轴承的轴系中，设第 n 个轴承产生的载荷为 F_n，此时应选取 $n+2$ 组分布于轴承两侧的截面布置应变测点。需要说明的是，截面 1 与截面 2 之间无轴承。

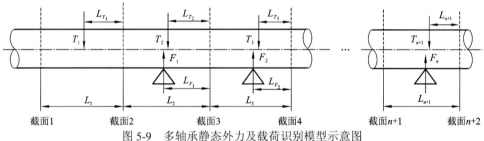

图 5-9　多轴承静态外力及载荷识别模型示意图

如图 5-10 所示，以各截面所在位置为分界点，将轴分成 $n+1$ 个独立的单元体，设截面 i 到截面 $i+1$ 的距离为 L_i，载荷 F_i 到截面 $i+2$ 的距离为 L_{F_i}，集中载荷 T_i 到截面 $i+1$ 的距离为 L_{T_i}。

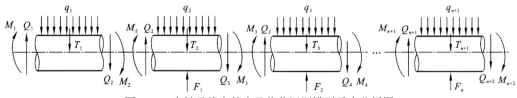

图 5-10　多轴承静态外力及载荷识别模型受力分析图

此时，对第 1 组由截面 1、截面 2 和截面 3 所截得的第一、第二两个单元体做受力分析，建立方程组如式（5-9）。

当 $2 \leqslant i \leqslant n$ 时，对第 i 个和第 $i+1$ 个单元体进行受力分析并列出力和力矩方程：

$$\begin{cases} Q_i - Q_{i+1} + F_{i-1} = q_i L_i + T_i \\ Q_i L_i + F_{i-1} L_{F_{i-1}} = M_{i+1} - M_i + T_i L_{T_i} + \dfrac{q_i L_i^2}{2} \\ Q_{i+1} - Q_i + F_i = q_{i+1} L_{i+1} + T_{i+1} \\ Q_{i+1} L_{i+1} + F_i L_{F_i} = M_{i+2} - M_{i+1} + T_{i+1} L_{T_{i+1}} + \dfrac{q_{i+1} L_{i+1}^2}{2} \end{cases} \tag{5-11}$$

以此类推，对所有 $n+1$ 个轴段，分别列出受力平衡与力矩平衡方程，共 $2n+2$ 个，其中未知量包括 n 个载荷 F_i 和 $n+2$ 个剪力 Q_i，方程数等于未知量数，方程组有唯一解。

将方程组（5-11）转化为矩阵形式，则令矩阵 $\boldsymbol{A}_{11}$、$\boldsymbol{A}_{12}$、$\boldsymbol{A}_{21}$、$\boldsymbol{A}_{22}$ 为

$$\boldsymbol{A}_{11} = \begin{pmatrix} 1 & -1 & 0 & \cdots & \cdots \\ 0 & 1 & -1 & 0 & \cdots & \cdots \\ 0 & 0 & 1 & -1 & 0 & \cdots & \cdots \\ \cdots & \cdots & \cdots & \cdots & \cdots \\ 0 & 0 & 0 & \cdots & 1 & -1 \end{pmatrix}_{(n+1)\times(n+2)} \quad \boldsymbol{A}_{12} = \begin{pmatrix} 0 & 0 & \cdots & 0 \\ 1 & 0 & \cdots & 0 \\ 0 & 1 & \cdots & 0 \\ \vdots & \vdots & & \vdots \\ 0 & 0 & \cdots & 1 \end{pmatrix}_{(n+1)\times n}$$

$$\tag{5-12}$$

$$\boldsymbol{A}_{21} = \begin{pmatrix} L_1 & 0 & 0 & \cdots & \cdots \\ 0 & L_2 & 0 & \cdots & \cdots \\ 0 & 0 & L_3 & 0 & \cdots & \cdots \\ \cdots & \cdots & \cdots & \cdots & \cdots \\ 0 & 0 & 0 & \cdots & L_{n+1} & 0 \end{pmatrix}_{(n+1)\times(n+2)} \quad \boldsymbol{A}_{22} = \begin{pmatrix} 0 & 0 & \cdots & 0 \\ L_{F_1} & 0 & \cdots & 0 \\ 0 & L_{F_2} & 0 & 0 \\ \vdots & \vdots & & \vdots \\ 0 & 0 & \cdots & L_{F_n} \end{pmatrix}_{(n+1)\times n}$$

令系数矩阵 $\boldsymbol{A}$ 为

$$\boldsymbol{A} = \begin{bmatrix} \boldsymbol{A}_{11} & \boldsymbol{A}_{12} \\ \boldsymbol{A}_{21} & \boldsymbol{A}_{22} \end{bmatrix}_{(2n+2)\times(2n+2)} \tag{5-13}$$

令行列式 $\boldsymbol{X}_{(2n+2)\times 1}$、$\boldsymbol{B}_{(2n+2)\times 1}$ 为

$$\boldsymbol{X} = \begin{bmatrix} Q_1 \\ Q_2 \\ \vdots \\ Q_{n+2} \\ F_1 \\ \vdots \\ F_n \end{bmatrix}^{\mathrm{T}}_{(2n+2)\times 1} \quad \boldsymbol{B} = \begin{bmatrix} e_1 \\ e_2 \\ \vdots \\ e_{n+2} \\ f_1 \\ \vdots \\ f_n \end{bmatrix}_{(2n+2)\times 1} \tag{5-14}$$

式中

$$e_i = q_i L_i + T_i, \quad i = 1 \sim n+2 \tag{5-15}$$

$$f_i = M_{i+1} - M_i + T_i L_{T_i} + \frac{q_i L_i^2}{2}, \quad i = 1 \sim n+2 \tag{5-16}$$

将原 $2n+2$ 个方程用矩阵表示为

$$A_{2(n+1)\times 2(n+1)} \cdot X_{2(n+1)\times 1} = B_{2(n+1)\times 1} \tag{5-17}$$

该矩阵方程对任一轴系，都存在一个与之相对应的实向量 B 和 X，即矩阵 A 存在逆矩阵 $A^{-1}(|A|\neq 0)$，因此由 $X=A^{-1}B$ 可解出 Q_i、F_i 共 $2n+2$ 个未知数。

5.2.3 推进轴系转轴截面弯矩测量方法

为了提高测量精度，采用惠斯通全桥布置粘贴两块半桥应变片进行组桥，测点布置方式如图 5-11 所示。图中，Vexc 为电桥激励电压，Sens+ 为通道输入，Sens- 为通道输出，Gnd 为模拟地。

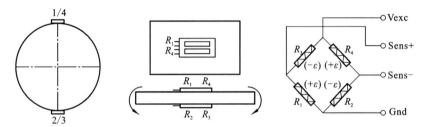

图 5-11 惠斯通全桥测点布置图

在测量过程中，为消除误差，将转子转动若干周，多次测量 0° 与 180° 时截面应变值并取平均值，记为 $S_{i,0°}$ 和 $S_{i,180°}$。

转轴截面处承受的弯矩可由应变值求出：

$$M_i = EW \frac{S_{i,180°} - S_{i,0°}}{2} \quad (i=1,2,\cdots,n) \tag{5-18}$$

式中：M_i 为转轴第 i 截面的弯矩；E 为轴段材料的弹性模量；W 为轴颈抗弯截面系数。

5.2.4 轴承载荷识别精度仿真验证

以图 5-12 所示的船舶推进轴系为分析对象，该轴系共有 6 个径向轴承和 4 根轴，轴颈直径和轴承跨距如图所示，在轴系尾部加载集中力 1.3 kN 模拟螺旋桨重力。

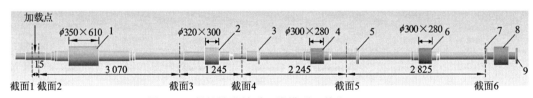

图 5-12 船舶推进轴系三维模型（单位：mm）

1. 后尾轴承；2. 前尾轴承；3.1#联轴器；4.1#中间轴承；5.2#联轴器；

6.2#中间轴承；7.3#联轴器；8. 推力轴承；9. 高弹联轴

利用三弯矩法计算轴承载荷。有限元法与三弯矩法的计算结果如表 5-1 所示。由表可知，两种方法得到的轴承载荷比较接近，说明三弯矩法对该对象具有较高的载荷预测精度。

表 5-1　有限元法与三弯矩法计算结果对比

轴承	有限元法	三弯矩法		相对误差 /%
	载荷/N	载荷/N	弯矩/（N·m）	
后尾轴承	5 890.12	6 007.53	14.62	1.99
前尾轴承	3 095.1	3 127.42	16.90	1.04
1#中间轴承	3 011.18	3 042.08	233.24	1.03
2#中间轴承	2 441.78	2 624.73	52.71	7.49

注：相对误差 $=\left|\dfrac{\text{有限元法载荷值}-\text{三弯矩法载荷值}}{\text{有限元法载荷值}}\right|\times 100\%$

将轴系离散化分为 7 段，基于三弯矩法计算得到截面弯矩。将轴系 6 个截面处弯矩输入轴承载荷识别方程组中，联立计算得到各轴承载荷识别值，如表 5-2 所示。

表 5-2　轴承载荷仿真试验识别结果

轴承	三弯矩法载荷/N	载荷识别法载荷/N	相对误差/%
后尾轴承	6 007.53	6 022.86	0.26
前尾轴承	3 127.42	3 049.98	2.48
1#中间轴承	3 042.08	3 087.75	1.50
2#中间轴承	2 624.73	2 604.65	0.76

由表 5-2 可知，相对于三弯矩法，载荷识别法的平均相对误差为 1.92%，最大相对误差小于 3%，表明基于转轴应变的船舶推进轴系轴承载荷识别方法具有较高的精度。在舰船服役期，舰船的后尾轴承受载较大，是最易损坏的推进轴系轴承。算例中该轴承的载荷识别精度最高（相对误差为 0.26%），能有效地监测后尾轴承实时载荷，预防轴承过载。

5.3　基于轴应变的轴承载荷识别方法仿真试验

根据轴承载荷识别原理，影响识别精度的主要因素包括两点：①测试系统的测试误差，例如应变片粘贴不牢靠、信号干扰等，造成截面弯矩测量误差，从而影响载荷识别精度；②载荷识别模型误差，轴承等效支点位置一般根据标准或经验取值，但当轴承结构、材料和轴线倾斜状态发生变化时，其等效支点位置也会随之改变。轴承等效支点取值误差会影响轴承载荷识别精度。

5.3.1　截面弯矩测量误差

本小节通过设置截面弯矩误差，分析不同误差对轴承载荷识别精度的影响。对船舶推进轴系中载荷最大的后尾轴承引入误差，局部建模需测量三个截面的应变值，因此分别将图 5-12 中的截面 1、截面 2、截面 3 的弯矩值均上调 10% 和 20%、下调 10% 和 20%，来模拟实船测试中应变测试产生的误差，误差结果如图 5-13 所示。

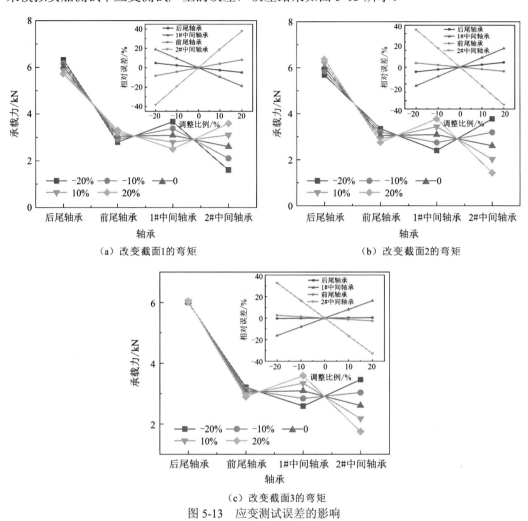

（a）改变截面1的弯矩 　　　　　　　　（b）改变截面2的弯矩

（c）改变截面3的弯矩

图 5-13　应变测试误差的影响

　　图 5-13（a）～（c）中的主图为某舰船推进轴系产生截面弯矩测试误差时的载荷分布曲线，右上角的附图为各支承径向轴承随截面弯矩测试误差产生的相对误差曲线。由图 5-13 可知，在舰船推进轴系中后尾轴承起到了主要支承作用，当后尾轴承载荷识别模型的测试截面 1、截面 2 和截面 3 分别产生–20%～20%误差时，其对后尾轴承的载荷识别值的影响都在 5%以内，说明载荷识别模型具有良好的容错率，并且各轴承的载荷识别值与截面弯矩测试误差呈线性关系。由于误差的正向传递性，前尾轴承到 2#中间轴承的载荷识别误差逐渐增大，当截面 2 的弯矩测量产生 20%的误差时，会导致 2#中间轴承的载荷识别值产生 44.78%的较大误差。

5.3.2　识别模型误差

　　由于舰船推进轴系的后尾轴承承受载荷最大，其长径比、弹性模量等因素对其等效支点位置影响较大，而载荷识别模型设置后尾轴承等效支点为一定值，这将产生潜在的识别值误差。本小节对后尾轴承进行分析，取其距离轴承尾端面 1/5、1/4、1/3、1/2 位置处为等效支点分别进行计算，其中等效支点在轴承长度 1/2 位置是本次仿真取得的实际值。将轴承等效支点在 1/5、1/4、1/3 处的计算结果与轴承等效支点在 1/2 处进行对比，得到结果如图 5-14 所示。

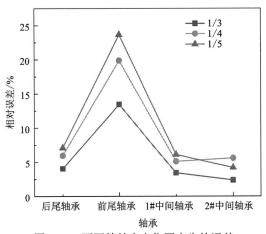

图 5-14　不同等效支点位置产生的误差

由图 5-14 可知，后尾轴承等效支点位置的改变，对与后尾轴承相邻的前尾轴承载荷识别值影响最大，它产生的相对误差最高达到 23.64%，但是对 1#中间轴承和 2#中间轴承载荷识别值的相对误差在 5%左右，这表明等效支点的改变只会对相邻轴承的载荷识别值造成较大影响，对后续轴承载荷识别值的影响较小，不会造成严重的误差传递现象。

5.4　基于轴应变的轴承载荷识别系统标定试验

5.4.1　标定试验方案

1．试验台简介

船舶尾轴承试验台结构示意如图 5-15 所示，主要由驱动部分、试验部分、加载部分和测试部分组成。其中，两个支撑滚动轴承采用脂润滑，尾轴承作为主要测试对象。加载方式为中间径向加载，以保证轴承比压均匀。测试装置主要包括转速扭矩仪、压力表和应变片等。该试验台模拟实船推进轴系，压力传感器安装在尾轴承与垂向加载液压油缸中间，通过调整径向加载力来改变轴承载荷大小，用于模拟船体变形影响轴承载荷和转轴应变的变化过程，径向加载力的调节范围为 0～5 kN[10]。为了提高标定试验精度，对试验台原加载系统进行了改造，更换了加载保压效果更好的液压加载系统及测试精度更高的压力传感器。

采用 BeeTech 公司生产的无线遥测系统进行转轴应变测量，该测试系统由安装在转轴的无线发射模块、与计算机相连接的无线接收模块、数据采集分析仪等组成。

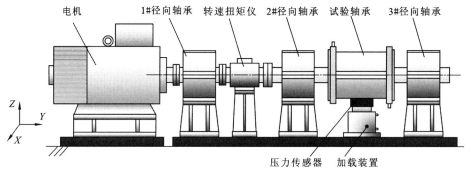

图 5-15 船舶尾轴承试验台结构示意图

2. 标定试验设计

轴承载荷标定试验是为了模拟服役期中船体变形等不确定因素对船舶推进轴系的影响，通过垂向加载液压油缸施加径向加载力，模拟轴承载荷的变化。在不同径向加载力下测试轴截面弯曲应变信号，并计入应变测试误差进行精度分析。其中，加载力施加位置与轴承等效支点由液压油缸位置确定，本试验液压油缸的位置为测试轴承中点，因此识别模型误差对结果影响较小，可以忽略。

测试时，在测试轴承两边选取三个截面粘贴应变片，并使用全桥方式进行组桥，将三组应变片接入无线发射节点，待应变信号稳定后，从无线接收节点所连接的数据分析仪读取应变信号。无线遥测系统如图5-16所示。

（a）无线发射节点及应变片布置截面 　（b）无线接收装置与数据分析仪

图 5-16 无线遥测系统照片

根据本次试验所用测试轴承的长径比，通过液压加载系统对测试轴承进行载荷加载，使其比压分别达到 0.1 MPa、0.2 MPa、0.3 MPa、0.5 MPa、0.8 MPa、1.0 MPa、1.2 MPa 和 1.5 MPa，液压加载系统如图5-17所示。

标定试验时，轴不转。液压缸在试验轴承底部中点给试验轴承施加载荷 F，由力传感器直接测量，可形成静力平衡关系式：

$$N = F - G \tag{5-19}$$

式中：G 为轴承与外壳的总重量，N；N 为轴承受到的实际载荷，N。将 N 定义为轴承载

图 5-17 液压加载系统照片

荷直接测量值（即真值），将载荷识别值与直接测量值进行对比，从而得到识别误差。计入测试系统误差，在轴截面弯矩计算式中引入应变修正系数 β，则修改的计算式为

$$M_i = \beta EW \frac{S_{i,180°} - S_{i,0°}}{2} \quad (i = 1,2,3) \tag{5-20}$$

将轴承比压为 0.1 MPa、0.2 MPa、0.3 MPa、0.5 MPa 的 4 个工况作为样本值，计算应变修正系数对载荷识别精度提升的有效范围值。再将轴承比压为 0.8 MPa、1.0 MPa、1.2 MPa、1.5 MPa 的 4 个工况作为测试工况，加入应变修正系数，其取值范围由样本数据提供，对比加入修正系数后测试工况的载荷识别精度有无明显变化。

5.4.2 识别系统精度分析及提升

1. 标定试验精度验证

将各工况下的应变信号输入载荷识别模型中，计算测试轴承的载荷值（即识别值），将其与实际载荷值（即直接测量值）进行对比，结果如表 5-3 所示。

表 5-3 载荷识别法与实际载荷值结果对比

项目	载荷/MPa							
	0.1	0.2	0.3	0.5	0.8	1.0	1.2	1.5
直接测量值/N	1 661.2	4 047.6	6 434.0	11 206.8	18 366.0	23 138.8	27 911.6	35 070.8
识别值/N	1 476.4	3 657.3	5 927.5	10 130.7	16 527.8	21 184.0	25 795.6	32 007.5
相对误差/%	11.13	9.64	7.87	9.60	10.01	8.45	7.58	8.73

注：相对误差 $= \left| \dfrac{\text{直接测量值} - \text{识别值}}{\text{直接测量值}} \right| \times 100\%$

由表 5-3 可知，各工况下试验轴承的载荷识别值与直接测量值的相对误差基本能控制在 10% 左右，最大误差为 11.13%，最小误差为 7.58%，且加载力越大，识别精度越高。这是因为随加载力增大，轴弯曲程度增大，轴上应变信号的信噪比随之增大。总体而言，载荷识别精度有待提升。

2. 系统误差分析及精度提升

载荷在线识别系统可能产生测试误差与识别模型误差，由轴承载荷识别模型误差分析可知，应变测试的误差对轴承载荷识别值影响较大。因此，本小节加入应变修正系数对系统测试误差进行精度分析与提升。以轴承载荷为 0.1 MPa、0.2 MPa、0.3 MPa、0.5 MPa 4 个工况为研究对象，分析试验数据得到不同应变修正系数下载荷识别误差，如图 5-18 所示。

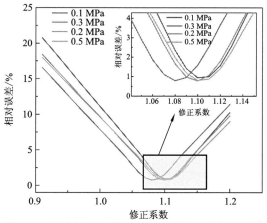

图 5-18 应变修正系数对相对误差的影响变化曲线

由图 5-18 可知，不同加载工况下载荷识别误差随应变修正系数均存在先减小后增大的趋势。当应变修正系数取 1.08 和 1.11 时，以上 4 个工况的相对误差最小值，均不超过 1%，这表明该载荷识别方法具有良好的可修正性，而且本小节提出引入修正系数的方法可大幅提升载荷识别精度。以轴承比压为 0.8 MPa、1.0 MPa、1.2 MPa、1.5 MPa 4 个试验工况验证修正效果，不同应变修正系数下载荷识别误差如表 5-4 所示。由表可知，引入应变修正系数后，载荷识别的相对误差不超过 0.1%，识别精度得到显著提升。

表 5-4 载荷识别方法修正效果验证

项目	载荷/MPa			
	0.8	1.0	1.2	1.5
应变修正系数	1.089	1.092	1.080	1.095
相对误差/%	0.06	0.09	0.10	0.02

由上述仿真试验和标定试验可知，本小节研究的舰船推进轴系载荷识别方法简便可行，当引入应变修正系数后，载荷识别精度可以控制在较高范围。

5.5 基于轴应变的轴承载荷识别试验

本节试验的目的是验证载荷识别法对船舶推进轴系某一轴承的载荷识别精度，通过顶举法与三弯矩法的计算，从仿真和试验的角度分别对载荷识别法进行验证。

5.5.1 试验台装置与仪器

1. 试验台

在现有的船舶推进轴系试验台（图 5-19）上进行轴承载荷识别试验。转轴和轴承的结构参数和材料参数如表 5-5～表 5-7 所示。在水润滑尾轴承后端有加载装置，加载装置可模拟螺旋桨产生的轴向力、螺旋桨运行存在的水平和垂直径向力，以及螺旋桨搅拌扭矩，这些加载力包括静载和动载。三个方向的最大加载力分别为垂向 20 kN、横向 20 kN 和轴向 60 kN。

图 5-19 船舶推进轴系试验台照片

表 5-5 转轴结构参数

项目	最大轴径/mm	最小轴径/mm	长度/mm
推力轴	160	160	665
2#中间轴	160	140	2 600
1#中间轴	160	140	2 000
铜套	185	—	1 500
尾轴	165	145	5 000

表 5-6 转轴材料参数

项目	材料名称	泊松比	弹性模量/MPa	密度/（kg/m³）
推力轴	碳钢	0.30	210 000	7 850
2#中间轴	碳钢	0.30	210 000	7 850
1#中间轴	碳钢	0.30	210 000	7 850
铜套	铜	0.25	106 000	8 500
尾轴	碳钢	0.30	210 000	7 850

表 5-7 前尾轴承结构参数

润滑介质	外径/mm	内径/mm	长径比	内衬厚度/mm
油	230	150	1.1	14.5

2. 测试装置

本试验主要分为顶举法试验和载荷识别法试验两个部分,其中顶举法是用于验证识别的方法。顶举法试验的主要仪器包括液压缸、数显压力表、百分表,具体参数如表 5-8～表 5-10 所示。

表 5-8 液压缸参数

量程	行程/mm	本体高度/mm	活塞杆直径/mm	活塞面积/mm²
10T	120	200	40	1 384.7

表 5-9 数显压力表参数

满行程/MPa	接口尺寸	最小分别率/MPa	精度	表面直径/mm
72.2	G1/2	0.1	±1.6%FS	95

注:FS 为满量程, full range

表 5-10 百分表参数

测量范围/mm	分辨率/mm	表盘计数	表面外径/mm
0.5	0.01	100	57

轴承载荷在线识别系统方案如图 5-20 所示。该系统的试验装置主要包括应变片、无线遥测装置及数据采集和分析仪。无线遥测装置分为无线发射模块与无线接收模块。设备具体参数如表 5-11 和表 5-12 所示。

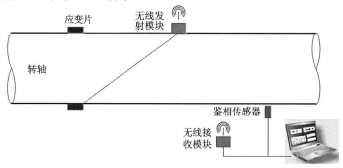

图 5-20 轴承载荷在线识别系统方案示意图

表 5-11 无线遥测装置参数表

项目	参数	项目	参数
模块尺寸/mm	60×80×33	测量误差/%	0.1
电压模块量程/V	±10	模块最高采样频率/Hz	1 000
测试通道	4	网关通信接口	RS485 和 RJ45
通信距离/m	100	射频频率/GHz	2.4

表 5-12　应变片详细参数

型号	电阻/Ω	灵敏系数	尺寸/mm
BF350.3FB（23）GN20.W	350+1.2	2.08±0.10%	8×7

该型数据采集系统的无线传输距离远，抗干扰能力及对恶劣环境的适应能力较强，因此能很好地适应船舶推进轴系所处的恶劣环境。此外，该系统在满足总采样频率小于4 000 Hz 的条件下，可支持单台计算机控制多个 4 通道应变数据采集模块同时进行工作，很好地满足了校中状态监测中多测点同时测量的要求。该系统可实现实时采集、实时显示、实时储存、实时分析等功能，具有良好的人机交互功能。

本试验依托船舶轴系综合试验台开展，本次载荷识别对比试验的目的是用顶举法与三弯矩法进行精度分析，顶举法试验不允许采用较高载荷，因此轴系靠近电机端的轴段截面应变较小，测试时会受到较强的应变片零漂影响。同时，后尾轴承附近有加载装置，不方便布置应变测试截面。综合考虑，本试验仅对推进轴系的前尾轴承进行试验。

如图 5-21 所示，前尾轴承长度为 0.442 5 cm，三组测试分别布置在前尾轴承两侧，左侧布置两组应变片，间距为 0.11 m，右侧布置一组应变测试截面，与应变测试截面 2 的距离为 0.952 5 m。三组应变测试截面将轴系切割成两个单元，构成局部载荷识别模型。

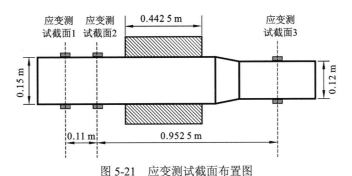

图 5-21　应变测试截面布置图

为了保证应变片粘贴质量与长时间使用的精度，先将转轴表面打磨光滑，并在应变片上方覆盖一片 PVC 保护膜，如图 5-22 所示，其中应变信号采用无线遥测系统进行测量。

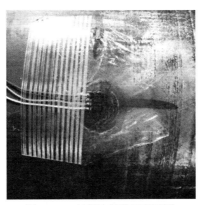

图 5-22　应变片粘贴示例照片

利用液压加载系统对轴系尾端施加 3 kN、4 kN 和 5 kN 的加载力，采用应变法识别的轴承载荷如表 5-13 所示。

表 5-13 各工况下三个截面应变值

加载力/kN	截面 1 应变值	截面 2 应变值	截面 3 应变值	载荷/N
3	$3.931\,67 \times 10^7$	6.58×10^7	8.04×10^7	1 950.25
4	$2.302\,92 \times 10^7$	1.4×10^7	1.96×10^7	1 804.07
5	3.56×10^6	5.1×10^6	7.3×10^6	1 381.18

5.5.2 与仿真结果对比

1. 轴系简化

利用加载装置在轴系尾部加载，施加位置为加载装置对应轴段的中点，本节的加载工况为 3 kN、4 kN 和 5 kN。本仿真将中间轴、推力轴及其法兰均作为均布载荷处理。考虑偏载作用，取后尾轴承等效支点到轴承衬后端面的距离为 1/4 轴承衬长度。其他轴承等效支点均取轴承衬长度的中点。对简化后的轴系进行离散处理时，一般将轴承支点的轴截面处、轴系集中载荷作用点处、轴截面变化处等位置，作为计算截面进行划分。集中载荷与轴承等效支点位置如表 5-14 所示。

表 5-14 集中载荷与轴承等效支点位置

项目	集中载荷	后尾轴承	前尾轴承	1#中间轴承	2#中间轴承	1#径向轴承	2#径向轴承
位置/mm	420	1 252.5	4 048.5	6 180	8 380	9 725	10 060

2. 计算结果及分析

三弯矩法计算需将轴系划分节点，确定各节点几何参数。利用三弯矩法计算各轴承等效支点的支反力、截面弯矩，将结果与应变识别法计算结果进行对比，如表 5-15 所示。

表 5-15 两种方法获得的载荷值对比

工况/kN	应变识别法载荷/N	三弯矩法载荷/N	相对误差/%
3	1 950.25	2 227.453	12.44
4	1 804.07	1 736.542	3.89
5	1 381.18	1 245.630	10.88

注：相对误差 = $\left| \dfrac{\text{三弯矩法载荷} - \text{应变识别法载荷}}{\text{三弯矩法载荷}} \right| \times 100\%$

由表 5-15 可知，三弯矩法与应变识别法得到的轴承载荷平均误差在 10% 以内，最小误差为 3.89%。计算建模时存在一定误差，例如三弯矩法默认各轴承为刚性支承，且等效支点位置不变，但当加载力逐渐增大时，轴承内衬会产生变形，等效支点位置随着载荷的变化发生改变。

5.5.3 与顶举法对比

为了进一步验证轴承载荷识别精度，利用顶举法测试目标轴承的载荷，测试现场如图 5-23 所示。顶举法测量时，数显千斤顶的顶举测点应尽可能地靠近目标轴承，测量方案为：①使用夹具将百分表固定在测点正上方，保证百分表的测头竖直放置，并保证其与轴截面最顶端接触；②在测点正下方放置千斤顶，保证柱塞面中心与测点尽可能对准；③开始少量泵油，使千斤顶与轴初步接触，在顶升压力较小的情况下，可以手动调整顶举的位置；④缓缓摇动手压阀向千斤顶泵油，固定每次顶升的压力增量为 0.1 MPa 并保持不变，不断记录压力表及百分表的读数；⑤当发现单位压力增量下位移增量明显增大，并保持稳定，则说明轴开始与轴承脱离接触，此时可

图 5-23 顶举法试验现场照片

以停止顶升，用泄压阀缓缓泄压，并记录压力表及百分表的读数直至压力降到 0。

在保证轴系校中状态不变的情况下，千斤顶的加载力分别为 3 kN、4 kN 和 5 kN。确定千斤顶放置位置后，通过三弯矩法计算负荷影响系数，以此求得顶举系数，结果如表 5-16 所示。

表 5-16 负荷影响系数及顶举系数

对象	AJJ	AJA	K
前尾轴承	3 925.345 571	4 418.667 011	1.125 676

注：AJJ 为被测轴承对自身的负荷影响系数；AJA 为被测轴承对千斤顶的负荷影响系数；K 为顶举系数

不同加载力下，目标轴承的位移量与千斤顶负荷之间的关系如图 5-24 所示。由图可知，三个顶举曲线均符合顶举法测试理论中单拐点应变曲线的特征，这表明加载力并没有影响船舶轴系的校中情况，该试验得到的数据较为可靠。

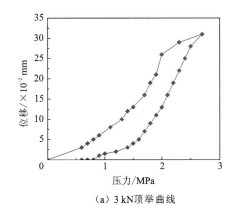

（a）3 kN顶举曲线

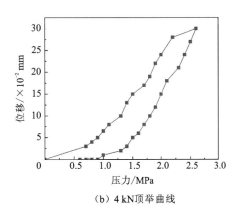

（b）4 kN顶举曲线

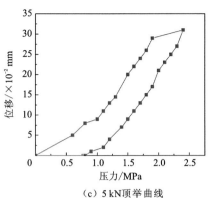

（c）5 kN顶举曲线

图 5-24　三个载荷下的顶举曲线

利用顶举曲线可以计算出千斤顶的载荷，然后据此计算出轴承载荷。顶举法测试结果和应变法识别结果如表 5-17 所示。由表可知，分别利用顶举法和应变法得到的目标轴承的载荷值相对误差小于 10%。随着载荷增大，相对误差呈上升趋势，这是因为加载力的增大会影响前尾轴承的状态，后尾轴承承受较大偏载，会导致前尾轴承翘起，使顶举法误差增大。

表 5-17　顶举法与应变法的载荷识别结果对比

工况	千斤顶载荷/N	顶举法测试值/N	应变法识别值/N	相对误差/%
3 kN	1 664.128	1 873.309	1 950.25	4.11
4 kN	1 555.26	1 750.756	1 804.07	3.05
5 kN	1 133.311	1 275.768	1 381.18	8.26

注：相对误差=$\left|\dfrac{\text{顶举法测试值}-\text{应变法识别值}}{\text{顶举法测试值}}\right|\times100\%$

综合来看，从仿真计算与试验测试两个方面对载荷识别法进行验证的结果表明，本小节提出的轴承载荷识别精度符合 20%以内的要求。

本小节进行了加载力为 3 kN、4 kN、5 kN、6 kN、8 kN、10 kN、15 kN 和 20 kN 共 8 组顶举法试验，当加载力大于 5 kN 时，顶举法的顶举支点位置有明显偏移，这时使用顶举法会有较大误差，出现图 5-3（a）所示无拐点的顶举曲线，因此选取 3 kN、4 kN 和 5 kN 三个工况进行验证试验，同时在进行顶举法试验时需要拆掉各个轴承的密封，否则密封会阻碍转轴的偏移，从而影响顶升时顶举曲线的绘制。但该方法存在三点限制：①载荷不能过大，避免顶举支点位置产生明显位移；②轴系各轴承的密封需要拆卸，只能用于船舶推进轴系的台架试验，不能用于运行状态下的试验；③顶举法只能作为低载荷情况下的静态、动态轴系轴承载荷精度验证的参考。

5.5.4　轴承载荷识别精度分析及提升

本章提出了等效支点位置修正和测试应变修正两种载荷识别精度提升方法。由于本章推进轴系静态、动态载荷识别试验是针对前尾轴承，而等效支点位置主要针对后尾轴承，本小节仅讨论基于测试应变修正的轴承载荷识别精度。

计入测试系统误差，在轴截面弯矩计算式中引入应变修正系数 β，则静态载荷识别的计算式为式（5-20），动态载荷识别的计算式为

$$M_j(i) = \beta W E \varepsilon_j(i) \quad (i = 1, 2, \cdots, n; \ j = 1, 2, \cdots, m) \tag{5-21}$$

根据标定试验结果，引入应变修正系数的方法具有良好的精度提升效果，当应变修正系数取值为 1.08 和 1.11 时，标定试验中各工况下载荷识别结果的相对误差均不超过 1%。

对推进轴系轴承静态载荷识别试验结果引入修正系数，结果如图 5-25 所示。由图可知，加载力为 3 kN 和 4 kN 两组工况在 0.9～1.1 的应变修正系数范围内相对误差取到了极小值，3 kN 工况下修正系数为 0.918 时，相对误差为 0.5%；4 kN 工况下修正系数为 0.902 时，相对误差为 0.28%；5 kN 工况下，相对误差随着应变修正系数的增大而减小，在应变修正系数为 1.1 时，相对误差为 1.3%，这可能是因为载荷施加为 5 kN 时，前尾轴承的轴颈位置被影响，导致顶举法结果可靠度下降，此时修正系数虽然也可以缩小载荷识别结果与顶举法试验结果的相对误差，但在 0.9～1.1 的修正系数范围内并未出现相对误差的极小值。

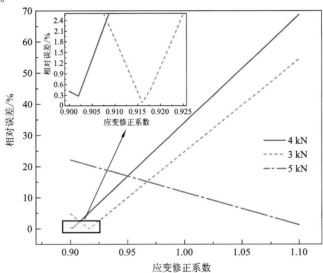

图 5-25　应变修正系数对静态载荷识别值与其他方法所测载荷值之间相对误差的变化曲线

为进一步研究引入应变修正系数对轴承动载荷识别值的影响，取加载力为 4 kN、转速为 250 r/min 时的载荷识别结果进行分析。将静载荷识别法、顶举法和三弯矩法测试值分别作为参考值，其中顶举法所测载荷为 1 750.756 N、三弯矩法所测载荷为 1 804.7 N、静态载荷识别值为 1 735.542 N。将其与动态载荷识别值 1 692.77 N 做相对误差进行精度分析，结果如图 5-26 所示。

由图 5-26 可知，将静态载荷识别和三弯矩法所测载荷值作为参考值时，动态载荷识别的相对误差在应变修正系数范围为 0.9～1.1 时能够取到极小值，与静态载荷识别值对比，应变修正系数为 1.06 时，最小相对误差为 0.03%；与三弯矩法对比，应变修正系数为 1.088 时，最小相对误差为 0.02%；与顶举法相比，相对误差呈线性减小，在选定的应变修正系数范围内没有取到极小值，但是对动态载荷识别精度也有显著的提升，未修正时载荷识别相对误差为 6.17%，修正后相对误差为 2.57%。

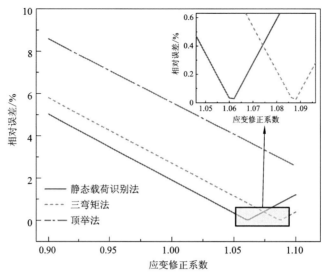

图 5-26 应变修正系数对动态载荷识别值与其他方法所测载荷值之间相对误差的变化曲线

参 考 文 献

[1] 国防科学技术工业委员会. 船舶推进轴系校中(CB/Z 338—2005)[S]. 2005-12-12.

[2] 中国船级社. 钢质海船入级规范(第 3 分册)[M]. 北京: 人民交通出版社, 2015: 258-260.

[3] 王建磊, 陈焰, 袁小阳. 由特征压力识别轴承油膜力的算法及软件[J]. 润滑与密封, 2007(6): 96-98.

[4] 陈焰, 郭勇, 金青, 等. 轴承油膜力与特征压力关系曲线的研究[J]. 机械科学与技术, 2008(2): 245-248.

[5] 郭勇, 陈焰, 王建磊, 等. 轴承油膜力识别的原理及测点分析[J]. 润滑与密封, 2007(8): 39-41.

[6] 汪谟清, 沈磊. 应变反求载荷方法在底盘件疲劳分析中的应用[J]. 上海汽车, 2015(11): 38-41.

[7] KOLHAPURE R, SHINDE V, KAMBLE V. Geometrical optimization of strain gauge force transducer using GRA method[J]. Measurement, 2017(101): 111-117.

[8] STEPANOVA L N, KOZHEMYAKIN V L. Lifetime tests of structures with the use of microprocessor strain-gaging systems[J]. Russian Journal of Nondestructive Testing, 2007, 43(7): 484-488.

[9] LU H X, GAO Z C, WU B T, et al. Dynamic and quasi-static signal separation method for bridges under moving loads based on long-gauge FBG strain monitoring[J]. Journal of Low Frequency Noise Vibration and Active Control, 2019, 38(2): 388-402.

[10] 欧阳武, 刘祺霖, 闫琦隆, 等. 船舶径向轴承静动载荷识别的标定装置及标定方法: 中国, 033672B[P]. 2022.

第 6 章

考虑轴系状态的水润滑尾轴承
流固耦合建模及仿真

在船舶大型化的发展趋势下，船体和推进轴系的刚度差愈发增大，船体变形更易影响推进轴系运行状态。水润滑尾轴承作为推进轴系中最重要的支撑部件，其润滑和动力学特性直接受轴颈状态的影响。轴颈空间状态主要受工况和轴承物性参数的影响。研究者曾针对轴承内衬材料对偏载尾轴承轴颈挠曲的影响规律进行仿真研究[1, 2]，施加 75 kN 集中载荷模拟螺旋桨载荷，内衬材料参数如表 6-1 所示。

表 6-1　不同内衬材料属性

材料	弹性模量/MPa	泊松比	密度/（kg/m³）
改性橡胶	50	0.47	1 240
飞龙 T12	300	0.48	1 320
赛龙 COMPAC	440	0.45	1 200
RLC	2320	0.33	1 300

注：RLC（resin based laminated composites，树脂基复合材料）

如图 6-1 所示，由于配重的悬臂作用较强，不管选用何种内衬材料，尾轴的尾端面挠度最大；不同内衬材料下尾轴承处轴颈挠度曲线形态不同，改性橡胶材料尾轴承处轴

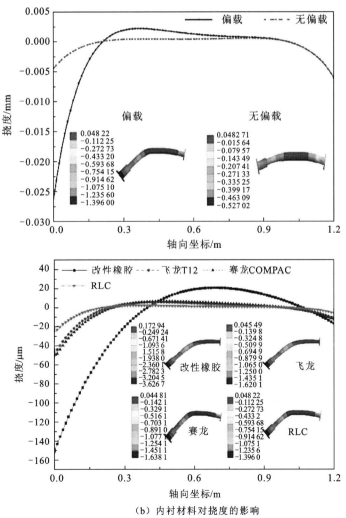

（b）内衬材料对挠度的影响

图 6-1　轴颈挠曲的影响分析

颈曲线仅有 1 个峰，其他材料基本存在 2 个峰；改性橡胶材料尾轴承尾端面处轴颈挠度最大，为 0.15 mm，RLC 尾轴承最小，为 0.03 mm，两者相差 4 倍。总体来看，轴颈挠曲程度变化十分显著，其对水润滑尾轴承的润滑与动力学特性的影响作用有待揭示，开展考虑轴颈空间状态的水润滑尾轴承流固耦合建模与仿真研究具有重要的理论价值。

6.1 考虑轴弯曲的水润滑尾轴承流固耦合模型及仿真

6.1.1 推进轴系轴颈轴心线仿真方法

建立考虑尾轴承实体的船舶推进轴系力学模型，基于有限元法开展轴系静力学分析，计算水润滑尾轴承处轴颈挠度，为轴承等效支点和承载能力计算提供基础。

基于有限元法的推进轴系挠度计算流程如图 6-2 所示，主要步骤如下。

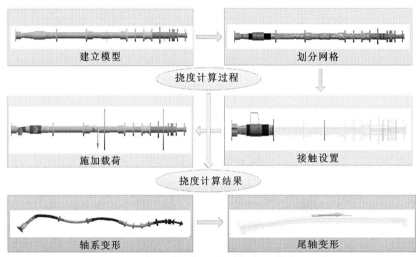

图 6-2 基于有限法的推进轴系挠度计算流程示意图

（1）建立模型。根据轴承支点位置及其对轴系受力的影响程度，建立后尾轴承有限元实体模型，以弹簧模拟其他径向轴承，刚度为 10^8 N/m。

（2）划分网格。利用扫掠法对轴系三维模型进行网格划分，并选取网格单元为实体单元，轴承内衬和阶梯轴处网格划分密集，其他部位网格划分稀疏。

（3）接触设置。设置轴与轴及轴与径向轴承之间的接触方式，轴与轴之间的接触方式为绑定。

（4）施加载荷。对三维模型施加重力加速度模拟轴系重量，在螺旋桨处施加集中质量模拟螺旋桨重量，载荷施加完后还需在尾轴承衬套表面处施加全位移约束。按照步骤计算后可得轴系与尾轴承处轴颈挠度。

6.1.2 数值模型

1. 雷诺方程

本小节主要介绍不可压稳态工况下水润滑尾轴承的润滑性能，可将一般形式的雷诺方程简化为

$$\frac{\partial}{\partial x}\left(h^3\frac{\partial p}{\partial x}\right)+\frac{\partial}{\partial y}\left(h^3\frac{\partial p}{\partial y}\right)=6\eta u\frac{\mathrm{d}h}{\mathrm{d}x} \tag{6-1}$$

式中：x、y 分别为液膜水平方向和垂直方向坐标；η 为润滑剂黏度；p 为液膜压力；h 为液膜厚度；u 为轴与轴承两表面沿 x 方向速度之和。

式（6-1）的边界条件为雷诺边界条件：

$$\begin{cases} p=0, \quad \dfrac{\partial p}{\partial \theta}=0 \\ p=0, \quad y=\pm\dfrac{l}{2} \end{cases} \tag{6-2}$$

2. 膜厚方程

考虑轴线弯曲的水润滑尾轴承几何示意图如图 6-3 所示。由图可知：O_0 为中截面处转轴轴心；O_y 为 y 截面处转轴轴心；φ_0 为中截面处偏位角；φ_y 为 y 截面处偏位角；e_0 为中截面处的偏心距；e_y 为 y 截面处的偏心距。若规定挠度向上为正，向下为负，则 δ_y 为中截面与 y 截面的挠度差，当 y 截面处轴颈中心位于中截面处轴颈中心下方时，$\delta_y>0$；当 y 截面处轴颈中心位于中截面处轴颈中心上方时，$\delta_y<0$。无论 δ_y 为正值还是负值，根据余弦定理和正弦定理求得的 y 截面处的偏心距和偏位角具有相同表达式。

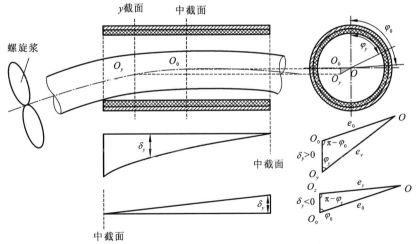

图 6-3 考虑轴线弯曲的水润滑尾轴承几何示意图

考虑轴线弯曲和内衬变形的水润滑尾轴承膜厚方程为

$$\begin{cases} h_y = c + e_y \cos(\theta - \varphi_y) + \delta \\ e_y = \sqrt{e_0^2 + \delta_y^2 + 2e_0\delta_y \cos\varphi_0} \\ \varphi_y = \arcsin[(e_0 / e_y)\sin\varphi_0] \end{cases} \qquad (6\text{-}3)$$

式中：c 为半径间隙；δ 为轴承内衬弹性变形。

3. 弹性变形方程

轴承内衬在水膜压力的作用下能产生变形，轴承内衬表面变形的基本方程为

$$\delta_{rs} = \sum_{i=1}^{m} \sum_{j=1}^{n} G_{ij}^{rs} p_{ij} \qquad (6\text{-}4)$$

式中：δ_{rs} 为实际油膜压力作用下轴承孔表面上各节点的径向变形量（$r=1, 2, \cdots, m$；$s=1, 2, \cdots, n$；m 和 n 分别为轴承圆周方向和轴向的网格节点数）；G_{ij}^{rs} 为作用在节点处的单位油膜压力使节点产生的径向变形量。

式（6-4）改写成矩阵形式后变为

$$\delta = \boldsymbol{G} p \qquad (6\text{-}5)$$

式中：$\boldsymbol{G}$ 为轴承内衬变形矩阵。本小节基于 ANSYS 软件并利用有限元法求解轴承内衬变形矩阵。

4. 黏压方程和密压方程

黏度方程和密度方程分别表征水的黏度和密度与压力的关系，所选用的 Barus 黏压方程和密压方程分别为

$$\eta = \eta_s e^{\alpha p} \qquad (6\text{-}6)$$

$$\rho = \rho_s \left(1 + \frac{0.6 \times 10^{-9} p}{1 + 1.7 \times 10^{-9} p}\right) \qquad (6\text{-}7)$$

式中：η_s 为初始黏度，取 $\eta_s = 10^{-3}$ Pa·s；α 为 Barus 黏压系数，取 $\alpha = 2.2 \times 10^{-8}$ m²/N；ρ_s 为初始密度，取 $\rho_s = 10^3$ kg/m³。

基于上述方程和边界条件求得水膜压力和水膜厚度后可计算轴承静特性，轴承静特性包括水膜承载力和摩擦系数。承载力的计算方程为

$$\begin{cases} F = \sqrt{F_x^2 + F_y^2} \\ F_x = -\iint\limits_{\Omega} p \sin\theta \,\mathrm{d}x\mathrm{d}y \\ F_y = -\iint\limits_{\Omega} p \cos\theta \,\mathrm{d}x\mathrm{d}y \end{cases} \qquad (6\text{-}8)$$

式中：F_x、F_y 分别为水膜承载力在水平方向和垂直方向的分力；F 为水膜承载力；Ω 为水膜区。

摩擦系数的计算方程为

$$F_t = u \int_{-l/2}^{l/2} \int_{\varphi_1}^{\varphi_b} \frac{\eta}{h} \,\mathrm{d}x\mathrm{d}y + u \int_{-l/2}^{l/2} h_b \int_{\varphi_b}^{\varphi_2} \frac{\eta}{h^2} \,\mathrm{d}x\mathrm{d}y + \frac{e\sin\theta}{2r} F \qquad (6\text{-}9)$$

$$f = \frac{F_t}{F} \qquad (6\text{-}10)$$

式中：F_t 为摩擦阻力；f 为摩擦系数；φ_b 为水膜破裂处角坐标；h_b 为水膜破裂处膜厚；φ_1 为起始点角坐标；φ_2 为终止点角坐标。

5. 数值模型

根据上述控制方程，数值模型计算流程如图 6-4 所示。

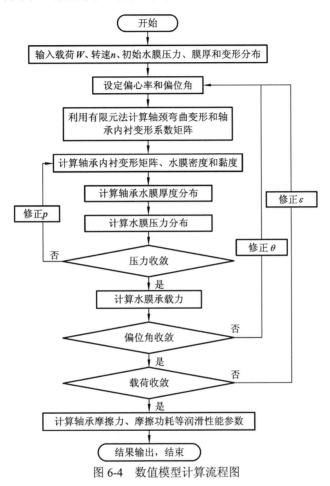

图 6-4　数值模型计算流程图

6.1.3　轴承润滑性能分布的影响因素分析

1. 转速对轴承润滑性能的影响

不同转速下计入轴线弯曲和内衬变形对轴承润滑性能影响的显著程度不同。图 6-5～图 6-7 所示分别是转速为 900 r/min 时 4 种仿真模型下的水膜压力、水膜厚度和内衬变形。计入轴线弯曲后，左右端波峰峰值与中截面最大压力之差分别由 42.95 kPa 和 5.00 kPa 增大到 149.93 kPa 和 20.38 kPa，但压力也整体增大，周向截面最大压力沿轴向分布的双峰陡峭程度相近，偏位角变化趋势相同，均减小 0.23°。计入内衬变形后，中截面处最大压力值由 0.80 kPa 变为 9.21 kPa，最小膜厚增大值由 0.05 μm 变为 0.2 μm，偏位角减

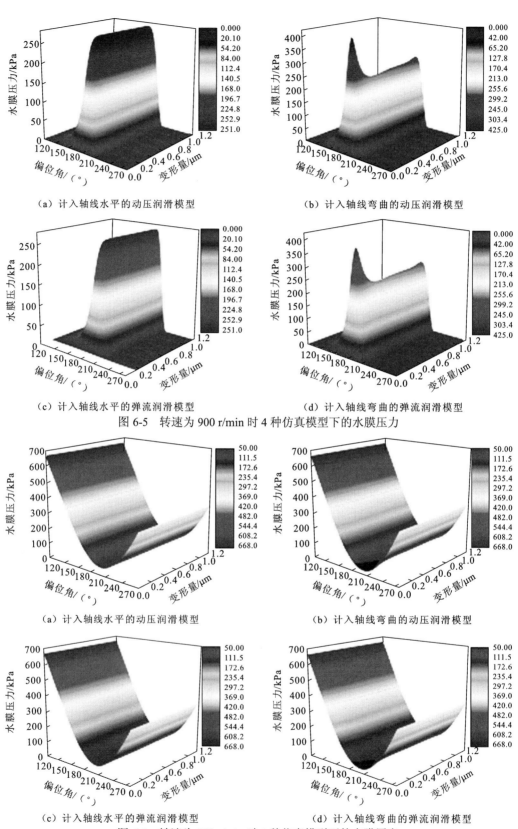

（a）计入轴线水平的动压润滑模型　　　　　　（b）计入轴线弯曲的动压润滑模型

（c）计入轴线水平的弹流润滑模型　　　　　　（d）计入轴线弯曲的弹流润滑模型

图 6-5　转速为 900 r/min 时 4 种仿真模型下的水膜压力

（a）计入轴线水平的动压润滑模型　　　　　　（b）计入轴线弯曲的动压润滑模型

（c）计入轴线水平的弹流润滑模型　　　　　　（d）计入轴线弯曲的弹流润滑模型

图 6-6　转速为 900 r/min 时 4 种仿真模型下的水膜厚度

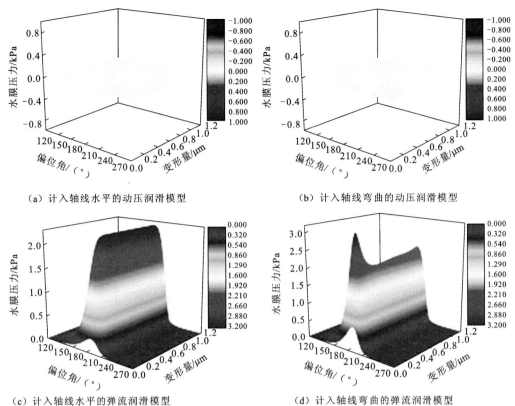

（a）计入轴线水平的动压润滑模型　　　　　　（b）计入轴线弯曲的动压润滑模型

（c）计入轴线水平的弹流润滑模型　　　　　　（d）计入轴线弯曲的弹流润滑模型

图 6-7　转速为 900 r/min 时 4 种仿真模型下的内衬变形

小值由 0.02° 变为 0.24°。计入轴线弯曲和轴承内衬变形后，周向截面上最大压力沿轴向分布仍呈双峰特征，左右两端波峰处变形分别由 1.10 μm、0.81 μm 增加到 3.20 μm、2.41 μm，变形增大导致左右两端波峰压力降低值分别由 2.98 kPa、1.11 kPa 升高到 26.52 kPa、9.44 kPa，偏位角减少值由 0.35° 增加到 0.69°。

　　针对计入轴线弯曲的弹流润滑模型，图 6-8（a）表示不同转速下的偏心率分布。在中截面偏心率和轴承内衬材料未改变的情况下，偏心率沿轴向分布与转速无关，偏位角随转速的增大变化较小，稳定在 21.42° 左右。图 6-8（b）和（c）给出了不同转速下周向截面最大压力和最小膜厚的轴向分布状况，以及左端、右端压力峰截面和中截面周向压力和膜厚的分布状况。随着转速的增大，水膜破裂边界和最小膜厚基本未发生变化，这是因为偏位角随转速的变化较小，在偏心率未发生改变的情况下，最小膜厚基本无变化，但转速增大后，速度梯度和伸缩效应增强，最大膜压不断增大。当转速为 300 r/min 时，最大膜压和最小膜厚分别为 138.22 kPa 和 24.31 μm，而转速为 900 r/min 时，最大膜压和最小膜厚为 398.45 kPa 和 24.58 μm，膜压增大 1.9 倍左右；最小膜厚沿轴向的分布无变化，最大膜压沿轴向的分布无变化，但数值增大。图 6-8（d）表示不同转速下承载力、摩擦力和摩擦系数的变化，转速增大一方面增强了流体剪应变率和剪切力，使轴承摩擦力增大，另一方面增强了伸缩效应，使轴承承载力增大，摩擦力与承载力增长速度相近，摩擦系数基本无变化。

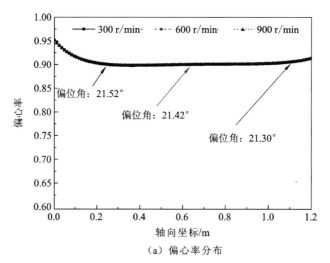

（a）偏心率分布

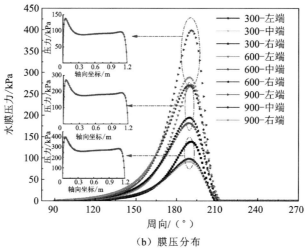

（b）膜压分布

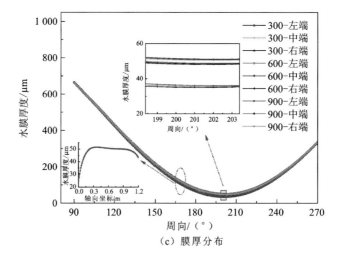

（c）膜厚分布

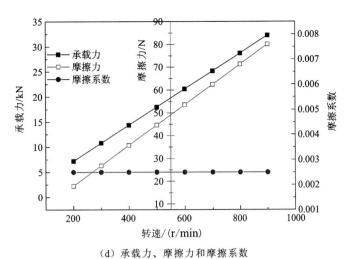

（d）承载力、摩擦力和摩擦系数

图 6-8　静态特性随转速的变化

2. 内衬材料对轴承润滑性能的影响

不同内衬材料下计入轴线弯曲和内衬变形对轴承润滑性能影响的显著程度不同。改性橡胶弹性模量最小，RLC 弹性模量最大，对比分析这两种材料的计算结果。图 6-9～图 6-11 分别表示内衬材料为改性橡胶时 4 种仿真模型下的水膜压力、水膜厚度和内衬变

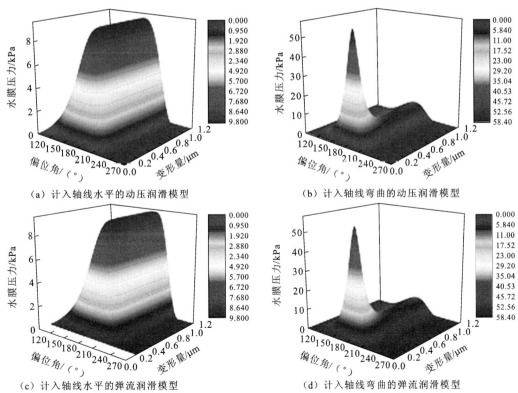

（a）计入轴线水平的动压润滑模型　　　　　（b）计入轴线弯曲的动压润滑模型

（c）计入轴线水平的弹流润滑模型　　　　　（d）计入轴线弯曲的弹流润滑模型

图 6-9　内衬材料为改性橡胶时 4 种仿真模型的水膜压力

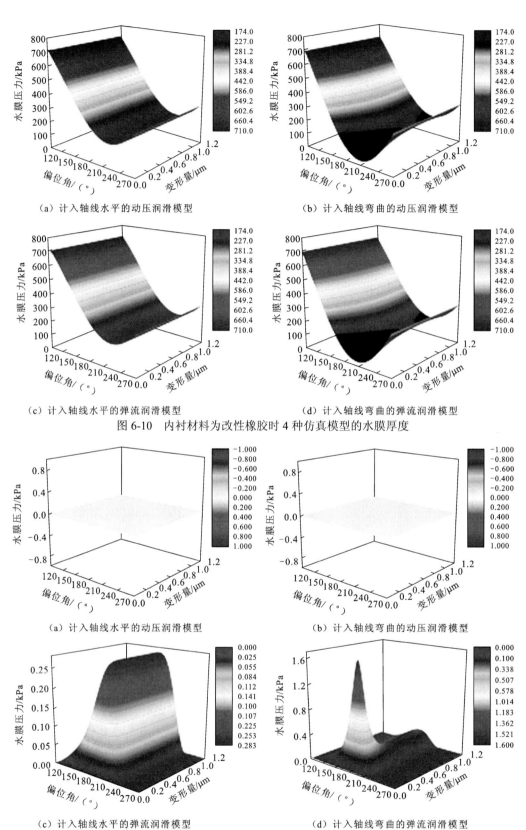

（a）计入轴线水平的动压润滑模型 （b）计入轴线弯曲的动压润滑模型

（c）计入轴线水平的弹流润滑模型 （d）计入轴线弯曲的弹流润滑模型

图 6-10　内衬材料为改性橡胶时 4 种仿真模型的水膜厚度

（a）计入轴线水平的动压润滑模型 （b）计入轴线弯曲的动压润滑模型

（c）计入轴线水平的弹流润滑模型 （d）计入轴线弯曲的弹流润滑模型

图 6-11　内衬材料为改性橡胶时 4 种仿真模型的内衬变形

形。计入轴线弯曲后，周向截面最大压力沿轴向不再呈现双峰分布，而只在左端出现一个较陡峭波峰，波峰峰值与中截面最大压力差为 49.52 kPa，远高于 RLC 的 0.17 kPa，改性橡胶弹性模量较小，在螺旋桨的偏载作用等多重因素影响下出现左单边挠曲，左单边挠曲造成的压力峰使轴承左端承受较大比压，更易产生边缘效应。计入内衬变形后，由于偏心率较低，中截面处最大压力减小值和最小膜厚增加值也都较小，偏位角增加值由 0.29° 变为 0.09°。计入轴线弯曲和内衬变形后，周向截面上最大压力沿轴向仍呈单峰分布，波峰处变形由 0.086 μm 增大到 1.69 μm，变形增大约 19 倍，尽管此时偏心率较低，但变形对波峰压力值依然有影响，波峰压力下降值由 0.01 kPa 增大到 1 kPa，偏位角由增大 0.22° 变为减小 1.47°。

针对计入轴线弯曲的弹流润滑模型，图 6-12（a）表示不同内衬材料的偏心率分布，材料弹性模量不同，在螺旋桨载荷作用下产生不同的弯曲形态，进而产生不同的偏心率分布，改性橡胶材料偏位角最小，其他材料偏位角相近。图 6-12（b）和（c）给出了不同材料周向截面最大压力和最小膜厚的轴向分布状况，以及两端面和中截面周向压力和膜厚的分布状况。与其他三种材料相比，改性橡胶材料的水膜更容易破裂。4 种材料中，改性橡胶材料的压力峰值最大，最小膜厚最小，分别为 57.28 kPa 和 24.31 μm；高分子材料的压力峰值最小，最小膜厚最大，分别为 9.76 kPa 和 153.42 μm；改性橡胶材料和高分子材料最小膜厚沿轴向的分布均近似抛物线形状，但开口大小有区别，不同于高分子材料周向截面最大压力沿轴向的分布近似一条直线，改性橡胶材料周向截面最大压力沿轴向的分布出现压力峰，该峰较陡峭且峰值极大。图 6-12（d）表示不同中截面偏心率下的承载力、摩擦力和摩擦系数的变化：4 种材料按承载力和摩擦力由高到低的排序为改性橡胶、赛龙、飞龙和高分子；4 种材料按摩擦系数由高到低的排序为高分子、飞龙、赛龙和改性橡胶；相比高分子材料，改性橡胶材料的膜厚较小，能产生更强的动压效应和剪切效应，因此有更大的承载力和摩擦力。

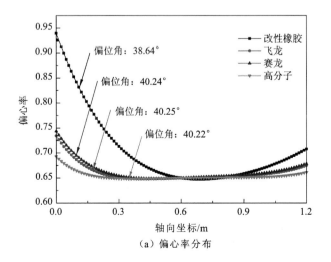

（a）偏心率分布

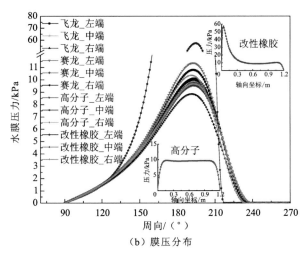

（b）膜压分布

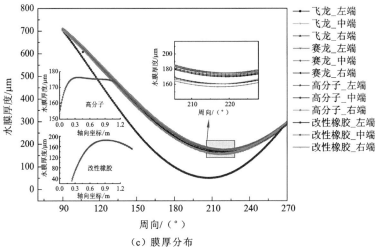

（c）膜厚分布

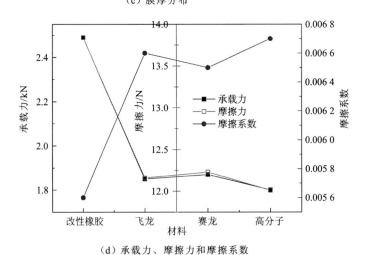

（d）承载力、摩擦力和摩擦系数

图 6-12 不同材料轴承静态特性变化曲线

6.2 考虑轴倾斜的水润滑尾轴承动特性建模及仿真

6.2.1 计入轴颈双向倾斜及内衬变形的轴承几何模型

水润滑尾轴承结构如图 6-13 所示。当轴承处于理想工作状态时,轴承水膜沿轴向和周向均匀分布,此时将轴承内衬变形作为一个矩阵加入膜厚公式,得

$$h = c + e\cos(\theta - \psi) + \delta \tag{6-11}$$

式中:c 为半径间隙;e 为偏心距;ψ 为偏位角;δ 为轴承内衬弹性变形。

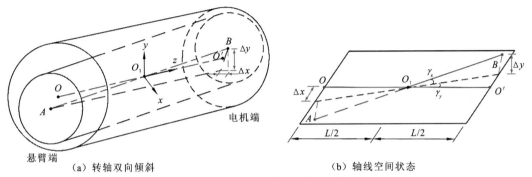

(a) 转轴双向倾斜 (b) 轴线空间状态

图 6-13 水润滑尾轴承结构示意图

水润滑尾轴承服役时,转轴产生双向倾斜导致水膜厚度不均匀分布,因此对膜厚方程进行修正。模型选择轴承中截面圆心 O_1 为轴向坐标零点,假设轴颈绕水平 x 轴的转角为 γ_x,即轴颈垂向倾角,绕垂直 y 轴的转角为 γ_y,即轴线水平倾角。可得到轴颈中心线与轴承两端面的交点分别为 $A(-L\tan\gamma_y/2 - e_0\sin\psi_0, -L\tan\gamma_x/2 - e_0\cos\psi_0, -L/2)$,$B(L\tan\gamma_y/2 - e_0\sin\psi_0, L\tan\gamma_x/2 - e_0\cos\psi_0, L/2)$,如图 6-13 所示,可由 A、B 两点坐标得到轴颈中心线的方程[3]为

$$\begin{cases} x = z\tan\gamma_y - e_0\sin\psi_0 \\ y = z\tan\gamma_x - e_0\cos\psi_0 \end{cases} \tag{6-12}$$

式中:z 为轴向坐标;e_0 为中截面偏心距;ψ_0 为中截面偏位角。

可推导出任意截面 z 处的偏心距与偏位角为

$$\begin{cases} e_z = \sqrt{x^2 + y^2} \\ \psi_z = \arctan\dfrac{x}{y} \end{cases} \tag{6-13}$$

由于转轴倾斜角通常较小,有 $\tan\gamma \approx \gamma$,结合式(6-11)和式(6-13),可得到考虑转轴双向倾斜后轴承水膜厚度公式为

$$h(\theta, z) = c + \sqrt{(z\gamma_y - e_0\sin\psi_0)^2 + (z\gamma_x - e_0\cos\psi_0)^2} \times \cos\left(\theta - \arctan\frac{z\gamma_y - e_0\sin\psi_0}{z\gamma_x - e_0\cos\psi_0}\right) + \delta \tag{6-14}$$

6.2.2　32 参数模型轴承动特性模型

8 参数动特性模型可用于研究轴颈位移和速度扰动与水膜力之间的关系。然而，水润滑尾轴承通常具有较大的长径比，轴颈倾斜导致水膜呈现不均匀分布。当轴颈受到扰动后，不仅会对水膜力产生影响，还会引起水膜弯矩急剧增大，从而对水膜弯曲动特性产生影响。同时，轴颈不仅受到位移和速度扰动，还受到轴颈转角（θ_x、θ_y）和转速（$\dot{\theta}_x$、$\dot{\theta}_y$）扰动，因此轴颈从垂直和水平方向共受到的 8 个变量的扰动，而水膜对轴颈的力（F_x、F_y）和力矩（M_x、M_y）共有 4 个变量，可将 8 参数动特性模型扩展至 32 参数动特性模型。水膜力和力矩的函数表达式为

$$\begin{cases} F_x = F_x(x, y, \theta_x, \theta_y, \dot{x}, \dot{y}, \dot{\theta}_x, \dot{\theta}_y) \\ F_y = F_y(x, y, \theta_x, \theta_y, \dot{x}, \dot{y}, \dot{\theta}_x, \dot{\theta}_y) \\ M_x = M_x(x, y, \theta_x, \theta_y, \dot{x}, \dot{y}, \dot{\theta}_x, \dot{\theta}_y) \\ M_y = M_y(x, y, \theta_x, \theta_y, \dot{x}, \dot{y}, \dot{\theta}_x, \dot{\theta}_y) \end{cases} \tag{6-15}$$

当轴承受到位移、速度、转角和转速扰动时，在水膜力的函数平衡位置附近进行泰勒级数展开，忽略高阶项，推导轴承水膜的 16 个刚度系数和 16 个阻尼系数的表达式为

$$\boldsymbol{K} = \begin{bmatrix} k_{xx} & k_{xy} & k_{x\theta_x} & k_{x\theta_y} \\ k_{yx} & k_{yy} & k_{y\theta_x} & k_{y\theta_y} \\ k_{\theta_x x} & k_{\theta_x y} & k_{\theta_x \theta_x} & k_{\theta_x \theta_y} \\ k_{\theta_y x} & k_{\theta_y x} & k_{\theta_y \theta_x} & k_{\theta_y \theta_y} \end{bmatrix} = \begin{bmatrix} \left(\dfrac{\partial F_x}{\partial x}\right)_0 & \left(\dfrac{\partial F_x}{\partial y}\right)_0 & \left(\dfrac{\partial F_x}{\partial \theta_x}\right)_0 & \left(\dfrac{\partial F_x}{\partial \theta_y}\right)_0 \\ \left(\dfrac{\partial F_y}{\partial x}\right)_0 & \left(\dfrac{\partial F_y}{\partial y}\right)_0 & \left(\dfrac{\partial F_y}{\partial \theta_x}\right)_0 & \left(\dfrac{\partial F_y}{\partial \theta_y}\right)_0 \\ \left(\dfrac{\partial M_x}{\partial x}\right)_0 & \left(\dfrac{\partial M_x}{\partial y}\right)_0 & \left(\dfrac{\partial M_x}{\partial \theta_x}\right)_0 & \left(\dfrac{\partial M_x}{\partial \theta_y}\right)_0 \\ \left(\dfrac{\partial M_y}{\partial x}\right)_0 & \left(\dfrac{\partial M_y}{\partial y}\right)_0 & \left(\dfrac{\partial M_y}{\partial \theta_x}\right)_0 & \left(\dfrac{\partial M_y}{\partial \theta_y}\right)_0 \end{bmatrix} \tag{6-16}$$

$$\boldsymbol{C} = \begin{bmatrix} c_{xx} & c_{xy} & c_{x\theta_x} & c_{x\theta_y} \\ c_{yx} & c_{yy} & c_{y\theta_x} & c_{y\theta_y} \\ c_{\theta_x x} & c_{\theta_x y} & c_{\theta_x \theta_x} & c_{\theta_x \theta_y} \\ c_{\theta_y x} & c_{\theta_y x} & c_{\theta_y \theta_x} & c_{\theta_y \theta_y} \end{bmatrix} = \begin{bmatrix} \left(\dfrac{\partial F_x}{\partial \dot{x}}\right)_0 & \left(\dfrac{\partial F_x}{\partial \dot{y}}\right)_0 & \left(\dfrac{\partial F_x}{\partial \dot{\theta}_x}\right)_0 & \left(\dfrac{\partial F_x}{\partial \dot{\theta}_y}\right)_0 \\ \left(\dfrac{\partial F_y}{\partial \dot{x}}\right)_0 & \left(\dfrac{\partial F_y}{\partial \dot{y}}\right)_0 & \left(\dfrac{\partial F_y}{\partial \dot{\theta}_x}\right)_0 & \left(\dfrac{\partial F_y}{\partial \dot{\theta}_y}\right)_0 \\ \left(\dfrac{\partial M_x}{\partial \dot{x}}\right)_0 & \left(\dfrac{\partial M_x}{\partial \dot{y}}\right)_0 & \left(\dfrac{\partial M_x}{\partial \dot{\theta}_x}\right)_0 & \left(\dfrac{\partial M_x}{\partial \dot{\theta}_y}\right)_0 \\ \left(\dfrac{\partial M_y}{\partial \dot{x}}\right)_0 & \left(\dfrac{\partial M_y}{\partial \dot{y}}\right)_0 & \left(\dfrac{\partial M_y}{\partial \dot{\theta}_x}\right)_0 & \left(\dfrac{\partial M_y}{\partial \dot{\theta}_y}\right)_0 \end{bmatrix} \tag{6-17}$$

在 32 参数动特性模型中，可将轴颈扰动和水膜力或力矩之间的关系分为 4 类：①水膜力与轴颈位移或速度扰动之间的关系，即轴承径向动特性，共有 8 个参数；②水膜力与轴颈转角或转速之间的关系，即轴承弯曲径向交叉动特性，共有 8 个参数；③水膜力

矩与轴颈转角或转速之间的关系，即轴承弯曲动特性，共 8 个参数；④水膜力矩与轴颈位移或速度之间的关系，及轴承径向弯曲交叉动特性，共 8 个参数。

6.2.3 轴承动特性求解方法及模型验证

1. 差分求解法

差分法是求解微分方程的一种数值方法，将径向刚度 k_{yy} 由偏导数形式改写成差分形式为

$$k_{yy} = \left(\frac{\partial F_y}{\partial y} \right)_0 = \frac{\Delta F_y}{\Delta y} \tag{6-18}$$

由式（6-18）可知，在平衡位置给定一个竖直方向的小位移扰动后，水膜力会发生变化，水膜力变化值与位移扰动之商即为所求径向刚度，运用差分法求解其他动特性的思路与其一致。

轴颈受到扰动对轴承的影响主要有两方面：一方面轴颈受到位移扰动和转角扰动将影响水膜厚度分布，从而非线性影响雷诺方程左右两侧与膜厚相关的项；另一方面轴颈受到速度和转速扰动后，将产生挤压效应，进而影响雷诺方程右侧的挤压项，因此建立准确的膜厚模型十分重要，采用式（6-14）作为膜厚模型，本小节选取 k_{yy}、$k_{\theta_y \theta_y}$、c_{yy} 和 $c_{\theta_y \theta_y}$ 为例进行求解，其他同类参数可参照这 4 个参数的求解方法。

1）径向刚度 k_{yy}

求解径向刚度 k_{yy} 需给轴颈施加沿 y 方向微小的位移扰动 Δy，其他扰动为 0，轴颈的位置变换将影响膜厚的分布，不会影响膜厚对时间的导数，挤压项为 0，而膜厚方程中的主要参数是偏心率和偏位角，因此将位移扰动转化为对轴承的偏心率和偏位角的影响。同理可知 k_{yx}、$k_{\theta_y x}$ 等与轴颈水平位移扰动 Δx 相关参数的求解过程。根据式（6-14），可以推导施加位移扰动后的膜厚方程为

$$h(\theta, z) = c + \sqrt{(z \tan \gamma_y - e_0 \sin \psi_0 + \Delta x)^2 + (z \tan \gamma_x - e_0 \cos \psi_0 + \Delta y)^2}$$
$$\times \cos \left(\theta - \arctan \frac{z \tan \gamma_y - e_0 \sin \psi_0 + \Delta x}{z \tan \gamma_x - e_0 \cos \psi_0 + \Delta y} \right) + \delta \tag{6-19}$$

2）弯曲刚度 $k_{\theta_y \theta_y}$

求解弯曲刚度 $k_{\theta_y \theta_y}$ 需给轴颈施加沿 y 方向微小的转角扰动 $\Delta \theta_y$，其他扰动为 0，转角扰动将影响膜厚方程中轴颈的倾斜程度，因此在轴颈垂向倾角 γ_y 处施加转角扰动，不会影响雷诺方程中的挤压项。同理可知 $k_{\theta_y \theta_x}$、$k_{y \theta_x}$ 等与轴颈水平转角扰动 $\Delta \theta_x$ 相关参数的求解过程。根据式（6-14），可以推导施加转角扰动后的膜厚方程为

$$h(\theta, z) = c + \sqrt{[z \tan(\gamma_y + \Delta \theta_y) - e_0 \sin \psi_0]^2 + [z \tan(\gamma_x + \Delta \theta_x) - e_0 \cos \psi_0]^2}$$
$$\times \cos \left(\theta - \arctan \frac{z \tan(\gamma_y + \Delta \theta_y) - e_0 \sin \psi_0}{z \tan(\gamma_x + \Delta \theta_x) - e_0 \cos \psi_0} \right) + \delta \tag{6-20}$$

3）径向阻尼 c_{yy}

求解径向阻尼需要给轴颈施加沿 y 方向速度扰动 $\Delta\dot{y}$，而轴颈受到转速扰动将影响雷诺方程中的挤压项，因此需要将转速扰动转换为沿偏心率方向和垂直偏心率方向的速度扰动。同理可知 c_{yx}、$c_{\theta_y x}$ 等与轴颈水平速度扰动 $\Delta\dot{x}$ 相关参数的求解过程。将水平方向和垂直方向的速度扰动坐标转换为沿偏心距方向和垂直偏心距方向的速度扰动，具体表达式为

$$\begin{bmatrix} e_0\dot{\psi} \\ \dot{e} \end{bmatrix} = \begin{bmatrix} \cos\psi_0 & -\sin\psi_0 \\ \sin\psi_0 & \cos\psi_0 \end{bmatrix}\begin{bmatrix} \dot{x} \\ \dot{y} \end{bmatrix} \tag{6-21}$$

根据式（6-14）对挤压项进行推导，为了简化公式的复杂程度，令 $V_1 = z\tan\theta_y - e_0\sin\varphi_0$，$V_2 = z\tan\theta_x - e_0\cos\varphi_0$，得到轴颈受到转速扰动后的挤压项为

$$\frac{\partial h}{\partial t}(\theta,z) = \frac{[V_1(-\dot{e}\sin\psi_0 - e_0\dot{\psi}\cos\psi_0) + V_2(\dot{\psi}\sin\psi_0 - \dot{e}\cos\psi_0)]\cos\left(\theta - \arctan\dfrac{V_1}{V_2}\right)}{\sqrt{V_1^2 + V_2^2}}$$
$$+ \frac{[V_2(-\dot{e}\sin\psi_0 - e_0\dot{\psi}\cos\psi_0) + V_1(\dot{\psi}\sin\psi_0 - \dot{e}\cos\psi_0)]\sin\left(\theta - \arctan\dfrac{V_1}{V_2}\right)}{\sqrt{V_1^2 + V_2^2}} \tag{6-22}$$

4）弯曲阻尼 $c_{\theta_y \theta_y}$

求解弯曲阻尼 $c_{\theta_y \theta_y}$ 需给轴颈施加沿 y 方向微小的转速扰动 $\Delta\dot{\theta}_y$，其他扰动为 0，轴颈受到转速扰动将影响雷诺方程的挤压项，因此挤压项中转角对时间的偏导数为 $\dot{\theta}_y$。同理可知 $c_{\theta_y \theta_x}$、$c_{y\theta_x}$ 等与轴颈水平转角扰动 $\Delta\dot{\theta}_x$ 相关参数的求解过程。根据式（6-14）可得轴颈受到转角扰动后的挤压项为

$$\frac{\partial h}{\partial t}(\theta,z) = \frac{\left[V_1 z\dfrac{\dot{\theta}_y}{\cos^2\dot{\theta}_y} + V_2\dfrac{\dot{\theta}_x}{\cos^2\dot{\theta}_x}\right]\cos\left(\theta - \arctan\dfrac{V_1}{V_2}\right)}{\sqrt{V_1^2 + V_2^2}}$$
$$+ \frac{\left[V_2 z\dfrac{\dot{\theta}_y}{\cos^2\dot{\theta}_y} + V_1\dfrac{\dot{\theta}_x}{\cos^2\dot{\theta}_x}\right]\sin\left(\theta - \arctan\dfrac{V_1}{V_2}\right)}{\sqrt{V_1^2 + V_2^2}} \tag{6-23}$$

将轴颈施加扰动后的膜厚方程和挤压项代入瞬态雷诺方程，即可求得扰动后的水膜力和力矩。基于上述求解方法，计入轴颈双向倾斜的水润滑轴承动特性数值模型求解流程如图 6-14 所示。

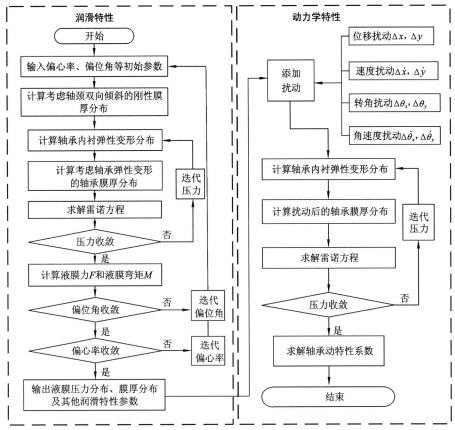

图 6-14　计入轴颈双向倾斜的水润滑轴承动特性数值模型求解流程图

2. 模型验证

对模型动特性部分的验证，可根据轴承基本参数进行仿真计算。对比验证偏心率为 0.2～0.9 时，轴承径向动特性参数的计算精度。文献[4]参考值和本模型计算值对比如图 6-15 所示。

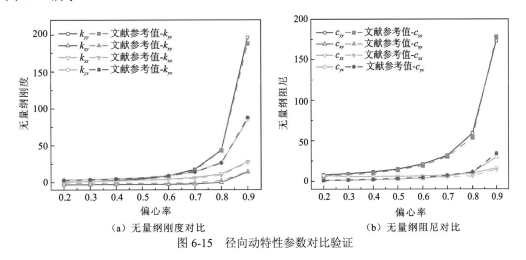

（a）无量纲刚度对比　　　　　（b）无量纲阻尼对比

图 6-15　径向动特性参数对比验证

结果表明，采用本小节动特性计算方法得到的刚度与阻尼系数与文献参考值的变化趋势基本相同，主刚度 k_{yy} 和主阻尼 c_{yy} 平均误差在 10%以内。通过计入轴颈双向倾斜和内衬变形的轴承润滑特性和动力学特性的验证，在一定程度验证了本模型的可靠性。

6.2.4　轴承动特性影响因素分析

为了分析水润滑轴承动特性的影响因素，采用表 6-2 所示的轴承基本参数，研究不同偏心率、轴颈双向倾角和轴承结构参数对轴承动特性参数的影响规律。

表 6-2　水润滑轴承尺寸与运行参数

基本参数	数值
轴承半径 R/mm	150.70
半径间隙 c/mm	0.70
长径比 L/D	3.00
润滑剂黏度 μ/（Pa·s）	1.005×10^{-3}
轴颈转速 ω/（r/min）	200.00
弹性模量 E/Pa	1.360×10^{7}
泊松比 ν	0.49

动特性参数的精度由无量纲扰动量取值所决定，因此无量纲扰动量的选取十分关键，本小节选取无量纲位移 $\Delta\bar{x}$ 和 $\Delta\bar{y}$ 为 0.01，无量纲速度 $\Delta\dot{\bar{x}}$ 和 $\Delta\dot{\bar{y}}$ 为 0.00003，无量纲转角 $\Delta\bar{\theta}_x$ 和 $\Delta\bar{\theta}_y$ 为 0.01，无量纲转速 $\Delta\dot{\bar{\theta}}_x$ 和 $\Delta\dot{\bar{\theta}}_y$ 为 0.00003。

1. 偏心率

本小节分析轴承处于校中状态时，偏心率变化范围为 0.20～0.95，偏心率对轴承 32 参数动特性模型的影响规律。轴承径向动特性参数随偏心率的变化曲线如图 6-16 所示，由图可见，偏心率大于 0.8 后，径向主刚度 k_{yy} 和主阻尼 c_{yy} 呈指数式急剧增大，其余径向刚度、阻尼系数也迅速增大，但没有前者增幅大，其中刚度 k_{xx} 和阻尼 c_{xx} 增幅最慢，这是由于偏心率较大时，水膜的承载力迅速增大，垂向上的微小位移扰动会导致径向主刚度 k_{yy} 和主阻尼 c_{yy} 发生显著变化，而水平方向不承受主要载荷，所以水平方向的扰动对水平方向的刚度 k_{xx} 和阻尼 c_{xx} 影响较弱。此外，交叉阻尼 c_{xy} 和 c_{yx} 一直保持相等，表明垂直扰动与水平扰动对两个方向阻尼的影响效果相同。

轴承弯曲动特性参数随偏心率的变化曲线如图 6-17 所示，由图可见，偏心率较小时，水膜弯矩变化不大，弯曲刚度和弯曲阻尼变化不明显。水膜弯矩受到轴颈垂向倾角影响后急剧增大，弯曲刚度 $k_{\theta_y\theta_y}$ 和阻尼 $c_{\theta_y\theta_y}$ 增幅最大，其余参数 $k_{\theta_y\theta_x}$、$k_{\theta_x\theta_x}$、$c_{\theta_y\theta_x}$ 和 $c_{\theta_x\theta_x}$ 迅速增大，但增幅远小于前者，而弯曲刚度 $k_{\theta_x\theta_y}$ 和阻尼 $c_{\theta_x\theta_y}$ 增幅较小。径向动特性参数和弯曲动特性参数的大小基本处于相邻或同一数量级，这是因为轴承具有高长径比，轴颈受到扰动后水膜力矩变化较大。

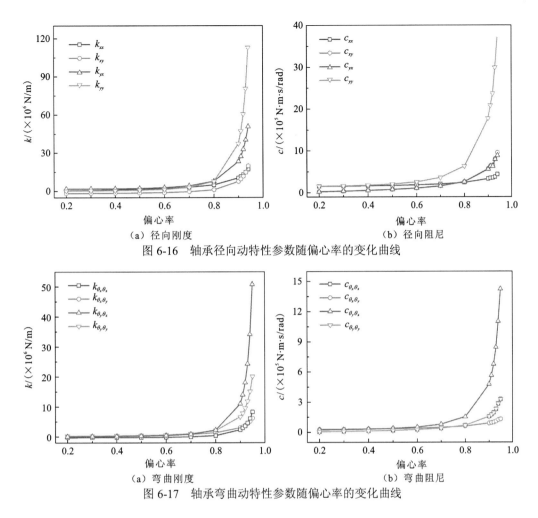

（a）径向刚度　　　　　　　　　　　（b）径向阻尼

图6-16　轴承径向动特性参数随偏心率的变化曲线

（a）弯曲刚度　　　　　　　　　　　（b）弯曲阻尼

图6-17　轴承弯曲动特性参数随偏心率的变化曲线

　　轴承径向弯曲交叉动特性参数和弯曲径向交叉动特性参数随偏心率的变化曲线分别如图6-18和图6-19所示，由图可知，轴承交叉刚度 $k_{\theta_x y}$、$k_{\theta_y x}$ 和 $k_{y\theta_x}$ 随偏心率增大而增大，$k_{\theta_x y}$、$k_{\theta_y x}$、$k_{x\theta_x}$、$k_{x\theta_y}$ 和 $k_{y\theta_y}$ 随偏心率增大而减小；轴承交叉阻尼 $c_{\theta_x y}$、$c_{\theta_y x}$、$c_{y\theta_y}$ 和 $c_{x\theta_x}$ 随偏心率增大而增大，$c_{\theta_y x}$、$c_{\theta_x y}$、$c_{y\theta_x}$ 和 $c_{x\theta_y}$ 随偏心率增大而减小，并出现了负刚度和负阻尼的现象。轴承径向弯曲交叉刚度参数相比弯曲径向交叉刚度参数大了一个数量级，而它们的阻尼参数数量级相同，说明位移扰动对水膜弯矩的影响程度大于转角扰动对水膜力的影响程度，速度扰动和转角扰动水膜力和力矩的影响相近。

　　综上所述，随着偏心率的增大，弯曲动特性参数的变化最为显著。同时，弯曲动特性参数与径向动力参数总是处于相邻或相同的数量级，而径向弯曲动特性参数和弯曲径向动特性参数相比前两者小了4个数量级，对轴承动力学行为影响较弱，可以忽略。

2. 轴颈双向倾斜角

　　本小节研究轴颈水平倾角和轴颈垂向倾角对轴承径向动特性参数和弯曲动特性参数的影响规律，轴承偏心率为0.8，轴颈倾角变化范围为0°～0.015°。

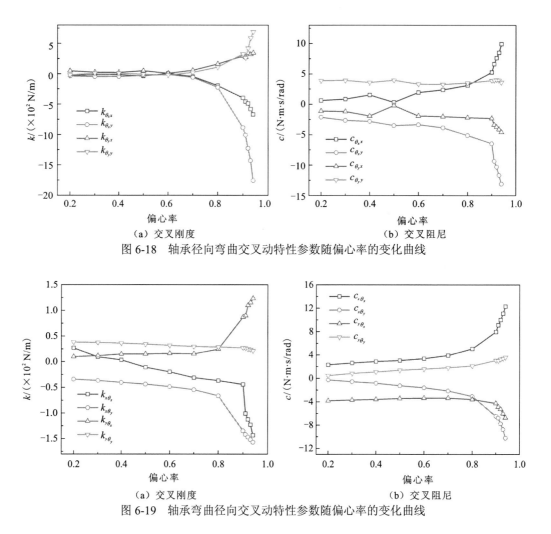

（a）交叉刚度　　　　　　　　　（b）交叉阻尼

图 6-18　轴承径向弯曲交叉动特性参数随偏心率的变化曲线

（a）交叉刚度　　　　　　　　　（b）交叉阻尼

图 6-19　轴承弯曲径向交叉动特性参数随偏心率的变化曲线

径向动特性参数随轴颈水平倾角变化曲线如图 6-20 所示，随着轴颈水平倾角的增大，径向刚度与径向阻尼系数随之增大，特别是交叉刚度 k_{xy} 和主阻尼 c_{xx}，在水平倾角由 0° 增大至 0.015° 的过程中，主刚度 k_{xy} 的增幅为 154.56%，主阻尼 c_{xx} 的增幅为 20.83%，可以看出轴颈水平倾斜对轴承水平方向相关的刚度和阻尼系数影响更大，表明轴颈水平倾角对水平方向水膜分布的影响的确会对轴承径向动特性参数造成不可忽略的影响，在轴承动力学计算中应考虑轴颈水平倾角的作用。

弯曲动特性参数随轴颈水平倾角的变化曲线如图 6-21 所示。随着轴颈水平倾角的增大，轴颈受到水平倾斜扰动后的弯曲刚度 $k_{\theta_x\theta_x}$ 和弯曲阻尼 $c_{\theta_x\theta_x}$ 增长最为迅速，在轴颈水平倾角从 0° 增大至 0.015° 的过程中，$k_{\theta_x\theta_x}$ 增幅比达到 270.68%；$c_{\theta_x\theta_x}$ 增幅比为 57.71%，可以看出轴颈水平倾斜会极大影响水膜的弯矩，对水平方向的弯曲动特性参数造成显著影响。相比于径向动特性参数，弯曲动特性参数的增长更快。

径向动特性参数和弯曲动特性参数随轴颈垂向倾角的变化曲线分别如图 6-22 和图 6-23 所示，受轴颈垂向倾斜影响的径向动特性参数和弯曲动特性参数，从数值和增幅比两个方面均大于轴颈水平倾斜下的动特性参数，在轴颈垂向倾角由 0° 变为 0.015° 的

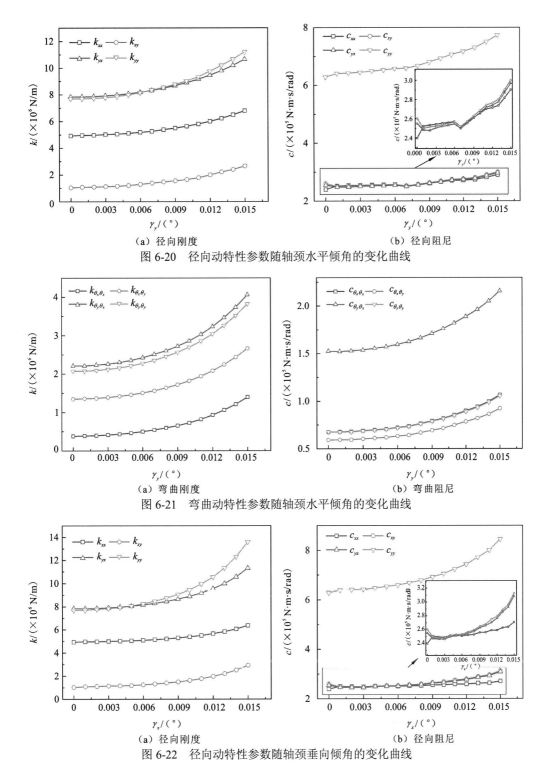

（a）径向刚度   （b）径向阻尼

图 6-20 径向动特性参数随轴颈水平倾角的变化曲线

（a）弯曲刚度   （b）弯曲阻尼

图 6-21 弯曲动特性参数随轴颈水平倾角的变化曲线

（a）径向刚度   （b）径向阻尼

图 6-22 径向动特性参数随轴颈垂向倾角的变化曲线

过程中，径向主刚度 k_{xy} 增幅达到 181.46%，而弯曲刚度 $k_{\theta_x\theta_x}$ 增幅达到 313.91%，可以看出轴颈垂向倾斜对水平和垂向动特性参数均有显著影响，表明轴颈垂向倾斜会使最小膜厚急剧减小，从而使水膜受水平和垂向倾斜扰动变化的影响更大。

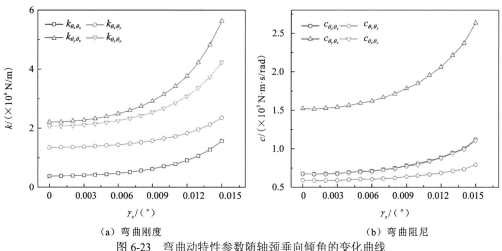

（a）弯曲刚度　　　　　　　　　　（b）弯曲阻尼

图 6-23　弯曲动特性参数随轴颈垂向倾角的变化曲线

3. 长径比

本小节研究长径比对轴承动特性的影响，采用设置固定外界载荷的控制方法，施加 4 kN 的外界载荷，设定轴颈垂向倾角为 0.002°，轴颈水平倾角为 0.001°，轴承长径比变化范围为 1.5～3.5。轴承径向动特性参数和弯曲动特性参数随长径比变化曲线分别如图 6-24 和图 6-25 所示。

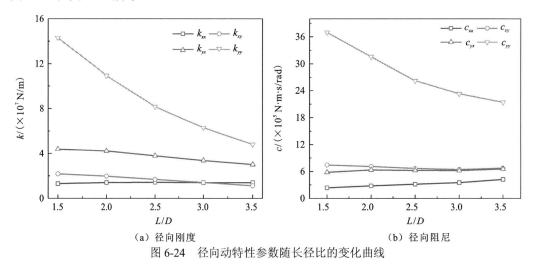

（a）径向刚度　　　　　　　　　　（b）径向阻尼

图 6-24　径向动特性参数随长径比的变化曲线

由图 6-24（a）和图 6-25（a）所示，随着轴承长径比的增大，与轴承垂向相关的径向刚度 k_{xy}、k_{yx}、k_{yy} 和弯曲刚度 $k_{\theta_x\theta_x}$、$k_{\theta_y\theta_x}$、$k_{\theta_y\theta_y}$ 随之减小，与轴承水平方向相关的动特性参数 k_{xx} 和 $k_{\theta_x\theta_y}$ 随之增加，其中下降最快的是径向主刚度 k_{yy}，在长径比由 1.5 增加至 3.5 的过程中，降幅比达到 66.33%。长径比对径向阻尼和弯曲阻尼的影响，如图 6-24（b）和图 6-25（b）所示，由图可知与轴承水平方向相关的径向阻尼 c_{xx}、c_{yx} 和弯曲阻尼 $c_{\theta_x\theta_x}$、$c_{\theta_x\theta_y}$ 呈现不同幅度的增大，其中增长最快的是 $c_{\theta_x\theta_y}$，增幅达到 95.56%，与轴承垂向相关的径向阻尼 c_{yy}、c_{xy} 和弯曲阻尼 $c_{\theta_y\theta_x}$ 随长径比增大而减小，而弯曲主阻尼 $c_{\theta_y\theta_y}$ 的变化不大，可以看出轴颈水平倾斜对轴承阻尼参数的影响更为显著。

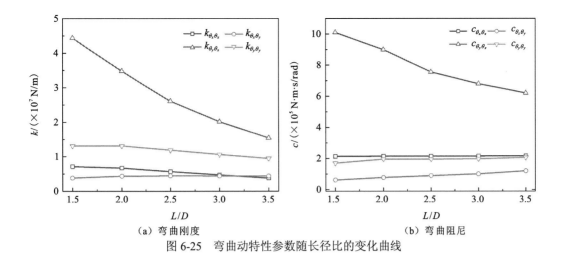

（a）弯曲刚度 （b）弯曲阻尼

图 6-25 弯曲动特性参数随长径比的变化曲线

4. 间隙比

本小节开展轴承间隙比对计入轴颈双向倾斜的水润滑尾轴承动力学特性的影响研究，轴承间隙比变化范围为 0.3%～0.7%。

轴承间隙比对轴承径向动特性参数和弯曲动特性参数影响曲线分别如图 6-26 和图 6-27 所示，与长径比变化对轴承动特性影响不同的是，轴承水平方向相关的轴承刚度参数（k_{xx}、$k_{\theta_x\theta_y}$）和阻尼参数（c_{xy}、c_{yx}、c_{xx}、$c_{\theta_x\theta_x}$、$c_{\theta_x\theta_y}$）随间隙比的增大而减小，其中降幅最快的是径向阻尼参数 c_{xx}，降幅比为 72.15%。可以看出间隙比的增大降低水膜水平方向的敏感程度。与轴承垂向相关的轴承刚度参数（k_{xy}、k_{yx}、k_{yy}、$k_{\theta_y\theta_x}$、$k_{\theta_y\theta_y}$）和阻尼参数（c_{yy}、$c_{\theta_y\theta_x}$）随间隙比的增大而增大，水膜刚度参数平均增幅比为 179.87%，说明间隙比的增大强化了轴颈垂向倾斜对水膜的作用。此外，偏心率的增大使轴承内衬变形较为明显，径向阻尼 c_{xy} 和 c_{yx} 出现明显差值。综上所述，间隙比的增大将降低水膜受到水平方向扰动的敏感度，增大水膜受垂向扰动影响的敏感度。

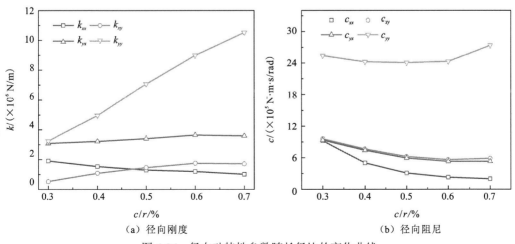

（a）径向刚度 （b）径向阻尼

图 6-26 径向动特性参数随长径比的变化曲线

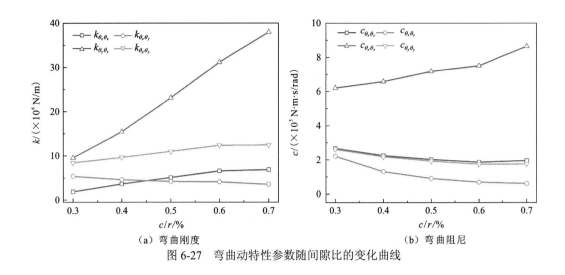

（a）弯曲刚度   （b）弯曲阻尼

图 6-27　弯曲动特性参数随间隙比的变化曲线

6.3　水润滑尾轴承等效支点位置建模及校中迭代算法

6.3.1　尾轴承接触模型建立及仿真

1. 尾轴承等效支点位置计算方法

舰船尾轴与尾轴承之间形成圆柱体与圆柱孔接触。接触时，一方面垂向挤压会在垂直方向产生垂向接触力，另一方面相对滑动会产生切向摩擦。接触过程中接触状态会随着时间不断变化，为此，接触方程应写成增量迭代形式，并在求解方程中引入接触定解条件。

接触区边界有关单元的控制方程可通过虚功原理给出，虚功原理指外力在虚位移中所做虚功等于内力在相应虚变形上所做虚功。外力虚功和内力虚功如式（6-24）和式（6-25）所示：

$$\delta V = \int_{\Omega^e} \{P_v^e\}^{\mathrm{T}} \{\delta \overline{u}^e\} \mathrm{d}\Omega + \int_{\Gamma^e} \{P_s^e\}^{\mathrm{T}} \{\delta \overline{u}^e\} \mathrm{d}\Gamma + \{R_i^e\}^{\mathrm{T}} \{\delta u^e\} \tag{6-24}$$

$$\delta U = \int_{\Omega^e} \{\delta^e\}^{\mathrm{T}} \{\delta \varepsilon^e\} \mathrm{d}v \tag{6-25}$$

式中：Ω^e 为边界区单元范围；$\boldsymbol{P}_v^e$ 为作用于单元体的力向量；$\delta \overline{u}^e$ 为单元的虚位移向量；Γ^e 为边界区单元面边界；$\boldsymbol{P}_s^e$ 为作用于单元面的力向量；$\boldsymbol{R}_i^e$ 为作用于边界区单元的接触力向量；$\delta \boldsymbol{u}^e$ 为单元节点的虚位移向量；$\boldsymbol{\delta}^e$ 为单元内由虚位移作用而产生的应力向量；$\delta \boldsymbol{\varepsilon}$ 为单元内由虚位移作用而产生应变向量。

基于虚功原理的外力虚功与内力虚功相等，且接触问题边界条件不断改变，将该表达式改写成增量形式，即在 $t + \Delta t$ 时刻位形内与平衡条件相等效的有限元控制方程为

$$\int_{t+\Delta t_V} {}^{t+\Delta t} \tau_{ij} \delta_{t+\Delta t_V} e_{ij}^{t+\Delta t} \mathrm{d}V - {}^{t+\Delta t} W_L - {}^{t+\Delta t} W_I - {}^{t+\Delta t} W_C$$

$$= \sum_{r=V^r}^{A,B} \left[\int_{t+\Delta t_V} {}^{t+\Delta t} \tau_{ij}^r \delta_{t+\Delta t} e_{ij}^{r t+\Delta t} \mathrm{d}V - {}^{t+\Delta t} W_L^r - {}^{t+\Delta t} W_I^r - {}^{t+\Delta t} W_C^r \right] \tag{6-26}$$

式中：${}^{t+\Delta t} \tau_{ij}^r$ 为在 $t + \Delta t$ 时刻位形的欧拉应力；$\delta_{t+\Delta t} e_{ij}^r$ 为相应时刻无穷小应变的变分；${}^{t+\Delta t} W_L$

为 $t+\Delta t$ 时刻作用于位形的外载荷所做虚功；${}^{t+\Delta t}W_I$ 为 $t+\Delta t$ 时刻作用于位形的惯性力所做虚功；${}^{t+\Delta t}W_C$ 为 $t+\Delta t$ 时刻作用于接触物体表面的接触力所做虚功。

根据有限元法求解尾轴承接触模型，得到接触应力分布，然后根据力矩平衡求解尾轴承等效支点位置。首先将尾轴承沿着轴向等分为若干单元；然后将每个单元 Z_i 中所有节点的支反力 $F_{Y_{ij}}$ 累加得到该单元的总支反力 F_{Y_i}；最后根据力矩平衡原理，计算尾轴承的等效支点位置 Z_c：

$$Z_c = \frac{\sum (F_{Y_i} \times Z_i)}{\sum F_{Y_i}} \qquad (6\text{-}27)$$

式中：Z_c 和 Z_i 分别为等效支点和单元中点距轴承后端面的距离。

如图 6-28 所示，O 为轴承几何中点，O_1 为等效支点的位置。轴承在实际工作中易受到两端受力不均等因素的影响而导致轴线倾斜，从而使等效支点的位置与轴承的几何中点位置不重合。本小节对等效支点的定义采用无量纲形式，即等效支点离轴承后端面距离与轴承长度的比值 $Z_c/L^{[5]}$。

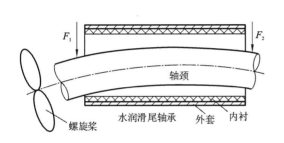 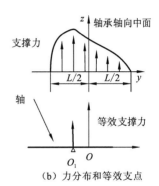

（a）轴承倾斜状态示意图　　　　　　　　（b）力分布和等效支点

图 6-28　等效支点示意图

2. 研究对象及计算流程

关于尾轴承接触压力分布仿真，首先建立尾轴承的三维模型，然后利用有限元软件建立尾轴承接触模型（图 6-29），仿真计算得到轴承内衬接触压力分布。

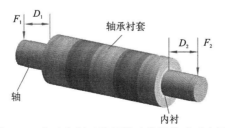

图 6-29　基于有限元的尾轴承接触模型示意图

由于几种水润滑尾轴承内衬材料的泊松比相差不大，且仿真发现泊松比对轴承等效支点位置影响较小，本小节重点研究轴线倾角、轴承的长径比和轴承内衬材料的弹性模量对尾轴承等效支点位置的影响。采用控制变量法，保证其他因素不变的情况下改变其中一个因素进行逐个研究。几种尾轴承内衬材料的物性参数如表 6-3 所示。

表 6-3   几种尾轴承内衬材料的物性参数

材料	密度/（kg·m⁻³）	弹性模量/MPa	泊松比
丁腈橡胶	1 000	6.1	0.49
飞龙 T12	1 320	300	0.48
赛龙 COMPAC	1 200	440	0.45
Orkot	1 300	2 320	0.327

通过在尾轴承两端轴上施加不同的载荷模拟轴倾斜状态，改变两端载荷的大小来得到不同的倾角，从而得到不同倾角下的尾轴承接触压力分布。不同倾角下轴承总载荷不变，为 10 kN，载荷 F_1 和 F_2 距各自轴承端面的距离为 D_1 和 D_2，如式（6-28）所示；尾轴承的直径为 350 mm，尾轴承的长径比取值范围为 2～4；尾轴承内衬材料的弹性模量取值为 7 MPa、400 MPa、1 000 MPa、1 600 MPa、2 300 MPa。

$$D_1 = D_2 = \left(1\,400 - 350 \times \frac{L}{D}\right) \times 0.5 \qquad (6\text{-}28)$$

3. 尾轴承载荷分布和等效支点的影响因素分析

轴承主要设计参数包括直径、长径比、间隙比、内衬弹性模量和泊松比，研究表明，长径比和内衬弹性模量对轴承载荷分布及应变分布影响较大，而对其他因素影响较小，因此本小节选择这 2 个参数为主要变量。轴承内衬弹性模量为 1 000 MPa，轴承两端分别施加 6 kN 和 4 kN 的力时，得到不同长径比下轴承内部的应变分布曲线，如图 6-30 所示。

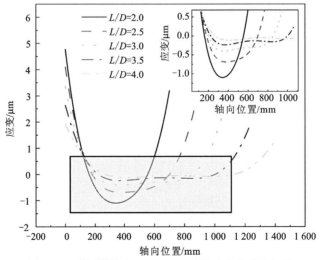

图 6-30   弹性模量为 1 000 MPa 时轴承应变分布规律

首先分析长径比对轴承应变分布和等效支点位置的影响。从图 6-30 可以看出，在内衬弹性模量和施加载荷一致的情况下，随着长径比增大，轴承内部应变值逐渐减小，长径比为 4.0 的尾轴承内部应变值相比长径比为 2.0 的数据减小了约 98%，且应变分布更加均匀，应变的变化范围也更小。由图 6-31 可知，当倾角和弹性模量不变时，尾轴承长径比对等效支点位置的影响较为复杂，并非简单的正相关或者负相关关系。当长径比为

2.5～4.0，随着长径比的增大，等效支点位置的无量纲坐标呈减小的趋势，且各弹性模量下变化趋势具有一致性；当长径比小于 2.5 时，不再服从此变化趋势。

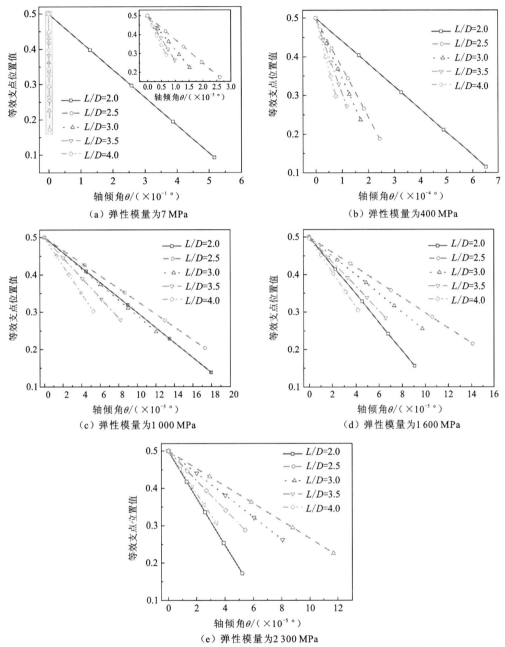

图 6-31　不同长径比及弹性模量下等效支点位置随倾角的变化曲线

此外，在尾轴承内衬弹性模量相同时，各个长径比下的尾轴承等效支点位置随倾角的变化趋势一致。例如在长径比为 2.5、弹性模量为 1 000 MPa 时，随着轴线倾角的增大，尾轴承等效支点位置值呈线性减小。

进一步改变水润滑尾轴承内衬弹性模量的轴承等效支点位置仿真结果如图 6-31 所示，由图可见，当轴承长径比和轴线倾角不变时，轴承等效支点位置的值随其内衬弹性模量的增大而减小，即等效支点的位置距离轴承中点越来越远，距离轴承端面越来越近。结合有限元模型可知，尾轴承等效支点位置处于受力较大的轴承端面一侧。此外，3个因素的耦合影响较弱。

6.3.2 尾轴承等效支点位置计算式

1. 等效支点位置计算式拟合

根据上述仿真结果，线性材料的水润滑尾轴承等效支点位置与长径比、内衬弹性模量、轴倾角的关系可用函数式表示为

$$Z = f(\theta, E, L/D) \tag{6-29}$$

由于这3个影响因素几乎相互独立，可以分别拟合后进行组合。长径比取2~4、内衬弹性模量取7~2300 MPa及不同轴倾角，可组合形成125组轴承方案，对这些方案对应的尾轴承等效支点位置数据进行曲线拟合，可得到水润滑尾轴承无量纲等效支点位置计算式，如式（6-30）和式（6-31）所示。对125组数据进行反算验证，当长径比大于2.5时，轴承等效支点位置拟合公式解与有限元仿真解的相对误差平均值约为1%，最大值为6%（只有一个），表明该拟合方法具有很高的精度。

$$Z = f(\theta, E, L/D) = \left[g_1(L/D) + g_2(L/D)E^{g_3(L/D)} \right] \times \theta + 0.5, \quad 2.5 \leqslant L/D \leqslant 4 \tag{6-30}$$

式中：$g_1(x)$、$g_2(x)$、$g_3(x)$可表示为

$$\begin{cases} g_1(x) = a_1 e^{-\frac{x}{b_1}} + c_1 = 1\,660.642\,43 e^{\left(\frac{-x}{3.735\,64}\right)} - 455.148\,87 \\ g_2(x) = a_2 e^{-\frac{x}{b_2}} + c_2 = -1\,037.155\,35 e^{\left(\frac{-x}{1.416\,1}\right)} - 125.215\,46 \\ g_3(x) = a_3 e^{-\frac{x}{b_3}} + c_3 = 0.156\,28 e^{\left(\frac{-x}{-3.643\,73}\right)} - 0.027\,19 \end{cases} \tag{6-31}$$

2. 计算式的应用验证

重新设计7种算例，对应的尾轴承参数和计算结果如表6-4所示，分别利用上述拟合计算式和有限元法计算轴承等效支点位置，开展式（6-30）和式（6-31）的应用验证。当水润滑尾轴承长径比为950/350，轴承内衬弹性模量为400 MPa，轴倾角为2.189×10^{-4}时，代入式（6-30）可得轴承等效支点位置为0.2049，与有限元仿真解的相对误差为1.8%。其他6个算例的计算误差均小于4%，再次验证了本小节给出的尾轴承等效支点位置拟合计算式具有较高的计算精度。

表 6-4　尾轴承算例的参数和计算结果

算例	轴倾角/（°）	长径比	弹性模量/MPa	拟合算式解	有限元仿真解	相对误差/%
1	2.100×10^{-3}	950/350	7	0.179 7	0.187 0	3.92
2	2.189×10^{-4}	950/350	400	0.204 9	0.201 2	1.80
3	1.055×10^{-4}	950/350	2 300	0.233 1	0.235 8	1.17
4	7.367×10^{-5}	1 150/350	400	0.374 4	0.375 2	0.21

算例	轴倾角/（°）	长径比	弹性模量/MPa	拟合算式解	有限元仿真解	相对误差/%
5	1.197×10^{-4}	1 250/350	400	0.264 7	0.269 0	1.59
6	5.550×10^{-5}	1 250/350	2 300	0.274 6	0.285 4	3.78
7	6.121×10^{-4}	1 150/350	7	0.364 3	0.370 4	1.65

6.3.3　计入轴承实时支点位置的轴系校中迭代计算方法

三弯矩法是用解平面力系静不定问题的方法计算轴系各支点的弯矩、支反力和转角。它将轴系视为放置在各个刚性铰支座上的连续梁，而在梁的各截面变化处和集中力作用点都假定有一个虚支座。传统的三弯矩法假设尾轴承等效支点为固定值，比如 1/3L 或 1/4L。迭代计算方法的核心在于尾轴承等效支点位置根据轴倾斜状态不断迭代调整，使其与实际轴系状态更相符。轴系校中迭代计算方法的基本步骤：给出尾轴承等效支点的初始值 $Z^{(0)}$，例如 1/3L，利用三弯矩法进行轴系校中计算，获得尾轴承处的轴线转角；利用尾轴承等效支点计算式，将轴线转角代入，计算得到新的等效支点位置 $Z^{(k)}$，k 为迭代次数；对比前后两次迭代计算中的等效支点位置，当两个值相差较大时，须修正等效支点位置后重新上两步的操作；当两个值足够接近时，等效支点位置正确，然后代入三弯矩法计算得到最终的校中结果，迭代收敛的判据如式（6-32）所示，b 为迭代收敛系数，本小节取 0.001。

$$\frac{\left| Z^{(k)} - Z^{(k-1)} \right|}{Z^{(k-1)}} \times 100\% \leqslant b \qquad (6\text{-}32)$$

推进轴系校中迭代计算方法的流程图如图 6-32 所示。

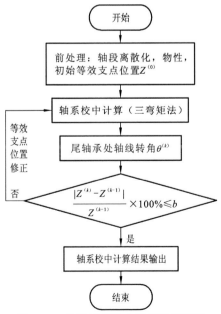

图 6-32　推进轴系校中迭代计算流程

由图可见，该方法的本质在于解决尾轴承轴线弯曲状态与尾轴承等效支点位置关系的自恰，避免主观假设的尾轴承支点位置与实际服役轴系状态不符的问题。

将本小节等效支点位置计算式应用于推进轴系迭代校中计算法的结果与基于有限元校中算法的结果进行对比，验证本小节等效支点位置计算式的实用性。计算对象为 4 根轴组成的轴系，该轴系为实船的缩比尺寸轴系，从尾部往首部看，依次为尾轴、2 根中间轴和 1 根推力轴，共有 6 个径向轴承。在推进轴系校中计算有限元模型中，螺旋桨可简化为刚性质量单元；而轴段的长度与截面直径之比通常较大，可采用梁单元模型模拟；为方便计算忽略轴承油膜和水膜的影响，将轴承简化为线性弹簧单元。有限元法计算的物理参数与三弯矩法相同，两端也设置为自由端，不进行约束，在实支撑区域进行约束，虚支撑区域不加任何约束，施加的载荷为简化的集中载荷。

将有限元法、普通三弯矩法、迭代校中三弯矩法得到的各轴承支反力结果进行对比，如表 6-5 和图 6-33 所示。由表和图可知，基于迭代校中三弯矩法的 1 号后尾轴承支反力计算结果与有限元法非常接近，相比普通三弯矩法，相对误差减小了约 60.22%，其余轴承处的支反力计算结果也均比普通三弯矩法更接近于有限元法，证明迭代校中三弯矩法具有较高的预测精度，也反映了本小节提出的轴承等效支点位置计算式具有良好的可用性。轴承等效支点计算式和迭代校中三弯矩法的建模和仿真计算速度比有限元法快，计算精度优于传统三弯矩法，可以在舰船推进轴系方案设计阶段快速、准确地设计轴承。

表 6-5　3 种方法的支反力计算结果

轴承编号	普通三弯矩法（$L/3$）/N	迭代校中三弯矩法/N	有限元法/N	相对误差/%	
				普通三弯矩法	迭代校中三弯矩法
1	4 403.828 1	4 580.951 3	4 530.444	2.79	1.11
2	3 565.525 4	3 397.445 5	3 205.602	11.23	5.98
3	2 899.108 2	2 954.918 9	3 023.880	4.13	2.28
4	2 679.857 2	2 657.257 6	2 439.800	9.84	8.91
5	1 420.582 8	1 444.746 5	1 453.942	2.29	0.63

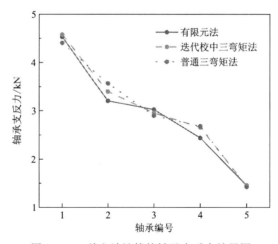

图 6-33　3 种方法计算的轴承支反力结果图

参 考 文 献

[1] 程启超. 考虑轴弯曲的水润滑轴承静动特性研究[D]. 武汉: 武汉理工大学.

[2] OUYANG W, CHENG Q, JIN Y, et al. Lubrication performance distribution of large aspect ratio water-lubricated bearings considering deformation and shaft bending[J]. Tribology Transactions, 2021, 64(4): 730-743.

[3] LIU Q, OUYANG W, CHENG Q, et al. Influences of bidirectional shaft inclination on lubrication and dynamic characteristics of the water-lubricated stern bearing[J]. Mechanical Systems and Signal Processing, 2022, 169: 108623.

[4] 张直明. 滑动轴承的流体动力润滑理论[M]. 北京: 高等教育出版社, 1986.

[5] 闫琦隆, 欧阳武, 刘祺霖. 舰船水润滑轴承等效支点预测及轴系迭代校中[J]. 哈尔滨工程大学学报, 2022, 43(5): 689-696.

第 7 章

水润滑尾轴承性能评估及承载性能优化

7.1 水润滑尾轴承性能综合评估方法

水润滑尾轴承材料和结构的多样性会影响轴承摩擦、磨损和减振等性能，材料多样性指内衬材料为改性橡胶或以高分子和合金为基体的复合材料等，结构多样性指开槽形式和尺寸等的不同。在实际生产设计过程中，科研院所和造船厂选择水润滑尾轴承时会遇到多个厂家提供的不同水润滑尾轴承，这些轴承除在结构和材料上有诸多不同外，性能也各不相同。若某种轴承的所有性能都优于其他轴承，则易于选择；但若某种轴承的某些性能较好，而其他性能较差时则需要一种合理的评估方法进行选择。

水润滑尾轴承性能评估属于多方案多参数综合评估问题。常见的评估方法主要有多属性决策法、层次分析法、模糊评价法、灰色关联法等。将模糊综合评价法与熵权结合不仅考虑了数据的客观性，还考虑了专家偏好主观性，因而在环境科学与资源利用、电力工业和机械工业等领域受到广泛的应用。熵权模糊综合评价法在水润滑尾轴承性能评估中也具有一定的应用前景。

本节构建水润滑尾轴承的评估体系并将熵权模糊综合评价法应用于水润滑尾轴承性能评估，提出专家偏好系数选择模型，并基于该系数对经过肯德尔（Kendall）协同系数检验的主观权重和客观权重进行线性加权组合，得到综合权重，采用合适的模糊评价方法，对各种水润滑尾轴承进行相对优劣排序。

7.1.1 水润滑轴承综合性能评估参数分析

水润滑尾轴承实际工况多变，工况不同重点关注的性能有所差异：起动、停车等低速工况时，轴承往往处于局部干摩擦或边界润滑状态，易出现异常摩擦振动和噪声现象，此时应更关注摩擦噪声性能；额定工况（速度相对较高）时，轴承处于混合润滑或弹性动压润滑状态，此时应更关注摩擦、磨损及振动性能。针对全工况下水润滑尾轴承性能参数，重点选择表 7-1 中 6 个微观参数构建评价体系并进行讨论。

表 7-1 水润滑尾轴承综合性能评估参数

目标	宏观性能	微观参数
水润滑尾轴承综合性能评估	摩擦（润滑）性能	摩擦因数
	磨损性能	磨损量（轴承）
		磨损量（轴）
	振动性能	低频带内振动加速度级
		中频带内振动加速度级
	摩擦噪声性能	摩擦噪声临界转速

（1）摩擦（润滑）性能的评估参数为摩擦因数。额定工况下，轴与轴承之间可能处于接触区与润滑区共存的状态或完全润滑状态。其中：接触区摩擦力只与界面间的相互作用有关，摩擦力等于犁沟效应和黏着效应产生的阻力之和；润滑区界面间的摩擦力来源于流体间产生的剪应力。可使用摩擦因数来宏观评价各轴承的摩擦性能。轴承半径为R，通过测量系统获得摩擦力矩M和加载力F_N，可得摩擦因数的表达式为

$$f = \frac{M}{RF_N} \tag{7-1}$$

（2）磨损性能的评价参数为轴和轴承的磨损量。轴与水润滑尾轴承之间的磨损以磨粒磨损为主，界面粗糙峰和沙粒会对摩擦副表面产生微切削作用。常见的磨损量测量方法有称重法、测长法、表面轮廓法等，本小节使用文献[1]中的测长法测量轴与轴承的磨损量。

（3）振动性能的评价参数为低频带内振动加速度级和中频带内振动加速度级。转轴由不平衡、不对中和螺旋桨非定常力等激励产生的振动会传递给轴承。在合适频段内，水润滑尾轴承内衬材料的高阻尼性能和润滑水膜的动力特性可以消减部分振动。置于水润滑尾轴承座上的加速度计能测量轴承振动，常使用低频带（0～200 Hz）和中频带（200～500 Hz）内的振动加速度级来衡量振动性能。振动信号为不平稳随机信号，将获得的信号自相关后进行傅里叶变换，求得线性功率谱在低频带和中频带内的有效值a_1、a_2，再根据以下公式求得低频带和中频带内的振动加速度级：

$$L_1 = 20\lg\frac{a_1}{a_0} \tag{7-2}$$

$$L_2 = 20\lg\frac{a_2}{a_0} \tag{7-3}$$

式中：L_1、L_2分别为低频带和中频带内的振动加速度级；a_0为基准加速度值，取10^6 m/s^2。

（4）摩擦噪声的评价参数为摩擦噪声临界转速。水润滑尾轴承的异常摩擦噪声主要由轴承自激振动引起，称为振鸣音。摩擦噪声临界转速是指在转速降低过程中产生振鸣音时的转速[2]。常见的水润滑尾轴承摩擦噪声机理有两种：一种机理认为摩擦力等于黏着效应和犁沟效应产生的阻力之和，在干摩擦过程中摩擦力随着犁沟效应和黏着效应而不断变化，若摩擦力中的高频部分与结构的自然频率相耦合，会使轴承产生摩擦噪声[3]；另一种机理是模态耦合机理，该机理认为摩擦力导致刚度耦合矩阵具有非对称性，从而诱发模态耦合使系统不稳定。

7.1.2 基于熵权模糊综合评价法的水润滑轴承性能评估模型

1. 确定参数综合权重

针对上述6个参数构成的水润滑尾轴承评估体系，可构建水润滑尾轴承性能评估模型，首先需确定各种参数的权重。参数权重的确定方法有主观赋权法和客观赋权法，为兼顾专家偏好主观性与数据客观性，本节提出专家偏好系数选择模型，并基于该系数对主观赋权法中的专家打分法和客观赋权法中的熵权法进行线性加权组合，得到参数综合权重。具体包括以下4个步骤。

1）构建并标准化评价矩阵

水润滑尾轴承评价体系中有 6 个评价参数，若有 m 个待评价的水润滑尾轴承，则该评估模型的评价矩阵为

$$\boldsymbol{P} = (p'_{ij})_{m \times 6} = \begin{bmatrix} p'_{11} & p'_{12} & \cdots & p'_{16} \\ p'_{21} & p'_{22} & \cdots & p'_{26} \\ \vdots & \vdots & & \vdots \\ p'_{m1} & p'_{m2} & \cdots & p'_{m6} \end{bmatrix} \tag{7-4}$$

式中：p'_{ij}（$i=1,2,\cdots,m$；$j=1,2,\cdots,6$）为第 i 个评价对象对第 j 个评价参数的取值。

评价矩阵获得后需经过某种无量纲处理将其标准化。若对于某一参数，方案的参数值越大表明方案越优秀，则该参数为效益型参数，反之，则该参数为成本型参数，不同评价参数的标准化方法不同。设评价矩阵中的第 j 个参数分别为效益型和成本型参数，则该参数的标准化算法分别为

效益型：
$$p_{ij} = (p'_{ij} - \min p'_{ij}) / (\max p'_{ij} - \min p'_{ij}) \tag{7-5}$$

成本型：
$$p_{ij} = (\max p'_{ij} - p'_{ij}) / (\max p'_{ij} - \min p'_{ij}) \tag{7-6}$$

式中：$\max p'_{ij}$ 和 $\min p'_{ij}$ 分别为各评价对象第 j 个参数的最大值和最小值。

评价矩阵标准化后的矩阵为

$$\boldsymbol{P} = (p_{ij})_{m \times n} = \begin{bmatrix} p_{11} & p_{12} & \cdots & p_{16} \\ p_{21} & p_{22} & \cdots & p_{26} \\ \vdots & \vdots & & \vdots \\ p_{m1} & p_{m2} & \cdots & p_{m6} \end{bmatrix} \tag{7-7}$$

2）确定参数主观权重

参数主观权重使用专家打分法计算，假设有 z 位专家对 6 个参数进行打分，分数为 f_{jk}（$j=1, 2, \cdots, 6; k=1, 2, \cdots, z$），对分数进行排秩后可得各分数的秩次为 c_{jk}（$j=1, 2, \cdots, 6; k=1, 2, \cdots, z$），则每一个参数的秩和为 c_j（$j=1, 2, \cdots, 6$），分数相同计为一个结，相同个数计为结长，若分数数据中有结，可使用平均秩方法确定分数秩次[4]。

确定主观权重前需进行 Kendall 协同系数检验，若通过检验，表明专家对参数的评分标准一致，分数有效。水润滑轴承性能评估体系中共有 6 个参数，因此 Kendall 协同系数为

$$X = \frac{12 \sum\limits_{j=1}^{6} C_j^2 - 3 \times z^2 \times 6 \times (6+1)^2}{z^2 \times 6 \times (6^2 - 1) - z \sum T} \tag{7-8}$$

$$\sum T = \sum_{l=1}^{g} (\tau_l^3 - \tau_l) \tag{7-9}$$

式中：X 为 Kendall 协同系数；T 为过渡参数；g 为结的个数；τ_l 为结长。若统计量 $\chi^2 = z \times (6-1) \times X > \chi^2_{0.05}(5)$，则认为打分有效。

通过 Kendall 协同系数检验后便可求解主观权重：

$$\lambda_j = \frac{\sum\limits_{k=1}^{z} f_{jk}}{\sum\limits_{j=1}^{6}\sum\limits_{k=1}^{z} f_{jk}} \quad (j=1,2,\cdots,6) \tag{7-10}$$

3）确定参数客观权重

熵在信息论中表示系统内在的紊乱程度，信息熵越小的参数其不确定性也越小，那么该参数蕴含的信息量和在不同对象中的差异度则越大，参数熵权也越大。根据熵值及熵权定义，第 j 个参数的熵值及熵权分别为

$$H_j = -\frac{1}{\ln m}\sum_{i=1}^{m}\frac{p_{ij}}{\sum\limits_{i=1}^{m}p_{ij}}\ln\frac{p_{ij}}{\sum\limits_{i=1}^{m}p_{ij}} \quad (j=1,2,\cdots,6) \tag{7-11}$$

$$w_j = \frac{1-H_j}{6-\sum\limits_{j=1}^{6}H_j} \quad (j=1,2,\cdots,6) \tag{7-12}$$

式中：$0 \leqslant H_j \leqslant 1$；规定当 $\dfrac{p_{ij}}{\sum\limits_{i=1}^{m}p_{ij}}=0$ 时，$\dfrac{p_{ij}}{\sum\limits_{i=1}^{m}p_{ij}}\ln\dfrac{p_{ij}}{\sum\limits_{i=1}^{m}p_{ij}}=0$；$0 \leqslant w_j \leqslant 1$ 且 $\sum\limits_{j=1}^{6}w_j=1$。

4）确定参数综合权重

综合权重为主观权重和客观权重的合成，本小节使用较简便且能反映主客观权重主次的线性加权组合方法，由该方法求得参数综合权重为

$$q_j = \mu\lambda_j + (1-\mu)w_j \quad (j=1,2,\cdots,6) \tag{7-13}$$

$$\mu = \begin{cases} 0.2, & \lg\left(\dfrac{z}{m}\right) < -0.3 \\[2mm] 0.5+\lg\left(\dfrac{z}{m}\right), & -0.3 \leqslant \lg\left(\dfrac{z}{m}\right) \leqslant 0.3 \\[2mm] 0.8, & \lg\left(\dfrac{z}{m}\right) > 0.3 \end{cases} \tag{7-14}$$

式中：μ 为专家偏好系数，反映主客观权重的主次问题，取值范围为 $0<\mu<1$。

为了兼顾专家主观性和数据客观性，专家偏好系数模型将 μ 的取值范围进一步缩小到 $0.2<\mu<0.8$，使专家偏好系数不至于极大或极小而忽略了数据客观性或专家偏好性。专家或评估对象个数越多，得到的主观权重或客观权重越令人信服，因此在计算综合权重时更侧重于主观权重或客观权重。

2. 模糊评价轴承性能

模糊综合评价法是在考虑多种因素的影响下，运用模糊数学工具对某事物做出综合评价，其思路是：首先，将拥有多个评价参数的评价对象通过模糊映射的方式映射到对参数有多种评语的评语集上；然后，对参数综合权重和参数模糊矩阵施加某种模糊运算，得到反映评价对象对多个评语隶属程度的一个模糊子集；最后，再根据计算结果和评估

原则对多种方案进行评估。模糊综合评价法包括以下 4 个步骤。

1）确定决断集

因素集指 6 个评价参数的集合，以第 i 个轴承为例，其因素集为 $P_i = \{p_{i1}, p_{i2}, \cdots, p_{i6}\}$，决断集可设为 5 级制，即 $V = \{v_1, v_2, v_3, v_4, v_5\} = \{优秀，良好，中等，合格，较差\}$。

2）构建模糊关系矩阵

因素集与决断集之间的关系表现为模糊矩阵，第 i 个轴承的因素集在决断集上的模糊矩阵可通过隶属函数来计算。隶属函数选择正确与否要看其是否符合客观规律，常见的确定方法有直觉法、模糊统计法和模糊分布法。根据专家经验，本小节选取等腰三角形分布的隶属函数，第 i 个轴承的第 j 个参数相对于决断集中 5 个评语的隶属函数分别为

$$\gamma_{v1}(p_{ij}) = \begin{cases} \dfrac{p_{ij} - 0.2}{0.8}, & 0.2 \leqslant p_{ij} \leqslant 1 \\ 0, & 其他 \end{cases} \tag{7-15}$$

$$\gamma_{v2}(p_{ij}) = \begin{cases} \dfrac{p_{ij} + 0.05}{0.8}, & 0 \leqslant p_{ij} < 0.75 \\ \dfrac{1.55 - p_{ij}}{0.8}, & 0.75 \leqslant p_{ij} \leqslant 1 \end{cases} \tag{7-16}$$

$$\gamma_{v3}(p_{ij}) = \begin{cases} \dfrac{p_{ij} + 0.3}{0.8}, & 0 \leqslant p_{ij} < 0.5 \\ \dfrac{1.3 - p_{ij}}{0.8}, & 0.5 \leqslant p_{ij} \leqslant 1 \end{cases} \tag{7-17}$$

$$\gamma_{v4}(p_{ij}) = \begin{cases} \dfrac{p_{ij} + 0.55}{0.8}, & 0 \leqslant p_{ij} < 0.25 \\ \dfrac{1.05 - p_{ij}}{0.8}, & 0.25 \leqslant p_{ij} \leqslant 1 \end{cases} \tag{7-18}$$

$$\gamma_{v5}(p_{ij}) = \begin{cases} \dfrac{0.8 - p_{ij}}{0.8}, & 0 \leqslant p_{ij} \leqslant 0.8 \\ 0, & 其他 \end{cases} \tag{7-19}$$

根据以上 5 个隶属函数可以求出第 i 个轴承的第 j 个参数属于决断集中 5 个元素的隶属度，计为 $[r_{j1}, r_{j2}, r_{j3}, r_{j4}, r_{j5}]$，每一个轴承有 6 个参数，因此第 i 个轴承的模糊评价矩阵可表示为

$$\boldsymbol{R}_i = \begin{bmatrix} r_{11} & r_{12} & \cdots & r_{15} \\ r_{21} & r_{22} & \cdots & r_{25} \\ \vdots & \vdots & & \vdots \\ r_{61} & r_{62} & \cdots & r_{65} \end{bmatrix} \tag{7-20}$$

3）计算综合评价向量

轴承综合评价向量与模糊评价矩阵和参数综合权重向量有关，表明轴承对各种评语的隶属程度，可表示为

$$\boldsymbol{B}_i = Q \circ R_i = [b_{i1} \quad b_{i2} \quad \cdots \quad b_{is}] \tag{7-21}$$

式中：$\boldsymbol{B}_i$ 为综合评价向量；Q 为综合权重集；b_{ik} 为第 i 个轴承相对于第 k 个评语的隶属度，$k = 1,2,3,4,5$；$\circ$ 表示模糊合成算子。

常见的模糊合成算子有 $M(\wedge, \vee)$、$M(\bullet, \vee)$、$M(\wedge, \oplus)$、$M(\bullet, \oplus)$，本小节选用 $M(\bullet, \oplus)$ 算子，该算子不仅能体现权数作用，还能充分利用模糊评价矩阵的信息，具有较好的综合效果。根据该算子计算综合评价向量中各元素的公式为

$$b_{ik} = \sum_{j=1}^{6} q_j r_{jk} \quad (k = 1,2,3,4,5) \tag{7-22}$$

为了便于分析比较，最后需将综合评价向量归一化。

4）利用结果对方案评估

利用上述方法求得的结果可对待评价轴承进行两种评估：一种是通过最大隶属度原则实现对单一轴承的评估，轴承的综合评价向量 $\boldsymbol{B}_i$ 中隶属度最大的评语即为对该轴承的评估；另一种是通过最优评价原则实现对所有轴承的评估，根据各轴承综合评价向量中优秀的隶属度大小来评估各轴承的相对优劣[5]。

7.2 面向偏载的水润滑尾轴承变形补偿设计

目前水润滑尾轴承内衬的结构多为等厚设计，在实际运行中，在尾轴倾斜的影响下，靠近出水端的轴承瓦面会产生严重变形，并且容易出现磨损、剥落、噪声等现象。所以，通过变形补偿原理对轴承进行非等厚结构设计，优化尾轴承承载性能显得十分必要。

本节在刚性光滑轴承的基础上，探究变形的水润滑径向轴承的承载性能，并根据各基本参数对轴承下半部分内衬的性能影响，对轴承内衬非等厚结构进行设计，然后对其进行承载性能的仿真分析，并与等厚圆轴承内衬承载能力进行比较。

7.2.1 轴承非等厚内衬设计方法

轴颈倾斜会对轴承水膜、压力、变形分布产生影响，其中轴承内衬变形对轴承性能影响最为严重，本节首先对等厚圆轴承在轴倾斜条件下的工况进行仿真计算，分析不同轴倾斜角的条件下，对轴承最小水膜厚度、承载力、最大水膜压力、最大变形量、摩擦因数的影响。

非等厚内衬结构设计的基本策略：根据计算的结果，确定非等厚轴承设计的基本参数，选用合适的轴倾斜角，导出反转的变形曲面用于轴承内衬非等厚结构的设计，再与等厚内衬圆轴承的性能进行对比，分析在相同载荷下最小水膜厚度的大小，可以得出两种内衬结构的承载能力的强弱。为了进一步研究非等厚内衬结构对轴承性能的影响，再对非等厚结构的内衬厚度比进行分析，得出有最佳承载能力的非等厚内衬结构。

调用等厚内衬圆轴承的变形分布，在计算轴承水膜厚度的方程中加入反转的变形分布，拟合内衬非等厚曲面，再代入柔度矩阵中计算出压力分布，最终得出轴承各项性能

指标。计算公式为

$$H = h + u - \beta D \tag{7-23}$$

式中：h 为无量纲刚性水膜厚度；u 为无量纲轴承内衬变形分布；β 为内衬厚度比；D 为反转的无量纲变形分布。

两种轴承创新设计方案如下。

（1）基于瓦面层非等厚设计的水润滑径向轴承，其结构如图 7-1 所示，主要由瓦面层、瓦基、轴承壳体和螺钉组成。其中 L 为轴承长度，γ 为轴线倾角，a、b 为非等厚瓦面两端厚度。一块瓦面层与一块瓦基组成一块板条，多块板条共同承担轴承载荷。采用瓦面层非等厚结构，在载荷作用下，瓦面层厚度沿轴向逐渐增加，变形也逐渐增大，达到增加接触面积从而减小应力集中的目的，能有效解决偏载下等厚结构存在的问题[6]。

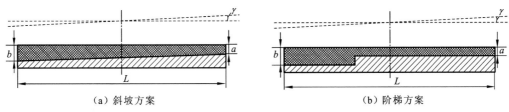

（a）斜坡方案　　　　　　　　　　　（b）阶梯方案

图 7-1　基于瓦面层非等厚设计的水润滑径向轴承的两种实施方案

（2）基于分布式材料设计的水润滑径向轴承，其结构如图 7-2 所示，主要由轴承壳体、瓦基、尾瓦面层、首瓦面层和螺钉组成。其中 E_1、E_2 分别为尾瓦面层和首瓦面层，F_1、F_2 分别为 E_1、E_2 承担的轴承载荷压力。一块尾瓦面层、一块首瓦面层与一块瓦基组成一块板条，多块板条共同承担轴承载荷。采用瓦面层轴向分布不同弹性模量材料的设计，在偏载区采用小弹性模量材料，在非偏载区采用大弹性模量材料，增加偏载作用下尾轴承与转轴的接触面积，能有效解决偏载下单一材料设计所存在的问题[7]。

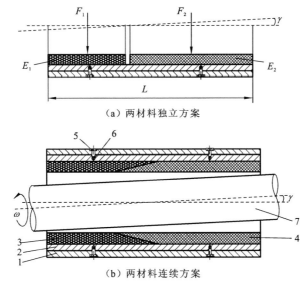

（a）两材料独立方案

（b）两材料连续方案

图 7-2　基于分布式材料设计的水润滑径向轴承的两种实施方案

1.轴承壳体；2.瓦基；3.尾瓦表面；4.首瓦表面；5.螺钉；6.螺纹孔；7.转轴

7.2.2 水润滑波纹尾轴承设计

优化轴承内衬结构是提高轴承承载能力的重要途径，为了更好地研究提升滑动轴承的承载能力，Dimofte[8-10]首次提出了波纹轴承的概念，通过仿真分析认为波纹表面轴承的性能在大多数情况下都优于普通的圆轴承，但并未对具体波纹参数进行优化处理。对于径向轴承，董维新等[11]对三波形滑动轴承进行了仿真分析，发现波纹这种特殊结构对特定参数轴承的承载能力有提升作用。在推力轴承方面，Zhang 等[12]提出了一种基于周期谐波的流体动力润滑推力滑块轴承静态性能研究的通用方法，揭示了油膜厚度分布与压力分布和载荷能力的内在关系。

综上所述，现有的研究主要针对无弹性变形的刚性水润滑径向波纹轴承进行分析，而对弹性变形的水润滑波纹径向轴承的研究文献较少。此外水润滑轴承在流体动压润滑形成的过程中，会产生相应的变形，而且变形会影响膜压的分布，进而影响变形分布，目前利用双向流固耦合的方法进行研究的文献不多。因此本小节针对未考虑弹性变形及寻优计算不彻底的问题，开展水润滑波纹轴承流固耦合仿真方法的研究，综合分析波纹个数、幅值比等参数在弹性变形情况下对轴承性能的影响规律并提出设计建议[3]。

1. 波纹轴承结构方案

不同于光滑圆形轴承，波纹轴承的轴承孔为波纹线型，内孔线型的变化改变了液膜厚度分布，从而改变了轴承性能[13]。水润滑波纹轴承主要由内衬和衬套组成（图 7-3），其中衬套为铜或不锈钢，内衬为高分子复合材料，如橡胶、飞龙、赛龙等。内衬的内孔型线为波纹状，平均圆是内孔的内截圆，代表理论意义上的轴承内径。波纹参数示意图如图 7-4 所示，波纹型线由波峰和波谷组成，其中 A 为幅值比。

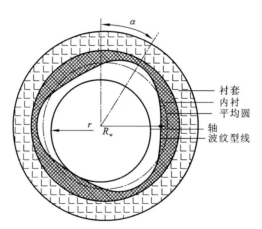

图 7-3 水润滑波纹轴承结构示意图

水润滑波纹轴承与圆轴承外观结构不同，其参数也有不同之处，表 7-2 所示为典型波纹轴承结构参数的定义。

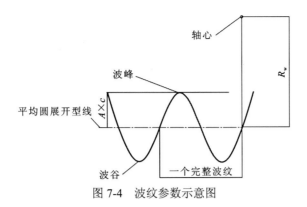

图 7-4　波纹参数示意图

表 7-2　典型波纹轴承结构参数定义

参数	定义
平均圆半径 R_w	波纹型线波形中线形成的圆半径
半径间隙 c	轴半径与平均圆半径之差
偏心率 ε	偏心距与半径间隙的比值
波纹个数 n	内衬织构的波峰个数
幅值比 A	波纹形貌的波峰高度值和轴承半径间隙的比值
安装角度 α	波纹第一波峰所处最小角度

波纹型线的几何方程可表示为

$$R = R_w + A\cos(n\psi - \alpha) \tag{7-24}$$

式中：R 为波纹轴承半径；R_w 为轴承平均圆半径；ψ 为以轴承顶点为起点的周向坐标。

考虑弹性变形的水润滑波纹轴承水膜厚度方程为

$$h = c + e\cos(\psi - \theta) + Ac\cos[n(\psi - \alpha)] + \delta \tag{7-25}$$

式中：e 为偏心距；θ 为偏位角；n 为波纹个数；δ 为变形量。

本小节分析的水润滑波纹轴承结构参数如表 7-3 所示，在轴承内孔上沿周向添加贯通的波纹型线。开展水润滑波纹轴承静态特性仿真计算，分析不同波纹参数对水润滑波纹轴承静态特性的影响规律，为轴承优化设计提供建议。

表 7-3　水润滑波纹轴承结构参数

参数	数值
轴径转速/（r/min）	1 000
轴径直径/mm	360
半径间隙/mm	0.5
轴承长度/mm	1 000
内衬赛龙弹性模量/MPa	440
内衬泊松比	0.45

2. 波纹轴承与圆形轴承性能对比

偏心率取 0.8，对比确定波纹参数（波纹个数 $n=6$、幅值比 $A=0.12$）的弹性波纹轴承、弹性圆形轴承及刚性波纹轴承的膜压分布，计算结果如图 7-5（a）～（c）所示。由图 7-5（a）和（c）可知，弹性波纹轴承的最大膜压较刚性波纹轴承有所减小，减小了约 15%，但承压区域更宽，承压区域从 125° 增大到 127°。对比图 7-5（a）和（b）可知，弹性波纹轴承最大膜压明显高于普通圆形轴承，最大膜压增大了约 1.1 倍，而且弹性波纹轴承出现了两个压力波峰。弹性波纹轴承的压力分布在波峰之前存在波谷，导致轴承承压区域有所减小，承压区域从 139° 减小到 127°。

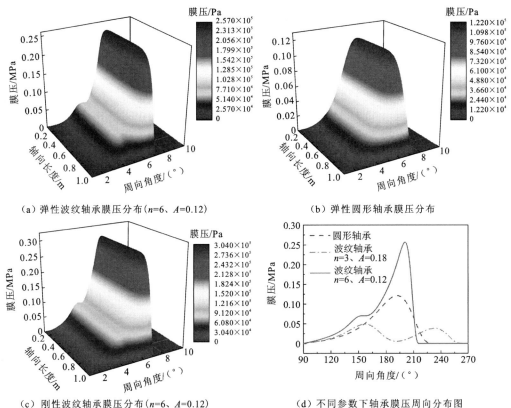

（a）弹性波纹轴承膜压分布（$n=6$、$A=0.12$）　　（b）弹性圆形轴承膜压分布

（c）刚性波纹轴承膜压分布（$n=6$、$A=0.12$）　　（d）不同参数下轴承膜压周向分布图

图 7-5　三种轴承的膜压三维分布图及不同参数下轴承膜压周向分布图

不同轴承方案的膜压周向分布如图 7-5（d）所示。由图可知，波纹轴承的周向膜压分布与圆形轴承周向膜压分布有明显区别，波纹参数为 $n=6$、$A=0.12$ 的波纹轴承在膜压分布上明显高于圆形轴承，波纹轴承的承压区也出现了两处压力波峰，第一个压力波峰较小。圆形轴承与波纹轴承的膜厚对比如图 7-6 所示，对比压力分布[图 7-5（d）]和膜厚分布[图 7-6（a）]可知，波纹型线的上升是导致第一个压力波峰出现的原因。第二个压力波峰出现在最小膜厚处附近，由于波纹型线上升区域的存在，膜厚减小的趋势加剧，波纹轴承膜压上升明显大于圆形轴承，这有利于提高轴承承载能力。

波纹参数为 $n=3$、$A=0.18$ 的波纹轴承由于波纹型线的波谷存在，对膜压分布产生影响，使得膜压分布明显低于圆形轴承。结合图 7-6（b）的膜厚分布可知，稳定位置处于

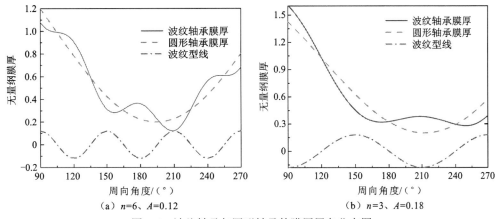

(a) $n=6$、$A=0.12$ (b) $n=3$、$A=0.18$

图 7-6 波纹轴承与圆形轴承的膜厚周向分布图

波纹型线的下降区域，导致膜厚有增大趋势，不能形成楔形承压水膜，压力降低。结合图 7-5（d）的膜压分布可知，波纹参数为 $n=3$、$A=0.18$ 的波纹轴承在圆形轴承压力最大处产生了压力波谷，虽然波纹轴承存在两个压力波峰，但其压力波峰峰值均小于圆形轴承，整体承载能力小于圆形轴承。

综合对比上述三种轴承方案可知，波纹轴承的波纹参数对轴承的承载能力有重要的作用，而且波纹参数改变，积极作用和消极作用都可能存在，还需通过更大范围地改变波纹参数来获取更加准确的影响规律。

3. 波纹参数对水润滑轴承性能影响规律

为了得到更大范围的波纹参数所对应的轴承性能影响规律，对波纹参数扩展如表 7-4 所示，计算结果如图 7-7 所示。

表 7-4 波纹轴承波纹参数

参数	数值						
波纹个数 n	3	6	9	12	15	18	21
幅值比 $A/\times 10^{-2}$	2	5	8	10	12	15	18

由图 7-7（a）可知，当波纹个数一定且大于或等于 6 时，随着幅值比的增加，摩擦因数逐渐减小，波纹个数为 3 时，幅值比的增加会导致摩擦因数的增大。由图 7-7（b）可知，在波纹个数一定的情况下，幅值比的增加会提高轴承的承载能力，波纹个数为 6 时承载能力随幅值比变化明显。由图 7-7（c）可知，当波纹个数一定时，幅值比增加则最小膜厚随之增加。幅值比一定时，随着波纹数量增加，在波纹个数>6 后最小膜厚有较小波动。由图 7-7（d）可知，在波纹个数一定的情况下，幅值比增加，最大膜压会随之增加。幅值比一定时，波纹个数的增加在低幅值比情况下变化较小，但在高幅值比的情况下，波纹个数的变化会导致最大膜压变化明显。

由表 7-5 可知，波纹参数为 $n=3$、$A=0.18$ 的波纹轴承压力分布较为均匀，但摩擦因数和承载能力均较差，波纹参数为 $n=3$、$A=0.15$ 的波纹轴承拥有最大的最小膜厚，但摩

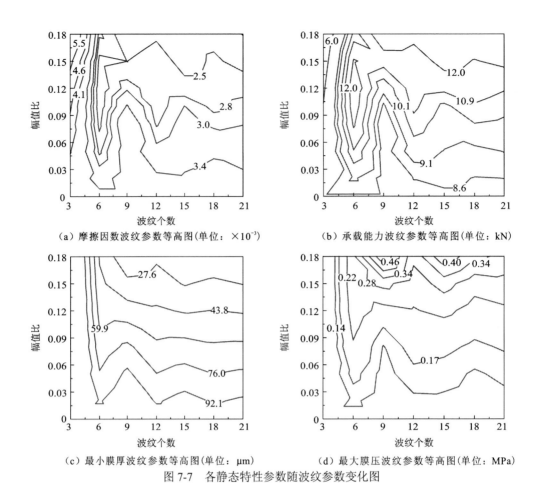

（a）摩擦因数波纹参数等高图（单位：×10⁻³）　　　（b）承载能力波纹参数等高图（单位：kN）

（c）最小膜厚波纹参数等高图（单位：μm）　　　（d）最大膜压波纹参数等高图（单位：MPa）

图 7-7　各静态特性参数随波纹参数变化图

擦因数和承载能力均不如波纹参数为 $n=6$、$A=0.12$ 的波纹轴承。波纹参数为 $n=9$、$A=0.18$ 的波纹轴承虽然摩擦因数与承载能力均占优，但其压力波动较大，膜压峰值较高，不宜实际应用。波纹参数为 $n=15$、$A=0.18$ 的波纹轴承只具有最小的最小膜厚，但压力波动较大，不宜实际应用。

表 7-5　波纹轴承静态数据分析表

波纹参数	摩擦因数	承载能力/kN	最小膜厚/μm	最大膜压/MPa	压力分布标准差/×10⁴ Pa
圆形轴承	0.003 5	8.46	100.50	0.122	4.13
$n=3$、$A=0.18$	0.006 9（最大）	3.95（最小）	138.92	0.049（最小）	1.52（最小）
$n=3$、$A=0.15$	0.005 7	4.86	140.13（最大）	0.051	1.56
$n=6$、$A=0.12$	0.002 2	13.05	53.95	0.257	7.23
$n=9$、$A=0.18$	0.002 2（最小）	13.16（最大）	13.96	0.517（最大）	9.10（最大）
$n=15$、$A=0.18$	0.0023	13.10	11.78（最小）	0.450	7.51

　　针对上述分析中的压力分布问题，提取波纹参数为 $n=9$、$A=0.18$，$n=15$、$A=0.18$ 和 $n=3$、$A=0.18$ 的波纹轴承膜压分布进行对比分析，分析结果如图 7-8 所示，验证了上述结论：轴承膜压分布过于尖锐不适合实际应用。

波纹轴承的参数优化规律较为复杂,主要原因在于轴承稳定的位置与波峰的上升区域的位置,两者相对位置无法准确预知。若稳定位置在波纹型线的上升区域,则能形成有效的楔形承压区域,形成变形补偿,例如波纹参数为 $n=6$、$A=0.12$ 的波纹轴承。但若稳定位置在波纹型线的下降区域,对楔形膜厚的形成起反作用,不利于动压润滑,承载能力下降,轴承的相关静态特性也会变差。

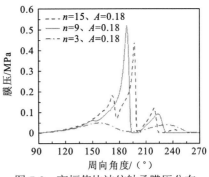

图7-8 高幅值比波纹轴承膜压分布

7.3 基于织构的水润滑尾轴承承载性能优化

一般认为,织构提高径向滑动轴承、推力轴承及机械密封等摩擦副润滑性能具有三个机制:①在混合润滑时,储存润滑油,促进摩擦副二次润滑[14-15];②在干摩擦时,容纳磨粒,减少摩擦副磨料磨损[16-17];③在动压润滑时,根据动压效应,织构区域会产生额外的承载力,避免摩擦副直接接触等[18-19]。

表面织构根据其形态可以分为凸起和凹坑两种形式,根据长宽不同,凹坑又分为独立的微凹坑及较长的微凹槽。虽然凸起型织构可以一定程度地提高轴承的承载能力,但是在边界润滑或混合润滑时效果较差,不如凹坑形织构,所以织构多为凹坑形式[20]。目前,研究人员对凹坑形织构进行了大量研究,其中主要集中在微凹坑形式,而对微凹槽的研究涉及较少。目前在微凹槽形表面织构径向滑动轴承研究领域还存在如下不足。

(1)在水润滑轴承织构研究中,对微凹槽的研究较少,目前又以试验或简化的理论模型为主,对更加符合工程实际要求的流固耦合模型研究更少。

(2)微凹槽试验与理论研究表明,并不是所有的微凹槽都有益于润滑,目前对微凹槽的研究,主要集中在微凹槽的几何尺寸、截面形状及布置位置等对轴承润滑性能的影响,少有学者研究偏心率对轴承润滑性能的影响。

(3)水润滑轴承中内衬常采用诸如橡胶、赛龙及尼龙等弹性模量较小的高分子材料,在水膜压力作用下内衬会发生较大的弹性变形,继而影响织构对轴承润滑性能的影响,但目前很少有学者研究水润滑轴承中内衬的弹性变形对微凹槽轴承润滑性能的影响。

本节采用数值计算方法研究水润滑微凹槽轴承动压润滑,并通过试验研究水润滑微凹槽轴承板条混合润滑。

7.3.1 水润滑微凹槽织构轴承流固耦合模型

在图7-9中建立右手坐标系。其中,x 为轴承周向坐标;y 为轴承轴向坐标;z 为轴承径向(膜厚方向)坐标;O_a 为主轴圆心;O_b 为轴承圆心;r 为轴径;R 为轴承半径;e 为偏心距;c 为半径间隙;θ 为偏位角;W 为外载荷;ω 为角速度;φ 为以轴承顶点为起点的周向坐标;ψ 为以最大膜厚为起点的周向坐标;h_{min} 和 h_{max} 分别为最小膜厚、最大膜厚；w_t、P_t 和 D_t 分别为微凹槽织构的宽度、跨距和深度。

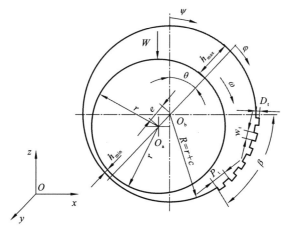

图 7-9　微凹槽径向滑动轴承示意图

弹流润滑状态下的膜厚方程为

$$h=\begin{cases}h_S+\delta, & \text{非织构区域}\\ h_S+\delta+D_t, & \text{织构区域}\end{cases}\qquad(7\text{-}26)$$

式中：h_S 为忽略弹性变形情况下的膜厚，$h_S=c+e\cos(\psi-\theta)$；δ 为轴承的弹性变形量。

本小节在数值计算的基础上，采用正交仿真方法研究微凹槽径向深度、周向宽度、轴向长度、截面形状及布置位置对轴承动压润滑性能的影响，并对全微凹槽织构进行一定程度的优化分析。仿真对象采用下半轴承，轴承材料为赛龙，轴径为 60 mm，内衬内径、外径和长度分别为 60.25 mm、75.25 mm 和 100 mm，固定轴承偏心率为 0.3，主轴转速为 1000 r/min。

在液体动压滑动轴承试验台上开展试验，试验对象包括无微凹槽板条、局部微凹槽板条和全微凹槽板条，对比分析其摩擦因数和压力分布，并对仿真模型进行验证。其中，轴承底部板条几何模型如图 7-10 所示。

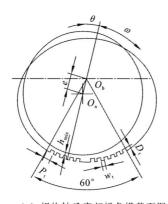

（a）织构轴承底部板条横截面图　　　　　（b）织构轴承底部板条三维图

图 7-10　轴承底部板条几何模型示意图

1. 微凹槽板条的设计

为了验证水润滑微凹槽织构轴承流固耦合模型的正确性，试验板条的内衬应采用弹性模量较小的材料，如橡胶和赛龙。虽然橡胶比赛龙弹性模量小，但橡胶在干摩擦及混合润滑下的性能较差，因此试验选择赛龙作为板条内衬材料。常用轴承材料基本物性参数见表 7-6。考虑试验轴轴径较小及水的黏度较低，为了确保板条在试验台转速范围内可以形成动压润滑，要求整个板条质量尽量小且具有较大的强度，所以板条外壳采用 6061 铝合金，6061 铝合金的物理性能见表 7-7。内衬与外壳采用环氧树脂粘贴。

表 7-6　常用轴承材料物性参数

材料	弹性模量/MPa	材料密度/（kg/m³）	泊松比
橡胶	5.83	1 500	0.49
赛龙	490	3 220	0.45
塑料	800	2 200	0.40
尼龙	1 840	1 150	0.36

表 7-7　6061 铝合金材料物理性能

屈服强度/MPa	抗拉强度/MPa	伸长率/%	泊松比	密度/（kg/m³）	硬化指数
170	204	25	0.33	2690	0.265

本试验共设 3 组板条，分别为无微凹槽板条、局部微凹槽板条和全微凹槽板条，微凹槽深度为 50 mm。局部微凹槽板条是在入口边至周向 30° 范围内均匀加工截面形状为矩形的微凹槽，而全微凹槽板条是在整个板条上均匀加工截面形状为矩形的微凹槽，两种板条上的微凹槽几何尺寸完全一致，如图 7-11 所示。微凹槽采用机械加工方法进行加工。

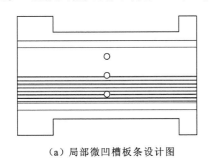
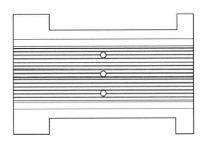

（a）局部微凹槽板条设计图　　　　　　　（b）全微凹槽板条设计图

（c）试验后局部微凹槽板条实物图　　　　（d）试验后全微凹槽板条实物图

图 7-11　板条与微凹槽设计图及实物图

2. 理论模型的试验验证

图 7-12 所示为载荷为 12 N、主轴线速度为 4.40 m/s 时，无微凹槽板条及局部微凹槽板条的仿真与试验压力对比。由图 7-12（a）可知，无微凹槽板条试验得到的水膜压力与仿真得到的压力吻合状况良好，最大相对误差为 7.4%。由图 7-12（b）可知，局部微凹槽板条试验得到的水膜压力与仿真得到的压力最大相对误差为 8.3%。由于板条润滑模型的误差和试验测量的误差，无微凹槽板条和局部微凹槽板条的仿真压力与试验压力不完全一致，最大误差均小于 10%，满足计算精度要求，表明所建的水润滑微凹槽轴承流固耦合模型适用于微凹槽织构板条的压力计算。

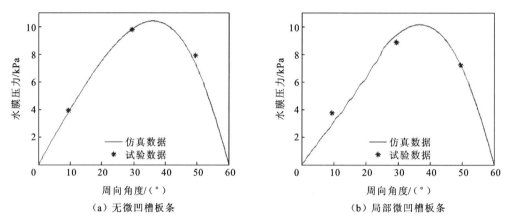

图 7-12　载荷为 12 N、主轴线速度为 4.40 m/s 时水膜压力仿真与试验数据对比图

7.3.2　织构布置对轴承性能的影响

1. 微凹槽织构布置对摩擦因数的影响

利用图 7-13 所示的试验验证装置进行相关试验研究。图 7-14 所示为空载时 3 种板条摩擦因数与主轴线速度的关系。

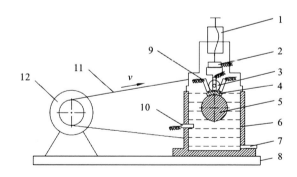

图 7-13　试验验证装置结构示意图

1.加载螺杆；2.加载力传感器；3.加载滚轮；4.板条；5.主轴；6.水箱；

7.出水孔；8.基座；9.压力传感器；10.温度传感器；11.皮带；12.电机

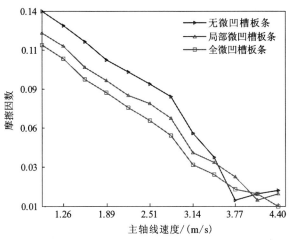

图 7-14　空载时 3 种板条摩擦因数与速度的关系曲线

由图可知,当主轴线速度大于 3.77 m/s(转速大于 1200 r/min)时,无微凹槽板条的摩擦因数随着速度的增大而增大,符合流体动压润滑摩擦特征,这是因为无微凹槽板条在主轴线速度大于 3.77 m/s 时,轴径与板条之间建立起了完整水膜,轴承进入动压润滑状态。同理,局部微凹槽板条在主轴线速度大于 4.08 m/s 时,润滑状态进入动压润滑。而全微凹槽板条没有明显的动压润滑特征,无法判断是否形成完整水膜。

2. 微凹槽织构布置对水膜压力分布的影响

通过试验,可以测得板条轴向对称面内 3 个间隔 20°的水膜压力值,为了更好地分析压力在板条对称面内周向的分布,通过样条曲线对这 3 个压力点进行三次样条(spline)插值,边界条件是周向两端压力为 0。

图 7-15 所示为主轴线速度为 4.4 m/s 时,无微凹槽板条、局部微凹槽板条及全微凹槽板条的压力分布与载荷及织构形式的关系。由图 7-15(a)~(c)可知,在混合润滑或动压润滑状态下,水膜压力随着载荷的增大而增大,这是因为主轴线速度不变时,载荷越大水膜厚度越小,导致水膜压力变大。由图 7-15(d)可知,相同工况下,有微凹槽板条的水膜压力比无微凹槽板条的小,全微凹槽板条水膜压力比局部微凹槽板条略小。

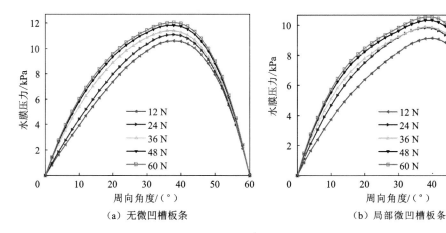

（a）无微凹槽板条　　　　　　　　　　（b）局部微凹槽板条

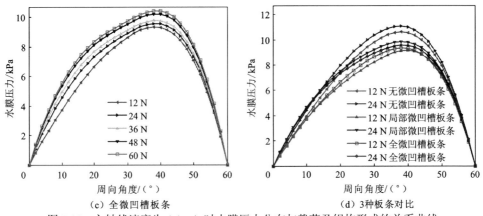

（c）全微凹槽板条 （d）3种板条对比

图 7-15 主轴线速度为 4.4 m/s 时水膜压力分布与载荷及织构形式的关系曲线

图 7-16 所示为载荷为 12 N 时，无微凹槽板条、局部微凹槽板条及全微凹槽板条水膜压力分布与主轴线速度及织构形式的关系。由图 7-16（a）～（c）可知，在混合润滑状态下，板条水膜压力随着主轴线速度的增大而增大，这是因为虽然速度增大会导致水膜厚度增大，但是由于增幅不大，故水膜压力仍表现为增大；当主轴线速度增大到一定程度，进入动压润滑状态后，随着主轴线速度的增大，最大水膜压力降低，最大压力点后移，而入口端水膜压力降低，出口端水膜压力升高。由图 7-16（d）可知，相同工况下，有微凹槽板条的水膜压力比无微凹槽板条的小。

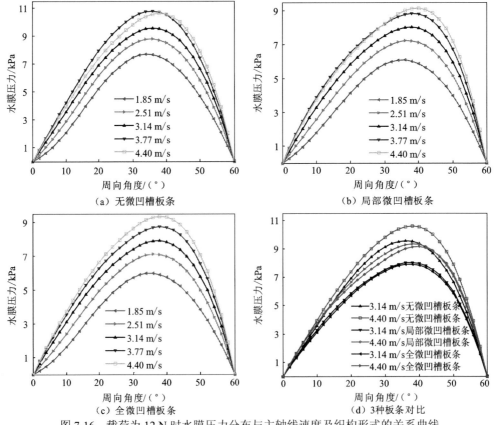

（a）无微凹槽板条 （b）局部微凹槽板条

（c）全微凹槽板条 （d）3种板条对比

图 7-16 载荷为 12 N 时水膜压力分布与主轴线速度及织构形式的关系曲线

通过以上分析可得出结论：①轴承板条润滑状态转变的临界主轴线速度与载荷、微凹槽织构形式有关，临界主轴线速度随载荷增大而增大；载荷为 12 N 时，无微凹槽板条的临界主轴线速度最小，为 3.77 m/s，全微凹槽板条的临界主轴线速度最大，大于 4.40 m/s。在混合润滑状态下，全微凹槽板条的摩擦因数最小，其次是局部微凹槽板条，无微凹槽板条的摩擦因数最大。②在混合润滑或动压润滑状态下，主轴线速度不变时板条平均水膜压力随载荷增大而增大；相同载荷与主轴线速度时在板条内表面上布置微凹槽织构使得平均水膜压力降低，且全微凹槽板条平均水膜压力略低于局部微凹槽板条。在混合润滑状态下，载荷不变时平均水膜压力随着主轴线速度的增大而增大；在动压润滑状态下，载荷不变时随着主轴线速度的增大最大水膜压力降低，且最大压力点位置后移。

7.3.3 织构结构对轴承性能的影响

在 7.3.1 小节建立的水润滑微凹槽轴承数学模型的基础上，采用正交仿真方法研究微凹槽径向深度、周向宽度、轴向长度、截面形状及布置位置对轴承动压润滑性能影响的显著程度，并对全微凹槽织构进行一定程度的优化分析。

本小节仿真分析所用轴承结构参数为轴径 60 mm、内衬内径 60.25 mm、内衬外径 75.25 mm、宽度 100 mm，仿真计算仍然采用下半轴承，轴承材料采用赛龙，微凹槽间距为 2 mm，固定轴承偏心率为 0.3，主轴转速为 1 000 r/min。

1. 全微凹槽织构正交仿真分析

全微凹槽织构的径向深度、周向宽度、轴向长度及微凹槽截面形状是影响轴承润滑性能的重要因素，为了分析上述 4 种微凹槽因素对轴承润滑性能影响的显著程度，设计了 4 因素 3 水平的仿真分析正交表，微凹槽轴承正交仿真因素及水平见表 7-8。矩形截面、三角形截面及圆弧形截面微凹槽织构如图 7-17 所示。

表 7-8　微凹槽轴承正交仿真因素及水平

因素	水平		
	1	2	3
径向深度 D_t/μm	30	50	70
周向宽度 w_t/μm	400	600	800
轴向长度 L_t/μm	40	70	100
截面形状	矩形	三角形	圆弧形

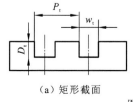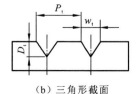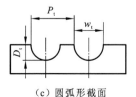

（a）矩形截面　　　　　（b）三角形截面　　　　　（c）圆弧形截面

图 7-17　微凹槽织构截面示意图

根据影响轴承润滑性能的全微凹槽织构因素及水平，选择 $L_9(3^4)$ 的正交表。仿真计算正交表中 9 种工况的无量纲承载力及摩擦因数，并对计算结果进行极差分析。

表 7-9 所示为全微凹槽轴承中以无量纲承载力为正交仿真指标时的正交表和极差分析结果。图 7-18 是全微凹槽轴承中以无量纲承载力为正交仿真指标时的效应曲线图。

表 7-9　承载力作为全微凹槽轴承仿真指标时的正交表及极差分析

仿真编号	径向深度/μm	周向宽度/μm	轴向长度/mm	截面形状	无量纲承载力
1	30	400	40	矩形	0.170 9
2	30	600	70	三角形	0.155 4
3	30	800	100	圆弧形	0.169 7
4	50	400	70	圆弧形	0.140 9
5	50	600	100	矩形	0.213 6
6	50	800	40	三角形	0.159 0
7	70	400	100	三角形	0.124 4
8	70	600	40	圆弧形	0.150 7
9	70	800	70	矩形	0.201 8
$\bar{K}_1$	0.165 3	0.145 4	0.160 2	0.195 5	
$\bar{K}_2$	0.171 2	0.173 3	0.166 0	0.146 3	—
$\bar{K}_3$	0.159 0	0.176 8	0.169 3	0.153 8	
R	0.012 2	0.031 4	0.009 1	0.049 2	

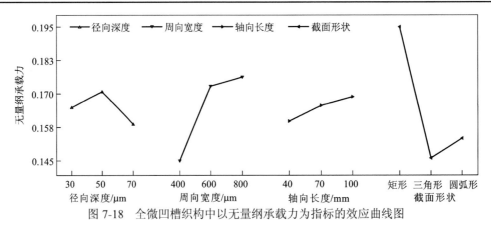

图 7-18　全微凹槽织构中以无量纲承载力为指标的效应曲线图

表 7-9 中的 $\bar{K}_1$、$\bar{K}_2$、$\bar{K}_3$ 是各参数在水平 1、2、3 时仿真指标的均值，反映参数在不同水平时对仿真指标影响的程度，由式（7-27）计算得到。表 7-9 中的 R 是各参数均值 $\bar{K}_1$、$\bar{K}_2$、$\bar{K}_3$ 的极差，通过 R 可以判断各参数对轴承承载力影响的显著程度，由式（7-28）计算得到。

$$\bar{K}_i = \frac{某因素在水平\ i\ 时仿真指标的和}{某因素在水平\ i\ 时的仿真次数} \quad (i=1,2,3) \tag{7-27}$$

$$R = \max(\bar{K}_1, \bar{K}_2, \bar{K}_3) - \min(\bar{K}_1, \bar{K}_2, \bar{K}_3) \tag{7-28}$$

由表 7-9 和图 7-18 可得以下结论。

（1）全微凹槽织构的径向深度、周向宽度、轴向长度及截面形状 4 因素对轴承承载力影响的显著程度顺序为：截面形状>周向宽度>径向深度>轴向长度。因此，在全微凹槽轴承设计过程中为了得到更高的轴承承载力，调整凹槽的截面形状和周向宽度往往比调整凹槽的径向深度和轴向长度的效果要好。

（2）就提高轴承承载力而言：径向深度为 50 μm 的微凹槽织构比径向深度为 30 μm 和 70 μm 的微凹槽织构效果要好；在微凹槽织构间距为 2 mm 的情况下，微凹槽周向宽度越大效果越好；微凹槽轴向长度越长轴承的承载力越大；在微凹槽截面形状中，矩形截面效果最好，三角形截面效果最差。

（3）当水润滑下半轴承采用全微凹槽织构时，提高轴承承载力效果最好的微凹槽织构结构参数组合：径向深度为 50 μm、周向宽度为 800 μm、轴向长度为 100 mm、矩形截面。仿真计算得到最佳组合时的无量纲承载力为 0.2363。

表 7-10 所示为摩擦因数作为正交仿真指标时的正交表及极差分析结果。图 7-19 为以摩擦因数为正交仿真目标时的效应曲线图。

表 7-10　摩擦因数作为全织构轴承仿真指标时的正交表及极差分析

仿真编号	径向深度/μm	周向宽度/μm	轴向长度/mm	截面形状	摩擦因数
1	30	400	40	矩形	0.086 4
2	30	600	70	三角形	0.096 3
3	30	800	100	圆弧形	0.086 0
4	50	400	70	圆弧形	0.105 4
5	50	600	100	矩形	0.062 8
6	50	800	40	三角形	0.093 3
7	70	400	100	三角形	0.119 1
8	70	600	40	圆弧形	0.097 8
9	70	800	70	矩形	0.065 4
$\bar{K}_1$	0.089 6	0.103 4	0.092 5	0.071 6	
$\bar{K}_2$	0.087 2	0.085 6	0.089 1	0.102 9	——
$\bar{K}_3$	0.094 1	0.081 6	0.089 3	0.096 4	
R	0.006 9	0.022 1	0.003 4	0.031 4	

由表 7-10 和图 7-19 可得以下结论。

（1）全微凹槽织构的径向深度、周向宽度、轴向长度及截面形状 4 因素对摩擦因数影响的显著程度顺序为：截面形状>周向宽度>径向深度>轴向长度。因此，通过调整微凹槽的截面形状和周向宽度来减小轴承摩擦因数比调整径向深度和轴向长度的效果好。

（2）就减小摩擦因数而言：全微凹槽径向深度为 50 μm 效果最好，径向深度为 70 μm 效果最差；周向宽度越大效果越好，周向宽度为 800 μm 织构效果最好；轴向长度为 70 mm 时效果最好，轴向长度为 40 mm 时效果最差；矩形截面微凹槽织构效果最好，三角形截面微凹槽织构效果最差。

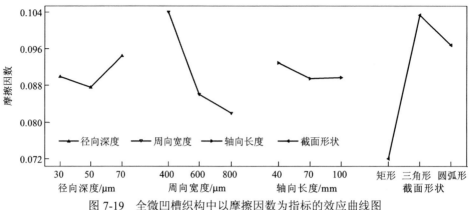

图 7-19　全微凹槽织构中以摩擦因数为指标的效应曲线图

（3）当水润滑下半轴承采用全微凹槽织构时，减小摩擦因数效果最好的微凹槽织构结构参数组合：径向深度为 50 μm、周向宽度为 800 μm、轴向长度为 70 mm、矩形截面。仿真计算得到最佳组合时的摩擦因数为 0.055 1，小于表 7-10 所示的数值。

当水润滑下半轴承采用全微凹槽织构、轴承偏心率 $\varepsilon=0.3$ 时，凹槽织构的径向深度、周向宽度、轴向长度及截面形状 4 因素对轴承承载力和摩擦因数影响的显著程度一致，但微凹槽织构提高轴承承载力和降低轴承摩擦因数的最佳参数组合并不一致。因此，在微凹槽织构轴承设计过程中，需根据最大承载力和最小摩擦因数的优先级顺序选择相应的正交仿真模型。

整体而言，对于全微凹槽轴承，织构参数对轴承承载力影响的显著程度为：截面形状>周向宽度>径向深度>轴向长度，织构参数对轴承摩擦因数影响的显著程度为：截面形状>周向宽度>径向深度>轴向长度。

2. 局部微凹槽织构正交仿真分析

在进行正交仿真分析时，局部微凹槽织构与全微凹槽织构相比，需要考虑织构的布置位置对轴承润滑性能的影响。为了分析局部微凹槽织构的径向深度、周向宽度、轴向长度、截面形状及布置位置 5 因素对轴承润滑性能影响的显著程度，设计了 5 因素 3 水平的仿真正交表，微凹槽轴承正交仿真因素及水平如表 7-11 所示。微凹槽布置位置如图 7-20 所示。

表 7-11　微凹槽轴承正交仿真因素及水平

因素	水平		
	1	2	3
径向深度 D_t/μm	30	50	70
周向宽度 w_t/μm	400	600	800
轴向长度 L_t/mm	40	70	100
截面形状	矩形	三角形	圆弧形
布置位置	入口 60°	中间 60°	出口 60°

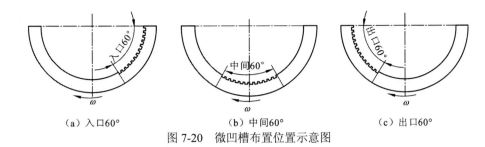

|（a）入口60° | （b）中间60° | （c）出口60° |

图 7-20　微凹槽布置位置示意图

根据影响轴承润滑性能的局部微凹槽织构因素及水平，选择 $L_{18}(3^7)$ 的正交表。利用 7.3.1 小节建立的水润滑微凹槽轴承流固耦合模型，仿真计算正交表中 18 种工况的无量纲承载力及摩擦因数，并对计算结果进行极差分析。

表 7-12 所示为局部微凹槽轴承中以无量纲承载力为正交仿真指标时的正交表和极差分析结果。图 7-21 是局部微凹槽轴承中以无量纲承载力为正交仿真指标时的效应曲线图。

表 7-12　承载力作为局部微凹槽轴承仿真指标时的正交表及极差分析

仿真编号	径向深度/μm	周向宽度/μm	轴向长度/mm	截面形状	布置位置	无量纲承载力
1	30	400	40	矩形	入口60°	0.387 5
2	30	600	70	三角形	中间60°	0.384 5
3	30	800	100	圆弧形	出口60°	0.260 3
4	50	400	40	三角形	中间60°	0.383 3
5	50	600	70	圆弧形	出口60°	0.303 7
6	50	800	100	矩形	入口60°	0.372 4
7	70	400	70	矩形	出口60°	0.377 0
8	70	600	100	三角形	入口60°	0.379 0
9	70	800	40	圆弧形	中间60°	0.331 1
10	30	400	100	圆弧形	中间60°	0.314 4
11	30	600	40	矩形	出口60°	0.340 4
12	30	800	70	三角形	入口60°	0.388 6
13	50	400	70	圆弧形	入口60°	0.384 8
14	50	600	100	矩形	中间60°	0.374 0
15	50	800	40	三角形	出口60°	0.380 5
16	70	400	100	三角形	出口60°	0.358 6
17	70	600	40	圆弧形	入口60°	0.383 8
18	70	800	70	矩形	中间60°	0.372 4
$\bar{K}_1$	0.345 9	0.367 6	0.367 8	0.370 6	0.382 7	—
$\bar{K}_2$	0.366 4	0.360 9	0.368 5	0.379 1	0.359 9	—
$\bar{K}_3$	0.367 0	0.350 9	0.343 1	0.329 7	0.336 7	—
R	0.021 0	0.016 7	0.025 4	0.049 4	0.045 9	—

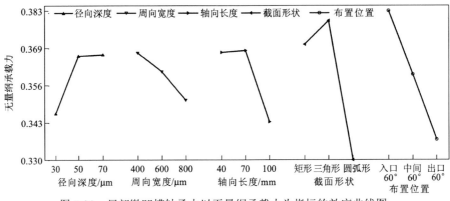

图 7-21　局部微凹槽轴承中以无量纲承载力为指标的效应曲线图

由表 7-12 和图 7-21 可得以下结论。

（1）局部微凹槽织构的径向深度、周向宽度、轴向长度、截面形状及布置位置 5 因素对轴承承载力影响的显著程度顺序为：截面形状>布置位置>轴向长度>径向深度>周向宽度。因此，在局部微凹槽轴承设计过程中为了得到更高的轴承承载力，调整凹槽的截面形状和布置位置往往效果最好。

（2）就提高轴承承载力而言：径向深度为 70 μm 的局部微凹槽织构比径向深度为 30 μm 和 50 μm 的微凹槽织构效果要好；在微凹槽织构间距为 2 mm 的情况下，微凹槽周向宽度越小效果越好；微凹槽轴向长度为 70 mm 及 100 mm 时得到的轴承承载力较大；在微凹槽截面形状中，矩形截面和三角形截面相较圆弧形截面效果要好；微凹槽织构布置在入口 60° 及中间 60° 时局部微凹槽织构轴承承载力大于微凹槽布置在出口 60° 时的情况。

（3）当水润滑下半轴承采用局部微凹槽织构时，提高轴承承载力效果最好的微凹槽织构结构参数组合：径向深度为 70 μm、周向宽度为 400 μm、轴向长度为 70 mm、三角形截面、布置位置在入口 60°。仿真计算得到最佳组合时的无量纲承载力为 0.394 8，大于表 7-12 中所示的数值。

由于全微凹槽轴承在最大水膜压力位置布置了微凹槽，局部微凹槽轴承承载力大于全微凹槽轴承承载力；微凹槽各参数对全微凹槽和局部微凹槽轴承承载力影响的显著程度不同；全微凹槽和局部微凹槽轴承的最优微凹槽参数组合不同。

表 7-13 所示为局部微凹槽轴承中以摩擦因数为正交仿真指标时的正交表及极差分析结果。图 7-22 为局部微凹槽轴承中以摩擦因数为正交仿真指标时的效应曲线图。

表 7-13　摩擦因数作为局部微凹槽织构轴承仿真指标时的正交表及极差分析

仿真编号	径向深度/μm	周向宽度/μm	轴向长度/mm	截面形状	布置位置	摩擦因数
1	30	400	40	矩形	入口 60°	0.037 8
2	30	600	70	三角形	中间 60°	0.038 3
3	30	800	100	圆弧形	出口 60°	0.057 8
4	50	400	40	三角形	中间 60°	0.038 5
5	50	600	70	圆弧形	出口 60°	0.049 6
6	50	800	100	矩形	入口 60°	0.037 3

仿真编号	径向深度/μm	周向宽度/μm	轴向长度/mm	截面形状	布置位置	摩擦因数
7	70	400	70	矩形	出口60°	0.038 2
8	70	600	100	三角形	入口60°	0.037 7
9	70	800	40	圆弧形	中间60°	0.045 1
10	30	400	100	圆弧形	中间60°	0.048 0
11	30	600	40	矩形	出口60°	0.044 0
12	30	800	70	三角形	入口60°	0.037 4
13	50	400	70	圆弧形	入口60°	0.037 7
14	50	600	100	矩形	中间60°	0.037 7
15	50	800	40	三角形	出口60°	0.038 7
16	70	400	100	三角形	出口60°	0.040 9
17	70	600	40	圆弧形	入口60°	0.037 9
18	70	800	70	矩形	中间60°	0.037 7
$\bar{K}_1$	0.043 9	0.040 2	0.040 3	0.038 8	0.037 6	
$\bar{K}_2$	0.039 9	0.040 9	0.039 8	0.038 6	0.040 9	
$\bar{K}_3$	0.039 6	0.042 3	0.043 2	0.046 0	0.044 8	—
R	0.004 3	0.002 1	0.003 4	0.007 5	0.007 2	

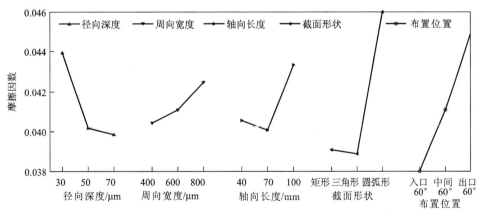

图 7-22　局部微凹槽轴承中以摩擦因素为指标的效应曲线图

由表 7-13 和图 7-22 可得以下结论。

（1）局部微凹槽织构的径向深度、周向宽度、轴向长度、截面形状及布置位置 5 因素对摩擦因数影响的显著程度顺序为：截面形状>布置位置>径向深度>轴向长度>周向宽度。因此，通过调整截面形状和布置位置来减小轴承摩擦因数效果最好。

（2）就减小摩擦因数而言：局部微凹槽织构的径向深度越大效果越好，径向深度为 70 μm 效果最好；周向宽度越小效果越好，周向宽度为 400 μm 织构效果最好；轴向长度为 70 mm 时效果好于 40 mm 和 100 mm；矩形截面和三角形截面微凹槽织构效果较好；

微凹槽布置在入口 60°时局部织构轴承摩擦因数最小，布置在出口 60°时摩擦因数最大。

（3）当水润滑下半轴承采用局部微凹槽织构时，减小摩擦因数效果最好的微凹槽织构结构参数组合：径向深度为 70 μm、周向宽度为 400 μm、轴向长度为 70 mm、三角形截面、布置位置在入口 60°。仿真计算得到最佳组合时的摩擦因数为 0.0362，小于表 7-13 中所示的数值。

全微凹槽轴承摩擦因数明显大于局部微凹槽轴承摩擦因数；微凹槽各参数对全微凹槽和局部微凹槽轴承摩擦因数影响的显著程度不同；全微凹槽和局部微凹槽轴承的最优微凹槽参数组合也不同。

当水润滑下半轴承采用局部微凹槽织构、轴承偏心率 ε=0.3 时，微凹槽织构的径向深度、周向宽度、轴向长度、截面形状及布置位置 5 因素对轴承承载力和摩擦因数影响的显著程度不一致，微凹槽织构提高轴承承载力和降低轴承摩擦因数的最佳参数组合也不相同。因此，微凹槽织构轴承设计过程中，应根据承载力和摩擦因数的优先级顺序选择相应的正交仿真模型。

整体而言，对于局部微凹槽轴承，织构参数对轴承承载力影响的显著程度为：截面形状>布置位置>轴向长度>径向深度>周向宽度，织构参数对轴承摩擦因数影响的显著程度为：截面形状>布置位置>径向深度>轴向长度>周向宽度。

3. 微凹槽几何参数优化分析

微凹槽织构对轴承动压润滑性能的影响是多种因素共同作用下的结果，仅进行微凹槽织构的深度、宽度和长度等单因素优化得到的结果往往不是最优解。当水润滑轴承偏心率 ε=0.3、主轴转速为 1 000 r/min、微凹槽间距为 2 mm、微凹槽采用矩形截面时，为了获得微凹槽织构的 Pareto 优化解集，在正交仿真基础上对全微凹槽织构的径向深度、周向宽度及轴向长度 3 因素进行综合优化分析。

待优化参数的初始范围是影响优化速度的重要因素。初始范围越大，优化收敛越慢，优化时间越长。为了获得较小的初始参数范围，加快优化收敛，首先通过正交仿真分析得到的最优参数组合来缩小初始范围。

以最大无量纲承载力为目标的 3 因素优化公式可表示为

$$\begin{cases} \max \quad \overline{F} = f(x) = f(D_t, w_t, L_t) \\ \text{s.t.} \quad l_b \leqslant x \leqslant u_b \end{cases} \tag{7-29}$$

式中：目标函数 $f(x)$ 为水润滑全微凹槽轴承无量纲承载力；x 为优化决策变量，即 $x=[D_t$（微凹槽深度），w_t（微凹槽宽度），L_t（微凹槽长度）]；l_b 和 u_b 分别为决策变量的上限、下限，由正交仿真结果确定。

由表 7-9 和图 7-18 可知，径向深度为 50 μm 的全微凹槽织构提高轴承承载力的效果优于径向深度为 30 μm、70 μm 的全微凹槽织构，故提高轴承承载力效果最好的微凹槽深度为 30～70 μm，则式（7-29）中决策变量 D_t 的初始优化范围取为[30 μm, 70 μm]；轴承承载力随着微凹槽周向宽度的增加而增大，周向宽度最大为微凹槽间距 2 mm，故式（7-29）中决策变量 w_t 的初始优化范围取为[800 μm, 2 000 μm]；同理，式（7-29）中决策变量 L_t 的初始优化范围取为[70 μm, 100 μm]。

利用 MATLAB 优化工具箱对式（7-29）进行计算，得到 Pareto 优化结果为

$$\begin{cases} \bar{F}_{max} = 0.350\,8 \\ D_t = 54.361\,\mu m \\ w_t = 1\,208.514\,\mu m \\ L_t = 93.562\,mm \end{cases} \tag{7-30}$$

以最小摩擦因数为目标的 3 因素优化公式可表示为

$$\begin{cases} \min \quad f = f(x) = f(D_t, w_t, L_t) \\ \text{s.t.} \quad l_b \leqslant x \leqslant u_b \end{cases} \tag{7-31}$$

式中：目标函数 $f(x)$ 为水润滑全微凹槽轴承摩擦因数。

由表 7-10 及图 7-19 可知，径向深度为 50 μm 的全微凹槽织构降低轴承摩擦因数的效果优于径向深度为 30 μm、70 μm 的全微凹槽织构，故降低轴承摩擦因数效果最好的微凹槽深度应为 30～70 μm，式（7-31）中决策变量 D_t 的初始优化范围取为[30 μm, 70 μm]；轴承摩擦因数随着微凹槽周向宽度的增加而降低，周向宽度最大为微凹槽间距 2 mm，故式（7-31）中决策变量 w_t 的初始优化范围取为[800 μm, 2 000 μm]；同理，优化式（7-31）中决策变量 L_t 的初始优化范围取为[70 μm, 100 μm]。

利用 MATLAB 优化工具箱对式（7-31）进行计算，得到 Pareto 优化结果为

$$\begin{cases} f_{min} = 0.042\,3 \\ D_t = 52.159\,\mu m \\ w_t = 1\,324.581\,\mu m \\ L_t = 95.297\,mm \end{cases} \tag{7-32}$$

由式（7-30）和式（7-32）可知，以最大轴承承载力和以最小轴承摩擦因数为目标得出的优化结果并不相同。因此，在微凹槽设计过程中，需根据最大承载力和最小摩擦因数优先级的不同相应选择不同的多参数优化公式。

多参数优化结果与正交仿真分析得到的结果并不相同，这是因为正交仿真考虑了微凹槽的截面形状，得出的最优组合也仅是各参数不同水平的组合，而多参数优化结果是在微凹槽为矩形截面的基础上，对优化决策变量的初始范围迭代得到的结果。

7.4 水润滑尾轴承进水流量预测方法

低黏润滑导致水膜厚度很薄，在螺旋桨悬臂载荷下，轴承局部偏载严重，特别在低速工况时，常处于边界润滑、局部干摩擦和动压润滑共存的混合润滑状态。水润滑尾轴承内衬材料的导热性较差，容易出现摩擦热累积效应，需要足够的润滑水进行冷却，否则容易造成轴承内衬材料热胀、水解、黏着磨损和异常摩擦噪声等问题[21]。例如，赛龙如在 60 ℃以上持续工作，材料会逐渐发生化学分解、软化，最终破碎或断裂；当温度超过 105 ℃时，赛龙表面软化会增大摩擦因数，产生更多的摩擦热，形成恶性循环[22]。此外，船舶在内河、近海等浑浊水域航行时，泥沙会进入轴承，一般轴承内壁开设了若干轴向水槽，用于排出泥沙和冷却轴承。因此，供水流量是尾轴承承载、冷却和排沙能力设计和检验的关键指标。

船舶水润滑尾轴承供水方式有开式润滑、闭式润滑和自由润滑三种。开式润滑是利用水泵吸入环境水后形成压力供应给尾轴承，使用后的水被直接排出船舱，供水压力会受船吃水深度的影响，要求大于舷外水深的自然压力，还能将轴承水槽中的泥沙冲走，内河船舶供水压力一般为 0.05～0.10 MPa。闭式润滑是利用一套封闭的循环润滑系统持续给轴承供水，该水经过过滤和密封，杂质少，可有效减少轴承磨损。目前油润滑尾轴承主要采用这种方式，密封是水润滑闭式润滑系统的关键。舰艇前尾轴承一般采用开式润滑，这种润滑设计只需从轴承润滑和冷却角度提出水量需要，润滑系统通过调节泵阀即可满足。前两种润滑方式都属于强制润滑，自由润滑是利用螺旋桨抽吸和船舶航行形成的船体周围自然水的流动来起到轴承润滑和冷却的作用[23]，无泵强制供水，润滑条件最恶劣。船舶尾轴架轴承和后尾轴承都属于自由润滑，轴承一般紧邻螺旋桨。这种轴承流量设计应该符合水量需求，并满足校核服役时实际供水量。但由于后者的仿真方法复杂，而且难以通过试验模拟螺旋桨的抽吸效果，目前水润滑后尾轴承的设计基本缺乏该环节，这是舰艇后尾轴承容易出现异常磨损和噪声的重要原因。

从功能角度看，通过尾轴承的水包括轴承界面楔形动压效应需要的润滑水，还包括从轴向水槽流过、带走泥沙的水。前者可以基于滑动轴承动压润滑理论计算得到，后者一般根据试验和经验获得。有必要构建同时考虑轴承结构和抽吸效应的尾轴承流量计算式，为轴承设计和试验提供科学的供水流量依据。

本节以潜艇后尾轴承为研究对象，基于计算流体力学软件 STAR.CCM+，建立艇体-螺旋桨-轴承系统模型，研究流体区域离散和边界设置等计算方法，分析潜艇螺旋桨抽吸机制和轴承间隙流量的关键影响因素，拟合得到水润滑尾轴承的供水流量计算式。

7.4.1　仿真对象

潜艇尾部结构如图 7-23 所示，尾尖舱充满海水，尾尖舱舱壁两侧各设置一个尾舱门，如图 7-24 所示，尾舱门与舱壁之间有间隙，艇外的海水通过该间隙与尾尖舱内海水联通。尾轴分别穿过前尾轴承、尾尖舱和后尾轴承，最后连接螺旋桨。前尾轴承的润滑水由安装在潜艇内部的水泵强制润滑，螺旋桨旋转带动水流经过后尾轴承间隙从而润滑和冷却后尾轴承，即后尾轴承依靠螺旋桨的抽吸效应获取润滑水，而且该润滑水来自尾尖舱。本小节主要研究后尾轴承的流量特性。

计算几何模型如图 7-25 所示，模型尾端按实际船舶模型计算，为了维持流动的稳定和均匀性，对称设定计算模型为纺锤体形式，纺锤体右边部分为实体。纺锤体模型与实际潜艇模型有区别，缺少舵等附体，但考虑尾轴承间隙流动主要受螺旋桨影响，根据纺锤体模型基本能获得螺旋桨处水流特性，本小节选用纺锤体模型。

如图 7-26 所示，将螺旋桨桨毂前端面与轴中心线的交点设置为坐标原点 O。定义两个间隙，螺旋桨桨毂前端面与艇尾后端面距离为 a，尾舱门与舱壁间隙为 b，图 7-26（c）中所示为拉伸体与船艇尾相截形成的船艇尾孔，其宽度同图中拉伸体厚度相同。模型的基本参数见表 7-14。

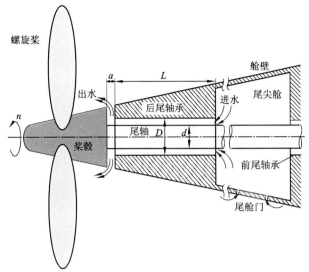

图 7-23　潜艇尾部结构示意图

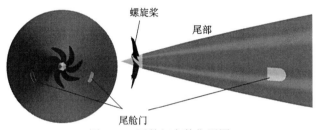

图 7-24　尾舱门安装位置图

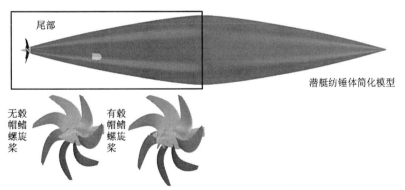

图 7-25　潜艇纺锤体简化模型和螺旋桨几何模型示意图

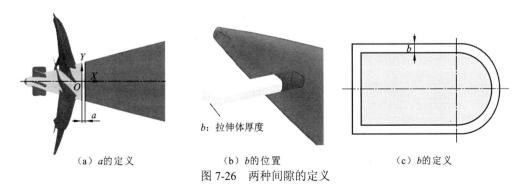

（a）a 的定义　　　　　（b）b 的位置　　　　　（c）b 的定义

图 7-26　两种间隙的定义

表 7-14　计算模型的基本参数

参数	取值	参数	取值
尾轴直径 d/mm	324	间隙 a/mm	5、8
尾轴承半径间隙 c/mm	0.75	间隙 b/mm	5、10
尾轴承长度 L/mm	1 200	转速 n/（r/min）	20、65、200
螺旋桨直径 D_J/mm	3 000	航速 V/kn	1.5、5.5、17.5

利用 STAR.CCM+软件进行仿真计算。在计算中，重点监控尾轴承间隙中两个不同轴向截面处 GAP.A 及 GAP.F 的流动情况，如图 7-27 所示，分别与坐标原点 O 的距离为 0.4 m 和 0.9 m，轴承流量取两处值的平均。其中，水润滑尾轴承建模时考虑了轴承水槽结构和间隙，在该轴承顶部开设了三个矩形槽，左右两侧各开设了一个圆弧槽。尾轴承截面间隙的面积为 2 675.3 mm^2。

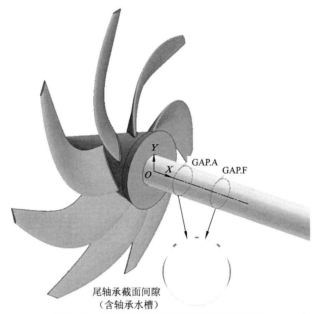

图 7-27　尾轴承间隙流量监控位置示意图

7.4.2　螺旋桨抽吸对尾轴承流量的影响

根据表 7-14，取不同的间隙参数(a, b)、有无毂帽鳍和不同航速进行计算，其中每个航速对应一个转速。

1. 艇体流场细节分布

计算 a=5 mm，b=5 mm，无毂帽鳍，不同航速对流场细节的影响，计算模型的流场速度分布如图 7-28 所示。可以看出，随着航速的增加，艇尾空腔中的流动速度分布越均匀，转轴周围的局部漩涡尺寸减小、个数减少，艇尾内壁的漩涡逐渐减少，而且艇尾与螺旋桨周围的流速也逐渐增大。

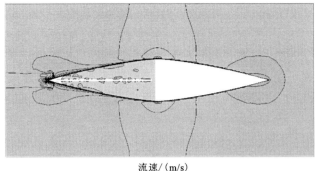

流速/(m/s)

−1.609 3　−1.240 0　−0.870 70　−0.501 42　−0.132 13　0.237 16

（a）V=1.5 kn

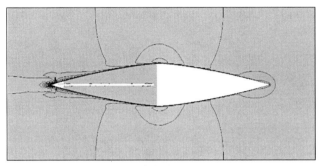

流速/(m/s)

−5.111 8　−3.963 9　−2.816 1　−1.668 2　−0.520 29　0.627 59

（b）V=5.5 kn

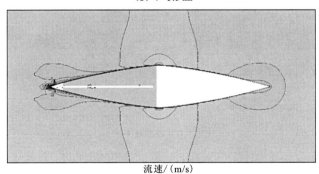

流速/(m/s)

−16.029　−12.472　−8.915 2　−5.358 1　−1.801 0　1.756 1

（c）V=17.5 kn

图 7-28　计算对象流场轴向速度分布

扫描封底二维码看彩图

　　为了进一步研究潜艇尾尖舱和轴承间隙部位的细节规律，绘制潜艇尾部和间隙位置流动矢量分布的局部放大图，分析工况取航速为 17.5 kn。如图 7-29（a）所示，随着潜艇向前航行，潜艇尾部和螺旋桨的轴向流速方向整体向后；螺旋桨转动后，螺旋桨和桨毂壁面会带动水产生旋转运动；在螺旋桨叶背和叶面，存在水流的压力差，最后产生向前的推力。如图 7-29（b）所示，尾尖舱中的轴表面流速方向与轴旋转方向一致，但在远离轴表面处，水流方向与轴旋转方向正好相反，表明在尾尖舱中因为没有类似艇外整体向后的流动，仅在转轴带动下，尾尖舱内会形成一些涡流，这在尾尖舱流体流动卷积分图[图 7-29（a）]中也可看出。从轴承间隙进水口处的流速矢量分布可知，进口处的水流并非都进入轴承间隙，还有一部分水流转向后继续在尾尖舱中流动；从轴承间隙出水口处的流速矢量分布可知，一部分水流随着桨毂旋转流动，另一部分从桨毂前端面与潜艇尾后端面的间隙中流出，与艇尾流场汇合后一起向后流动，产生了螺旋桨的抽吸效应。

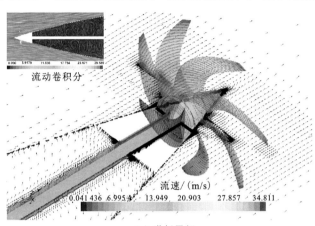

（a）潜艇尾部

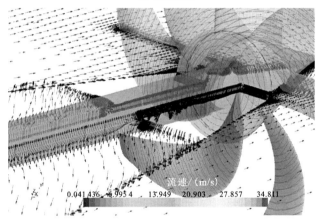

（b）潜艇尾尖舱

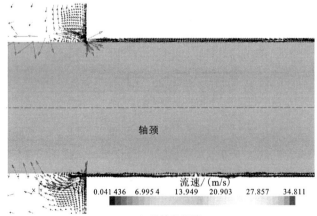

（c）尾轴承间隙

图 7-29　潜艇尾整体及间隙局部流动矢量分布图

2. 不同因素的影响规律分析

1）a 及 b 对尾轴承间隙流量的影响

用 Q_b 表示尾轴承间隙流量，a 及 b 对尾轴承间隙流量的影响如图 7-30 所示。由图可知：b 对尾轴承间隙流量的影响较小，基本可以忽略；a 对间隙流量有一定影响。a=5 mm 时间隙流量比 a=8 mm 时更大，当转速为 200 r/min 时，前者间隙流量比后者增大了 12.8%。其原因可能是旋转桨毂带动间隙 a 中的流体高速旋转，在向心力的作用下，间隙流体沿径向被甩出。a 表征桨毂与艇尾之间距离，进流体积不变时，a 越小，间隙流速越高，间隙流体离心运动越强烈；同时，由于艇尾在流动方向不断收缩，间隙 a 能够减小潜艇来流方向流体侵入间隙，影响间隙流体外溢。

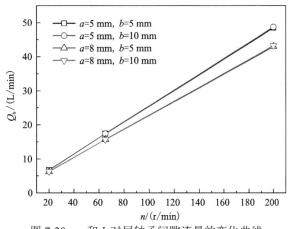

图 7-30   a 和 b 对尾轴承间隙流量的变化曲线

2）毂帽鳍对尾轴承间隙流量的影响

有无毂帽鳍时的轴承间隙流量 Q_b 仿真结果如图 7-31 所示。由图可知，毂帽鳍虽然对螺旋桨尾流有影响，但由于对螺旋桨前后压差贡献较小，对轴承间隙流动基本没有影响。为了进一步研究毂帽鳍对流场的影响，监控螺旋桨不同半径圆盘流量 Q_p（圆盘与坐标原点 O 的距离为 0.01 m），结果如图 7-31 所示。可见毂帽鳍的存在可一定程度地加大壁面附近流量，但影响仍然较小。因此，毂帽鳍对轴承间隙流体的抽吸作用影响很小，基本可以忽略。

随着进水速度的增加，轴承间隙流动明显增大，因此影响尾轴承间隙流动的首要因素为主流区域流动速度。其他次要因素包括 a、b，以及是否存在毂帽鳍，这些因素影响较小，在轴承流量设计时可以忽略。

3）轴偏心对尾轴承间隙流量的影响

水润滑尾轴承工作时，轴颈产生偏心，从而形成楔形流体动压效应。建立水润滑尾轴承流体动压润滑模型，载荷为 75 kN，转速 20 r/min、65 r/min 和 200 r/min 时计算得到轴承偏心率和偏位角分别为（0.999 5，2.8°）、（0.998 3，4.43°）和（0.995 5，6.94°），据此建立水润滑尾轴承间隙模型，轴承间隙流量计算结果如表 7-15 所示。

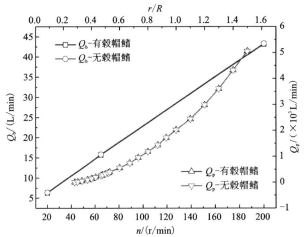

图 7-31　毂帽鳍对轴承间隙流量及螺旋桨盘面流动的变化曲线

表 7-15　有无轴偏心时尾轴承间隙流量仿真结果

航速/kn	无轴偏心间隙流量 Q_1/（L/min）	有轴偏心间隙流量 Q_2/（L/min）	相对误差/%
1.5	6.3	6.1	4.7
5.5	15.7	16.0	2.1
17.5	43.2	46.1	6.1

注：相对误差计算公式为$[(Q_2 Q_1)/Q_1] \times 100\%$

低速时，轴偏心对尾轴承间隙流量影响非常小；随着转速增加，轴偏心对间隙流动的增加有益，导致间隙流动变大。这是因为转轴表面运动会带动间隙中水的流动，转速低时轴偏心大，小间隙会减少水流动；随着转速增加，轴偏心减小，轴向轴承孔中心靠近，轴承间隙流动增加。但总体而言，轴偏心与否对尾轴承间隙流量影响不超过 6.1%。

7.4.3　水润滑尾轴承进水流量计算

目前，舰艇尾轴承的进水流量尚未形成统一的计算公式。国际著名水润滑轴承公司针对各自轴承给出了进水流量估算式：

$$Q = 0.15d \tag{7-33a}$$
$$Q = (0.15 \sim 0.18)d \tag{7-33b}$$
$$Q = 0.3d \tag{7-33c}$$
$$Q = 0.024\,8L \tag{7-33d}$$

式中：d 为尾轴直径；L 为尾轴承长度。

其中，荷兰 Wärtsilä（瓦锡兰）、加拿大 Thordon（赛龙）、英国 Feroform（飞龙）和英国 ACM 公司采用式（7-33a），英国 TRELLEBORG 公司的 Orkot 轴承采用式（7-33b），美国 Duramax Marine 公司采用式（7-33c），美国军标采用式（7-33d）。其中，美国 Duramax Marine 公司采用的橡胶材料，供水量需求明显大于其他公司的复合高分子材料轴承。

利用式（7-33a）推算本小节所选尾轴承的流量为 48.6 L/min，与间隙 a、b 分别取 5 mm 和 10 mm、最大航速时的流量数值计算值（48.7 L/min）非常接近。这在一定程度上说明本小节数值计算方法的准确性，另外从侧面说明轴承公司都采用保守方式，建议轴承使用时按最大流量供应，但这种算法也暴露出如下问题。

（1）对于采用强制润滑的舰艇前尾轴承，水泵可为尾轴承在不同工况下提供最大流量。但对于靠螺旋桨抽吸作用的后尾轴承，低航速下后尾轴承流量达不到最大值。低转速下轴承动压效果差、局部接触部位多，加之供水量小，这是导致低速轴承温升高、磨损加剧的重要原因。因此轴承公司还需提供其产品在低转速、小流量下的性能评定结果。

（2）舰艇后尾轴承流量受螺旋桨抽吸作用和轴承间隙的影响较大，但上述公式仅以轴直径或轴承长度为变量，显然难以达到后尾轴承流量设计要求。

水润滑尾轴承间隙流动属于两圆环缝隙流动，根据上述流动仿真分析可知，该流动包括螺旋桨抽吸效应造成的压差流动、轴颈与轴承相对旋转运动形成的剪切流动，其中尾轴承工作时会形成轴颈偏心，因此，前者属于偏心圆环缝隙的压差流动。根据流体力学原理，假设为层流时，这两种缝隙流动的流量计算式为

$$Q = Q_p + Q_s = \frac{\pi dc^3}{12\mu L}\Delta p + \frac{\pi dc}{2}v \qquad （7\text{-}34）$$

式中：Q_p 和 Q_s 分别为压差流动流量和剪切流动流量；c 为轴承半径间隙；μ 为水的动力黏度；Δp 为轴承两端压差；v 为轴颈旋转线速度。

式（7-34）中，轴承两端压差主要由螺旋桨抽吸效应形成，根据上述仿真分析可知，当螺旋桨和安装位置都确定时，抽吸效应的主要影响因素是转速，且主要表现为线性作用关系；轴颈线速度由转速决定；轴承偏心率也与转速相关。因此，本小节给出抽吸效应下同时包含轴承结构和工况信息的舰艇后尾轴承流量计算式[24]：

$$Q = \left(\frac{\pi dc^3}{12\mu L}k + \frac{\pi^2 d^2 c}{120}\right)n + e \qquad （7\text{-}35）$$

式中：k 和 e 为两个待定系数，需要根据数据拟合得到。

需要说明的是，对于开设轴向水槽的水润滑后尾轴承，可将槽面积等效到轴承间隙中，得到开槽水润滑尾轴承的名义间隙。

针对表 7-14 所示轴承参数，根据上述数值计算结果，取 20 r/min、65 r/min 和 200 r/min 下的流量分别为 6.6 L/min、17.4 L/min 和 48.7 L/min，根据式（7-35）拟合得 $k=3.22\times10^4$。系数 k 是针对本文对象的计算结果，且只考虑了轴承结构和抽吸效果这两个因素。实际上，当轴承材料耐温能力不同时，所需的供水量也有差别。因此，后续需进一步细化分析流量影响因素，开展计算式（7-35）的修正和试验验证。

参 考 文 献

[1] 戴明城, 刘正林, 樊发孝. SF-1 材料水润滑艉轴承摩擦性能研究[J]. 武汉理工大学学报, 2011, 33(3): 58-61.

[2] 姚世卫, 杨俊, 张雪冰, 等. 水润滑橡胶轴承振动噪声机理分析与试验研究[J]. 振动与冲击, 2011, 30(2): 215-218.

[3] 王东伟, 莫继良, 王正国, 等. 沟槽织构化表面影响摩擦振动噪声机理[J]. 机械工程学报, 2013, 49(23): 112-116.

[4] 钟慧敏. 考虑主客观权重和成本的多元稳健设计模型[D]. 南京: 南京航空航天大学, 2017.

[5] 欧阳武, 程启超, 金勇, 等. 基于熵权模糊综合评价法的水润滑尾轴承性能评估[J]. 中国机械工程, 2020, 31(12): 1-8.

[6] 欧阳武, 王磊, 王建, 等. 基于瓦面层非等厚设计的水润滑径向轴承: 中国, ZL201610393671.8[P]. 2019-04-30.

[7] 欧阳武, 王磊, 梁兴鑫, 等. 基于分布式材料设计的水润滑径向轴承: 中国, ZL201610395461.2[P]. 2018-09-18.

[8] DIMOFTE F. Waved journal bearing concept(Evaluating steady-state and dynamic performance with a potential active control alternative)[J]. American Society of Mechanical Engineers, Design Engineering Division (Publication)DE, 1993, 60: 121-128.

[9] DIMOFTE F. Wave journal bearing with compressible lubricant Part I: The wave bearing concept and a comparison to the plain circular bearing[J]. STLE Tribology Transactions, 1995, 38(1): 153-160.

[10] DIMOFTE F. Wave journal bearing with compressible lubricant Part II: A comparison of the wave bearing with a wave groove bearing and a lobe bearing[J]. STLE Tribology Transactions, 1995, 38(2): 364-372.

[11] 董维新, 戚社苗. 动压润滑波形表面径向轴承性能分析[J]. 润滑与密封, 2014, 39(5): 35-40.

[12] ZHANG Y, YANG L, LI Z, et al. Research on static performance of hydrodynamically lubricated thrust slider bearing based on periodic harmonic[J]. Tribology International, 2016, 95: 236-244.

[13] 汪盛通, 欧阳武, 金勇, 等. 考虑弹性变形的水润滑波纹轴承静态特性分析[J]. 船舶力学, 2020, 24(11): 1443-1452.

[14] RYK G, ETSION I. Testing piston rings with partial laser surface texturing for friction reduction[J]. Wear, 2006, 261: 792-796.

[15] LU X B, KHOKHONSARI M M. An experimental investigation of dimple effect on the Stribeck curve of journal bearings[J]. Tribology Letter, 2007, 27: 169-176.

[16] WANG X, YU H, HUANG W. Surface texture design for different circumstances[C]. In proceedings of the lst Brazilian conference on Tribology, Rio de Janeiro, 2010: 97-107.

[17] VARENBERG M, HALPERIN G, ETSION I. Different aspects of the role of wear debris in fretting wear[J]. Wear, 2002, 252: 902-910.

[18] PETTERSSON U, JACOBSON S. Influence of surface texture on boundary lubricated sliding contacts[J]. Tribology International, 2003, 36: 857-864.

[19] SCARAGGI M. Textured surface hydrodynamic lubrication: Discussion[J]. Tribology Letter, 2012, 27: 375-391.

[20] IBATAN T, UDDIN M S, CHOWDHURY M A K. Recent development on surface texturing in enhancing tribological performance of bearing sliders[J]. Surface and Coatings Technology, 2015, 272: 102-120.

[21] LITWIN W. Influence of local bush wear on water lubricated sliding bearing load carrying capacity[J]. Tribology International, 2016, 103: 352-358.

[22] THORDON. Engineering manual version E2006. 1[R]. Ontario: Thordon bearing INC., 2006: 9-12.

[23] MOLLAND A F, TURNOCK S R, HUDSON D A. Ship resistance and propulsion[M]. Cambridge: Cambridge University Press, 2017.

[24] 谢立阳, 欧阳武, 贺伟, 等. 基于螺旋桨抽吸效应的潜艇水润滑尾轴承进水流量计算方法研究[J]. 船舶力学, 2022, 26(3): 323-332.

第 **8** 章

基于挤压油膜的水润滑尾轴承流固耦合减振技术及试验

振动噪声是限制舰船生存和战斗能力的重大问题。推进轴系作为舰船动力系统中传递主机动力并使舰船航行的重要部件，其运转质量对减少舰船振动和噪声有着重要的影响。轴系运转中振动和噪声控制一直都是舰船特别是水下航行器研究的热门课题。尾轴承是推进轴系的关键部件，用于承担螺旋桨及螺旋桨轴的重量。与油润滑轴承相比，水润滑轴承具有资源节约、环境友好和吸收噪声等特点，是舰船尾轴承的主要形式。

作为将轴系振动传递到底座乃至船体的第一个链路元件，水润滑尾轴承的振动衰减能力对控制轴系振动具有关键的作用[1]。舰船水润滑轴承包括内衬和衬套两部分，其中内衬采用耐磨性、耐冲击性好的软质高分子复合材料。舰船水润滑尾轴承的运行工况恶劣：水的低黏特性极大地降低了尾轴承的承载能力；随着舰船吨位的增加，螺旋桨重量增加，螺旋桨轴发生显著变形，导致高长径比（2～4）的尾轴承受到局部高载荷；为了避免螺旋桨空泡，舰船推进轴系转速低，一般为 15～200 r/min，常在极低速下潜航；船周围的泥沙还会侵入进尾轴承。总之，在低速、重载、偏载和泥沙等恶劣工况下，水润滑尾轴承界面处于混合润滑状态，容易出现局部接触摩擦[2]和磨损，引发异常噪声[3]及轴系振动[4]。

基于上述问题，学者们从多个方面开展了水润滑尾轴承减振方法研究，主要包括内衬材料改进、内衬表层的结构优化及阻尼结构设计。总体而言，水润滑轴承材料改性为侧面减振，效果有限。使用在水润滑轴承内衬表面设计织构、在衬套外增加橡胶阻尼层，或者在内衬开设网孔[5]等方法均存在一个难题，即在重载和偏载作用下，软质内衬和橡胶阻尼层都会出现大变形，微型织构、网孔等结构可能被压实，失去减振效果。因此需探究适用于水润滑轴承的能够同时满足承载和减振需求的轴承设计方法。

8.1　水润滑尾轴承承载与减振解耦设计新思想

8.1.1　减振与承载的耦合问题

水润滑尾轴承一般由内衬和衬套组成，衬套采用铜或者不锈钢，内衬材料采用高分子复合材料。与金属相比，内衬材料很软，如橡胶的弹性模量约为不锈钢的 0.4‰，这导致轴承工作时内衬变形大。在螺旋桨悬臂载荷作用下，轴承内衬受力大，变形显著。

水润滑尾轴承的动力学模型如图 8-1 所示。图中 m 为参振质量，来源于轴；k 和 c 分别为轴承的刚度和阻尼系数，由内衬与水膜共同形成。在螺旋桨非定常力或轴不平衡力等激励力 F 作用下，轴会出现位移响应 x。减振的目的是减小 x，一般方法是提高 k 或 c。对于舰船水润滑尾轴承，可以通过改变橡胶的组成和制造工艺，提高橡胶的 c，提升阻尼耗能效果。图 8-2 给出了目前已使用的三种轴承结构方案：2 层结构（NBR 层位于钢层上）和 3 层结构（PTFE 层位于 NBR 层上，且 NBR 层位于钢层上；PTFE 层位于钢层上，且钢层位

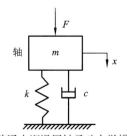

图 8-1　普通水润滑尾轴承动力学模型示意图

于 NBR 层上），减振功能主要由 NBR 层实现。然而，增加阻尼后的橡胶刚度会降低，在重载作用下，内衬中的橡胶均会出现显著的挤压变形，被严重挤压后橡胶的阻尼耗能效果也会明显降低，因此这种利用橡胶达到承载和减振目的的设计存在缺陷。

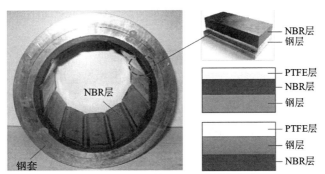

NBR层
钢层

PTFE层
NBR层
钢层

PTFE层
钢层
NBR层

NBR层

钢套

图 8-2　水润滑尾轴承的三种结构方案

从隔振的角度看，希望从轴传递到轴承座的振动能量尽量少。根据线性隔振理论，只有当激励频率大于 $\sqrt{2}$ 倍隔振系统的固有频率时，系统才有隔振效果。因此，在激励频率不变的情况下，应尽量减小轴承内衬的固有频率。但为了提高轴承的承载能力，需要轴承具有较大的刚度，然而较大的刚度又势必导致较高的固有频率。因此，高承载能力和低固有频率之间的矛盾成为水润滑尾轴承减振技术发展的瓶颈之一。出现这种矛盾的根源在于：轴承内衬是软材料，它既要承载又要减振，即传统的水润滑尾轴承设计属于承载与减振的耦合设计[6]。

8.1.2　减振与承载的独立设计方法

为了解决高承载能力与低固有频率之间的矛盾，需对承载和减振功能进行解耦。

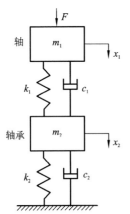

图 8-3　阻尼水润滑尾轴承动力学模型示意图

为此，本小节给出由不同的结构分别实现承载和减振这两个功能的独立设计新思路。如图 8-3 所示，k_1 和 c_1 分别是由轴承内衬和水膜共同构成的刚度和阻尼系数。m_2 为轴承的质量。在轴承的背部再增加一个减振结构附件，形成阻尼水润滑尾轴承。附件的刚度和阻尼系数分别为 k_2 和 c_2。为了保证轴承具有高的承载能力和很好的减振效果，k_2 和 c_2 比较大。本设计思路的主要特点如下。

（1）原轴承与附件之间独立。原轴承的内衬结构和材料不改变，保留其原有的摩擦学性能，包括自润滑性、低摩擦性和耐磨性。通过在轴承衬套中或在轴承外壁增加附件结构，在不损害原轴承承载能力的同时，隔离振动。

（2）附件中实现承载和减振功能的子结构也需要独立。即附件结构自身具有较高的刚度 k_2，从而实现高承载能力；另有专门的子结构提供大阻尼 c_2，实现耗能减振。

普通水润滑尾轴承的振动微分方程为

$$m\ddot{x} + c\dot{x} + kx = F(t) = F_0 \sin \omega t \qquad (8\text{-}1)$$

式中：x 为位移；k 为刚度；c 为阻尼；m 为质量。

这个单自由度强迫振动微分方程的解包括两部分，即瞬态解和稳态解。其中，瞬态解主要体现在设备的启停过程。稳态解表示系统在简谐激励下产生的稳态响应，是减振设计的重点。求解式（8-1），特解为

$$X(\omega) = \frac{F_0}{k\sqrt{(1 - m\omega^2 / k)^2 + (c\omega / k)^2}} \qquad (8\text{-}2)$$

对比图 8-1 和图 8-3 可知：$k = k_1$，$m = m_1$，$c = c_1$，$x = x_1$。

阻尼水润滑轴承的振动微分方程为

$$\begin{cases} m_1\ddot{x}_1 + c_1\dot{x}_1 - c_1\dot{x}_2 + k_1x_1 - k_1x_2 = F(t) \\ m_2\ddot{x}_2 - c_1\dot{x}_1 + (c_1 + c_2)\dot{x}_2 - k_1x_1 + (k_1 + k_2)x_2 = 0 \end{cases} \qquad (8\text{-}3)$$

这是一个两自由度系统。假设 $F(t)$ 为简谐激励，即

$$F(t) = F_0 e^{i\omega t} \qquad (8\text{-}4)$$

并设稳态响应为

$$\begin{cases} x_1(t) = X_1 e^{i\omega t} \\ x_2(t) = X_2 e^{i\omega t} \end{cases} \qquad (8\text{-}5)$$

构建矩阵方程，可以得到轴颈的响应为

$$X_1(\omega) = F_0 \sqrt{\frac{a^2 + b^2}{g^2 + h^2}} \qquad (8\text{-}6)$$

式中：$a = k_1 + k_2 - m_2\omega^2$，$b = (c_1 + c_2)\omega$，$g = (k_1 - m_1\omega^2)(k_2 - m_2\omega^2) - (k_1m_1 + c_1c_2)\omega^2$，$h = [(k_1 - m_1\omega^2)c_2 - (k_2 - m_2\omega^2 - m_1\omega^2)c_1]\omega^2$。

当轴承和转子的结构及工况已知时，上述方程中的质量、刚度和阻尼系数确定。假设 $m_1 = 1100 \text{ kg}$，$m_2 = 30 \text{ kg}$，$\omega = 20 \text{ Hz}$，$F_0 = 3 \text{ kN}$，$k_1 = 1 \times 10^7 \text{ N/m}$，$k_2 = 1 \times 10^9 \text{ N/m}$，$c_1 = 0.4 \times 10^5 \text{ N·s/m}$，代入式（8-2）和式（8-6），绘制轴颈响应随减振结构阻尼 c_2 的变化关系曲线，如图 8-4 所示。由图可知，与普通水润滑轴承相比，引入阻尼结构后，阻尼水润滑轴承的轴颈响应减小且随着阻尼 c_2 的增大先减小后增大。当 c_2 取 $8.1 \times 10^6 \text{ N·s/m}$ 时，阻尼水润滑轴承轴颈响应最小，比普通水润滑轴承轴颈响应减小约 27.7%。

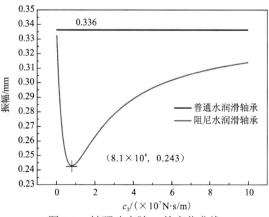

图 8-4 轴颈响应随 c_2 的变化曲线

8.2 基于挤压油膜的水润滑阻尼尾轴承结构方案

8.2.1 水润滑阻尼尾轴承结构

挤压油膜阻尼器（squeeze film damper，SFD）常被用来提供额外的阻尼和支撑，以减小转子响应及传递给地面的力[7]。整体式挤压油膜阻尼器（integral squeeze film damper，ISFD）是通过电火花成型加工（electrical discharge machining，EDM）制造的，其刚度由 S 形弹簧决定，通过 S 形弹簧间隙的油活塞/缓冲器效应吸收能量。随着设计和制造技术的发展，为适应不同的应用场景，ISFD 轴承结构形式也在不断演变。总体而言，弹性支撑形状经过了从 C 形、L 形、材料去除 S 形和材料保留 S 形的演化，其中材料保留 S 形是目前最主流的形状。针对上述减振与承载的独立设计的思想，本小节设计了如图 8-5 所示的含 ISFD 的阻尼水润滑尾轴承。

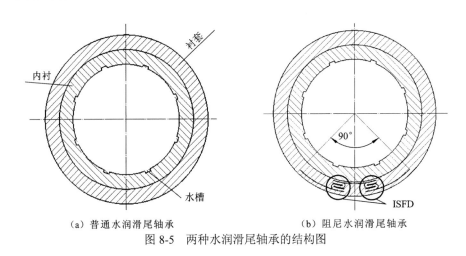

（a）普通水润滑尾轴承　　　　　　　（b）阻尼水润滑尾轴承

图 8-5　两种水润滑尾轴承的结构图

水润滑尾轴承的基本结构和物性参数如表 8-1 所示，对其进行承载特性分析可知，其偏位角很小（5°～20°），承载区域集中在轴承底部 20°～30°。因此，仅在轴承底部开设了 2 个 S 形弹性结构，其结构如图 8-6 所示，其主要特点：在外衬上开设上下两组沿着竖直中心线对称且周向布置的 S 形阻尼器结构，它能够给减振结构提供较大的挤压油膜阻尼，吸收系统的振动能量。S 形阻尼器将外衬分为内凸缘和外凸缘两部分，并把内凸缘、外凸缘之间的挤压油膜区域分隔成多个局部腔室，可有效阻止其内流体的环向流动。各分隔油膜区域内的挤压效应和挤压油膜区域与端盖间的活塞效应（剪切效应）为系统提供阻尼，端部密封则避免了油膜流体的泄漏，使得可以通过改变 S 形腔内油膜流体的压力来获得系统所需的最优阻尼。为了便于分析其结构对性能的影响，定义三个结构参数：油膜间隙 δ，内凸缘高度 s，S 形弹性结构的分布角度 θ。

表 8-1　水润滑尾轴承的基本参数

参数	取值	参数	取值
内直径/mm	150	内衬弹性模量/MPa	490
外直径/mm	230	内衬密度/（kg/m³）	1 510
长度/mm	150	内衬泊松比	0.45
内衬厚度/mm	20	衬套弹性模量/MPa	2.11×10^5
水槽数目	8	衬套密度/（kg/m³）	7 850
水槽深度/mm	6	衬套泊松比	0.28

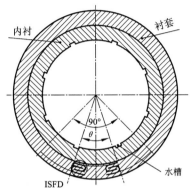 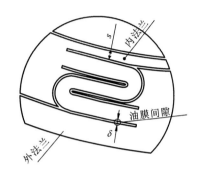

（a）挤压油膜阻尼型轴承结构图　　　　　（b）挤压油膜阻尼结构示意图

图 8-6　挤压油膜阻尼型水润滑尾轴承的阻尼结构图

8.2.2　水润滑阻尼尾轴承减振原理

任何形式的振动都具有一定的能量，阻尼是振动传递路径中重要的耗能元件，阻尼类型包括材料阻尼、库仑阻尼、黏性阻尼等，在实际工作系统中，振动的能量会逐渐转化为热能或噪声等其他形式的能量。阻尼的主要作用有：减小系统结构共振振幅，避免系统被破坏；有助于结构降低振动能量传递；减少系统振动产生的噪声；有助于系统受到瞬态冲击后快速恢复等作用。由于阻尼的存在，能量会不断减少，振动系统的响应会逐渐衰减，从而起到减振的作用。阻尼减振技术运用阻尼元件耗能的机理，从材料本身或结构设计等方面考虑阻尼减振的能力从而提高系统的稳定性[8]。

油膜阻尼器型轴承在静载时具有大的静刚度以确保高承载能力和较小静变形；在负载时静刚度大的同时，又有较大的阻尼来降低轴承的振动频率。油膜阻尼器中的油膜既有一定的支撑和承载能力，又能为系统提供较大的阻尼耗散振动的能量。

根据轴承动力学模型可知，在普通尾轴承衬套上增加油膜阻尼器结构后，振动系统的振动力学结构发生了改变，多了一个油膜阻尼 c_s 和油膜刚度 k_s，且 k_s 远小于两个刚度值。增加了阻尼层 c_s 后，能够消耗更多的振动能量，达到减振的目的。下面先从单自由度有阻尼振动系统分析振动响应和阻尼之间的关系，来阐明阻尼减振的原理。

单自由度的强迫振动系统运动微分方程表达式为

$$m\ddot{x}(t) + c\dot{x}(t) + kx(t) = F(t) \tag{8-7}$$

将式（8-7）进行拉普拉斯变换，得到单自由度振动系统的位移 x 对激振力 $F(t)$ 的传递函数：

$$|G(s)| = \frac{1}{ms^2 + cs + k} \tag{8-8}$$

令 $s = i\omega$，导出单自由度振动系统位移 x 对激振力 $F(t)$ 的频率特性 $G(i\omega)$，代入式（8-8）可得到系统的频响函数，系统的频响特性可表示为

$$|G(i\omega)| = \frac{1}{[(k - m\omega^2)^2 + c^2\omega^2]^{1/2}} \tag{8-9}$$

假设系统输入的简谐激振力 $F(t) = F_0\cos(\omega t)$，则系统位移振幅的表达式为

$$x_0 = \frac{F_0}{[(k - m\omega^2)^2 + c^2\omega^2]^{1/2}} \tag{8-10}$$

由式（8-10）可知，系统的位移响应与输入系统的激励力 F、刚度 k、质量 m、固有频率 ω、阻尼 c 均有关系，位移响应值和激励力 F 成正比。

当输入系统的力 F_0 为常数值时，系统的静态变形量可表示为

$$x_{\text{st}} = \frac{F_0}{k} \tag{8-11}$$

系统的放大系数是指当系统受到简谐力 $F(t)$ 作用时激励产生的幅值比，除以当系统受到静载荷（F_0）时产生的变形量，即式（8-10）和式（8-11）之比：

$$A(g) = \frac{x_0}{x_{\text{st}}} = \frac{1}{[(1 - g)^2 + 4\xi^2 g^2]^{1/2}} \tag{8-12}$$

式中：频率比 $g = \dfrac{\omega}{\omega_m}$；阻尼比 $\xi = \dfrac{c}{2\sqrt{mk}}$。

由式（8-12）可知，系统的阻尼比较小时固有频率与激励频率比较接近，系统会发生共振，共振时系统的振幅会增大，如果不采取相关措施加以控制，系统可能会被破坏，当阻尼接近 0 时，发生共振的频率与激励频率相等。增加系统的阻尼是对系统振动控制的有效方法之一。

8.3　水润滑阻尼尾轴承模态与谐响应分析

8.3.1　静刚度分析

分别建立如图 8-7 所示的普通水润滑轴承和含阻尼水润滑尾轴承的三维模型，利用 ANSYS Workbench 软件对模型进行静力分析，得到轴承的静刚度，用以表征轴承的承载能力。在进行网格无关性检验时发现，当网格单元数从 60 352 增加到 124 288 个以上时，轴承静变形计算结果与网格数量相关性小于 5%，误差较小，因此划分 165 145 个网格单元进行分析。普通水润滑轴承共生成 165 145 个网格单元，460 470 个网格节点；阻尼水润滑尾轴承的 S 形弹性结构须进行细化，有 612 553 个网格节点。

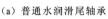

（a）普通水润滑尾轴承　　　　　　　（b）阻尼水润滑尾轴承

图 8-7　两种尾轴承结构三维模型图

将衬套的外表面进行 Fixed 约束，对轴承下端投影面施加 0.4 MPa 的载荷，方向垂直向下，计算得到轴承内衬的变形，力与变形的比值即为轴承的静刚度。分别分析不同油膜间隙、内凸缘高度和 S 形分布角度对轴承静刚度的影响。当分析油膜间隙 δ 的影响时，分布角度 θ 取 10°，内凸缘高度 s 取 2.5 mm；当分析内凸缘高度 h 的影响时，分布角度 θ 取 10°，油膜间隙 δ 取 0.2 mm；当分析 S 形弹性结构的分布角度 θ 的影响时，油膜间隙 δ 取 0.2 mm，内凸缘高度 s 取 2.5 mm。计算结果如图 8-8 所示，当 S 形油膜间隙取 0 mm 时，该轴承为普通水润滑尾轴承。与普通水润滑尾轴承相比，油膜间隙取 0.15 mm 时，阻尼水润滑轴承静刚度降低约 24.8%，表明在轴承衬套上开设间隙后会增加轴承变形，减小轴承静刚度；此外，随着油膜间隙的进一步增大，轴承静刚度减幅较小。内凸缘高度的增加可以减小轴承变形，从而增加轴承静刚度。当内凸缘高度达到 4.5 mm 时，阻尼水润滑尾轴承的静刚度仅比普通水润滑尾轴承静刚度减小约 11.4%。S 形弹性结构的分布角度也会对轴承静刚度产生明显影响。由此可见，随着分布角度增加，轴承衬套变形增大，轴承静刚度随之减小。分布角度从 8° 增加到 12° 时，轴承静刚度减小了约 12.2%。

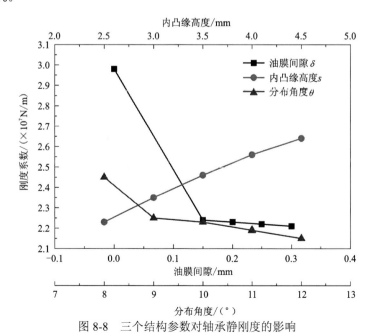

图 8-8　三个结构参数对轴承静刚度的影响

8.3.2　谐响应分析

为了得到阻尼水润滑尾轴承在激励下的输出响应特性，开展阻尼水润滑尾轴承的谐响应分析，获取阻尼水润滑尾轴承响应与频率之间的变化关系，据此寻找响应的峰值及其对应频率，为优化阻尼水润滑尾轴承结构提供基础。常用的谐响应分析方法有模态叠加法、缩减法、完全法三种。由于模态叠加法具有求解速度快、阻尼因素可计入、谐响应曲线平滑、计算精度高等优点，本小节选择该方法进行分析。

利用 ANSYS 软件进行阻尼水润滑尾轴承谐响应分析，对轴承衬套外表面进行固定约束，激励力为 $F(t)=F_0\sin(\omega t)$，其中，激励力的幅值 F_0 取 0.2 MPa；激励力方向垂直向下，加载在轴承内衬下表面。根据模态分析可知，阻尼水润滑尾轴承约束模态固有频率范围为 2 500～5 500 Hz，故将扫描频率设定为 2 500～5 500 Hz，设定子步数为 600，每个子步为 5 Hz。本节提取轴承内衬正下方部位进行分析，如图 8-9 所示，计算结果如图 8-10 所示。

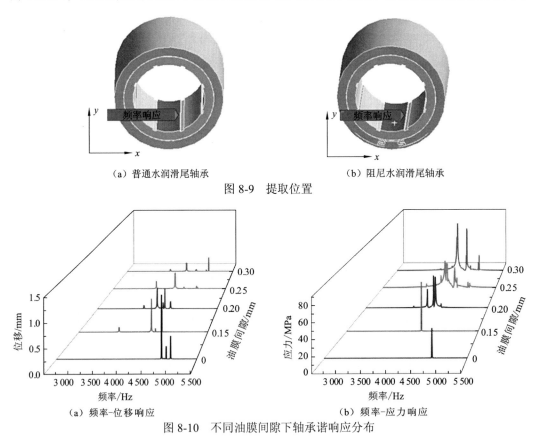

（a）普通水润滑尾轴承　　　　　　（b）阻尼水润滑尾轴承

图 8-9　提取位置

（a）频率-位移响应　　　　　　（b）频率-应力响应

图 8-10　不同油膜间隙下轴承谐响应分布

由图 8-10 可知：各种油膜间隙下轴承的位移响应和应力响应范围主要分布在 3 000～5 000 Hz 频率范围内；随着油膜间隙的增大，响应频率先降低后升高；同一间隙时轴承最大位移响应频率和最大应力响应频率基本相同。不同油膜间隙的轴承均出现了两次以上的位移响应波峰，波峰值主要分布在 4 000～5 000 Hz，如图 8-11 所示。由图可知，当油膜间隙为 0.2 mm 时最大位移响应频率为 4 160 Hz，普通水润滑尾轴承的最大位移响应频率为 4760 Hz。随着油膜间隙的增加，位移响应的最大值随之减小。为了进一步分析油膜间隙对轴承位移响应的影响，将油膜间隙为 0.2 mm 的阻尼水润滑尾轴承与普通水润滑尾轴承进行对比，如图 8-12 所示。由图可知，阻尼水润滑尾轴承的位移响应峰值明显小于普通水润滑尾轴承，但前者的位移响应的波峰个数更多。普通水润滑尾轴承的位移响应最大值为 1.31 mm，油膜间隙为 0.25 mm 时阻尼水润滑尾轴承位移响应最大值为 0.42 mm，减小了约 67.9%，表明阻尼水润滑尾轴承的减振效果显著。

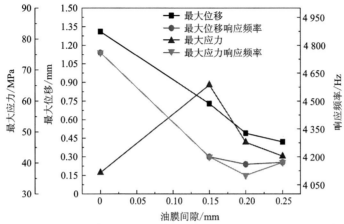

图 8-11　不同油膜间隙下水润滑尾轴承谐响应的最大值变化曲线

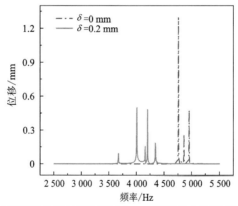

图 8-12　普通水润滑尾轴承和油膜间隙 0.2 mm 的阻尼水润滑尾轴承位移响应对比

　　油膜间隙为 0.2 mm，分布角度为 10°，改变内凸缘高度后，阻尼水润滑尾轴承位移响应和应力响应的计算结果如图 8-13 所示。由图可知，各阻尼水润滑尾轴承的频率-位移响应图和频率-应力响应图均出现 3 个以上波峰，波峰对应的频率为 3 500～4 500 Hz。如图 8-14 所示，随着内凸缘高度的增加，位移响应最大值先增大后减小。当内凸缘高度为 2.5 mm 时，位移响应最大值最小，为 0.49 mm；当内凸缘高度为 4 mm 时，位移响应最大值最大，为 0.72 mm。随着内凸缘高度的增加，最大位移响应频率也随之变化，当内凸缘高度为 3.5 mm 时频率最大，为 4 395 Hz；当内凸缘高度为 4 mm 时频率最小，为 3 900 Hz。随着内凸缘高度的增加，应力响应最大值也是先增大后减小，当内凸缘高度为 3.5 mm 时，应力响应最大值最大，为 65.2 MPa；当内凸缘高度为 2.5 mm 时，应力响应最大值最小，为 46.7 MPa。综上可知，当内凸缘高度为 2.5 mm 时，S 形结构对轴承振幅的降低最为明显，而且应力响应也最小。

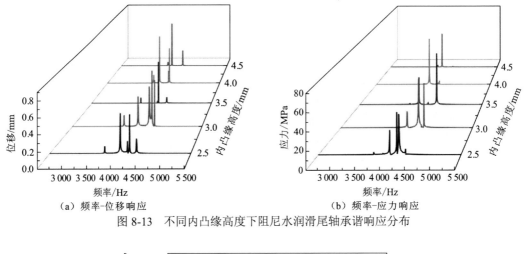

（a）频率-位移响应　　　　　　　　（b）频率-应力响应

图 8-13　不同内凸缘高度下阻尼水润滑尾轴承谐响应分布

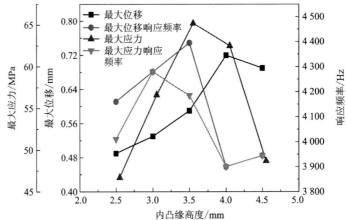

图 8-14　不同内凸缘高度下阻尼水润滑尾轴承谐响应的最大值变化曲线

油膜间隙为 0.2 mm，内凸缘高度为 2.5 mm，改变 S 形弹性结构的分布角度后，阻尼水润滑尾轴承位移响应和应力响应的计算结果如图 8-15 所示。由图可知，轴承位移响应和应力响应曲线中均出现了多个波峰，随着分布角度的增大，响应波峰均向频率减小的方向移动，而且波峰个数减少，分布角度为 11°和 12°时仅出现 2 个明显的峰值。如图 8-16 所示，随着分布角度的增大，位移响应最大值先减小后增大。当分布角度为 10°和 11°时，位移响应最大值接近；当分布角度为 8°时，位移响应最大值最大，为 1.15 mm；当分布角度为 11°时，位移响应最大值最小，为 0.48 mm。最大位移响应频率随着分布角度的增大呈现出减小的趋势，分布角度从 8°增大到 11°，该频率从 4 915 Hz 减小到 2 585 Hz。应力响应最大值随分布角度的变化规律与位移响应最大值相同，也是先减小后增大，最小值均出现在分布角度 11°处；当分布角度为 8°时，应力响应最大值最大，为 86.9 MPa；当分布角度为 11°时，应力响应最大值最小，为 42.3 MPa。

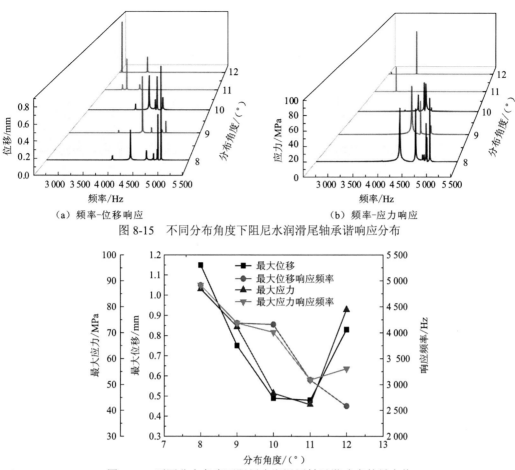

（a）频率-位移响应 　　　　　　　　（b）频率-应力响应

图 8-15　不同分布角度下阻尼水润滑尾轴承谐响应分布

图 8-16　不同分布角度下阻尼水润滑尾轴承谐响应的最大值

8.4　阻尼水润滑尾轴承系统动特性仿真

8.4.1　挤压油膜阻尼减振结构的动力学模型

挤压油膜阻尼减振结构如图 8-6 所示。计算可知外衬刚度和主轴载荷之间的拟合关系式可以得到 S 形挤压油膜阻尼结构的刚度系数：

$$K = -3.572 \times 10^6 \times G^{-1} + 5.955 \times 10^8 \qquad (8\text{-}13)$$

为了更好地对油膜挤压特性和剪切特性进行描述，采用建立油膜的挤压模型和剪切模型的方法，通过这两个动力学模型对流体特性参数、结构参数与挤压力、剪切力之间的关系进行表达和阐释。挤压油膜阻尼减振结构中，当给减振结构的内衬一个垂直向下的挤压力时，S 形腔的端面相对于减振结构的端盖向下平行移动，在发生相对运动的 S 形腔的端面与端盖之间也充斥着油膜，此时便可将其视为一个剪切模型。剪切模型如图 8-17 所示。

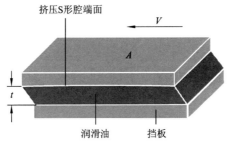

图 8-17　剪切模型示意图

对应于挤压油膜阻尼减振结构，其剪切模式发生在挤压 S 形腔端面与挡板之间，在减振结构内衬受挤压向下运动时，挤压 S 形腔端面也随之向下移动，而另一侧的挡板则固定不动，因此在这两者间便产生了相对运动，两端面间的滑油则受到剪切应力的作用。

若挤压 S 形腔端面下移的速度为 v，油膜的黏度为 η，油膜与两端面之间的接触面积为 A，流体层的厚度为 t，则它们与阻尼力 F 之间存在如下关系：

$$F_1 = \frac{2\eta A}{t} v \tag{8-14}$$

挤压效应模型主要包括本构方程、控制方程及定解条件三部分内容。油膜的牛顿本构模型的基本表达式为

$$\tau_{xz} = \eta_0 \frac{\partial v_x}{\partial z} \tag{8-15}$$

控制方程主要由连续性方程和运动方程组成，在忽略流体惯性力和重力的前提下，流体的速度符合控制方程的要求。式（8-16）为连续性方程的微分形式和积分形式表达式，式（8-17）为运动方程。

$$\begin{cases} \dfrac{\partial v_x}{\partial x} + \dfrac{\partial v_z}{\partial z} = 0 \\ 2(x+y)\displaystyle\int_0^h v_x \mathrm{d}z = xyv_0 \end{cases} \tag{8-16}$$

$$-\frac{\mathrm{d}p}{\mathrm{d}x} + \frac{\partial \tau_{xz}}{\partial z} = 0 \tag{8-17}$$

流体力学中的动量方程需要定解条件才能求解，也即对应模型中的边界条件。在挤压模型中，选取直角坐标系并忽略 y 方向运动，挤压模型如图 8-18 所示。图中，S 形腔的长度 $2a = 0.180$ m，挤压油膜的间隙 $2h = 3$ mm，挤压速度 $v = 0.05$ m/s。

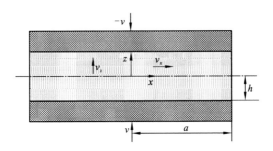

图 8-18　挤压模型基本参数及坐标系

在挤压模型中，考虑到 $h/R \ll 1$，可对部分边界条件做出假设：$v_x = v_x(x,z)$；$v_y = 0$；$v_z = v_z(z)$；$p = p(r)$。其中 v_x、v_y、v_z 分别为 x、y、z 方向的速度，p 为压力分布。

边界滑移条件主要有 Navier 边界滑移条件和 δ 参数滑移条件，本小节采用 Navier 边界滑移条件对边界滑移速度进行分析，其表达式为

$$\begin{cases} v_x = \beta\tau_{xz}, \quad v_z = -v_0, \quad z = h \\ v_x = \beta\tau_{xz}, \quad v_z = v_0, \qquad z = -h \end{cases} \tag{8-18}$$

式中：τ_{xz} 为剪切应力；β 为滑移系数，当 β 为 0 时表示无滑移，当 β 趋近于无穷大时则表示充分润滑。

$$\eta_0 \frac{\partial^2 v_x}{\partial z^2} = \frac{\mathrm{d}p}{\mathrm{d}x} \tag{8-19}$$

沿 z 方向对式（8-19）积分，根据流场的对称性，即 $z = 0$ 时，得

$$\frac{\partial v_x}{\partial z} = \frac{1}{\eta_0} \frac{\mathrm{d}p}{\mathrm{d}x} z \tag{8-20}$$

对质量守恒定律进行化简，可得

$$\int_0^h \frac{x+y}{xy} v_x \mathrm{d}z = \frac{v_0}{2} \tag{8-21}$$

设 $\dfrac{x+y}{xy} v_x = g(z)$，可得

$$\frac{1}{z} \frac{\mathrm{d}g(z)}{\mathrm{d}z} = \frac{x+y}{xy\eta_0} \frac{\mathrm{d}p}{\mathrm{d}x} \tag{8-22}$$

式（8-22）两边分别为 z、r 的函数，都取常数 A，所以

$$\frac{\mathrm{d}p}{\mathrm{d}x} = A\eta_0 \frac{xy}{x+y} \tag{8-23}$$

代入参数计算可得压力梯度为

$$\frac{\mathrm{d}p}{\mathrm{d}x} = \frac{-3\eta_0 v_0}{2h^3 + 6\beta\eta_0 h^2} \frac{xy}{x+y} \tag{8-24}$$

对式（8-24）进行积分，代入边界条件，得

$$p = \frac{-3v_0\eta_0}{2h^3 + 6\beta\eta_0 h^2}[xy - y^2 \ln(x+y)] + p_a \tag{8-25}$$

由于挤压力和压力梯度之间有如下关系式：

$$F_2 = 4b \int_0^a p \mathrm{d}x \tag{8-26}$$

最终可得到挤压力为

$$F_2 = \frac{3v_0\eta_0 b}{2h^3 + 6\beta\eta_0 h^2}\left\{\frac{1}{2}ba^2 - b^2(a+b)[\ln(a+b)-1] + b^3(\ln b - 1)\right\} + abp_a \tag{8-27}$$

不考虑边界压强的影响（即 $p_a = 0$），并忽略边界的滑移（$\beta = 0$），式（8-27）即为在挤压油膜结构的单层平板下油膜的挤压动力学模型。

8.4.2 挤压油膜阻尼尾轴承综合动特性计算式

将 S 形结构单个油膜间隙两侧等效为平板，产生挤压效应和剪切效应，阻尼力等于剪切力和挤压力的合力，由 8.4.1 小节的推导可以知道挤压力 F_1 和剪切力 F_2 的计算公式。等效平板与水平方向夹角 $\theta = 17°$，假设每层平板挤压速度相同，可以等效为 24 层平板，挤压力在竖直方向产生的挤压力和剪切力如式（8-28）和式（8-29）所示。

$$F' = \sum_{i=1}^{24} F_{hi} = 24 \times F_1 \times \cos\theta \tag{8-28}$$

$$F'' = \sum_{i=1}^{24} F_{\tau i} = 24 \times F_2 \times \cos\theta \tag{8-29}$$

最终 S 形结构产生的挤压油膜阻尼力为两部分在垂直方向的合力，可表示为

$$F_S = F' + F'' = 24 \times (F_1 + F_2) \times \cos\theta \tag{8-30}$$

将已知条件代入式（8-30）可得 S 形腔的阻尼力为

$$F_S = 24 \times (F_1 + F_2) \times \cos 17° = 22.95 \times \left(\frac{4b\eta a^3}{3\beta\eta h^2 + \eta^3} + \frac{2\eta A}{t} \right) v \tag{8-31}$$

油膜动特性与挤压油膜阻尼结构动特性的组合可以等效为二自由度弹簧质量系统。挤压油膜阻尼器减振结构相较于普通减振结构，可以将承载与减振两个功能由不同的结构来实现。设 k_0 和 c_0 分别为由减振结构内衬和油膜共同构成的刚度和阻尼系数，m_c 为转轴质量，m_p 为减振结构的质量。在减振结构外衬上开设挤压油膜阻尼器结构，外衬和阻尼器的刚度和阻尼系数分别为 k_r 和 c_r。外衬自身具有较高的刚度 k_r，从而实现高承载能力，另有阻尼器结构提供大阻尼 c_r，实现耗能减振。

根据等效模型的运动微分方程，建立轴承系统综合动特性模型为

$$\begin{cases} m_c \ddot{y}_1 + c_0 \dot{y}_1 - c_0 \dot{y}_2 + k_0 y_1 - k_0 y_2 = f(t) \\ m_p \ddot{y}_2 - c_0 \dot{y}_1 + (c_0 + c_r) \dot{y}_2 - k_0 y_1 + (k_0 + k_r) y_2 = 0 \end{cases} \tag{8-32}$$

式（8-32）是一个二自由度的系统，假设 $f(t)$ 是一个谐波激励：

$$f(t) = Fe^{i\omega t} \tag{8-33}$$

则其稳态响应为

$$\begin{cases} y_1(t) = Y_1 \sin(\omega t + \varphi_1) \\ y_2(t) = Y_2 \sin(\omega t + \varphi_2) \end{cases} \tag{8-34}$$

通过求解矩阵等式，推力轴承的响应为

$$Y_1(\omega) = F \sqrt{\frac{a^2 + b^2}{g^2 + h^2}} \tag{8-35}$$

式中：
$$\begin{cases} a = k_0 + k_r - m_p \omega^2 \\ b = (c_0 + c_r)\omega \\ g = (k_0 - m_c \omega^2)(k_r - m_p \omega^2) - (k_0 m_c + c_0 c_r)\omega^2 \\ h = [(k_0 - m_c \omega^2)c_r - (k_r - m_p \omega^2 - m_c \omega^2)c_0]\omega \end{cases}$$

因此单自由度推力轴承等效动特性模型为

$$m_c \ddot{y}_1 + c_b \dot{y}_1 + k_b y_1 = f(t) \qquad (8-36)$$

式（8-36）经傅里叶变换后为

$$(k_b - m_c \omega^2 + \mathrm{j}\omega c_b)Y_1(\omega) = F(\omega) \qquad (8-37)$$

位移阻抗法用于识别动态特性系数，位移阻抗为

$$Z = \frac{F}{Y_1}[\cos(0-\varphi) + \mathrm{j}\sin(0-\varphi)] \qquad (8-38)$$

式中：φ 为激振力与位移响应的相位差。

则轴承系统的综合动态特性系数为

$$\begin{cases} k_b = \mathrm{Re}(Z) + \omega^2 m_c \\ c_b = \dfrac{\mathrm{Im}(Z)}{\omega} \end{cases} \qquad (8-39)$$

式中：实部 $\mathrm{Re}(Z) = \sqrt{\dfrac{g^2 + h^2}{a^2 + b^2}}\cos\varphi$；虚部 $\mathrm{Im}(Z) = \sqrt{\dfrac{g^2 + h^2}{a^2 + b^2}}\sin(-\varphi)$。

将式（8-35）和式（8-38）代入式（8-39）即可得到轴承系统的综合动特性系数。在不同频率的激励下，由软件 MATLAB 相关程序计算获得系统等效刚度与等效阻尼。

8.4.3 挤压油膜阻尼尾轴承刚度和阻尼特性仿真分析

1. 不同结构对阻尼尾轴承动特性影响分析

通过前面仿真和数值计算可知，在阻尼尾轴承的 4 个结构参数中，油膜间隙是影响组合刚度和阻尼的关键参数，对不同油膜间隙的组合刚度和阻尼的计算结果如图 8-19 所示。

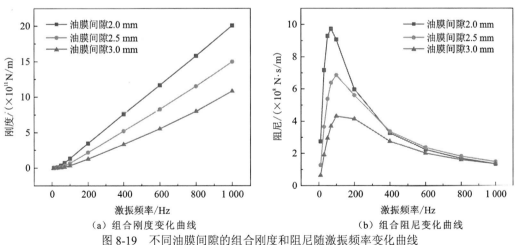

（a）组合刚度变化曲线　　　　　　（b）组合阻尼变化曲线

图 8-19　不同油膜间隙的组合刚度和阻尼随激振频率变化曲线

由图 8.19 可得出以下结论。

（1）随着激振频率的增加，组合刚度值逐渐增大，阻尼值呈先增大后减小的趋势。

（2）当激振频率为低频率（100 Hz 以下）时，各油膜间隙对刚度值的影响并不显著；高频率下有明显的差别，当激振频率为 1 000 Hz 时，与油膜间隙 2.5 mm、3 mm 相比，油膜间隙 2 mm 的组合刚度分别增加了约 33.3% 和 122.2%。

（3）当激振频率为 600 Hz 以上时，不同油膜间隙的阻尼值无明显差别；在 0～400 Hz 低频段内差别较为明显，100 Hz 左右达到组合阻尼的峰值，与油膜间隙 2.5 mm、3 mm 相比，油膜间隙 2 mm 的组合刚度分别增加了约 42.6%和 150%。

2. 不同工况对阻尼尾轴承动特性影响分析

在 1 500 r/min 的转速下，轴承承受 70 kN、80 kN、90 kN 垂直向下的载荷时，挤压油膜阻尼尾轴承的组合刚度和组合阻尼随激振频率的变化趋势如图 8-20 所示。

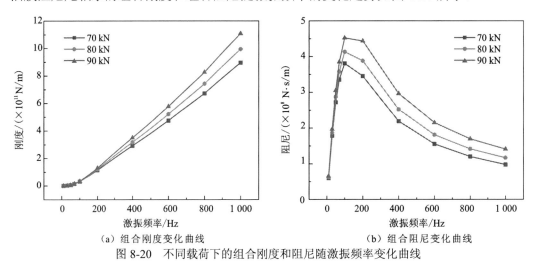

（a）组合刚度变化曲线　　　　　　　（b）组合阻尼变化曲线

图 8-20　不同载荷下的组合刚度和阻尼随激振频率变化曲线

由图 8.20 可得出以下结论。

（1）随着激振频率的增加，组合刚度值逐渐增大，阻尼值呈先增大后减小的趋势。

（2）当激振频率为低频率（200 Hz 以下）时，各载荷对刚度值的影响并不显著；高频率下有明显的差别；当激振频率为 1 000 Hz 时，与载荷 70 kN、80 kN 相比，载荷 90 kN 的组合刚度增加了约 22.2%和 37.5%。

（3）当激振频率为低频率（200 Hz 以下）时，不同载荷的阻尼值无明显差别；在 200 Hz 左右达到组合阻尼峰值，与载荷 70 kN、80 kN 相比，载荷 90 kN 的组合刚度增加了约 12.5%和 25%。

在轴承受载荷为 80 kN，转速分别为 500 r/min、1 500 r/min、2 500 r/min、3 500 r/min 的情况下，挤压油膜阻尼轴承的组合刚度和组合阻尼随激振频率的变化趋势如图 8-21 所示。

由图 8-21 可得出以下结论。

（1）随着激振频率的增加，组合刚度值逐渐增大，阻尼值呈先增大后减小的趋势。

（2）在低频率和较高频率下转速对刚度值的影响并不显著，200～1 000 Hz 频率下有一定的差别。

（3）在低频率（100 Hz 以下）和较高频率（1 000 Hz 左右）、不同转速下的阻尼值差别较小，200～1 000 Hz 频率范围差别较为明显。在 200 Hz 以下频率范围差别较大，与其他转速相比，3 500 r/min 的组合阻尼值分别提高了 10%、15.7%、46.6%。

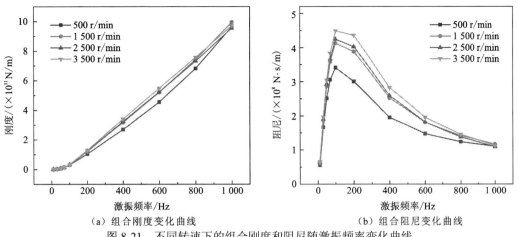

（a）组合刚度变化曲线 　　　　　　（b）组合阻尼变化曲线

图 8-21　不同转速下的组合刚度和阻尼随激振频率变化曲线

8.5　阻尼水润滑尾轴承试验

本节分别设计普通水润滑尾轴承和阻尼水润滑尾轴承，基本参数如表 8-1 所示，两个轴承的区别仅在于后者在衬套上开设了阻尼结构。阻尼水润滑尾轴承的阻尼结构参数选择为：油膜间隙为 0.2 mm，内凸缘高度为 2.5 mm，分布角度为 11°。S 形结构采用线切割加工技术，在 S 形腔间隙中填充润滑油，润滑油密度为 870 kg/m³，黏度为 0.048 Pa·s。在 S 形腔的两侧铣削加工凹槽，在凹槽上安装 1 个密封盖，在密封盖的内侧加工一个凹槽，该凹槽可以存储润滑油，在凹槽中安装橡胶密封，避免润滑油泄漏。用 M4 的沉头螺钉将密封盖紧固在轴承上。两个轴承的实物如图 8-22 所示。

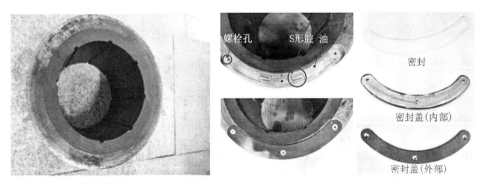

（a）普通水润滑尾轴承 　　　　　　（b）阻尼水润滑尾轴承

图 8-22　试验用水润滑尾轴承实物照片

8.5.1　试验方案和流程

扭矩仪可以测量旋转组件的摩擦力矩，从中剔除支撑轴承和密封的摩擦力矩，得到试验轴承的摩擦力矩，换算后得到轴承摩擦系数。此外，扭矩仪还可输出转速信号；在加载杆与试验轴承之间安装了力传感器，可以获得加载力信号，根据加载力与轴承投影面积的比值可以得到比压；在试验轴承顶部安装两个加速度传感器，分别测量水平和垂直方向的振动，选用丹麦 Brüel & Kjær 公司加速度传感器（4514B），灵敏度为 9.5 mv/g，量程为 1～10 000 Hz。数据采集和分析系统为声学与振动测量仪（3053-B-120），对时域信号进行傅里叶变换后可以得到频域信号。

轴承静刚度测试示意图如图 8-23 所示，在轴承两端的上方对称安装两个千分表。电机停止，加载装置给试验轴承施加向上的力，力传感器测试加载力，千分表测试轴承向上位移，将两个千分表的测试值平均，得到轴承内衬的变形量，扣除轴承重量后的加载力即为载荷，载荷与变形量的对比即为轴承的静刚度。比压范围为 0～0.4 MPa。

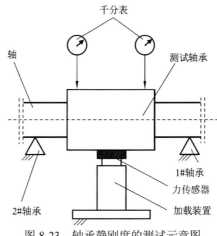

图 8-23　轴承静刚度的测试示意图

试验工况分别设置 0.2 MPa、0.3 MPa、0.4 MPa 三种载荷，80 r/min、100 r/min、150 r/min、200 r/min、300 r/min 5 种转速，润滑水流量为 22 L/min，供水温度为 18 ℃。

8.5.2　试验结果分析

1. 静刚度试验

利用上述原理分别对普通水润滑尾轴承（conventional water-lubricated stern bearing，CWSB）和阻尼水润滑尾轴承（water-lubricated damping stern bearing，WDSB）两种轴承开展静刚度试验，在相同试验条件下，每种轴承重复测量 5 次，然后对 5 次结果取平均值，即为静刚度的试验值。试验结果如表 8-2 所示，由表 8-2 可知，与普通水润滑尾轴承相比，相同载荷下阻尼水润滑尾轴承变形更大，刚度减小约 26.1%。此外，普通水润滑尾轴承静刚度的仿真值与试验值的相对误差为 11.2%，阻尼水润滑尾轴承静刚度的仿真值与试验值的相对误差为 10.6%，验证了该仿真方法结果的准确性。

表 8-2　两种尾轴承的变形量及静刚度仿真与试验结果

类型	变形量的仿真值 /mm	变形量的试验值 /mm	相对误差 /%	静刚度的仿真值 /[×10⁷（N/m）]	静刚度的试验值 /[×10⁷（N/m）]	相对误差 /%
普通水润滑尾轴承	0.302	0.336	10.1	2.98	2.68	11.2
阻尼水润滑尾轴承	0.410	0.454	9.7	2.19	1.98	10.6

2. 转速对振动的影响

在加载之前，首先进行空载试验，测试不同转速下轴承振动情况，以此为基准，分析工况对轴承振动特性的影响。空载时，不同转速下试验轴承在水平方向的最大振动幅值均小于 15 mm/s²，在垂直方向的最大振动幅值小于 50 mm/s²。

试验轴承载荷为 0.4 MPa，改变转速后测试两个轴承的振动情况，电机转速为 80 r/min、100 r/min、150 r/min、200 r/min、300 r/min。在不同转速下，两种轴承在垂直和水平方向的振动加速度频域图如图 8-24 所示。由图可知，两种轴承在水平方向的振动幅度均小于垂直方向，而且水平方向振动的波峰数量多于垂直方向。垂直方向的振动波峰主要集中在 1 000 Hz 以内，振动幅值主要分布在 0～1 000 Hz、4 000～5 000 Hz 两个频率范围。此外，随着转速的增加，两个方向的振动幅值均随之增加。对比两个轴承的振动幅值可知，无论是水平方向还是垂直方向，在相同工况下，阻尼水润滑尾轴承的振动幅值都明显小于普通水润滑尾轴承，表明阻尼水润滑轴承具有较好的减振效果。

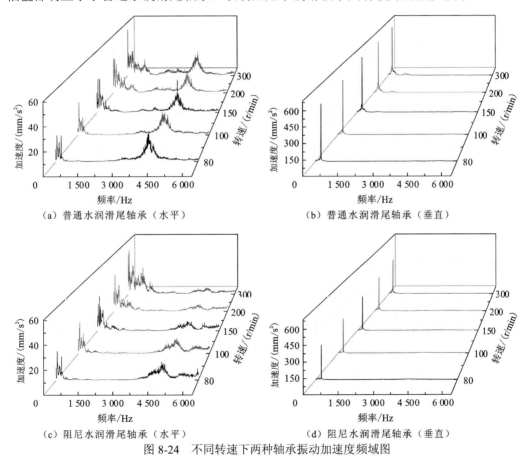

图 8-24 不同转速下两种轴承振动加速度频域图

为了说明定量的减振效果，每个转速下轴承振动通频结果如图 8-25 所示。由图可知，在低转速下，两轴承的振动通频幅值均较小，且较接近；转速为 80～120 r/min 时，随着转速增加，两轴承的振动通频幅值迅速增大，而且两轴承的振动通频幅值的差距不断增加；转速为 120～300 r/min 时，随着转速增加，两轴承的振动通频幅值继续增加，但增速减缓，而且两轴承的振动通频幅值的差距基本保持不变。转速为 300 r/min 时，与普通水润滑尾轴承相比，阻尼水润滑轴承在水平方向的振动通频幅值减小约 10.3 mm/s^2，约占普通水润滑轴承振动通频幅值的 5.0%；阻尼水润滑尾轴承在垂直方向的振动通频幅值减小约 65 mm/s^2，约占 300 r/min 时普通水润滑轴承振动通频幅值的 13.2%。

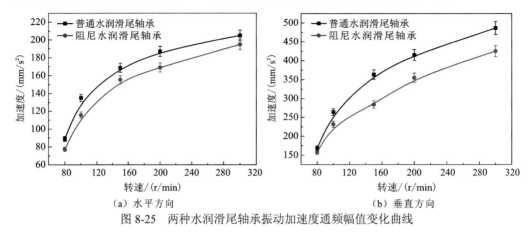

（a）水平方向　　　　　　　　　　　（b）垂直方向

图 8-25　两种水润滑尾轴承振动加速度通频幅值变化曲线

3. 载荷对振动的影响

试验转速为 200 r/min，载荷分别取 0.2 MPa、0.3 MPa 和 0.4 MPa，测试两种轴承在不同载荷下的振动数据，两轴承在水平方向的振动加速度频谱如图 8-26 所示。由图可知，不同载荷下，两个轴承均在 0～350 Hz 和 3 800～5 100 Hz 两个频率段出现较大振动。从局部放大图可以看出，在 0～350 Hz 频率段，两个轴承均出现了 3 个明显的振动波峰。当频率小于 700 Hz 时，两个轴承的振动加速度频谱的走势一致性较好，即振动峰值所对应的频率较接近；当频率为 700～1 700 Hz 时，阻尼水润滑尾轴承出现了 2 个振动波峰，而普通水润滑尾轴承只有 1 个振动波峰，两轴承的振动峰值对应的频率相差较大，而且阻尼水润滑尾轴承的振动峰值大于普通水润滑尾轴承；当频率大于 700 Hz 后，阻尼水润滑尾轴承的振动峰值除了小于普通水润滑尾轴承，前者的振动峰值对应的频率也明显大于后者。两个轴承频谱图中的通频振动幅值如图 8-26（d）所示。由图可知，两轴承的最大值对应的频率存在约 10 Hz 的差异，阻尼水润滑尾轴承的最大振幅明显小于普通水润滑尾轴承，减小了约 10 mm/s^2。

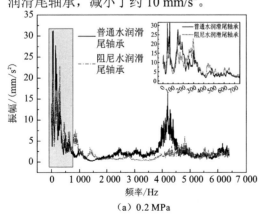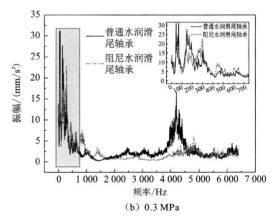

（a）0.2 MPa　　　　　　　　　　　　（b）0.3 MPa

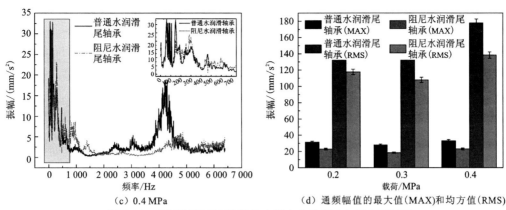

（c）0.4 MPa　　　　　　　　（d）通频幅值的最大值（MAX）和均方值（RMS）

图 8-26　不同载荷下两种轴承水平方向的振动加速度频谱图

不同载荷下两轴承在垂直方向的振动加速度频谱如图 8-27 所示。由图可知，两种轴承都只有 2 个振动波峰，而且两轴承振动波峰对应的频率相同，分别为 248 Hz 和 1050 Hz，其中第一个波峰很大，第二个波峰很小。针对第一个振动波峰给出局部图，随着载荷增加，两轴承的振幅最大值逐渐增大，0.2 MPa 时，普通水润滑轴承的振幅最大值为 195.3 mm/s²，阻尼水润滑轴承的振幅最大值为 55 mm/s²，相对减幅为 71.8%；当载荷为 0.3 MPa 和 0.4 MPa 时，相对减幅分别为 40.5%和 20.3%，即随着载荷增加，相对减幅逐渐减小。三种载荷下两轴承振动通频幅值如图 8-27（d）所示，由图可知，随着载荷增加，两个轴承的振动通频幅值随之增加，0.2 MPa、0.3 MPa 和 0.4 MPa 时，通频幅值的相对减幅分别为 5.0%、8.0%和 11.5%，即通频振幅的相对减幅小于最大振动值的相对减幅。

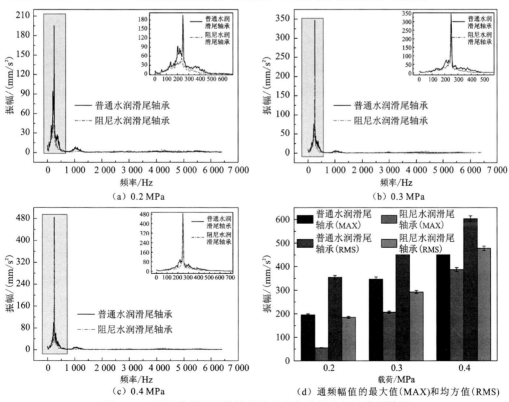

（a）0.2 MPa　　　　　　　　（b）0.3 MPa

（c）0.4 MPa　　　　　　　　（d）通频幅值的最大值（MAX）和均方值（RMS）

图 8-27　不同载荷下两种轴承竖直方向的振动加速度频谱图

参 考 文 献

[1] SIMPSON T A, IBRAHIM R A. Nonlinear friction-induced vibration in water-lubricated bearings[J]. Journal of Vibration and Control, 1996, 2(1): 87-113.

[2] WU O, ZHANG X, YUAN X, et al. Experimental study on the dynamic performance of water-lubricated rubber bearings with local contact[J]. Shock and Vibration, 2018(1): 1-10.

[3] KUANG F, ZHOU X, HUANG J, et al. Machine-vision-based assessment of frictional vibration in water-lubricated rubber stern bearings[J]. Wear, 2019, 426-427(Part A): 760-769.

[4] ZHANG Z, ZHANG Z, HUANG X, et al. Stability and transient dynamics of a propeller-shaft system as induced by nonlinear friction acting on bearing-shaft contact interface[J]. Journal of Sound and Vibration, 2014(12): 2608-2630.

[5] 金勇, 邓天扬, 欧阳武, 等. 网孔阻尼型水润滑艉轴承减振特性[J]. 哈尔滨工程大学学报, 2020, 41(1): 81-86.

[6] OUYANG W, YAN Q, KUANG J, et al. Simulation and experimental investigations on water-lubricated squeeze film damping stern bearing[J]. Journal of the Brazilian Society of Mechanical Sciences and Engineering, 2021(1): 1-13.

[7] GEHANNIN J, ARGHIR M, BONNEAU O. A volume of fluid method for air ingestion in squeeze film dampers[J]. Tribology Transactions, 2016(2): 208-218.

[8] 邝俊信. 基于油膜阻尼器的尾轴承减振性能及试验研究[D]. 武汉: 武汉理工大学, 2019.

第 9 章

水润滑推力轴承热流固耦合建模及仿真

9.1 可倾瓦推力轴承受力分析

弹性垫支撑可倾瓦推力轴承的推力瓦块与点支撑形式轴承的推力瓦块相比，最大的不同在于将其刚性较大的球冠形支点用弹性（橡胶）垫替换，由此提高轴承的均载能力和减振水平。这种结构的优点还包括：增大了瓦块底部支撑面积，避免了单点支撑结构受力集中，且可以减小大尺寸瓦块的弯曲凸起变形。这种结构上的改变带来了瓦块受力状况的变化，增加了其流体润滑性能计算的复杂性。在分析橡胶垫支撑推力瓦块受力情况之前，先分析点支撑推力瓦块的受力情况，并类比到橡胶垫支撑推力瓦块上[1]。

9.1.1 点支撑推力瓦受力分析

点支撑推力瓦块在流体压力和支点反力作用下的受力情况如图 9-1 所示。水膜压力作用于瓦块上表面，该压力在瓦面上的积分 F_f 与支点的支反力 F_p 大小相等方向相反，且作用于同一直线上。分布式水膜压力使瓦块产生绕支点倾斜的力矩，支点两侧的力矩分别是 M_{fl} 和 M_{fr}。瓦块在倾斜力矩作用下产生一个倾角 β。在不考虑支点变形、摩擦等因素

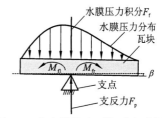

图 9-1 点支撑推力瓦块受力示意图

产生的额外力矩条件下，瓦块达到稳定状态需满足的两个条件如式（9-1）所示。

$$\begin{cases} F_f = F_p \\ M_{fl} = M_{fr} \end{cases} \tag{9-1}$$

9.1.2 橡胶垫支撑推力瓦受力分析

与点支撑可倾瓦相比，橡胶垫支撑的推力瓦块和橡胶垫之间是面-面接触，橡胶垫

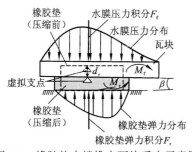

图 9-2 橡胶垫支撑推力瓦块受力示意图

压缩后在整个接触面上产生分布式支反力以平衡瓦面上水膜压力。橡胶垫支撑的推力瓦块受力情况如图 9-2 所示。水膜压力作用使瓦块产生倾斜力矩 M_f 并倾斜一定角度 β。橡胶垫被不均匀压缩，瓦块进水侧压缩量大于出水侧，其中某点的压缩量为 d_r。橡胶垫表面的分布式弹力作用于瓦背，弹力积分产生的支反力为 F_r，支撑瓦块并使其产生恢复力矩 M_r，阻碍瓦块在水膜压力作用下进一步倾斜，因此，橡胶垫支撑的推力瓦块达到平衡状态需满足的条件如式（9-2）所示。

$$\begin{cases} F_f = F_r \\ M_f = M_r \end{cases} \quad (9\text{-}2)$$

由式（9-2）可知，橡胶垫支撑的推力瓦块的力平衡条件与点支撑推力瓦块不同，增加了橡胶垫反作用力对瓦块倾斜力矩的影响项。橡胶垫支撑的推力瓦块没有支点，为方便计算力矩 M_f 和 M_r，在橡胶垫与瓦背面的接触面上定义一个虚拟支点。虚拟支点可以随橡胶垫的压缩而轴向移动。以虚拟支点处的压缩量表示橡胶垫的压缩量，则其他位置的压缩量可根据瓦块倾角求得。水膜压力产生的瓦块倾斜力矩 M_f 和橡胶垫产生的阻碍瓦块倾斜的恢复力矩 M_r 均以虚拟支点取矩。在一定的工况条件下瓦块达到平衡状态时，其倾角和橡胶垫的压缩量是唯一的。对二维推力瓦块而言，橡胶垫的支反力 F_r 和恢复力矩 M_r 是瓦倾角 β 和压缩量 d_r 的函数。

实际的扇形推力瓦是三维的，与二维模型相比，增加了径向倾角，因此，瓦块在平衡状态时需要同时考虑压缩量、周向倾角和径向倾角及它们引起的力和力矩变化。如图 9-3 所示，将与瓦块背面接触的橡胶垫上表面的几何中心点定义为虚拟支点，瓦块绕虚拟支点沿 x 和 y 轴倾斜角度分别为 β 和 γ，力矩分别为 M_x 和 M_y，则瓦块达到平衡状态需满足的条件如式（9-3）所示。

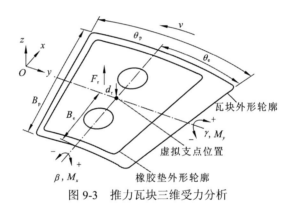

图 9-3　推力瓦块三维受力分析

θ_p 和 B_p 分别为瓦块的周向包角和瓦宽；θ_e 和 B_e 分别为橡胶垫相对于瓦块在周向的偏置角和径向的偏置位置坐标；v 为推力盘旋转线速度

$$\begin{cases} F_f = F_r \\ M_{fx} = M_{rx} \\ M_{fy} = M_{ry} \end{cases} \quad (9\text{-}3)$$

式中：M_{fx} 和 M_{fy} 分别为水膜压力作用于瓦面引起的瓦块绕 x 和 y 轴的倾斜力矩；M_{rx} 和 M_{ry} 分别为橡胶垫压应力作用于瓦背引起的瓦块绕 x 和 y 轴的恢复力矩。

此外，根据虚拟支点与瓦块的相对位置，还可以定义橡胶垫相对于瓦块的偏心率（偏置率）：

$$E_c = \theta_e / \theta_p \quad (9\text{-}4)$$

$$E_r = B_e / B_p \quad (9\text{-}5)$$

式中：E_c 和 E_r 分别为橡胶垫相对于瓦块在周向和径向的偏心率。

9.2 轴承热流固耦合模型及算法

轴承润滑性能的关键参数包括水膜压力和水膜厚度，两者受瓦面高分子材料和瓦底橡胶层弹性变形的影响较大。要准确求解轴承润滑性能，变形的求解是关键，其中涉及两个关键问题。

（1）瓦面高分子材料变形的计算。水的黏度比相同温度下常用润滑油的黏度低得多，因此，水润滑推力轴承的承载力比相同尺寸和工况下的油润滑轴承小得多，最小膜厚通常为微米级甚至是纳米级。为避免因水膜过薄造成摩擦副的干接触摩擦磨损，水润滑推力轴承多采用金属/非金属配对的摩擦副。常用的非金属材料有赛龙、飞龙、PEEK、尼龙等。与金属材料（白合金、不锈钢、锡青铜）相比，这些非金属材料有较小的弹性模量和较大线膨胀系数，在水膜压力和温度作用下的热-弹变形不可忽视。采用目前在油润滑轴承领域广泛应用的基于 Boussinesq 解的弹性位移方程或影响系数法求解的高分子材料的弹性变形和热变形，误差较大。

（2）橡胶垫的支反力 F_f 及恢复力矩 M_{rx} 和 M_{ry} 的计算。式（9-3）中，由水膜压力产生的力 F_f 及其对瓦块的倾斜力矩 M_{fx} 和 M_{fy} 可以通过解雷诺方程获得水膜压力分布，再对水膜压力在瓦面区域内积分，并对虚拟支点取矩求得。但橡胶垫的支反力 F_f 及恢复力矩 M_{rx} 和 M_{ry} 却不易通过解析方法或数值计算求解。一方面是因为橡胶垫形状不规则（扇形橡胶垫的四个角为圆角，且橡胶垫中间有两个定位销孔），不利于建立力学模型；另一方面是因为橡胶垫的非线性应力-应变关系，且橡胶垫的支反力和恢复力矩与它和瓦块钢基体的接触状态密切相关。

上述瓦面层高分子材料的热-弹变形和瓦块底层橡胶垫的变形之间存在耦合关系，两者相互影响，即双层大变形耦合问题。针对问题（1），本节采用有限元和有限差分相结合的方法求解。针对问题（2），本节采用试验和有限元法相结合的方法求解。在此基础上，联立雷诺方程、能量方程等控制方程，建立轴承热弹流动压润滑（thermal elastohydro-dynamic lubrication，TEHD）模型。

9.2.1 控制模型

1. 流体控制方程

对水润滑弹性垫支撑的可倾瓦推力轴承而言，建立 TEHD 模型，并求解其稳态工况下的 TEHD 性能，本质上是求解在瓦块达到力和力矩平衡条件方程［式（9-3）］时的水膜压力、水膜厚度、温度分布及轴承的变形等问题。这些润滑性能参数通常是通过数值迭代方法求解雷诺方程、能量方程、黏-温方程、膜厚方程、热-弹变形等方程获得，以力和力矩的迭代结果满足瓦块平衡方程［式（9-3）］为止。各方程如下所示。

（1）雷诺方程：

$$\frac{\partial}{\partial r}\left(\frac{rh^3}{\mu}\frac{\partial p}{\partial r}\right)+\frac{1}{r}\frac{\partial}{\partial \theta}\left(\frac{h^3}{\mu}\frac{\partial p}{\partial \theta}\right)=6r\omega\frac{\partial h}{\partial \theta} \tag{9-6}$$

式中: p 为有限元网格节点水膜压力; θ 为节点周向角; r 为节点半径; h 为节点膜厚; ω 为推力盘角速度; μ 为水的动力黏度。

（2）膜厚方程:

$$h(r,\theta,p,T) = h_p + r\sin(\theta_e - \theta)\sin\beta + [r\cos(\theta_e - \theta) - r_p]\sin\gamma - \delta(r,\theta,p,T) \qquad (9\text{-}7)$$

式中: β 和 γ 为瓦块的周向和径向倾斜角度; h_p 为虚拟支点处膜厚; δ 为瓦面变形; T 为水膜温度。

（3）能量方程:

$$\rho\left[\left(\frac{Uh}{2} - \frac{h^3}{12\mu}\frac{\partial p}{r\partial\theta}\right)\frac{\partial(c_V T)}{r\partial\theta} - \rho\frac{h^3}{12\mu}\frac{\partial p}{\partial r}\frac{\partial(c_V T)}{\partial r} = \mu\frac{U^2}{h} + \frac{h^3}{12\mu}\left[\left(\frac{\partial p}{r\partial\theta}\right)^2 + \left(\frac{\partial p}{\partial r}\right)^2\right] \qquad (9\text{-}8)$$

式中: c_V 为水的比定容热容。

（4）黏-温方程:

$$\mu = a\mathrm{e}^{(-T/b)} + c \qquad (9\text{-}9)$$

雷诺方程的边界条件为边界上水膜压力为 0; 能量方程的边界条件为进水侧温度等于供水温度 T_0, 本节中为 25℃。黏-温方程中系数 a、b、c 分别为 1.39×10^{-3}、32.84 和 2.438×10^{-4}。轴承设计比压为 0.5 MPa, 局部最大水膜压力约为 1 MPa, 在这种场合常可以认为水膜黏度和密度在该载荷下保持恒定, 因此, 忽略水的黏-压效应和密-压效应。

雷诺方程和能量方程采用有限差分法求解, 其量纲一化、差分法离散形式、迭代求解方法已在较多的文献中介绍, 此处不再赘述。

2. 经典弹性变形模型及计算误差分析

在轴承润滑领域关于热变形和弹性变形计算方面, 已有较多的方法可供参考。在弹性变形的计算模型中, 广泛应用的有基于 Boussinesq 解的弹性位移方程。该方法是通过 Hertz 接触原理将两接触弹性体量化处理, 并基于弹性力学和 Boussinesq 空间半无限原理计算得到。接触体表面的综合弹性变形公式可以表示为各节点上压力作用导致节点变形的线性组合, 这种求解变形量的方法又叫变形系数法或影响系数法。每求解一个节点的变形, 需要先求解整个求解区域所有节点的影响系数。当节点数为 N 时, 迭代一次需要求解 N^2 个影响系数, 可见该方法求解变形所需的计算量较大, 而影响系数只与网格间距和力作用点与变形计算点之间的距离有关。

采用压力插值函数计算影响系数的方法, 通过积分给出影响系数的解析式。该方法的求解域是弹性半无限空间, 并未考虑弹性体的实际厚度。尽管该方法在金属油润滑轴承领域应用非常广泛, 但实际高估了有限厚度材料弹性变形量, 特别是在计算弹性模量较小、厚度较小的高分子材料变形方面误差较大。

以高分子材料变形计算为例, 在边长为 40 mm、厚度为 2～30 mm 的矩形高分子材料上施加 0.5 MPa 的均布比压, 采用影响系数法和有限元法（finite element method, FEM）计算的试块变形对比如图 9-4（a）所示。影响系数法计算的瓦块厚度中心的变形量约为 30 μm, 而采用有限元法计算 2 mm 厚的高分子材料中心的变形量仅为 0.43 μm 左右, 两者相差近 70 倍, 且变形量与材料厚度呈正相关。另外, 两种方法计算的最大变形位置不同, 影响系数法计算的最大变形位置位于计算域中央, 而有限元法求解的最大变形位置位于求解域边界处。水润滑动压滑动轴承的最小膜厚通常是微米级，若将采用基于Boussinesq 解的弹性位移方程求解高分子材料的弹性变形计入膜厚方程，则即使在轻载工况下轴承也将处于混合润滑阶段，无法达到完全流体动压润滑状态，这显然不正确。因此，这一方程不宜用于高分子材料水润滑轴承弹性变形量的计算。图 9-4（b）所示为将 0.5 MPa 均布载荷施加到同样尺寸的不锈钢板材上计算的弹性变形量对比。由图可知，变形变化趋势与高分子材料一致，但绝对变形量远小于高分子材料。即使将载荷提高至5 MPa，用影响系数法计算不锈钢材料的最大变形量仅为 1 μm 左右。油润滑滑动轴承的液膜厚度通常为数十到数百微米之间，因此，采用影响系数法计算的变形量相对于液膜厚度来说是微小量，对其润滑性能结果的误差影响有限。

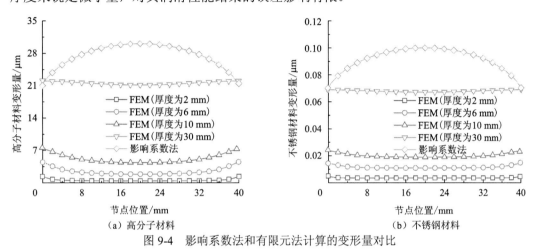

（a）高分子材料　　　　　　　　　　（b）不锈钢材料

图 9-4　影响系数法和有限元法计算的变形量对比

　　尽管有学者对变形系数法进行了各种改进，例如采用滑移网格法提高计算效率，并结合有限元法，提高求解精度，但最大变形位置的计算误差并未从根本上消除。

　　轴承的热变形也可以采用类似于弹性变形的影响系数法计算。先用有限元法确定热变形影响系数矩阵，然后将热变形影响系数矩阵乘以温升，即得到热变形量。因此这种方法计算的热变形存在类似于弹性变形的误差。

3. 瓦块热-弹变形的有限元模型及解法

　　对高弹、非线性、大热胀系数的薄层高分子材料瓦面，采用有限元法求解其热-弹变形，可以得到较高精度的解。具体方法是先假定热-弹变形量为 0，在 MATLAB 软件中用有限差分法（finite differential method，FDM）求解雷诺方程、能量方程、黏-温方程和膜厚方程，获得水膜压力分布和温度分布。然后，将求解的各节点的压力和温度以载荷的形式施加于推力瓦块有限元模型（采用 ADINA 软件建模）的热流固耦合界面上相对应的节点上，求解瓦面的热变形和弹性变形。为了控制有限元模型系统方程的收敛性，采用能量和位移收敛准则，当迭代误差小于 0.01 时，输出变形计算结果。之后，将瓦面各节点的变形代入膜厚方程，用有限差分法求解新的压力和温度分布。最后，再代入有限元模型中求解新的变形。如此在 MATLAB 和 ADINA 中反复迭代，当变形满足收敛条件时，保存并输出计算结果。热-弹变形的求解原理如图 9-5 所示。

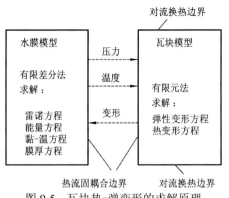

图 9-5　瓦块热-弹变形的求解原理

瓦块的热-弹变形有限元模型及某一工况的计算结果如图 9-6 所示。瓦面高分子材料的热传导系数仅为 0.25 W/(m·K)，与瓦背的钢基体相比几乎是绝热材料，可认为大部分内摩擦热被水膜带走，只有少量的热量通过瓦块壁面和周围水环境发生热交换。有限元模型中瓦块四壁的对流换热系数对瓦块温度场的影响极小，本小节中对流换热系数设为 30 W/(m²·K)。橡胶垫的压缩和倾斜会影响瓦面高分子材料相对于全局坐标系的变形量，但对瓦面相对于瓦基体的变形量影响不大。橡胶垫的变形在计算流体温度和压力的有限差分法迭代大循环中予以考虑。因此，计算瓦面高分子材料热-弹变形有限元模型不包括橡胶垫。

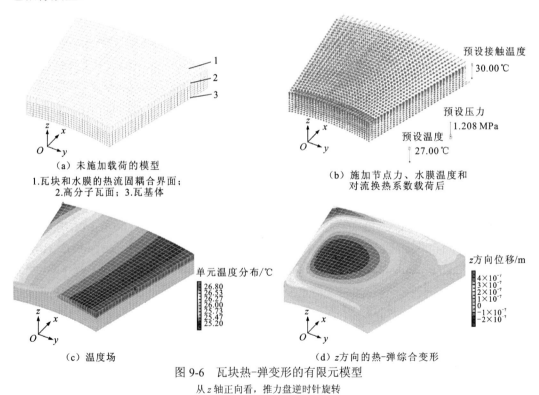

图 9-6　瓦块热-弹变形的有限元模型
从 z 轴正向看，推力盘逆时针旋转

图 9-6（b）所示是将数值计算求解的水膜温度、节点力，以及瓦块四周对流换热系数施加在图 9-6（a）中模型后的结果。该算例中轴承比压为 0.4 MPa，推力盘转速为

600 r/min，冷却水进口温度为 25℃。在 MATLAB 和 ADINA 中往复循环迭代 9 次，求得温度和变形的相对误差均小于 0.001 的收敛解。温度场和瓦面变形如图 9-6（c）和（d）所示。

4. 弹性垫支反力和恢复力矩的求解方法

在弹性垫支撑的推力瓦的平衡方程[式（9-3）]中，弹性橡胶垫的支反力 F_f 及恢复力矩 M_{rx} 和 M_{ry} 的求解是建立轴承 TEHD 模型的关键，它们不易通过固体高聚物力学理论求解。因此，本小节提出采用试验和有限元法结合的方法求解橡胶垫的支反力和恢复力矩，具体方法如下。

（1）按照《橡胶物理试验方法试样制备和调节通用程序》（GB/T 2941—2006）中规定的尺寸和测试方法加工橡胶试块并测量其压缩压力和压缩量的关系，求解其应力-应变关系。同时用相同的橡胶材料加工满足轴承要求的橡胶垫，测量其压缩力和压缩量的关系。

（2）在有限元软件中建立橡胶垫压缩有限元模型，将实测的橡胶材料的应力-应变关系作为模型材料属性输入，用仿真方法求解橡胶垫压缩力和压缩量的关系，并调整橡胶材料本构模型的相关参数，重现试验结果。当计算的压缩力和位移关系能较好地吻合测量结果时，保存所确定的橡胶材料属性参数。

（3）利用确定的橡胶材料属性，用有限元法计算橡胶垫在任意轴向压缩位移和倾角下的支反力和恢复力矩。并将力和力矩随压缩量和倾角的变化关系拟合成曲面方程，用于轴承 TEHD 性能的迭代求解过程中。

1）橡胶垫压缩试验和仿真模型验证

橡胶垫在压缩时，压缩压力和压缩量的关系与橡胶垫和压缩板之间的接触（润滑）状态密切相关。如图 9-7 所示，当橡胶垫上、下表面沾有水和在完全干燥状态下压缩，两者在相同压缩力作用下的压缩量不同。当橡胶垫表面涂有水时，相当于在橡胶垫和不锈钢块之间形成了一层润滑膜，在轴向压缩过程中橡胶垫沿水平方向膨胀的摩擦阻力较小，因此湿润状态下压缩量 d_{rw} 较大。在干燥状态下压缩，橡胶垫和不锈钢块的接触面之间产生摩擦力，阻碍橡胶垫沿水平方向膨胀，造成橡胶垫不受力的侧面鼓起，如图 9-7（b）所示，导致干燥状态下压缩量 d_{rd} 小于 d_{rw}。

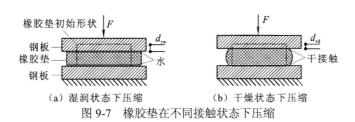

（a）湿润状态下压缩　　　　　　（b）干燥状态下压缩

图 9-7　橡胶垫在不同接触状态下压缩

为实际测量橡胶垫和钢板在不同接触状态下的压缩量和压力的关系，开展橡胶垫压缩试验。其中三块在湿润状态下压缩，另外三块在干燥状态下压缩。为尽量减小不锈钢板表面粗糙度对橡胶垫横向膨胀摩擦力的影响，试验中用石英玻璃块（均方根表面粗糙度小于 0.04 μm）代替不锈钢块。橡胶垫试块和压缩试验台如图 9-8 所示。

图 9-8　橡胶垫试块和压缩试验台照片

多次测量的橡胶垫压缩量-压力关系如图 9-9 所示。由图可知，在压缩量相同时，干压缩所需的压力几乎是湿压缩的两倍，说明橡胶垫和压缩板间的接触状态（摩擦力）对其应力-应变关系有较大影响，不可忽视。无论是干压缩还是湿压缩，测量的三块橡胶垫的压缩量-压力关系曲线并不完全重合，这可能与橡胶垫材料的均匀性、内部气孔等因素有关。

由于水润滑推力轴承应用于轮缘驱动推进系统时，其完全工作于开式水环境，且橡胶垫和瓦基体之间仅通过定位销限位，可认为橡胶垫与瓦基体之间一直处于被水浸润的状态。在开展橡胶垫压力-变形的有限元仿真分析时，将湿压缩获得的橡胶材料应力-应变关系作为 Mooney-Rivlin 橡胶本构模型的材料属性。三次湿压缩测量的橡胶垫压缩量-压力平均值与有限元仿真结果对比如图 9-10 所示。

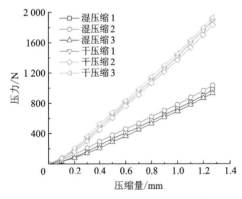

图 9-9　橡胶垫压缩量-压力关系曲线

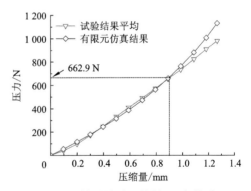

图 9-10　湿压缩测量时压缩量-压力关系
的有限元仿真结果与试验结果对比

由图 9-10 可知，当压缩量小于 0.9 mm 时（橡胶垫厚度的 14.5%，此时压力为 662.9 N），仿真求解的压缩量-压力关系与试验结果吻合较好。按照瓦块最大设计比压 0.5 MPa 计算，橡胶垫的最大设计载荷为 602 N，处于压缩量-压力关系仿真结果的合理范围，这表明用有限元法仿真计算橡胶垫力学性能是可行的。因此，将基于有限元法计算橡胶垫在不同压缩量和倾角下的支反力 F_r 及恢复力矩 M_{rx} 和 M_{ry}。

2）橡胶垫支反力和恢复力矩求解和曲面方程拟合

在 ANINA 有限元软件中建立橡胶垫支反力和恢复力矩计算模型，如图 9-11（a）所示。橡胶垫在压缩过程中，只有一个面有轴向位移 d_r 和周向倾角 β、径向倾角 γ，另一个受压表面只做横向（膨胀或收缩）运动。将橡胶垫只做横向运动的上表面施加轴向约束，而有位移和倾角的受压面（下表面）与压缩钢板（图 9-11 中矩形板）接触，且两接触面的几何中心点重合。橡胶垫接触面的几何中心点被设置为虚拟支点，该平板绕虚拟支点倾斜或压缩。将平板接触面的几何中心点和其所有节点之间建立刚性连接，平板的位移和倾角载荷均施加在该几何中心点上，通过刚性连接传递到其他节点，从而使橡胶垫产生压缩或倾斜。橡胶垫的支反力 F_r 和恢复力矩 M_{rx}、M_{ry} 都是压缩量 d_r 和倾角 β、γ 的函数，因此，给定 d_r、β 和 γ 的值，便可求得 F_r、M_{rx} 和 M_{ry}。平板向 z 轴正方向压缩量 d_r 为 0.7 mm，周向倾角 β 和径向倾角 γ 分别为 0.004 rad 和 -0.004 rad 时计算轴向位移云图如图 9-11(b)所示。此时橡胶垫产生的支反力 F_r 和恢复力矩 M_{rx}、M_{ry} 分别为 479.57 N、0.221 N·m 和 0.073 N·m。

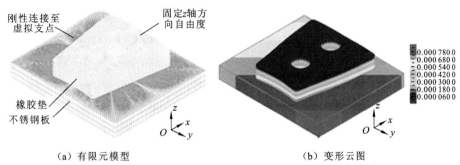

（a）有限元模型　　　　　　　　　　　（b）变形云图

图 9-11　橡胶垫支反力 F_r 和恢复力矩 M_{rx} 和 M_{ry} 计算模型

采用有限元法，计算橡胶垫的 F_r、M_{rx} 和 M_{ry} 随 d_r、β 和 γ 的变化关系，如图 9-12 所示。由图 9-12（a）可知，d_r 是影响 F_r 的主要因素，而 β 和 γ 对 F_r 的影响较小。F_r 随 d_r 的增大非线性增大，但随 γ 的变化几乎保持不变。当 β 从 0 增大到 0.002 rad 时，所绘制的 6 个 F_r 曲面几乎完全重叠。主要原因是虚拟支点定义在橡胶垫上表面的几何中心点，x 轴是对称轴，当橡胶垫在压缩状态下绕 x 轴倾斜一个小角度 β 时，x 轴两侧的橡胶垫分别压缩和释放，两者对橡胶垫压缩压力的作用相互抵消，导致 β 对 F_r 的影响较小。橡胶垫绕 y 轴倾斜时也有类似情况，但 y 轴不是对称轴，因此 γ 对 F_r 的影响稍大。例如，当 d_r 和 γ 分别为 0.75 mm 和 0 时，将 β 从 0 增大到 0.002 rad，F_r 仅增大 0.023%。但是当 d_r 和 β 分别是 0.75 mm 和 0，将 γ 从 0 增大到 0.002 rad 时，F_r 增大 0.309%。当减小 d_r 时，β 和 γ 对 F_r 的影响进一步下降。

图 9-12（b）所示为 M_{ry} 随 d_r、β 和 γ 的变化关系。d_r 和 γ 对 M_{ry} 的影响较大，但 β 的影响较小。当 β 从 0 增大到 0.002 rad 时，6 个 M_{ry} 曲面几乎完全重叠。当 d_r 和 γ 分别为 0.75 mm 和 0 时，将 β 从 0 增大到 0.002 rad，M_{ry} 仅增大 0.085%。图 9-12（c）所示为 M_{rx} 随 d_r、β 和 γ 的变化关系。d_r 和 β 对 M_{rx} 的影响大于 γ 的影响。当 γ 从 -0.002 rad 增大到 0.002 rad 时，11 个 M_{rx} 曲面几乎完全重叠。当 d_r 和 β 分别为 0.75 mm 和 0.002 rad 时，

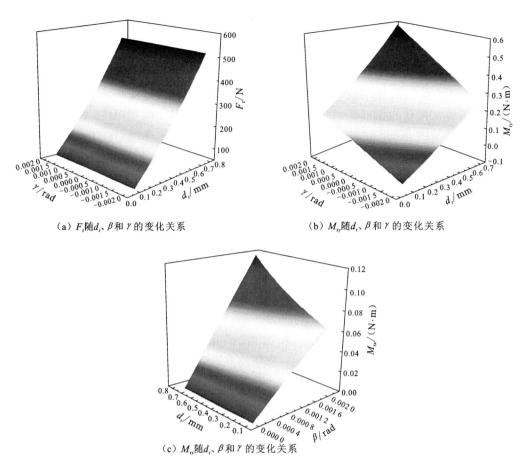

（a）F_r随d_r、β和γ的变化关系　　　　　　（b）M_{ry}随d_r、β和γ的变化关系

（c）M_{rx}随d_r、β和γ的变化关系

图 9-12　F_r、M_{rx} 和 M_{ry} 随 d_r、β 和 γ 的变化关系

将 γ 从 0 增大到 0.002 rad，M_{rx} 仅增大 0.847%。总之，d_r 对 F_r、M_{rx} 和 M_{ry} 的影响远大于 β 和 γ 的影响，这是因为 d_r 的变化是毫米级的，而倾角 β 和 γ 的变化引起的压缩或膨胀量是微米级的。

利用 Origin 9.0 软件的非线性 Poly 2D 曲面拟合函数将图 9-12 中 F_r、M_{rx} 和 M_{ry} 随 d_r、β 和 γ 的变化关系拟合成数学表达式：

$$d_r = 0.00212 - 0.80682\gamma + 0.00177F_r - 34.405\gamma^2 - 6.6448\times10^{-7}F_r^2 + 1.15716\times10^{-5}\gamma F_r$$

（9-10）

$$M_{rx} = 0.00439 + 27.36002\beta - 0.02675d_r + 2.79016\beta^2 + 0.03109d_r^2 + 40.14613\beta d_r \quad (9\text{-}11)$$

$$M_{ry} = 0.00385 + 43.00999\gamma + 0.40884d_r - 4.41925\gamma^2 + 0.20168d_r^2 + 50.51071\gamma d_r \quad (9\text{-}12)$$

三个拟合方程的校正决定系数均大于 0.999，说明函数的选择和方程的拟合非常成功。式（9-10）～式（9-12）是后续开展橡胶垫支撑水润滑可倾瓦推力轴承 TEHD 性能计算的关键基础，可直接用于计算瓦块平衡状态条件方程[式（9-3）]中的 M_{rx} 和 M_{ry}。它们对瓦块受力平衡和力矩平衡的影响是橡胶垫支撑推力轴承与常规点支撑可倾瓦推力轴承润滑性能模型的显著不同点。

9.2.2 算法

1. 有限差分法

采用有限差分法求解雷诺方程，采用逐次超松弛（successive over relaxation，SOR）迭代法提高迭代计算速度，需要关注的几个迭代收敛条件。压力迭代收敛条件表达式为

$$\frac{\sum_{j=2}^{m}\sum_{i=2}^{n}\left|p_{i,j}^{(k)} - p_{i,j}^{(k-1)}\right|}{\sum_{j=2}^{m}\sum_{i=2}^{n}p_{i,j}^{(k)}} \leqslant \delta_1 \tag{9-13}$$

式中：相对误差 δ_1 取 0.001。

载荷迭代收敛条件

$$\frac{|W - F|}{F} \leqslant \delta_2 \tag{9-14}$$

式中：相对误差 δ_2 取 0.001。

2. 有限元法

有限元法的本质是基于变分原理，通过分区插值方法把二次泛函的极值问题转化为一组多元线性代数方程来求解。有限元法的基本思想是，将弹性体划分为有限个单元，应用有限个参数对每个单元的动力特性进行描述，基于线性叠加原理可以认为整个弹性体的力学行为就是这些小单元力学特性的总和。有限元求解问题的基本步骤如下。

（1）建立几何模型。首先，根据要分析的实际结构，在不影响结构动特性的基础上，对结构做必要简化，忽略一些复杂的局部细节。然后建立与实际结构具有几何相似的几何模型。

（2）离散化。将要分析的结构离散化成有限个单元，将要解决的问题分解成节点和单元求解问题。

（3）单元分析。从单元位移模式出发，应用固体力学相关原理，建立描述单元物理属性的形函数，导出单元的应变、应力、单元刚度矩阵和单元等效节点载荷向量的计算公式，讨论单元平衡条件，建立单元节点力与节点位移之间的关系。

（4）单元组装及总体分析。基于单元分析，将其结果应用到所有单元中，利用最小势能原理建立结构的有限元方程，然后应用边界条件和施加载荷，求解所有节点位移，并逐一推导各单元应力。

针对不可压缩流体，应用在等温、等黏度、层流和定常工作条件下的雷诺方程，求解所用的坐标系及边界条件如图 9-13（a）所示。

使用有限元法，采用图 9-13（b）所示的三节点三角形单元对各液膜区进行离散，将各单元的特性方程按节点号进行迭加，就可以形成总体特性方程：

$$KP = 4\varepsilon F_{\sin\theta} \tag{9-15}$$

式中：P 为节点压力矢量，$P = [P_1, P_2, \cdots, P_m]$，$m$ 为求解区域离散后的总节点数；

$$F_{\sin\theta} = \sum_{e=1}^{E} \begin{cases} \Delta\sin\theta \\ \Delta\sin\theta \\ \Delta\sin\theta \end{cases}^{e}$$

，Δ 为单元面积；ε 为偏心率；E 为求解区域中的单元数。

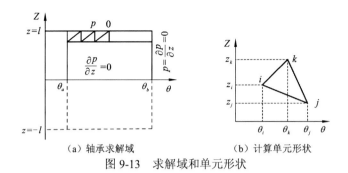

（a）轴承求解域　　　　　（b）计算单元形状

图 9-13　求解域和单元形状

轴承的液膜力则通过对轴承的液膜区各单元的液膜力进行合成求得

$$
\begin{cases}
f_x = -2\displaystyle\int_0^1\!\!\int_{\theta_a}^{\theta_b} P'\sin\alpha\,\mathrm{d}\theta\mathrm{d}z = -2\sum_{e=1}^{E}(P\sin\alpha)^e \\[2mm]
f_y = -2\displaystyle\int_0^1\!\!\int_{\theta_a}^{\theta_b} P'\cos\alpha\,\mathrm{d}\theta\mathrm{d}z = -2\sum_{e=1}^{E}(P\sin\alpha)^e
\end{cases}
\tag{9-16}
$$

式中：$p=(p_i+p_j+p_k)/3$，即单元节点压力的平均值；θ_a,θ_b 分别为液膜起始角和终止角；P' 为液膜压力。

由此可以得到用节点液膜压力表示的液膜力在 x 和 y 方向的分力分别为

$$
\begin{cases}
f_x = -\dfrac{2}{3}(P_1,P_2,\cdots,P_m)F_{\sin\alpha} = -\dfrac{2}{3}(F_{\mathrm{sina}})^{\mathrm{T}}P \\[2mm]
f_y = -\dfrac{2}{3}(P_1,P_2,\cdots,P_m)F_{\cos\alpha} = -\dfrac{2}{3}(F_{\cos\alpha})^{\mathrm{T}}P
\end{cases}
\tag{9-17}
$$

将式（9-16）代入式（9-17）中，可得

$$
\begin{cases}
f_x = -\dfrac{8}{3}E(F_{\sin\alpha})^{\mathrm{T}}K^{-1}F_{\sin\theta} \\[2mm]
f_y = -\dfrac{8}{3}E(F_{\cos\alpha})^{\mathrm{T}}K^{-1}F_{\cos\theta}
\end{cases}
\tag{9-18}
$$

3. 边界元法

边界元法是在经典的积分方程基础上，吸收了有限元法的离散技术而发展起来的一种数值计算方法，它的基本思想是用边界积分方程来求解微分方程。边界元法的基础是建立边界积分方程，求解过程可以分为以下两步。

（1）问题的边界化，即应用格林公式通过基本解将求解域内的微分方程变换为边界上的积分方程。这样可以使所求解问题的维数降低—维，从而使输入数据量和代数方程组的未知量大为减少，这是边界元法相对于有限元法的显著优点。

（2）边界的离散化，即通过采用有限元法的离散技巧将边界离散。离散主要在边界上进行，误差主要产生于边界，而区域内的未知量可以由解析公式计算得到，从而可以有较高的计算精度。另外，由于基本解本身的奇异性，边界元法在解决奇异问题时精度较高。

利用边界元法求解雷诺方程过程如下。

（1）雷诺方程的边界积分方程。取液膜厚度 $\hat{h} = \dfrac{h}{\mu^{1/3}}$ 和压力变换 $p = \hat{h}^{-3/2}u$，将雷诺方程化为

$$\nabla^2 u = \frac{3}{4}(\hat{h}^{-2}\nabla\hat{h}\cdot\nabla\hat{h} + 2\hat{h}^{-1}\nabla^2\hat{h})u + 6\hat{h}^{-3/2}\omega\frac{\partial h}{\partial\theta} \tag{9-19}$$

式中：∇ 为哈密顿算子。式（9-19）的边界积分方程可写为

$$C(P)u(P) + \int_\Gamma u(Q)\frac{\partial u^*(P,Q)}{\partial n(Q)}\mathrm{d}\Gamma(Q) = \int_\Gamma \frac{\partial u(Q)}{\partial n(Q)}u^*(P,Q)\mathrm{d}\Gamma(Q) + \int_\Omega f(q)u^*(P,q)\mathrm{d}Q(q)$$
$$\tag{9-20}$$

式中：角点系数 $C(P)$ 由数值方法求出；Γ 和 Ω 分别为问题的边界和区域；P、Q 为边界点，q 为内点。式（9-20）的基本解为

$$u^* = \ln\frac{1}{\Upsilon(P,Q)} \tag{9-21}$$

式中：$\Upsilon(P,Q)$ 为所考虑的点 P 与积分流动点 Q 的距离。式（9-20）中的 $f(q)$ 可表示为

$$f(q) = -\frac{3}{4}(\hat{h}^{-2}\nabla\hat{h}\cdot\nabla\hat{h} + 2\hat{h}^{-1}\nabla^2\hat{h})u - 6\hat{h}^{-3/2}\omega\frac{\partial h}{\partial\theta} \tag{9-22}$$

（2）边界积分方程离散。对于 f 不为零的情形，如果采用高斯积分计算式（9-21）中的面积分，则在对边界进行离散的同时对区域离散化。采用线性单元时，边界和区域的离散如图 9-14（a）所示。为了适应液膜破裂处外面积分的需要，同时引入三角形单元。设单元 Γ_e 的外法线为 $\boldsymbol{n}$，如此规定单元的局部节点码，使得从局部码 1 向局部码 2 沿单元进行时，$\boldsymbol{n}$ 指向右侧。对于单元 Γ_e 建立局部右手坐标系 $\xi O'\eta$，使 ξ 轴沿单元从局部节点码 1 指向局部节点码 2，如图 9-14（b）所示。图中点 P 即为边界积分方程所考虑的点，$a = \eta(P)$。

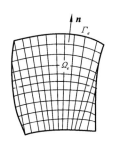

（a）边界和区域离散

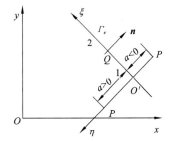

（b）单元坐标系

图 9-14　离散化处理示意图

设 L 为 Γ_e 的节点数，边界量在 Γ_e 上表示为

$$\begin{cases} u = \displaystyle\sum_{l=1}^{L} N_l u^l, \quad \frac{\partial u}{\partial n} = \sum_{l=1}^{L} N_l\left(\frac{\partial u}{\partial n}\right)^l \\ N_1 = \dfrac{\xi_2 - \xi}{L_0}, \quad N_2 = \dfrac{\xi - \xi_1}{L_0} \end{cases} \tag{9-23}$$

式中：N_1、N_2 为形状函数；脚标 l 为响应局部节点 l 的量；ξ_1 和 ξ_2 为局部节点坐标。对于域内单元，也采用形状函数 N_l 将其变换为标准单元。此时，若 L_Ω 为单元节点数，则有

$$f = \sum_{l}^{L_\Omega} N_l f^l \tag{9-24}$$

域内积分成为在矩形或三角形标准单元上的积分。N_l 为四边形或三角形单元的形状函数。

把所考虑的点 P 取为 Γ 上的节点 n，则有

$$C^n u^n + \sum_{e=1}^{E} \sum_{l=1}^{L} H_l^e u^l = \sum_{e=1}^{E} \sum_{l=1}^{L} G_l^e \left(\frac{\partial u}{\partial n} \right)^l + \sum_{e=1}^{E_\Omega} \sum_{l=1}^{L_\Omega} R_l^e f^l \tag{9-25}$$

式中：E 和 E_Ω 分别为边界单元数和域内单元数；脚标 e 和 l 分别为单元 Γ_e 上局部节点 l 的量。

$$H_l^e = \int_{\Gamma_e} \frac{\partial u^*}{\partial n} N_l \mathrm{d}\Gamma$$

$$G_l^e = \int_{\Gamma_e} u^* N_l \mathrm{d}\Gamma$$

$$R_l^e = \int_{\Omega_e} u^* N_l \mathrm{d}\Gamma$$

从而得到下述边界元代数方程：

$$HU = GQ + RF \tag{9-26}$$

式中：U 和 Q 分别是边界节点值 u 和 $\frac{\partial u}{\partial n}$ 组成的列矩阵；F 是全部节点的 f 值列矩阵；H、G 和 R 的元素分别为

$$H_{nm} = C^n \delta_{nm} + \sum_{\substack{e=1 \\ l=l_m^e}}^{E} H_l^e$$

$$G_{nm} = \sum_{\substack{e=1 \\ l=l_m^e}}^{E} G_l^e, \quad n,m=1,2,\cdots,M(\text{边界节点数})$$

$$R_{nm} = \sum_{\substack{e=1 \\ l=l_m^e}}^{E} R_l^e, \quad \begin{array}{l} n=1,2,\cdots,M \\ m=1,2,\cdots,M'(\text{节点总数}) \end{array}$$

式中：l_m^e 为单元 Γ_e 或 Ω_e 上与整体码 m 对应的局部节点码。

域内节点 u 值经离散，取 $C(P)=2\pi$，得

$$2\pi\{u\} = GQ - HU + RF \tag{9-27}$$

（3）单元积分计算。在上述单元局部坐标系下，H_l^e 和 G_l^e 能够用解析法求得。在线性单元情形下，设 L_0 为单元长度，单元积分为

$$H_1^e = (\xi_2 I_1 + I_2)/L_0, \quad H_2^e = (-I_2 - \xi_1 I_1)/L_0$$
$$G_1^e = (\xi_2 I_3 + I_4)/L_0, \quad G_2^e = (-I_4 - \xi_1 I_3)/L_0$$

式中：

$$I_1 = \begin{cases} -\left[\mathrm{tg}^{-1}(\xi/a) \right]_{\xi_1}^{\xi_2}, & a \neq 0 \\ 0, & a = 0 \end{cases}$$

$$I_2 = \begin{cases} \left[\dfrac{a}{2} \ln(\xi^2 + a^2) \right]_{\xi_1}^{\xi_2}, & a \neq 0 \\ 0, & a = 0 \end{cases}$$

$$I_3 = \begin{cases} \left[\xi - \dfrac{\xi}{2} \ln(\xi^2 + a^2) - a \tan^{-1}(\xi/a) \right]_{\xi_1}^{\xi_2}, & a \neq 0 \\ \left[\xi(1 - \ln|\xi|) \right]_{\xi_1}^{\xi_2}, & a = 0 \end{cases}$$

$$I_4 = \begin{cases} \dfrac{1}{4} \left[(\xi^2 + a^2) \ln(\xi^2 + a^2) - \xi^2 \right]_{\xi_1}^{\xi_2}, & a \neq 0 \\ \left[\dfrac{\xi^2}{4} (2 \ln|\xi| - 1) \right]_{\xi_1}^{\xi_2}, & a = 0 \end{cases}$$

R_i^e 用高斯积分求得。高斯积分要求被积函数在单元上连续，而当 $n = m$ 时，积分的奇异性采用划分子单元的方法处理。此外，假定区域 Ω 内存在一等压无源压力场，C^n 易于从方程求得。

（4）压力场求得。初始时，润滑区域的周边为压力边界。当液膜破裂时，压力边界改变，形成的区域包含三角形单元。此外，对于 f 连续的情形，即只有一个子区域的情形，$\{U\} \equiv 0$。

对方程组进行列主元高斯消去，得到具有单位上三角矩阵 $\boldsymbol{A}$ 的代数方程：

$$\boldsymbol{AQ} = -\boldsymbol{BF} \tag{9-28}$$

$\boldsymbol{A}$ 和 $\boldsymbol{B}$ 的阶数很低，被保留做反复回代，求 $\{Q\}$ 的过程只是低阶代数方程组的回代过程，因此十分迅速。求出 $\boldsymbol{Q}$ 后，再求 u。

4. 有限差分-有限元组合法

综合流体控制方程、瓦块变形、橡胶垫支反力和恢复力矩求解方法及所拟合的关系式，将它们以一定的逻辑和流程联结起来求解，共同构成水润滑弹支可倾瓦推力轴承的 TEHD 性能分析模型。

具体而言，是在给定推力盘转速和轴向载荷的条件下，采用有限差分法和有限元法相结合，求解上述模型中的各方程，计算推力瓦块在力平衡状态时的水膜温度、压力、厚度分布及瓦块的热-弹变形。在多重循环迭代求解过程中，预先设置瓦块倾斜角 β、γ 和虚拟支点处膜厚 h_p 的取值范围，它们的实际值根据迭代结果自动更新，在瓦块和水膜之间实现水膜压力、温度和瓦面热-弹变形的数据交换。求解过程中的温度、压力、水膜承载力、瓦块倾斜力矩和瓦面变形须满足收敛条件。

9.3 TEHD 性能及其与 THD 性能的对比

9.3.1 轴承 TEHD 性能

基于所提出的橡胶垫支撑的水润滑可倾瓦推力轴承 TEHD 性能模型和计算方法[2]，本小节计算推力轴承的 TEHD 性能。轴瓦相关参数：瓦块包角为 24°，瓦面高分子层厚度为 2 mm，橡胶垫的偏心率 $E_c = 0.58$，$E_r = 0.49$；瓦块比压为 0.5 MPa；推力盘转速为 600 r/min，冷却水入口温度为 25 ℃。在稳态工况下，水膜压力、厚度、温度和瓦面高分子材料变形的分布如图 9-15 所示。其最大水膜压力、最小水膜厚度、支点水膜厚度和最高水膜温度分别为 1.08 MPa、3.77 μm、5.96 μm 和 27.71 ℃。在瓦面变形方面，由图 9-15（d）可知瓦面相较于初始平面发生了凸变形（正值）和凹变形（负值）。凸变形主要是由水膜温升引起的瓦块热膨胀变形，凹变形主要是由水膜压力引起的弹性变形。最大凸变形和最大凹变形分别为 0.65 μm 和-0.21 μm。

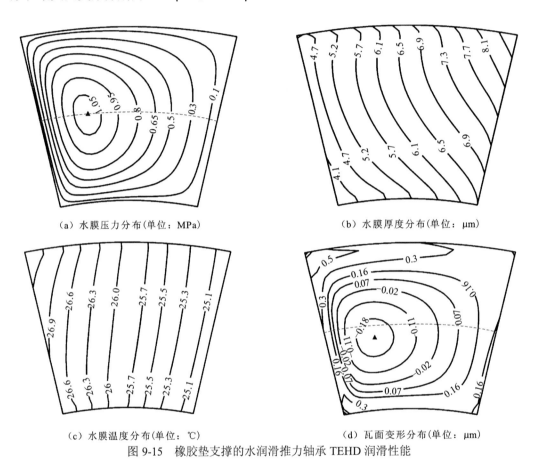

（a）水膜压力分布（单位：MPa）　　　　　　（b）水膜厚度分布（单位：μm）

（c）水膜温度分布（单位：℃）　　　　　　（d）瓦面变形分布（单位：μm）

图 9-15　橡胶垫支撑的水润滑推力轴承 TEHD 润滑性能

　　由图 9-15（a）可见，最大水膜压力（图中▲处）位于瓦块平均半径所在的圆弧（图中虚线）上，据此推断瓦面最大的弹性变形也应在该位置附近。但在图 9-15（d）中，最大凹陷变形并不是出现在最大压力处，而是向瓦块内侧偏移了一定距离。这种偏移与瓦面热膨胀有关，因为该凹陷是瓦面热-弹变形共同作用的结果。由图 9-15（c）可知水膜温度由瓦块进水侧向出水侧逐渐增大。以瓦块平均半径处的圆弧将瓦块分为内侧和外侧，则靠近瓦块外侧温度增速大于内侧，瓦块最高温度出现在进水边外侧。瓦块的这种温度分布使其热膨胀变形由进水侧向出水侧外侧逐渐增大。热变形和弹性变形相互叠加，使最大凹变形向最大压力内侧转移。而最大凸变形的位置与最高温度的位置重合较好，即都在水膜出口边外侧，因为边界处水膜压力接近 0，弹性变形可以忽略，该处的凸变形主要是热膨胀变形。

9.3.2 与 THD 性能对比

用于计算推力轴承流体动压润滑性能的经典模型有三种：HD 模型、THD 模型和 TEHD 模型。HD 模型不考虑润滑液黏-温效应和轴承变形，而 THD 模型不考虑轴承变形。为更好地理解瓦面材料变形对轴承润滑性能的影响，对比轴承 TEHD 和 THD 润滑性能。THD 模型是将 TEHD 模型中的变形 δ 设为 0 而简化得到。TEHD 模型和 THD 模型的瓦块平均半径处的润滑性能计算结果对比如图 9-16 所示。

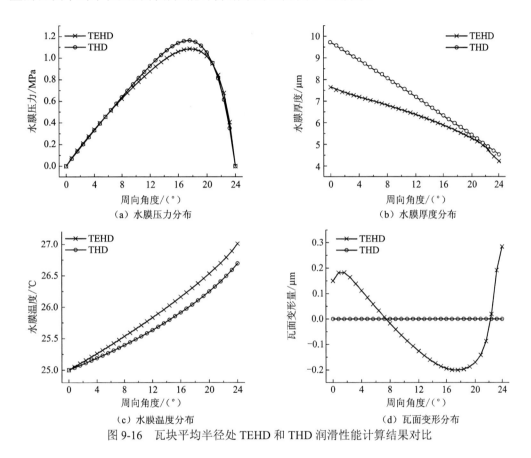

图 9-16　瓦块平均半径处 TEHD 和 THD 润滑性能计算结果对比

由图 9-16（a）可知，采用 TEHD 模型计算的最大水膜压力为 1.08 MPa，比 THD 模型的计算结果小 6.9%。这是因为压力越大，瓦面产生的弹性变形也越大，使该区域的水膜厚度增大，导致水膜压力下降，进一步减小水膜承载力。为了平衡轴承外载荷，瓦块倾角自适应调整的同时推力盘也产生轴向位移，导致水膜厚度分布出现整体下降，以提高水膜压力和承载能力。因此，如图 9-16（b）所示，采用 TEHD 模型计算的周向水膜厚度整体小于 THD 模型的计算结果。其中进水侧水膜厚度由 9.7 μm 降到 7.7 μm，降幅达 20.6%。出水侧水膜厚度也略有下降，由 4.5 μm 降到 4.3 μm。根据牛顿流体的内摩擦定律，水膜厚度的降低导致其内摩擦剪切力增大，摩擦生热量增加，所以 TEHD 模型计算的水膜温度略高，如图 9-16（c）所示。水膜温度升高使其动力黏度下降，是导致水膜厚度降低的另一个原因。图 9-16（d）所示为瓦面变形量的变化情况，负值表示凹变形，是由温度和压力变化引起的热-弹综合变形，其中压力变化导致的凹变形占主导作用；正值代表主要由温升引起的凸变形。两种变形量分别为 –0.20 μm 和 0.19 μm，分别占平均半径处最小水膜厚度的 4.4% 和 4.7%。推力轴承 TEHD 润滑性能的改变，主要是由这两种变形所引起。

图 9-17 为 TEHD 模型和 THD 模型计算的瓦块径向中心线上的润滑性能结果对比。与周向变化规律一致，TEHD 模型计算的最大水膜压力和径向水膜厚度小于 THD 模型，但水膜温度略高。由图 9-17（b）可知，瓦块内侧的水膜厚度小于外侧，说明瓦块沿径向向外倾斜，在实际运行过程中瓦块内侧出现擦伤或磨损的概率大于外侧。

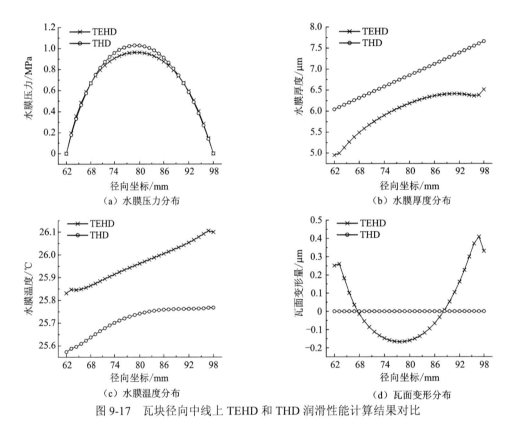

（a）水膜压力分布

（b）水膜厚度分布

（c）水膜温度分布

（d）瓦面变形分布

图 9-17　瓦块径向中线上 TEHD 和 THD 润滑性能计算结果对比

表 9-1 对比了 TEHD 模型和 THD 模型计算的最大水膜压力等参数及它们的相对变化率。与 THD 润滑模型计算结果相比，采用 TEHD 模型计算的最大水膜压力下降了 6.9%，最高温度提升了 2.4%，最小水膜厚度和虚拟支点膜厚分别下降了 10.9% 和 11.8%。瓦面最大凹变形量和最大凸变形量分别为 –0.21 μm 和 0.65 μm。以最小水膜厚度为参考指标，则最大凹变形量和最大凸变形量分别为最小水膜厚度的 5% 和 15.3%。将最大凸变形量和最大凹变形量的幅值相加作为瓦面的最大变形量，则轴承在该工况下的最大变形量为 0.86 μm，为最小水膜厚度的 20.3%。TEHD 模型计算的最小水膜厚度减小了 0.46 μm，降幅约为最大变形量的 1/2。

表 9-1　TEHD 模型和 THD 模型计算的部分性能参数对比

性能参数	THD 模型	TEHD 模型	相对变化率%
最大水膜压力 p_{max}/MPa	1.16	1.08	6.9
最高水膜温度 T_{max}/℃	27.06	27.71	2.4
最小水膜厚度 h_{min}/μm	4.23	3.77	10.9
虚拟支点膜厚 h_p/μm	6.76	5.96	11.8
最大凹变形量 δ_{max-}/μm	0	-0.21	5.0
最大凸变形量 δ_{max+}/μm	0	0.65	15.3
最大变形量 δ_{max}/μm	0	0.86	20.3

注：压力、温度、膜厚的相对变化率指 THD 模型和 TEHD 模型计算结果的绝对误差占 THD 模型结果的百分比；变形量的相对变化率指变形量占最小水膜厚度的百分比

9.4　瓦面变形对轴承 TEHD 性能的影响

为更好地理解瓦面变形对轴承 TEHD 性能的影响，本节分别计算高分子瓦面层厚度为 2 mm、3 mm、4 mm 时轴承的 TEHD 性能，并与采用 THD 模型的计算结果进行对比。瓦块包角为 27°，橡胶垫的偏心率 $E_c=0.59$，$E_r=0.49$；瓦块比压为 0.4 MPa；推力盘转速为 600 r/min，冷却水入口温度为 25 ℃。

9.4.1　瓦面层厚度对瓦面变形的影响

图 9-18 所示为瓦面层厚度变化时瓦面周向平均半径处和径向中线上的变形对比。由于 THD 模型未考虑瓦面变形，可作为 TEHD 模型计算变形量的参考基准。当瓦面层厚度分别为 2 mm、3 mm、4 mm 时，平均半径处的最大凸变形分别为 0.13 μm、0.12 μm、0.05 μm，最大凹变形分别为-0.25 μm、-0.61 μm、-1.15 μm。由此可见，随着瓦面高分子材料厚度的增大，瓦面凸变形量绝对值减小，而凹变形量的绝对值增大。瓦面变形改变水膜厚度分布状况，最终影响轴承润滑性能。这表明在工况不变的情况下增大高分子材料厚度，弹性变形将逐渐演变为影响轴承润滑性能的主导因素。

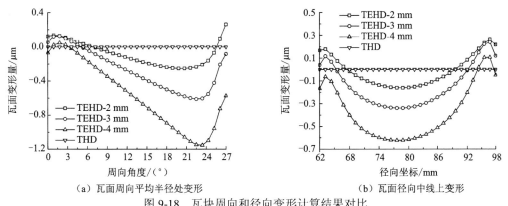

（a）瓦面周向平均半径处变形　　　　　（b）瓦面径向中线上变形

图 9-18　瓦块周向和径向变形计算结果对比

9.4.2 瓦面变形对轴承润滑特性的影响

改变瓦面层厚度时瓦块周向平均半径处和径向中线上水膜压力、温度和厚度计算结果对比如图 9-19 所示。图 9-19（a）和 9-19（b）为水膜压力分布对比，采用 TEHD 模型计算的最大水膜压力小于 THD 模型的计算结果，且最大水膜压力随瓦面层厚度的增大而减小。这是因为高分子瓦面层越厚，弹性变形量越大，而该区域的膜厚增大，导致这一区域附近水膜压力下降。

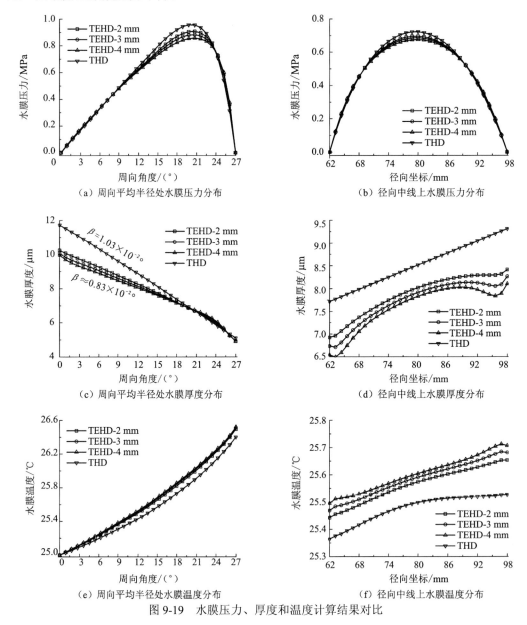

（a）周向平均半径处水膜压力分布　　　　（b）径向中线上水膜压力分布

（c）周向平均半径处水膜厚度分布　　　　（d）径向中线上水膜厚度分布

（e）周向平均半径处水膜温度分布　　　　（f）径向中线上水膜温度分布

图 9-19　水膜压力、厚度和温度计算结果对比

在图 9-19（c）中，采用 TEHD 模型计算的水膜厚度整体小于 THD 模型的计算结果，且周向倾角减小。采用 THD 模型计算的瓦块周向倾角为 0.0103°，考虑变形后三种瓦面

层厚度的瓦块倾角下降至 0.0083° 左右，平均降幅为 19.4%。这是因为弹性凹变形使水膜厚度增大，压力下降。为了平衡外载荷，轴承通过减小瓦块倾角，同时减小推力盘与瓦块间距的方式自适应调整水膜厚度，以提高水膜压力和承载力。由图 9-19（d）可知，瓦面热-弹变形对水膜厚度具有显著影响，即增加瓦面层厚度，水膜厚度下降。

图 9-19（e）和（f）为水膜温度分布对比。计入瓦块热-弹变形后，水膜温度较采用 THD 模型的计算结果有所提升，且随着高分子瓦面层厚度增大而升高。

综上所述，采用 TEHD 模型计算的最大水膜压力和最小水膜厚度小于采用 THD 模型的计算值，但水膜温度略高。综合图 9-18 和图 9-19 可知，瓦面层凹变形发生在水膜压力较大的区域附近；而凸变形发生在瓦块四周低压区域，特别是瓦块出水侧区域。研究结果表明高分子瓦面层的变形导致了水膜厚度降低，水膜温度升高，这些变化对轴承润滑性能不利。

表 9-2 对比了 TEHD 和 THD 模型计算的最大水膜压力等参数及它们的相对变化率。由表可知，采用 TEHD 模型计算的最大水膜压力 p_{max}、最小水膜厚度 h_{min} 和虚拟支点膜厚 h_p 均出现下降，且高分子瓦面层越厚，这些参数的降幅也越大。瓦面层厚度为 4 mm 时，三者的降幅分别为 10.4%、14.2% 和 15.3%。三种厚度瓦面层的最大变形量依次为 0.71 μm、0.98 μm、1.36 μm，最小水膜厚度的降幅依次为 0.29 μm、0.51 μm、0.72 μm。水膜厚度降低，则摩擦副之间发生接触摩擦磨损的概率增大。因此在实际应用中，应尽可能减小瓦面"软"材料的厚度，或者提高其弹性模量且降低热膨胀系数，以减小热-弹变形量。

表 9-2 TEHD 和 THD 模型计算的部分性能参数对比

性能参数	THD	瓦面厚度 2 mm		瓦面厚度 3 mm		瓦面厚度 4 mm	
		TEHD	相对变化率%	TEHD	相对变化率%	TEHD	相对变化率%
p_{max}/MPa	0.96	0.91	5.2	0.88	8.3	0.86	10.4
T_{max}/℃	26.83	27.13	1.1	27.25	1.6	27.38	2.1
h_{min}/μm	5.08	4.79	5.7	4.57	10.0	4.36	14.2
h_p/μm	7.90	7.37	6.7	7.08	10.4	6.69	15.3
δ_{max-}/μm	0	−0.25	4.9	−0.61	12.0	−1.15	22.6
δ_{max+}/μm	0	0.46	9.1	0.37	7.3	0.18	3.5
δ_{max}/μm	0	0.71	14.0	0.98	19.3	1.36	26.1

图 9-20 所示为表 9-2 中部分性能参数相对变化率随高分子材料瓦面层厚度的变化关系。由图 9-20（a）可知，最小水膜厚度和最大变形量的相对变化率都随瓦面厚度的增大而增大。最小水膜厚度的变化率依次为 5.7%、10% 和 14.2%，最大变形量的变化率依次为 14.0%、19.3% 和 26.1%。最小水膜厚度的减小量为最大变形量的 40%~55%。在工程应用领域，对于数毫米厚的高分子瓦面层，该结论可用于初步判断瓦面热-弹变形对最小水膜厚度的影响程度。

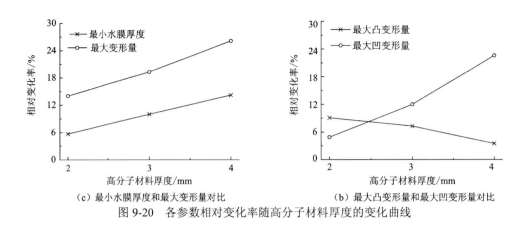

（c）最小水膜厚度和最大变形量对比　　　　（b）最大凸变形量和最大凹变形量对比

图 9-20　各参数相对变化率随高分子材料厚度的变化曲线

最大凹变形量和最大凸变形量的相对变化率如图 9-20（b）所示，高分子瓦面层厚度由 2 mm 增大到 4 mm，最大凸变形量的相对变化率依次为 9.1%、7.3% 和 3.5%，最大凹变形量的相对变化率依次为 4.9%、12.0% 和 22.6%。由此可知，随着高分子瓦面层厚度增大，由热膨胀引起的凸变形的影响逐渐减弱，而弹性变形产生的瓦面层凹变形将占据影响轴承润滑性能的主导地位。

9.5　推力盘–水膜界面滑移对轴承润滑性能的影响

在开展轴承流体润滑性能分析时通常假定推力盘表面没有发生滑移，即推力盘和水膜在交界面上没有相对运动。但实际上当固体材料表面能低于水的表面能时，固体材料显示出一定的疏水性，在流体润滑阶段有可能发生界面滑移，对润滑性能产生影响。本节在观测水膜生成过程时采用的石英玻璃材质推力盘属于亲水性材料，但其亲水性较铝青铜差，在高剪切率时可能与推力盘间发生界面滑移，可能导致水膜厚度分布与采用铝青铜推力盘时不一致，无法反映轴承实际工作时在相同工况下的真实润滑状态。因此，有必要开展推力盘-水膜界面滑移对润滑性能的影响分析。

9.5.1　界面滑移模型

根据极限切应力假设，当流固耦合界面处流体所承受的切应力 τ 大于该界面处的极限切应力 τ_L 时，界面上将发生滑移。假定没有发生滑移，界面上水膜所受的周向和径向切应力分别为

$$\tau_{zy} = -\frac{h}{2r}\frac{\partial p}{\partial \theta} - \mu\frac{r\omega}{h} \qquad (9\text{-}29)$$

$$\tau_{zx} = -\frac{h}{2}\frac{\partial p}{\partial r} \qquad (9\text{-}30)$$

合成切应力为

$$\tau = \sqrt{\tau_{zx}^2 + \tau_{zy}^2} \qquad (9\text{-}31)$$

式中：μ 为水的动力黏度；r 为半径；ω 为推力盘角速度；p 为水膜压力；θ 为瓦块周向

角；τ_{zy} 和 τ_{zx} 分别为水膜所受的周向和径向切应力。

由弹性支撑可倾瓦推力轴承 THD 性能模型计算在比压 0.25 MPa 和转速 600 r/min 工况时，无滑移条件下玻璃推力盘上与瓦面对应位置的水膜所受的切应力分布如图 9-21 所示。此外，计算额定转速时不同载荷下切应力的分布情况，提取最大切应力随载荷的变化关系，可知最大切应力随载荷非线性增大。在比压为 0.1 MPa 和 0.5 MPa 时，最大切应力分别为 530.7 Pa 和 1 115.6 Pa。

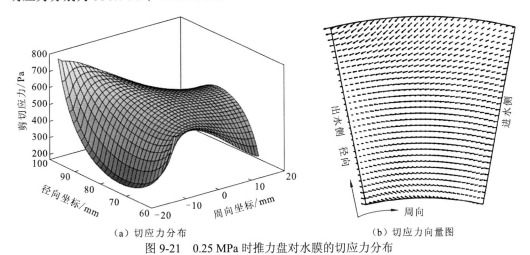

（a）切应力分布　　　　　　　　　　　（b）切应力向量图

图 9-21　0.25 MPa 时推力盘对水膜的切应力分布

由图 9-21（a）可知不同位置处推力盘对水膜的切应力各不相同，最大切应力位于瓦块出水侧外侧，最小切应力位于进水侧平均半径附近。图 9-21（b）为切应力向量图，向量长度和方向分别显示切应力的大小和方向，可知流-固界面上推力盘对水膜的切应力总体上由瓦块入水侧方向指向出水侧方向。

计算额定转速时不同载荷下切应力的分布情况时发现：随着载荷增大，切应力分布图与图 9-21 形状相似，但幅值不同；切应力的分布规律一致，最大切应力位于出水边外侧，最小切应力位于出水边平均半径附近。根据极限切应力假设，推力轴承滑移最先可能从瓦块出口边外侧开始，再向其他区域扩展。

极限切应力与流体压力相关，通常表示为

$$\tau_L = \tau_0 + kp \tag{9-32}$$

式中：τ_0 为初始极限切应力；k 为比例系数；p 为流体压力。

计算表明在额定工况下不发生滑移时的最大切应力为 1115.6 Pa。因此，若推力盘的表面能使其对水膜的实际极限切应力大于该值，则在低于额定载荷的工况下都不会发生滑移。为开展滑移对推力轴承润滑性能的影响研究，本小节假设玻璃表面水膜的极限切应力小于 1115.6 Pa，且不随压力变化。

设滑移区域内推力盘给界面上水膜的周向和径向切应力分别为 $\tau_{\theta s}$ 和 τ_{rs}，则两者的合成切应力为

$$\tau = \sqrt{\tau_{\theta s}^2 + \tau_{rs}^2} = \tau_L \tag{9-33}$$

将滑移区界面上的切应力代入周向力平衡方程 $\partial p / \partial y = \partial \tau / \partial z$，得

$$u_\theta = \frac{\partial p}{r\partial\theta}\left(\frac{z^2}{2\mu} - \frac{h^2}{2\mu}\right) - \frac{\tau_{\theta s}}{\mu}(h-z) \tag{9-34}$$

$$u_{\theta s} = r\omega + \frac{h^2}{2\mu}\frac{\partial p}{r\partial\theta} + \frac{\tau_{\theta s}}{\mu}h \tag{9-35}$$

式中：u_θ 为发生滑移后滑移区内流体实际周向速度；$u_{\theta s}$ 为流-固界面上周向滑移速度。$\tau_{\theta s}$ 的正负号与推力盘对水膜周向切应力的方向有关，当周向切应力与推力盘旋转方向相同时为 -1（此时发生滞后滑移），相反时为 $+1$（此时发生超前滑移）。

同理可得，径向水膜流速和滑移速度为

$$u_r = \frac{\partial p}{\partial r}\left(\frac{z^2}{2\mu} - \frac{h^2}{2\mu}\right) - \frac{\tau_{rs}}{\mu}(h-z) \tag{9-36}$$

$$u_{rs} = -\frac{h^2}{2\mu}\frac{\partial p}{\partial r} - \frac{\tau_{rs}}{\mu}h \tag{9-37}$$

式中：u_r 为发生滑移后滑移区内流体实际径向速度；u_{rs} 为流-固界面上径向滑移速度；τ_{rs} 的正负号与径向压力偏导数有关，$\partial p/\partial r > 0$ 时为 -1，$\partial p/\partial r < 0$ 时为 $+1$。

由连续性方程得到考虑推力盘表面水膜滑移的稳态雷诺方程为

$$\frac{\partial}{r\partial\theta}\left(h^3\frac{\partial p}{r\partial\theta}\right) + \frac{\partial}{\partial r}\left(h^3\frac{\partial p}{\partial r}\right) = -3\tau_{\theta s}h\frac{\partial h}{r\partial\theta} - 3\tau_{rs}h\frac{\partial h}{\partial r} \tag{9-38}$$

先用有限差分法求解不考虑滑移时的雷诺方程，迭代一次可获得水膜压力分布，并求得推力盘对水膜的切应力分布。以切应力与极限切应力的对比作为判断是否发生滑移的依据，对发生滑移的区域采用式（9-38）求解水膜压力分布，并对未发生滑移的区域采用雷诺方程重新求解水膜压力分布。通常需要重复上述迭代，直至满足收敛条件，获得滑移对轴承润滑性能的影响结果。

9.5.2 界面滑移对轴承润滑性能的影响

图 9-22 为极限切应力 $\tau_L = 550\,\text{Pa}$ 时，在比压 0.25 MPa 和转速 600 r/min 工况下推力盘上与瓦块对应区域的切应力分布和滑移速度分布。

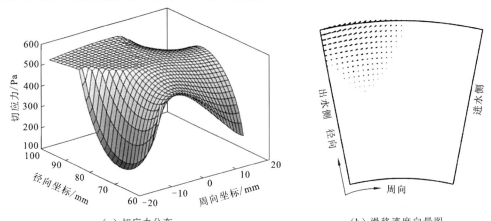

（a）切应力分布　　　　　　　（b）滑移速度向量图

图 9-22　转速为 600 r/min、τ_L 为 550 Pa 时 0.25 MPa 比压下切应力和滑移速度分布

由图 9-22（a）可知，在瓦块外径侧靠近出水侧边的一定区域内切应力已达到极限值，发生了滑移。图 9-22（b）为滑移速度分布向量图，图中最大滑移速度为 3.24 m/s，位于瓦块顶角处。在这一工况下最小水膜厚度由不发生滑移时的 6.21 μm 下降到 4.74 μm，降幅达 23.7%，说明推力盘上水膜滑移对润滑性能产生了不利影响。

图 9-23 为 600 r/min 转速时最小水膜厚度随极限切应力和载荷的变化曲线。比压分别为 0.2 MPa、0.3 MPa、0.4 MPa、0.5 MPa 时，不发生滑移情况下最小水膜厚度分别为 6.94 μm、5.65 μm、4.89 μm、4.35 μm。当极限切应力减小至低于该工况下的最大切应力 τ_M 时，滑移即对润滑性能产生影响。

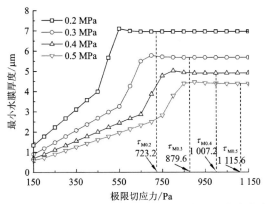

图 9-23　600 r/min 时最小水膜厚度随载荷和极限切应力的变化曲线

以比压 0.2 MPa 的工况为例，在滑移发生的初始时刻，最小水膜厚度随极限切应力的下降出现轻微的上升趋势，极限切应力为 550 Pa 时，最小水膜厚度升至 7.10 μm，增幅为 2.3%。这主要是因为最小水膜厚度最先出现在瓦块出水侧内侧区域，而滑移最先发生在瓦块出水侧外侧区域，滑移导致出水侧外侧区域水膜压力轻微下降，瓦块径向倾角减小，使其内侧出水侧顶角的位置略有抬高，最小水膜厚度略有上升。随着极限切应力进一步下降，最小水膜厚度出现急剧下降，当极限切应力降至 450 Pa 时，最小水膜厚度降至 3.99 μm，降幅达到 42.5%。在这一阶段，最小水膜厚度急剧下降的原因是滑移由较小区域向瓦面所覆盖的大部分区域过渡，对瓦面全域内的水膜压力分布产生了较大不利影响，瓦块倾角波动幅度增大，轴承需通过减小水膜厚度来提高动压力。当滑移扩展至整个瓦面对应的区域后，随着极限切应力下降，瓦块倾角的变化幅度趋于稳定，最小水膜厚度随极限切应力减小呈现线性下降趋势，且降速放缓。当极限切应力降至 150 Pa 时，最小水膜厚度降至 1.33 μm。进一步减小极限切应力，瓦块难以在动压润滑模型下达到平衡，但根据图中最小水膜厚度随极限切应力下降的趋势可以推断，当极限切应力降为 0 时，最小水膜厚度也将减小为 0，且此时轴承完全无法建立流体动压。在其他载荷条件下，最小水膜厚度随极限切应力的变化规律与 0.2 MPa 比压时相似，且保持极限切应力不变，增大载荷时，最小水膜厚度减小。

总体而言，除了在滑移发生的初始时刻最小水膜厚度随极限切应力的下降出现轻微的上升趋势，当滑移扩展至瓦面的大部分润滑区域或整个区域时，最小水膜厚度明显下降，这将对轴承性能产生显著的不利影响。因此，在轴承设计阶段，应通过适当的表面处理方法提高推力盘的表面能以增大界面极限切应力，减小推力盘表面水膜发生滑移的可能性。

9.6 橡胶垫偏心率对轴承润滑性能的影响

9.6.1 偏心率对轴承润滑性能的影响

橡胶垫偏置于瓦基体底部，以利于瓦块倾斜，使得瓦块和推力盘间形成楔形收敛水膜厚度分布，产生流体动压润滑状态，同时具有瓦块间均载和轴承减振吸振功能。橡胶垫相对于瓦基体的偏置位置，是影响轴承润滑性能的主要因素之一。本小节将进一步揭示橡胶垫偏心率对轴承润滑性能的影响程度。

为研究橡胶垫偏心率这个单一因素变化对轴承润滑性能的影响，不考虑瓦面材料的热-弹变形，采用轴承 THD 性能模型计算。图 9-24 所示为包角 24° 的瓦块在比压 0.5 MPa 和转速 600 r/min 工况下，橡胶垫偏心率 E_c 和 E_r 分别在 0.52～0.66 和 0.47～0.56 区间变化时轴承最小水膜厚度、最高水膜温度、支点膜厚、平均水膜厚度的变化规律。

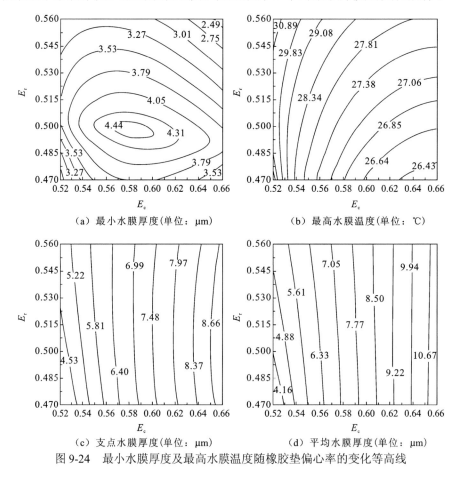

（a）最小水膜厚度(单位：μm)　　（b）最高水膜温度(单位：℃)

（c）支点水膜厚度(单位：μm)　　（d）平均水膜厚度(单位：μm)

图 9-24　最小水膜厚度及最高水膜温度随橡胶垫偏心率的变化等高线

图 9-24（a）为最小水膜厚度随偏心率变化的等高线图。当偏心率取值范围为 $0.57 < E_c < 0.6$ 和 $0.49 < E_r < 0.5$ 时，最小水膜厚度均大于 4.4 μm。当 E_c 和 E_r 分别为 0.58 和 0.495 时，最小水膜厚度达到 4.5 μm 的最大值。除此之外，增大或减小橡胶垫的周向或

径向偏心率，最小水膜厚度都呈下降趋势。从最小水膜厚度达到最大值附近时偏心率 E_c 和 E_r 的取值区间来看，周向偏心率 E_c 的取值区间大于径向偏心率 E_r，说明最小膜厚对径向偏心率的变化更敏感，更容易受径向偏心率变化的影响。

图 9-24（b）为最高水膜温度随偏心率变化的等高线图。减小周向偏心率 E_c 和增大径向偏心率 E_r，最高水膜温度升高。当橡胶垫周向偏心率较小时，如 E_c 在 0.53 左右取值，橡胶垫径向偏心率 E_r 对最高水膜温度影响较小。

图 9-24（c）和（d）分别为虚拟支点处膜厚和平均水膜厚度随偏心率变化的等高线图。平均水膜厚度为所有节点水膜厚度总和除以节点总数的计算值。由图可见支点膜厚和平均膜厚的变化规律相似，即两者均随橡胶垫周向偏心率 E_c 的增大而增大，而受径向偏心率 E_r 的影响较小。

在确定橡胶垫最佳偏心率方面，主要关注偏心率对水膜厚度和水膜温度等性能参数的影响，并综合考虑对这些性能参数的影响程度。由以上分析可知，橡胶垫周向偏心率 E_c 对最高水膜温度、支点膜厚和平均膜厚的影响占主导地位，径向偏心率 E_r 的影响较弱。特别是随着周向偏心率增大，最高水膜温度下降且支点膜厚和平均膜厚增大，这对轴承润滑性能有利。但最小水膜厚度的变化受周向偏心率和径向偏心率的影响，且对径向偏心率的变化更敏感。

最小水膜厚度是判别轴承润滑状态的主要参考指标之一，在橡胶垫偏心率优化过程中应予以重点考虑。因此，综合考虑橡胶垫偏心率对以上各润滑性能参数的影响，将使最小水膜厚度达到最大值时的偏心率作为橡胶垫最佳偏心率的设计准则。此时从其他参数的全局变化范围来看，最高水膜温度处于中偏低水平，平均膜厚和支点膜厚都处于中值水平。在该算例中，最小水膜厚度达到最大值时橡胶垫的偏心率分别为 $E_c=0.58$ 和 $E_r=0.495$，最高水膜温度为 27.1 ℃，支点膜厚和平均膜厚分别为 6.9 μm 和 7.3 μm。

9.6.2 橡胶垫最佳偏心率的影响分析

最佳偏心率可能受诸多因素制约，如载荷、转速、瓦块尺寸等，这些因素也可能间接影响轴承的润滑性能。因此，有必要开展橡胶垫最佳偏心率的影响因素分析。

1. 载荷对最佳偏心率的影响

为了研究最佳偏心率是否与载荷有关，计算推力盘转速为 600 r/min 时（平均线速度为 5 m/s），瓦包角为 27° 的轴承在比压 0.1～0.4 MPa 下最小膜厚随偏心率的变化关系，如图 9-25 所示。

图 9-25（a）所示为比压为 0.1 MPa 时最小膜厚的变化规律，由图可以推测，最小水膜厚度的最大值应位于 10.18 μm 的等高线所包围的椭圆区域内，且大于 10.18 μm。若以该等高线包围的区域所对应的周向和径向偏心率为最佳偏心率，则最佳偏心率的取值范围在 $0.585<E_c<0.61$、$0.485<E_r<0.495$。在该范围之外，增大或减小 E_c 和 E_r 的值都将导致最小水膜厚度下降。以最小水膜厚度取最大值为橡胶垫偏心率的优化准则，则该工况下橡胶垫最佳偏心率落在上述区间内。图 9-25（b）、（c）和（d）所示分别为比压为 0.2 MPa、0.3 MPa 和 0.4 MPa 时最小水膜厚度随橡胶垫偏心率的变化规律，与图 9-25（a）中的最

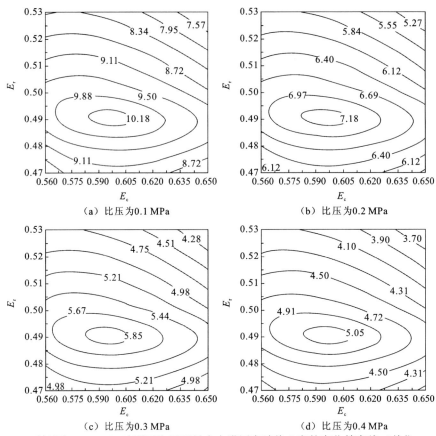

（a）比压为0.1 MPa　　　　　　　　（b）比压为0.2 MPa

（c）比压为0.3 MPa　　　　　　　　（d）比压为0.4 MPa

图 9-25　转速为 600 r/min 时不同比压下最小水膜厚度随偏心率的变化等高线（单位：μm）

小水膜厚度变化规律一致，即周向偏心率和径向偏心率取值范围在 $0.585<E_c<0.61$、$0.485<E_r<0.495$ 时，最小水膜厚度较大。

提取图 9-25 中最小水膜厚度取最大值时对应的偏心率作为橡胶垫周向和径向最佳偏心率，并取最内圈等高线所对应的橡胶垫偏心率作为最佳偏心率的取值范围，最佳偏心率随比压的变化关系图如图 9-26 所示。随着比压增加，橡胶垫周向和径向最佳偏心率保持恒定，分别为 0.595 和 0.49，这说明橡胶垫的最佳偏心率与载荷无关。

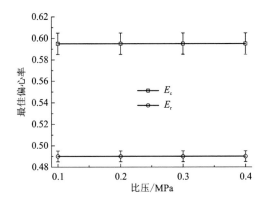

图 9-26　600 r/min 时最佳偏心率和比压的变化关系图

为进一步验证最佳偏心率 E_c 和 E_r 的计算结果，引入周向膜厚比 k_c 和径向膜厚比 k_r 的概念：

$$k_c = \frac{h_{ci} - h_{co}}{h_{co}} \tag{9-39}$$

$$k_r = \begin{cases} (h_{ro} - h_{ri}) / h_{ri}, & h_{ro} \geqslant h_{ri} \text{或} \gamma \geqslant 0 \\ (h_{ro} - h_{ri}) / h_{ro}, & h_{ro} < h_{ri} \text{或} \gamma < 0 \end{cases} \tag{9-40}$$

式中：h_{co} 和 h_{ci} 表示推力瓦周向出水和进水边的膜厚[图 9-27（a）中瓦面上转轴 y 两端的膜厚]；h_{ro} 和 h_{ri} 表示推力瓦径向外侧和内侧的膜厚[图 9-27（b）中瓦面上转轴 x 两端的膜厚]。

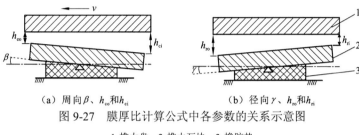

（a）周向 β、h_{co} 和 h_{ci} （b）径向 γ、h_{ro} 和 h_{ri}

图 9-27　膜厚比计算公式中各参数的关系示意图

1.推力盘；2.推力瓦块；3.橡胶垫

已有研究表明，对于瓦面为正方形的流体动压润滑的推力块，在任何给定的尺寸、润滑剂黏度、推力盘转速或膜厚条件下，液膜承载力最大时周向的最佳膜厚比为 1.3～1.4[2]。

图 9-28 是推力盘转速为 800 r/min 时周向膜厚比 k_c 和瓦块周向倾角 β 随载荷的变化情况。该工况采用的橡胶垫偏心率为 E_c=0.59、E_r=0.49，瓦块长宽比为 1.05。当比压从 0.2 MPa 增大到 0.5 MPa 时，瓦块的周向倾角由 0.0166° 减小到 0.0106°。但周向膜厚比从 1.32 逐渐增大到 1.34，之后保持不变且处于最佳取值范围内。这说明当橡胶垫的偏心率在最佳偏心率范围内取值时，瓦块的周向膜厚比也在其最佳范围内。

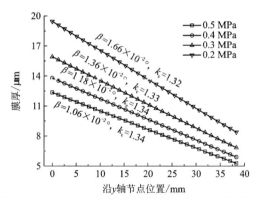

图 9-28　转速为 800 r/min 时周向水膜厚度和膜厚比随载荷变化关系图

扇形可倾瓦在径向方向也有倾角 γ，此前较少有文献研究径向膜厚比 k_r 随转速和载荷的变化关系。图 9-29 所示为橡胶垫偏心率 E_c=0.59、E_r=0.49 时瓦块径向倾角和膜厚比随载荷的变化关系。该图表明保持转速恒定，瓦块径向倾角随载荷的增大而减小，但径向膜厚比基本维持在 0.18～0.19。说明径向膜厚比也与载荷无关。因为偏心率 E_c 和 E_r 是最佳值之一，对比周向膜厚比 k_c 有最佳取值范围，可以推断径向膜厚比 k_r 也有最佳取值范围，本算例中的 0.18 位于最佳取值范围内。

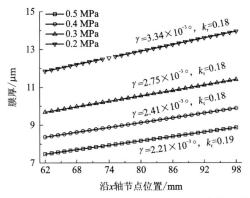

图 9-29 转速为 800 r/min 时径向膜厚和膜厚比随载荷变化关系曲线

为验证上述推断，计算周向膜厚比和径向膜厚比随橡胶垫偏心率的变化关系，如图 9-30 所示。由图 9-30（a）可知，周向膜厚比 k_c 受周向偏心率 E_c 的影响较大而受径向偏心率 E_r 的影响较小。当周向膜厚比在最佳取值范围 1.3～1.4 变化时，橡胶垫的周向最佳偏心率为 0.585～0.595。由图 9-30（b）可知，径向膜厚比 k_r 受径向偏心率 E_r 的影响较大而受周向偏心率 E_c 的影响较小。当橡胶垫径向偏心率在最佳取值范围 0.485～0.495 变化时，径向膜厚比的变化范围为 0.12～0.20。因此径向最佳膜厚比应包含在该取值范围内。

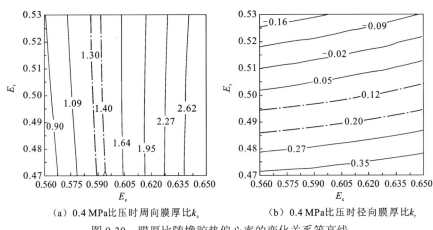

（a）0.4 MPa比压时周向膜厚比k_c　　　　（b）0.4 MPa比压时径向膜厚比k_r

图 9-30 膜厚比随橡胶垫偏心率的变化关系等高线

2. 转速对最佳偏心率的影响

以膜厚比为参考指标，计算比压为 0.4 MPa，橡胶垫偏心率分别为 E_c=0.59、E_r=0.49，推力盘转速从 600 r/min 增大到 1 200 r/min 时，水膜厚度和膜厚比的变化情况，如图 9-31 所示。保持载荷恒定，瓦块的周向倾角和径向倾角随转速的增大而增大，其中周向倾角由 0.010 3° 增大到 0.014 5°，径向倾角由 0.002 1° 增大到 0.002 93°。但周向和径向的膜厚比维持恒定，分别为 1.34 和 0.18。该图进一步表明当橡胶垫的偏心率在最佳范围内取值时，瓦块周向膜厚比也处于最佳范围内，且与转速无关。综合考虑图 9-24～图 9-31 的计算结果，表明橡胶垫的最佳偏心率与转速无关。

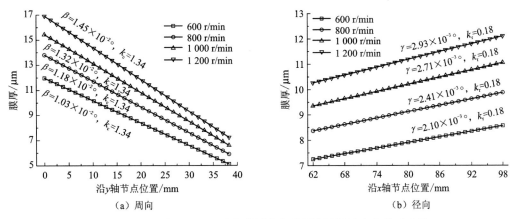

图9-31 比压为0.4 MPa时水膜厚度和膜厚比随转速变化关系曲线

3. 瓦块尺寸对最佳偏心率的影响

长宽比（λ）为瓦块的主要尺寸参数之一，即瓦块平均半径处的弧长与瓦块径向宽度之比。瓦块长宽比的变化主要体现在瓦块包角（瓦长）和内外径（瓦宽）的变化。因此瓦块尺寸对橡胶垫最佳偏心率影响的研究内容可分为瓦长、瓦宽和长宽比三部分。

图9-32所示为推力盘转速在600 r/min，保持瓦块内外径不变（内径62 mm，外径98 mm），改变瓦块包角（瓦长）时最小水膜厚度随偏心率的变化情况。由图9-32（a）中最内圈等高线的位置可知，瓦块包角为24°时，径向最佳偏心率在$0.495<E_r<0.50$范围内；由图9-32（b）可见，当包角为30°时，等高线图中最内圈等高线相比图9-32（a）明显下移，此时对应的径向最佳偏心率为$0.485<E_r<0.49$。包角由24°增大到30°时，等高线图中最内圈等高线右移，周向最佳偏心率取值范围由$0.57<E_c<0.595$增大至$0.58<E_c<0.605$。表明瓦长的变化会影响最佳偏心率的取值。注意图9-32（b）中比压为0.35 MPa而不是0.4 MPa，这是因为瓦块包角增大到30°时，在比压0.4 MPa下橡胶垫上的作用力将超过其设计载荷。载荷不影响最佳偏心率，因此，可将比压降为0.35 MPa。

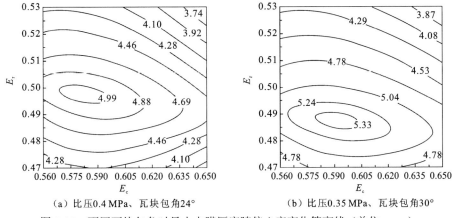

（a）比压0.4 MPa、瓦块包角24° （b）比压0.35 MPa、瓦块包角30°

图9-32 不同瓦块包角时最小水膜厚度随偏心率变化等高线（单位：μm）

根据图 9-32 和图 9-25（d），作最佳偏心率取值范围随瓦块包角的变化趋势图，如图 9-33 所示。随着瓦块包角的增大，橡胶垫的径向最佳偏心率 E_r 减小，而周向最佳偏心率 E_c 先增大后减小。

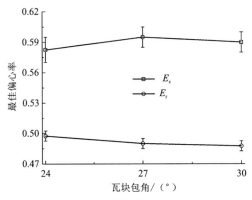

图 9-33　最佳偏心率随瓦块包角的变化趋势图

图 9-34（a）所示为推力盘转速为 600 r/min、瓦块包角为 27°、瓦块外径为 102.5 mm 时在 0.35 MPa 比压下最小水膜厚度随橡胶垫偏心率的变化情况，此时瓦块的长宽比为 0.957。根据最小水膜厚度等高线分布可判断橡胶垫最佳偏心率取值范围分别为 $0.495 < E_r < 0.505$，$0.57 < E_c < 0.595$。对比图 9-34（b）可知，增大瓦块外径（瓦宽），即减小长宽比时，径向最佳偏心率增大，而周向最佳偏心率减小。

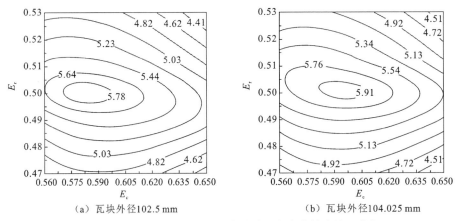

（a）瓦块外径102.5 mm　　　　　　（b）瓦块外径104.025 mm

图 9-34　改变瓦块外径时最小水膜厚度随偏心率变化等高线（单位：μm）

为进一步研究瓦块尺寸参数对橡胶垫最佳偏心率的影响，同时改变瓦块包角和外径，但保持长宽比不变，绘制最小膜厚随橡胶垫偏心率的变化等高线，如图 9-34（b）所示。推力盘转速为 600 r/min，瓦块的包角为 27°，外径为 104.025 mm，此时瓦块长宽比为 0.93，与图 9-32（a）中包角为 24°的瓦块长宽比一致。但对比两图中最小内圈等高线的位置可知，增大瓦长和瓦宽后，最小内圈等高线向上和向右移动，即径向和周向最佳偏心率都增大。这说明同时改变瓦长和瓦宽，尽管维持瓦块长宽比恒定，但橡胶垫的最佳偏心率仍然改变。瓦块长宽比的变化是影响橡胶垫最佳偏心率的充分条件而非必要条件。

9.7 轴承区域性流态特性及其调控方法

因为水的黏度比润滑油的低得多，所以相同工况下水润滑轴承承载能力比油润滑轴承弱，这个缺点常常导致水润滑轴承更容易出现润滑失效和异常磨损。核主泵和大功率RDT（超过 3 MW）的水润滑推力轴承工况相似：线速度大（70～90 m/s）、重载（≥0.5 MPa）和低黏度，这导致瓦面的雷诺数分布相差较大。此时，轴瓦表面难以形成单层的层流或紊流流动，而是混合流态。复杂的流态特性导致轴承润滑建模困难，影响轴承性能预测精度[3-5]。

9.7.1 瓦面区域性流体特性

根据雷诺数计算式中几何参数 h 选取的不同，通常有两种流态模式：①假设轴承各部位处于同一流态，即全局流态假设[6-8]，此时 h 取单参数（例如轴承间隙），该模式要求膜厚分布差异较小，这与水润滑可倾瓦推力轴承膜厚分布差异大相矛盾；②假设无限小区域轴承液膜的流态相互独立，即单点独立假设，此时 h 取轴承界面网格的各节点膜厚。

对于大线速度和重载水润滑可倾瓦推力轴承，由于瓦面膜厚分布和雷诺数分布差异较大，从宏观的角度看，润滑界面流态可能具有区域性特点，即认为界面可被简化为层流区和紊流区（图 9-35），并将两区域的过渡区或过渡带简化为过渡线。在该思想的指导下，针对各区域分别采用对应的润滑模型，综合得到完整的轴承性能。

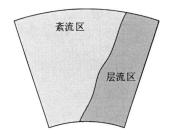

图 9-35 水润滑可倾瓦的流态分布图

1. 控制方程和算法

1）雷诺方程

考虑流态、不计惯性力效应的雷诺方程[9]为

$$\frac{\partial}{\partial r}\left(G_r \frac{rh^3}{\mu}\frac{\partial p}{\partial r}\right) + \frac{1}{r}\frac{\partial}{\partial \theta}\left(G_\theta \frac{h^3}{\mu}\frac{\partial p}{\partial \theta}\right) = \frac{r\omega}{2}\frac{\partial h}{\partial \theta} \tag{9-41}$$

边界条件为

$$\begin{cases} p_j = 0 & j \in \Gamma_1，\Gamma_1\text{为瓦边界} \\ p_j = 0, \dfrac{\partial p_j}{\partial \theta_j} = 0 & j \in \Gamma_2，\Gamma_2\text{为液膜破裂边界} \\ p_{jL} = p_{jT} & j \in \Gamma_2，\Gamma_2\text{为层流区和紊流区交界点} \end{cases} \tag{9-42}$$

式中：层流区流态系数为 $G_r = G_\theta = 1/12$；紊流区流态系数为

$$\begin{cases} G_\theta = (12 + 0.136\,Re^{0.9})^{-1} \\ G_y = (12 + 0.004\,3Re^{0.96})^{-1} \end{cases} \tag{9-43}$$

关于式（9-43）中雷诺数的计算：全局流态假设时 h 取平均膜厚；单点独立假设时 h 取润滑界面网格各节点的膜厚；区域性流态假设时 h 取紊流区域的平均膜厚。

2）能量方程

考虑流态的稳态二维能量方程为

$$\rho C_p \left[\left(\frac{\omega rh}{2} - G_\theta \frac{h^3}{12\mu} \frac{1}{r} \frac{\partial p}{\partial \theta} \right) \frac{1}{r} \frac{\partial t}{\partial \theta} - G_r \frac{h^3}{12\mu} \frac{\partial p}{\partial r} \frac{\partial t}{\partial r} \right] = \frac{k_\tau \mu \omega^2 r^2}{h} + \frac{h^3}{12\mu} \left[G_r \left(\frac{\partial p}{\partial r} \right)^2 + G_\theta \left(\frac{1}{r} \frac{\partial p}{\partial r} \right)^2 \right]$$

$$\tag{9-44}$$

式中：k_τ 为剪切紊流系数。

边界条件为

$$\begin{cases} t_i = t_{in} & i \in \Gamma_4, \quad \Gamma_4 : \theta = 0 \\ \dfrac{\partial t_i}{\partial r} = 0 & i \in \Gamma_5, \quad \Gamma_5 : r = R_1 \end{cases} \tag{9-45}$$

流态处理是模型计算的重点和难点，主要体现在温度场和压力场的计算中。对于

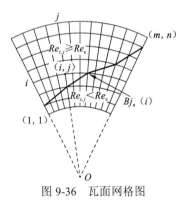

图 9-36　瓦面网格图

本小节提出的层紊流区域流态，算法的基本流程：首先，将润滑区域划分为层流区和紊流区；然后，针对各区域选择对应的流态方程，各区域的压力分布和温度分布组合得到瓦块完整的性能分布。算法的核心在于分区，本小节提出的分区方法如图 9-36 所示：将瓦块划分为 $m \times n$ 的网格，从行到列逐个节点进行搜索（$i = 1 \sim m$，$j = 1 \sim n$），将节点的雷诺数与临界雷诺数进行逐一判断，找出两种近似相等的节点 $Bj_n(i)$，将它们连线即为层流区和紊流区的交接线。一般推力轴承和径向轴承设计时临界雷诺数取 1000[4]。

以内直径为 1.34 m、瓦块宽 0.23 m、瓦包角 16° 的水润滑推力轴承为研究对象，其中瓦面层采用飞龙材料，轴承径向和周向偏支系数分别为 0.54 和 0.58。

2. 不同流态模式下轴承性能对比

转速取 300 r/min、比压取 0.5 MPa 时，瓦面各节点上最小雷诺数和最大雷诺数分别为 910 和 2660，临界雷诺数取 1500。4 种流态模式下轴承性能如表 9-3 所示。由表可知，不同流态下轴承性能值相差较大，以最小水膜厚度为例，层流下最小，紊流下最大，区域混合流态下计算值介于全紊流和节点混合流态之间。虽然对于水润滑轴承而言，4 种流态下最大液膜压力和最高温度等相差不明显，但层流和紊流下最小水膜厚度相差约 6 μm，因此明确流态模式对小膜厚的水润滑轴承设计很重要。

表 9-3　4 种流态模式下的润滑性能

参数	层流	紊流	节点混合流态	区域混合流态
$\bar{W}$	0.45	0.73	0.91	0.70
$h_{\min}/\mu m$	21.31	27.23	25.79	23.60
$h_z/\mu m$	33.01	42.12	46.91	41.07
$P_{\max}/MPa$	1.19	1.19	1.19	1.17
$t_{\max}/℃$	37.12	37.88	37.61	37.32
N/kW	13.44	22.59	22.55	17.73
$Q_{in}/(\times 10^{-4}\ m^3/s)$	1.14	1.41	1.55	1.28
$u/\mu m$	3.94	4.97	4.58	4.24

注：转速取 300 r/min，比压取 0.5 MPa

利用区域流态模式得到瓦块界面的流态分区（图 9-37），沿瓦块周向和径向等分 20 个网格，层流区与紊流区面积比约为 0.87∶1，因此轴承性能应介于全层流和全紊流之间。

3. 流态区域转变特性

由雷诺数计算式可知，瓦块节点雷诺数与线速度和膜厚有关，而膜厚又受转速和载荷控制，因此受节点雷诺数大小控制的流态区域面积会受工况参数的影响。

图 9-38 所示为不同转速下 4 种流态模式的轴承性能计算值。由图 9-38（a）可知，转速小于 240 r/min

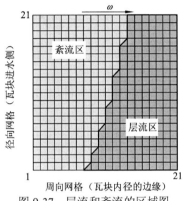

图 9-37　层流和紊流的区域图

转速取 300 r/min，比压取 0.5 MPa

时，区域性流态下最小水膜厚度计算值与全层流计算值接近，而转速大于 300 r/min 后，与全紊流计算值几乎重合，中间转速时计算值介于全层流和全紊流之间；瓦块倾斜角随转速的变化特性与膜厚相似，如图 9-38（b）所示，但并非完全一致，中间部分转速下区域流态得到的倾斜角大于紊流。膜厚受节线位置角和倾斜角两个变量控制，因此虽然层流、紊流共存时倾斜角较大，但在两变量的共同作用下区域流态模式得到的最小水膜厚度还是介于全层流与全紊流之间。区域混合流态下轴承功耗和瓦块进液边流量也处于全层流和全紊流下计算值之间，如图 9-38（c）和（d）所示。上述轴承性能随转速的变化规律如图 9-39 所示，图中右下角为层流区，随着转速升高，紊流区域面积逐渐增大，层流区面积减小。转速为 2 600 r/min 时下紊流区面积约是 180 r/min 时的 66 倍。计算发现转速 320 r/min 时只有少量区域为层流区，转速 340 r/min 时瓦面已经全为紊流区。因此当层流、紊流共存时，轴承性能应介于全层流和全紊流之间，而且单一流态模式并不能反映轴承流态随转速变化而变化的现象，全工况下轴承性能计算时选用区域性流态模式更合理。

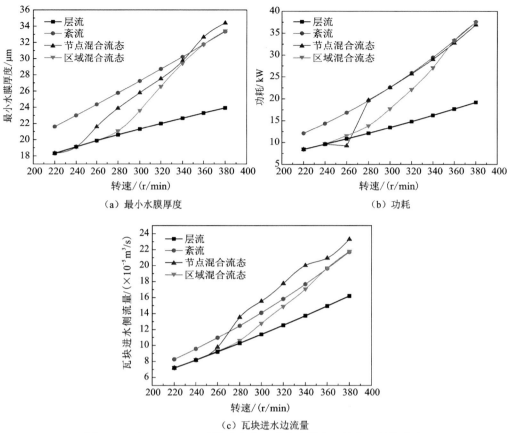

（a）最小水膜厚度

（b）功耗

（c）瓦块进水边流量

图 9-38　比压 0.5 MPa 时转速变化 4 种流态模式下的润滑性能曲线

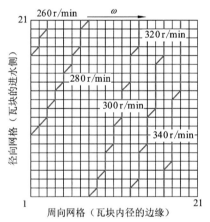

图 9-39　比压 0.5 MPa 时转速变化层流与紊流的边界线

　　图 9-40 所示为 300 r/min 下轴承性能随比压的变化情况。由图可知，随着比压增加，区域性流态下的性能计算值由全紊流向全层流靠近。图 9-40（a）中节点混合流态模式下倾斜角约为全紊流模式计算值的 1.3 倍，明显不合理。图 9-40（b）与图 9-38（b）相似，区域混合流态模式下的最小水膜厚度先与紊流模式计算值相近，之后逐渐与层流模式计算值接近。结合图 9-41 可知，比压为 0.15~0.45 MPa 时，轴承截面处于层紊流共存状态，因此轴承性能应该介于全层流与全紊流下的性能之间。随着比压的增大，紊流区

面积减小而层流区面积增加。也就是说，虽然轻载下轴承接近全紊流，但重载化使紊流区向层流区转变。比压达到 0.5 MPa，根据平均水膜厚度计算的平均雷诺数为 1232，轴承截面已出现较大面积的层流区，此时采用全紊流模式进行轴承性能分析已经不合理，而应采用区域混合流态模式。

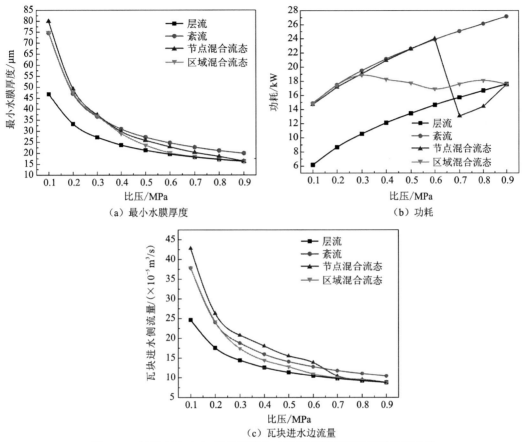

（a）最小水膜厚度　　　　　　　　　　　（b）功耗

（c）瓦块进水边流量

图 9-40　转速 300 r/min 时比压变化 4 种流态模式下的润滑性能曲线

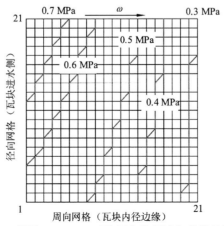

图 9-41　转速 300 r/min 时比压变化层流与紊流的边界线

4. 层紊流过渡区讨论

针对层流和紊流过渡问题，实际轴承中可能存在一个过渡带，但由于该过渡带的润滑机理尚不明确，本小节将其简化为一个过渡线，这种做法从支持轴承设计的角度是有意义的。本小节将从临界雷诺数的角度来分析算法的合理性。

根据上述分区算法，临界雷诺数不同，层紊流过渡线的位置不同，层紊流区域面积也会有所差异。临界雷诺数取 1500 左右时，轴承性能如表 9-4 所示。随着临界雷诺数的增加，层流区面积增大（图 9-42），瓦块倾斜角增大，最小水膜厚度减小，功耗和流量降低。考虑层紊流过渡带时的轴承性能，可以近似为一个范围的临界雷诺数下轴承性能的平均值。假设临界雷诺数取 1200~1800，则可近似认为图 9-42 中深色区域为层紊流过渡区。对比表 9-4 中的平均值与 1500 临界雷诺数下的性能值，两者相差不大，特别是最小水膜厚度相差较小。而且，当误差在允许范围时，用后者进行轴承性能分析无疑更简便。

表 9-4 润滑性能随 Re_c 的变化

Re_c	$\gamma_g/(')$	$h_{min}/\mu m$	N/kW	$Q_{in}/(\times 10^{-4} m^3/s)$
1 200	0.57	25.78	19.94	1.34
1 500	0.59	23.60	17.73	1.28
1 800	0.50	22.51	16.00	1.15
平均值	0.56	23.96	17.89	1.26

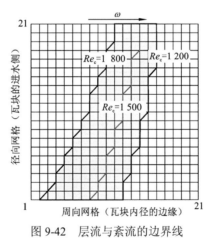

图 9-42 层流与紊流的边界线

9.7.2 瓦面形貌对流态的调整

雷诺数计算式中几何量 h 在雷诺数中占重要的作用，决定了轴承界面流态分区。为此，本小节提出通过改变界面膜厚分布实现调控流态分布的方法。其中，膜厚分布是通过改变瓦面形貌的方式实现的。

如图 9-43 所示，瓦块表面的形面方程以二次拱形曲面数学方程为依据，可表示为

$$z = 4z_\theta \frac{\theta}{\theta_0}\left(1 - \frac{\theta}{\theta_0}\right) + 4z_r\left(\frac{r - R_1}{R_2 - R_1}\right)\left(1 - \frac{r - R_1}{R_2 - R_1}\right) \quad (9\text{-}46)$$

式中：z_θ 和 z_r 分别为沿周向和沿径向截面弯曲高度的参数；z 为瓦面形面的变形大小，当形面为凹面时 $z<0$，形面为凸面时 $z>0$；R_1 和 R_2 分别为瓦块的内半径和外半径；r、θ 和 z 分别为径向坐标、角坐标和垂直坐标。

表 9-5 所示为基于 z_θ 和 z_r 组合的瓦块的 6 种表面轮廓。Δc 表述凸凹程度，用相对量表示，其中 $a = 20\ \mu m$。

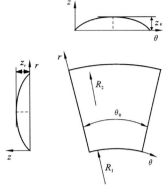

图 9-43　瓦块表面示意图

表 9-5　瓦块表面特征定义及分类

类型	z_θ, z_r	瓦类型及瓦面特征	Δc	
1	$z_\theta=0$, $z_r=0$	平面瓦	0	0
2	$z_\theta>0$, $z_r=0$	圆柱瓦，顶部凸起	z_θ/a	$z_r=0$
3	$z_\theta=0$, $z_r>0$	横弯瓦，顶部凸起	z_r/a	$z_\theta=0$
4	$z_\theta>0$, $z_r>0$	球形瓦，顶部凸起	z_θ/a	$z_\theta=z_r$
5	$z_\theta>0$, $z_r<0$	鞍形瓦，周向凸起、径向凹陷	z_θ/a	$z_r=-z_\theta$
6	$z_\theta=0$, $z_r<0$	反横弯瓦，顶部凹陷	$|z_r|/a$	$z_\theta=0$

考虑瓦面形貌后，轴承膜厚方程为

$$h = h_z + \gamma_p[r\sin(\theta_p - \theta) - r_z\sin(\theta_p - \theta_z)] + u + (z_z - z) \quad (9\text{-}47)$$

式中：z_z 为支点处瓦面垂向高度。

瓦块的流态分布如图 9-44 所示。由图可知，圆柱瓦、鞍形瓦和球形瓦增加了紊流区域面积，可以预测这三种形貌瓦面会增加水膜厚度，提高流量，改善润滑性能。由于鞍形瓦的紊流区域面积增加最大，其改善效果最明显。横弯瓦减小了紊流区域面积，这对改善膜厚分布不利。

6 种瓦块参数对润滑性能的影响曲线如图 9-45 所示。由图可知，圆柱瓦、鞍形瓦和反横弯瓦对支点膜厚均有增人效果，其中鞍形瓦的增人效果最显著；横弯瓦会显著降低支点膜厚，对轴承承载能力不利。球形瓦虽然在 Δc 值较小时对增大支点膜厚有利，但随着 Δc 值增大，其支点膜厚减小，甚至低于平面瓦。而且与其他瓦相比，球形瓦功耗和最大水膜压力均最大。鞍形瓦的功耗和最大水膜压力与平面瓦最接近，但明显增加了进水侧流量。与其他瓦相比，圆柱瓦的各润滑性能参数值处在中间位置。

以上分析证明，通过改变瓦块形貌来调节流态是可行的。从瓦面形貌的角度来看，瓦面周向凸起（$z_\theta>0$）和径向下凹（$z_r<0$）对增加紊流区域面积有利，进而明显提高轴承承载能力，因此鞍形瓦的综合润滑性能最优。此外，6 种形貌瓦块的润滑性能随凸凹程度 Δc 变化基本呈现单调递变关系，但圆柱形瓦的最小水膜厚度随 Δc 的变化有极值现象，当 $\Delta c=0.7$ 时，最小水膜厚度最大。

总之，本小节通过改变瓦面形貌来改变其流态分布，从而达到调控轴承性能的目的。由计算结果可知，周向凸起的瓦面形面及沿径向下凹的瓦面形面均有利于增加瓦面紊流区域面积，增大膜厚，进而提高其承载能力。

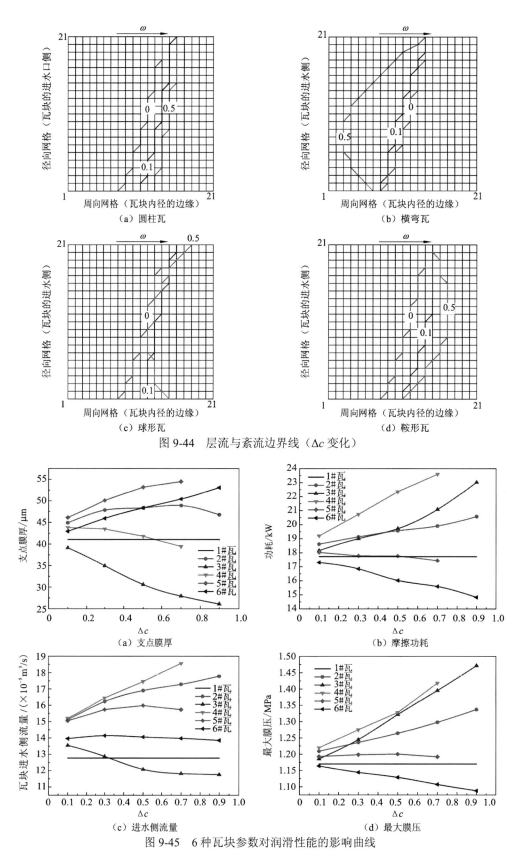

图 9-44 层流与紊流边界线（Δc 变化）

图 9-45 6 种瓦块参数对润滑性能的影响曲线

9.8 推力盘倾斜对轴承润滑性能影响及均载方法

9.8.1 推力盘倾斜对轴承润滑性能的影响

1. 模型

对于单瓦，计入轴线偏斜和瓦块热-弹变形的膜厚方程：

$$h = h_z + \gamma_g[r\sin(\theta_g - \theta) - r_z\sin(\theta_g - \theta_z)] + h_q + u \qquad (9\text{-}48)$$

式中：γ_g 为瓦块摆动角；θ_g 为节线位置角；h_z 为瓦支点处膜厚；r 和 θ 分别为瓦块任意点的径向和周向位置；r_z 和 θ_z 分别为瓦块支点的径向和周向位置；u 为瓦块变形；h_q 为偏斜引起的膜厚变化。

以轴线偏斜角 γ 和轴线投影线与 x 轴夹角 β（偏斜方向角）来表征偏斜状态，如图 9-46 所示，每种偏斜状态均可分解为推力盘分别绕 x 轴和 y 轴转动 γ_x 和 γ_y。

建立 h_q 的几何关系式：

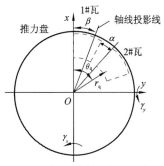

图 9-46 轴线偏斜分析的坐标系

$$\begin{cases} h_q = r_q(\gamma_x \sin\theta_q + \gamma_y \cos\theta_q) \\ \gamma_x = \arctan\dfrac{\tan\gamma}{\sin\beta} \\ \gamma_y = \arctan\dfrac{\tan\gamma}{\cos\beta} \end{cases} \qquad (9\text{-}49)$$

式中：(θ_q, r_q) 为节点的坐标，$r_q = r$，$\theta_q = (\theta_0 + \alpha)(i-1) + \theta$；$\alpha$ 为瓦间角；θ_0 为瓦包角；i 为瓦块编号；$\tan\gamma \approx \gamma$；$0 < \beta < 180°$，$\beta \neq 90°$；$\beta = 0$ 或 $180°$ 时，$\gamma_x = 0$，$\gamma_y = \gamma$；$\beta = 90°$ 时，$\gamma_x = \gamma$，$\gamma_y = 0$。

单轴承多瓦联合计算时，选择取值最小的瓦块的支点膜厚 h_{z0} 作为多瓦联合计算的传递参数，各瓦支点膜厚为

$$h_z(i) = h_{z0} + h_{qz}(j) - h_{qz}(i) \qquad (9\text{-}50)$$

式中：j 为支点膜厚取值最小的瓦块编号。

2. 影响分析

案例轴承主要几何和工况参数见表 9-6，利用上述模型和算法进行计算。由图 9-46 可知，当轴线偏斜方向角 β 不同时，即使倾斜角 γ 相同，轴承性能也会有差异。本节选择 3 种最典型的倾斜方向，即轴线投影线分别通过瓦块几何中心（$\beta = 17.5°$）、瓦块支点（$\beta = 20.3°$）和相邻瓦间中心线（$\beta = 40.0°$），可涵盖其他倾斜情况，从中分析对性能影响最严重的情况。不同偏斜方向角 β 和倾斜角 γ 下轴承性能计算结果如图 9-47 所示。

表 9-6　案例轴承的主要几何和工况参数

参数	数值及牌号	参数	数值及牌号
轴瓦内直径/m	0.25	润滑剂牌号	68#汽轮机油
轴瓦宽度/m	0.115	进油温度/℃	35
瓦张角/（°）	35	钢基膨胀系数/（10^{-5}/℃）	1.12
瓦块数	8	钢基弹性模量/GPa	210
径向偏支系数	0.54	钢基泊松比	0.3
周向偏支系数	0.58	推力盘与瓦块的双边间隙/mm	0.5
转速/（r/min）	200	瓦块厚度/m	0.044
载荷/kN	200		

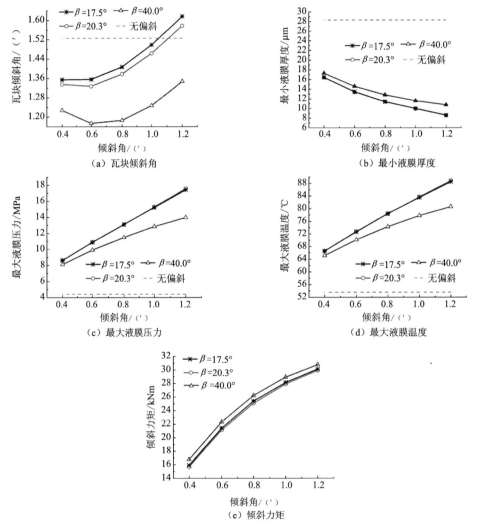

图 9-47　不同偏斜方向角和倾斜角下轴承性能曲线

由图 9-47（a）可知，随着轴线倾斜角的增大，瓦块倾斜角存在先减小再增大的变化趋势，特别是当 β=40.0°时，这种变化趋势很明显。对于 β=17.5°，当轴线倾斜角 γ<

1.05′时，轴线偏斜后瓦倾斜角小于无偏斜时的瓦倾斜角，当 $\gamma>1.05′$ 时，前者大于后者。$\beta=20.3°$ 时瓦倾斜角的变化情况与之相似。这表明轴线偏斜位置和程度不仅会改变各瓦的支点膜厚，还会影响瓦块的倾斜状态。

由图 9-47（b）～（e）可知，随着轴线倾斜角的增大，最小液膜厚度度逐渐减小，最大液膜压力、最大液膜温度和翻转力矩均随之增大。而且轴线偏斜后轴承性能与无偏斜的性能相差较大。相同倾斜角下，当 $\beta=17.5°$ 与 $\beta=20.3°$ 时的轴承最小液膜厚度相近，$\beta=40°$ 时最大。例如当 $\gamma=1.2′$，三种偏斜方向角下最小液膜厚度分别为 8.61 μm、8.53 μm 和 10.75 μm，分别为无偏斜时的 30.4%、30.1% 和 38.0%；偏斜方向角对轴承最大液膜压力和最大液膜温度的影响规律与最小液膜厚度相似。因此从最小液膜厚度、最大液膜压力和最大液膜温度的角度看，轴线投影线过支点这种倾斜方向对轴承性能影响最严重，应在该倾斜方向下寻找临界倾斜角。$\beta=20.3°$、$\gamma=1.2′$ 时 1#瓦最小液膜厚度为 8.5 μm，液膜厚度很小，轴承有碰磨的风险。因此最小液膜厚度大于许用最小液膜厚度是限制倾斜角变大的重要条件。

由于各瓦载荷不均，液膜会对推力盘产生一个翻转力矩，该力矩与转轴倾斜力矩相等。由图 9-47（e）可知，$\beta=40°$ 时倾斜力矩大于另两种轴线偏斜方向的倾斜力矩，$\beta=17.5°$ 和 $\beta=20.3°$ 时，3#瓦和7#瓦的液膜力大小相近，两者产生的力矩基本相互抵消，在倾斜力矩中其主要作用的是 1#瓦、2#瓦和8#瓦；$\beta=40°$ 时，3#瓦的液膜力明显大于7#瓦的液膜力，两者产生的力矩差产生了倾斜力矩。

图 9-48 所示为 $\beta=20.3°$、不同倾斜角时各瓦的性能参数。根据倾斜的对称性，2#瓦与 8#瓦、3#瓦与 7#瓦、4#瓦与 6#瓦性能基本相同。轴线偏斜造成各瓦块倾斜角各不

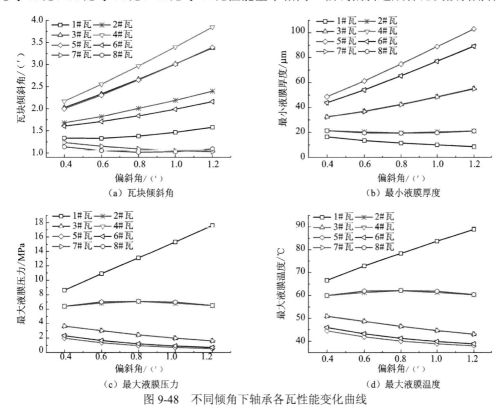

（a）瓦块倾斜角

（b）最小液膜厚度

（c）最大液膜压力

（d）最大液膜温度

图 9-48　不同倾角下轴承各瓦性能变化曲线

相同，随着偏斜方向角的增加，除 7#瓦和 8#瓦外，其他瓦块倾斜角均随之递增。偏斜造成各瓦膜厚分布严重不均，如 $\gamma = 1.2'$ 时 1#瓦最小液膜厚度为 8.53 μm，仅为 5#瓦 103.04 μm 的 8.3%。$\gamma = 1.2'$ 时，1#瓦最大液膜压力为 17.59 MPa，约为 5#瓦的 33.2 倍，约为平均比压的 9 倍。在一般情况下滑动轴承最大液膜压力为比压的 3～4 倍，说明倾斜造成部分瓦块压力过大而存在材料失效风险。上述研究表明推力盘倾斜对轴承性能影响较大，特别针对重载轴承，容易造成润滑失效和磨损，因此有必要研究瓦块均载结构。

3. 轴线偏斜极限的讨论

为了进一步分析轴线偏斜对单瓦性能的影响机理，建立如图 9-49 所示的几何关系。瓦块承载能力由无量纲系数 K 决定，推力盘偏斜后 K 的计算式为

$$
\begin{cases}
K = \dfrac{h_2}{h_1} - 1 \\
h_1 = h_{z0} - h_{qz} + (B - x)(\tan\gamma - \tan\alpha) \\
h_2 = h_{z0} - h_{qz} + x(\tan\alpha - \tan\gamma)
\end{cases}
\tag{9-51}
$$

式中：h_{z0} 为无倾斜时瓦块支点位置膜厚；α 为瓦块倾斜角；h_1 和 h_2 为液膜在进出水口处的厚度；B 为瓦宽；x 为支点与瓦块进油边距离。

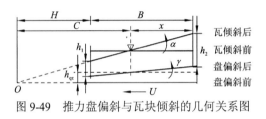

图 9-49　推力盘偏斜与瓦块倾斜的几何关系图

由式（9-49）可知，当推力盘偏斜角 γ 等于瓦块倾斜角 α 时，h_1 等于 h_2，瓦块无承载能力。因此限制偏斜角增加的条件除了许用最小膜厚，还有瓦块倾斜角。如图 9-48（a）和（b）所示，承载力最大的几个瓦块为 1#瓦、2#瓦、7#瓦和 8#瓦，这些瓦的倾斜角为 $1.0'\sim1.5'$。随着 γ 增加，γ 可能等于这些瓦的 α，此时轴承截面因难以形成楔形动压液膜而出现润滑失效。

9.8.2　典型均载方法

弹性支撑可倾瓦结构也可以实现均载功能，包括蝶形弹簧支撑、弹簧簇支撑、双托盘弹性梁支撑、弹性油箱支撑、弹性圆盘支撑和橡胶垫支撑等，如图 9-50 所示。这种支撑方法利用支撑结构在不同受力时变形不同，调整各瓦与推力盘的距离，达到各瓦受载均匀的目的，目前在水轮发电机、立式泵、储能机组等设备中都有成功应用。这些支撑结构中，弹性梁支撑的瓦块倾斜原理与刚性球头支撑相同，所以其瓦块摆动灵活性也相当，但其他支撑方案都是利用支撑结构的不均匀变形来实现瓦块倾斜，变形的响应较慢，因此瓦块摆动灵活性没有刚性球头支撑方案优秀[2]。

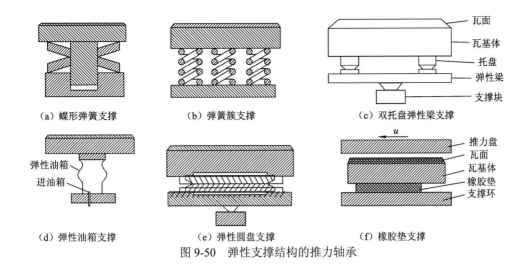

（a）蝶形弹簧支撑　　　　　（b）弹簧簇支撑　　　　　（c）双托盘弹性梁支撑

（d）弹性油箱支撑　　　　　（e）弹性圆盘支撑　　　　　（f）橡胶垫支撑

图 9-50　弹性支撑结构的推力轴承

1. 蝶形弹簧支撑

蝶形弹簧支撑可倾瓦推力轴承包括推力盘、推力瓦、支撑块、垫块、蝶形弹簧、套环及锁紧螺栓。推力瓦和支撑块组成推力瓦块，蝶形弹簧安装于套环上，垫块安装于蝶形弹簧上部，并通过锁紧螺栓紧固，推力瓦块安装于垫块上。

轴承可通过蝶形弹簧的弹性调节瓦块之间的高度差，达到每个瓦块都可以接触推力盘，而中心点轴承可以起到自平衡作用，两相组合，进而提高推力轴承的可靠性及性能。轴承能够自动调节可倾瓦推力轴承之间由制造及装配误差产生的瓦块之间高度不均衡的问题，提高推力轴承的可靠性、可维修性及稳定性。

2. 弹簧簇支撑

弹簧簇支撑推力轴承的轴承瓦偏心放置在一压缩弹簧上，偏心度为 8%～12%，依靠弹簧的弹性变形吸收瓦的不均匀负荷，并使瓦倾斜形成动压承载油楔。

轴瓦受力后的凹变形能够部分抵消轴瓦和镜板的热凸变形，力凹变形能够动态适应热凸变形，因此，弹簧簇支撑推力轴承的主承载区液膜较厚，具有较高的运行可靠性。另外，弹簧簇支撑还具有支撑结构简单、轴承高度尺寸小、轴承承载能力大、温升低、轴承受力均匀、瓦变形较小、轴瓦温度分散度较小等特点。但弹簧的材质和制造工艺要求较高。

3. 双托盘弹性梁支撑

在双托盘弹性梁支撑系统中，推力轴瓦由两个托盘支撑，两个托盘放置在一根弹性梁的两端，或者交错放置在相邻两弹性梁的端部。利用弹性梁的变形吸收各瓦之间的不均匀负荷，特别适合径向尺寸大、形状细长的轴瓦。满负荷时，弹性梁的变形量接近 1 mm，推力瓦面的高程差要求在 0.09 mm 以内，安装时用垫片来调整，以使各推力瓦受力的误差不超过 10%。这种支撑结构对推力轴承零部件加工精度要求较高，厚度偏差控制在0.03 mm 以下，弹性梁的材质要求抗拉强度极限达 1 000 MPa。该结构承载能力大，是一种巨型推力轴承结构，适用于大型水轮发电机组或其他重载推力轴承领域。

4. 弹性油箱支撑

无支柱螺栓弹性油箱支撑推力轴承的推力轴瓦直接放置在弹性油箱的顶面，各油箱用油管相连并加至初始油压。运行时，各瓦之间的不均匀负荷通过弹性油箱的轴向变形及油压均衡，使各瓦受力均匀。在整个弹性油箱支撑结构装配和充油后，弹性油箱顶面进行精加工，使油箱顶面与底盘面间的高程差控制在 0.05 mm 以内。油箱顶面的刚度很大，能保持几乎不变形的平面状态，顶面支撑的外径可以大到与油箱外径相同，能使推力轴瓦的凸变形几乎完全消除，顶面内径可以小到足以防止轴瓦产生凹变形。油箱弯曲反力矩对偏心度的影响仅为 1%，因此，能让推力轴瓦灵活倾斜。轴瓦变形与同尺寸的单托盘支撑方式相当，而结构更简单，轴承高度小。

5. 弹性圆盘支撑

弹性圆盘支撑推力轴承的轴瓦由两个相对组合在一起的弹性圆盘支撑，上弹性盘固定在轴瓦下，下弹性盘放在加工出槽的机架上，圆盘的球形曲面可使轴瓦自由偏转，以形成楔形液膜。轴瓦变形与单托盘支撑方式相当，圆盘的弹性变形可吸收瓦块之间的不均匀负荷，但均衡瓦块之间负荷的能力不如三波纹弹性油箱和弹簧簇支撑。

6. 橡胶垫支撑

橡胶垫支撑推力轴承将轴瓦直接偏心放在弹性耐压耐油橡胶垫上，偏心度为 6%～9%，依靠橡胶垫的弹性变形吸收瓦的不均匀负荷，并使瓦倾斜形成动压承载油楔。弹性垫为扇形薄板，一般用 5 mm 厚的耐油橡胶板制成，其几何尺寸略小于轴承瓦。

国外有些弹簧垫是圆形的，承载面积较小，为轴瓦面积的一半以下。扇形弹性垫结构已在推力负荷为 1 275 kN 的轴承上使用，比压达到 2.4 MPa。弹性垫的主要优点：安装维护简便；造价低廉；与同容量的刚性支柱球面点支撑结构相比，轴承受力均匀，瓦变形较小，轴瓦温度分散度约为 3 ℃。但由于材质的限制，弹性垫只适用于小负荷推力轴承。

参 考 文 献

[1] LIANG X X, YAN X P, YANG W O, et al. Thermo-Elasto-Hydrodynamic analysis and optimization of rubber-supported water-lubricated thrust bearings with polymer coated pads[J]. Tribology International, 2019, 138: 365-379.

[2] 梁兴鑫. 无轴推进器水润滑弹支可倾瓦推力轴承润滑模型与试验研究[D]. 武汉: 武汉理工大学, 2019.

[3] OUYANG W, YUAN X Y, JIA Q. Analysis of tilting pad thrust bearing static instability and lubrication performance under the bistability[J]. Industrial Lubrication and Tribology, 2014, 66(5): 584-592.

[4] OUYANG W, WANG B, HUANG J. Regional characteristics and control method of the mixing flow pattern for water-lubricated tilting pad thrust bearings[J]. Applied Sciences, 2022, 12(14): 6999.

[5] 欧阳武. 重载滑动轴承润滑模型及参数识别研究[D]. 西安: 西安交通大学, 2014.

[6] CONSTANTINESCU V N. Basic relationships in turbulent lubrication and their extension to include thermal effects[J]. Journal of Lubrication Technology, 1973, 95(2): 147-154.

[7] NG C W, PAN C H T. A linearized turbulent lubrication theory[J]. Journal of Fluids Engineering, 1965, 87(3): 675-682.

[8] ELROD H G, NG C W. A theory for turbulent films and its application to bearings[J]. Journal of Tribology, 1967, 89(3): 346-362.

[9] CAPITAO J W. Influence of turbulence on performance characteristics of the tilting pad thrust bearing[J]. Journal of Tribology, 1974, 96(1): 110-116.

第 *10* 章

水润滑轴承混合润滑建模、仿真及试验

高分子材料加工及表面处理较为困难，以赛龙 SXL 材料制作的推力瓦为例，将其表面用粒径为 1.3 μm 的砂纸打磨抛光后，表面粗糙度均方根仍较大。对流体动压润滑轴承而言，带载启动过程中会发生微凸体接触摩擦。在低速阶段，轴承处于接触摩擦和流体润滑共存状态，此时载荷由固体接触和流体压力共同承担，现有的 TEHD 模型无法解决接触和流体润滑共存的问题。此外，在产生完全流体动压润滑的高速稳定运转阶段，尽管两相对运动表面被水膜完全分开，但采用 THED 模型预测润滑性能时，可能会高估水膜厚度。为了研究轴承带载启动后推力盘和推力瓦工作面由接触摩擦到流体动压润滑的转变过程，揭示水膜厚度、局部接触压力、接触面积等参数随转速的变化规律。在修正了基于 Hertz 接触理论和半无限空间弹性变形理论的微凸体接触模型的基础上，提出了弹支可倾瓦推力轴承混合润滑模型，重点研究粗糙高度均方根 S_q 和粗糙度自相关长度比 λ 对轴承润滑性能的影响规律。

10.1 弹性接触模型

10.1.1 表面粗糙度模型

1. 描述表面粗糙度的两个函数

表面粗糙度分布可采用正弦函数或随机模型描述，如图 10-1 所示。图 10-1（a）所示为单位面积区域内正弦分布粗糙度，所有的波峰和波谷有相同的幅值。正弦函数用以描述波峰和波谷幅值按某种规律周期变化的粗糙度[1]。图 10-1（b）所示为随机分布粗糙度。粗糙表面的宏观分布形态通常可用概率密度函数和自相关函数描述。本小节采用随机模型描述表面粗糙度。

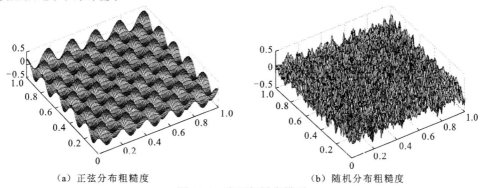

（a）正弦分布粗糙度　　　　　　　　（b）随机分布粗糙度

图 10-1　表面粗糙度模型

1）概率密度函数

假定表面粗糙度的高度为正态分布，基准面为该粗糙度轮廓的平均高度平面，则表面粗糙度高度概率密度函数为

$$\phi(z) = \frac{1}{S_q \sqrt{2\pi}} \exp\left[-\frac{1}{2}\left(\frac{z}{S_q}\right)^2 \right] \tag{10-1}$$

相对于基准平面的高度在 h 和Δh 之间的微凸体的概率为 $\phi(h)\Delta h$，高度大于 h 的微凸体的概率为

$$\Phi(h) = \int_h^\infty \phi(x)\mathrm{d}x = \frac{1}{2}\left[1 - \mathrm{erf}\left(\frac{h}{\sqrt{2}S_q}\right)\right] \tag{10-2}$$

式中：S_q 为表面粗糙度均方根；误差函数 $\mathrm{erf}(x) = \dfrac{2}{\sqrt{\pi}}\int_0^x \mathrm{e}^{-t^2}\mathrm{d}t$。

S_q 是描述表面粗糙程度的重要参数之一。对于两个粗糙度均方根分别为 S_{q1} 和 S_{q2} 的相互接触的粗糙表面，可假定其中一个为光滑表面，另一表面的综合粗糙度均方根为

$$S_q = \sqrt{S_{q1}^2 + S_{q2}^2} \tag{10-3}$$

2）自相关函数

表面处理工艺或加工方法的不同将造成表面粗糙度各向异性，因此采用自相关函数描述表面粗糙度的方向。表面粗糙度自相关函数的定义为

$$R(\lambda_x, \lambda_y) = E[z(x,y)z(x+\lambda_x, y+\lambda_y)] \tag{10-4}$$

式中：E 为期望；λ_x 和 λ_y 为延迟长度。对于表面粗糙度满足高斯分布的表面，其自相关函数表示为

$$R(\lambda_x, \lambda_y) = \begin{cases} S_q^2\left(1 - \dfrac{|\lambda_x|}{\lambda_x^*}\right)\left(1 - \dfrac{|\lambda_y|}{\lambda_y^*}\right), & |\lambda_x| \leqslant \lambda_x^*, |\lambda_y| \leqslant \lambda_y^* \\ 0, & \text{其他} \end{cases} \tag{10-5}$$

式中：λ_x^* 和 λ_y^* 分别为自相关函数值为 0 时 x 和 y 方向的自相关长度。该自相关函数与 Patir 等[2]给出的指数形式自相关函数的近似关系表达式为

$$R(\lambda_x, \lambda_y) = \begin{cases} S_q^2 \exp\left\{-2.3\sqrt{\left(\dfrac{|\lambda_x|}{\lambda_x^*}\right)^2 + \left(\dfrac{|\lambda_y|}{\lambda_y^*}\right)^2}\right\}, & |\lambda_x| \leqslant \lambda_x^*, |\lambda_y| \leqslant \lambda_y^* \\ 0, & \text{其他} \end{cases} \tag{10-6}$$

式中：λ_x^* 和 λ_y^* 表示自相关函数值为原始值的 0.1 倍时 x 和 y 方向的自相关长度。

2. 满足高斯分布的表面粗糙度模型

本小节采用表面粗糙度模型生成满足高斯分布的表面粗糙轮廓。首先，将粗糙表面和自相关长度沿 x 和 y 方向划分网格，分别生成 $N \times M$ 和 $n \times m$ 个节点，用 MATLAB 软件产生一个 $(N+n) \times (M+m)$ 阶的随机数矩阵 $\boldsymbol{\eta}$。利用自相关函数式（10-6）计算自相关系数矩阵的元素为

$$R_{pq} = R(p\Delta x, q\Delta y) = \sum_{k=1}^{n-p}\sum_{l=1}^{m-q} a_{kl}a_{k+p,l+q} \tag{10-7}$$

式中：$p = 0,1,2,\cdots,n-1$；$q = 0,1,2,\cdots,n-1$；$\Delta x = \lambda_x^*/n$；$\Delta y = \lambda_y^*/m$。未知元素矩阵 $\boldsymbol{a}$ 可采用牛顿迭代法求解：

$$\boldsymbol{a}^{(v+1)} = \boldsymbol{a}^{(v)} - [\boldsymbol{J}^{(v)}]^{-1}\boldsymbol{f}(\boldsymbol{a}^{(v)}), \quad v = 0,1,2,\cdots \tag{10-8}$$

式中：$\boldsymbol{a} = [a_{11}, a_{12}, \cdots, a_{1m}; a_{21}, a_{22}, \cdots, a_{nm}]$；$\boldsymbol{f} = [f_{00}, f_{01}, \cdots, a_{0,m-1}; f_{10}, f_{11}, \cdots, f_{n-1,m-1}]$；

$$f_{pq} = \sum_{k=1}^{n-p} \sum_{l=1}^{m-q} a_{kl} a_{k+p,l+q} - R_{pq} \text{。}$$

雅克比矩阵 $\boldsymbol{J}$ 中各元素的计算公式为

$$J_{rs}^{(v)} = a_{i+p,j+q}^{(v)} + a_{i-p,j-q}^{(v)} \begin{cases} \text{若 } i < p \text{ 或 } j < q, \ a_{i-p,j-q}^{(v)} = 0 \\ \text{若 } i+p > m \text{ 或 } j+q > n, \ a_{i+p,j+q}^{(v)} = 0 \end{cases} \tag{10-9}$$

式中: $r = pm + q + 1$; $s = (i-1)m + j$。

未知元素矩阵 $\boldsymbol{a}$ 的初始值 $a_{ij}^{(0)} = sc_{ij}$, 式中:

$$c_{ij} = \frac{R_{i-1,j-1}}{(n-i+1)(m-j+1)}, \quad s^2 = \frac{R_{0,0}}{\sum_{i=1}^{n} \sum_{j=1}^{m} c_{ij}^2}$$

由此可求得自相关系数矩阵 $\boldsymbol{R}$ 各元素表达式(10-8)中未知元素矩阵 $\boldsymbol{a}$, 进而求得表面各节点处粗糙度高度值为

$$z_{ij} = \sum_{k=1}^{n} \sum_{l=1}^{m} a_{kl} \eta_{k+i,l+j} \tag{10-10}$$

式中: $i = 1, 2, \cdots, N$; $j = 1, 2, \cdots, M$。

10.1.2 微凸体弹性接触模型

1. 考虑基体变形的微凸体弹性接触模型

在粗糙表面接触模型中,微凸体通常被假定为半球状微凸体,其半径和高度由实际测量确定。根据 Hertz 接触理论,微凸体在刚性平面的接触压力作用下发生弹性变形,可用弹性变形量 δ_a 表示的接触半径 a、接触面积 A 及接触力 F,表达式为

$$a = \sqrt{R\delta_a} \tag{10-11}$$

$$A = \pi R \delta_a \tag{10-12}$$

$$F = \frac{4}{3} E_a \sqrt{R\delta_a^3} \tag{10-13}$$

式中: δ_a 为微凸体弹性变形量; E_a 为微凸体材料的有效弹性模量, $E_a = E_1/(1-v_1^2)$, E_1 为微凸体材料弹性模量, v_1 为泊松比; R 为半球体的半径。

接触力 F 是指微凸体和平板间的法向力,忽略了微凸体与刚性平板间的摩擦力。根据弹性基体材料表面的单个微凸体接触变形模型[3] (图 10-2)可求得微凸体的刚度为

$$k_a = \frac{\mathrm{d}F}{\mathrm{d}\delta_a} = 2E_a \sqrt{R\delta_a} \tag{10-14}$$

当微凸体受力变形的同时,其底部的弹性基体材料也产生了变形,且该变形远比微凸体变形复杂。对微凸体而言,该基体可以认为是半无限空间体,微凸体顶部的接触会在基体上产生抛物线形应力。在弹性半无限空间中,当 Hertz 压力作用于半径为 r_b 的圆形区域时,表面的法向变形量为

$$U_z(r) = \frac{\pi p_0}{4E_b r_b}(2r_b^2 - 2r), \quad 0 \leqslant r \leqslant r_b \tag{10-15}$$

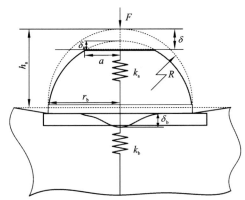

图 10-2 基于双弹簧串联概念的弹性基体表面单粗糙度弹性接触模型示意图

式中：E_b 为基体材料的有效弹性模量，$E_b = E_2/(1-v_2^2)$，E_2 为基体材料弹性模量，v_2 为泊松比。最大压力 p_0 为

$$p_0 = \frac{3}{2}\frac{F}{\pi r_b^2} \tag{10-16}$$

接触压力 p_c 和平均接触压力 $\bar{p}_c$ 为

$$p_c = \frac{F}{\pi a^2} \tag{10-17}$$

$$\bar{p}_c = \frac{F}{\pi r_b^2} \tag{10-18}$$

基体上半径为 r_b 的微凸体覆盖区域中心处的弹性变形为

$$\delta_b = U_z(0) = \frac{\pi p_0}{2E_b}r_b \tag{10-19}$$

联立式（10-13）和式（10-19）可得基体材料的变形刚度：

$$k_b = \frac{\mathrm{d}F}{\mathrm{d}\delta_b} = \frac{4}{3}r_b E_b \tag{10-20}$$

在接触力 F 的作用下，总变形量 δ 为微凸体变形量和基体材料变形量之和。将微凸体和基体看作两个串联的弹簧，其总刚度为 k，则有

$$\delta = \delta_a + \delta_b \tag{10-21}$$

$$k\delta = k_a\delta_a = k_b\delta_b \tag{10-22}$$

将式（10-14）、式（10-20）及式（10-21）代入式（10-22），可得

$$\frac{3\sqrt{R}E_a}{2E_b r_b}\sqrt{\delta_a^3} + \delta_a - \delta = 0 \tag{10-23}$$

在实际接触问题求解中，总变形量 δ 为已知量，需对微凸体变形量 δ_a 求解，进而求解接触压力和接触面积等参数。由式（10-23）可知，微凸体变形和总变形之间的关系由它们的几何参数和材料属性共同决定，微凸体本身的变形量 δ_a 可表示为

$$\delta_a = \frac{\delta}{1 + \kappa\xi\sqrt{\delta_a}} \tag{10-24}$$

式中：$\kappa = E_a/E_b$；$\xi = 3\sqrt{R}/2r_b$。

上述非线性方程可通过数值迭代方法求得近似解，其离散形式为

$$\delta_{\rm a}^{(0)}=\frac{\delta}{1+\kappa}, \quad \delta_{\rm a}^{(1)}=\frac{\delta}{1+\kappa\xi\sqrt{\delta_{\rm a}^{(0)}}}, \quad \delta_{\rm a}^{(2)}=\frac{\delta}{1+\kappa\xi\sqrt{\delta_{\rm a}^{(1)}}}, \cdots, \delta_{\rm a}^{(n+1)}=\frac{\delta}{1+\kappa\xi\sqrt{\delta_{\rm a}^{(n)}}} \quad （10\text{-}25）$$

式中：$n=0,1,2,\cdots,\infty$，表示迭代次数。

2. 微凸体弹性接触模型的修正

对"软质"高分子材料而言，较少有采用 Hertz 接触理论进行接触分析的相关案例。这类材料的弹性模量远小于不锈钢等金属材料，为确保计算结果的可信度，须先验证 Hertz 接触理论是否同样适用于高分子材料的接触问题计算。

1）考虑微凸体高度的接触力和接触半径计算

将半球状微凸体简化为二维轴对称模型，利用有限元软件求解接触力和接触半径，其几何模型如图 10-3（a）所示。在微凸体顶部建立刚性平板，将竖直向下的位移载荷施加在平板上。微凸体的对称轴有轴向自由度，底部有水平方向自由度。当微凸体实际高度 $h_{\rm a}$ 和微凸体半球半径 R 相等时，求得 R 为 19.05 mm 的微凸体—赛龙 SXL 材料，弹性模量 $E=209$ MPa，泊松比 $\nu=0.29$。在压缩量为 20 μm 时的变形云图如图 10-3（b）所示。

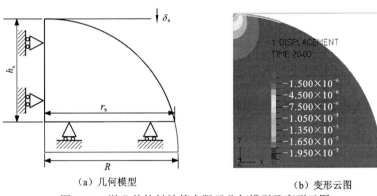

| （a）几何模型 | （b）变形云图 |

图 10-3　微凸体接触计算有限元几何模型及变形云图

计算的无量纲接触半径和接触力随轴向弹性变形量变化的关系如图 10-4 所示，图中 $\bar{a}=a/R$、$\bar{\delta}_{\rm a}=\delta_{\rm a}/R$、$\bar{F}_{\rm c}=F/(\pi a^2 E)$ 均为无量纲量。由图可知，当 $h_{\rm a}$ 和微凸体半球半径 R 相等时，采用 Hertz 接触理论和有限元法求得接触圆半径和接触力变化关系几乎吻合，表明有限元法求解微凸体在弹性变形阶段的接触变形具有可行性。

改变半球高度，计算不同高度的微凸体受压情况，图 10-5 所示为无量纲接触圆半径和接触力随微凸体高度和压缩量的变化关系。图中 $\bar{a}=a/R$、$\bar{\delta}_{\rm a}=\delta_{\rm a}/R$、$\bar{F}_{\rm c}=F/(\pi a^2 E_1)$ 和 $\bar{h}_{\rm a}=h_{\rm a}/R$ 为无量纲量。由图 10-5（a）可知，在相同压缩量 $\bar{\delta}_{\rm a}$ 条件下，接触半径 $\bar{a}$ 随微凸体高度 $\bar{h}_{\rm a}$ 的减小而增大。当 $\bar{\delta}_{\rm a}$ 为 0.001 时，随着 $\bar{h}_{\rm a}$ 的减小，有限元法计算所得 $\bar{a}$ 较 Hertz 接触理论计算结果依次增大 2.7%、5.2% 和 9.7%。由图 10-5（b）可知，当 $\bar{\delta}_{\rm a}$ 为 0.001 时，随着 $\bar{h}_{\rm a}$ 的减小，压缩时的接触力 $\bar{F}_{\rm c}$ 分别增大 5.3%、11.8% 和 28.2%。当压缩量 $\bar{\delta}_{\rm a}$ 减小时，$\bar{a}$ 和 $\bar{F}_{\rm c}$ 存在减小趋势。此外，当压缩量 $\bar{\delta}_{\rm a}$ 相同时，$\bar{F}_{\rm c}$ 的增幅大于 $\bar{a}$ 的增幅。

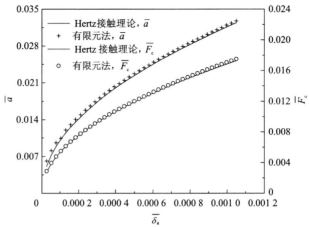

图 10-4　Hertz 接触理论和有限元法计算的不锈钢半球接触圆半径和接触力对比

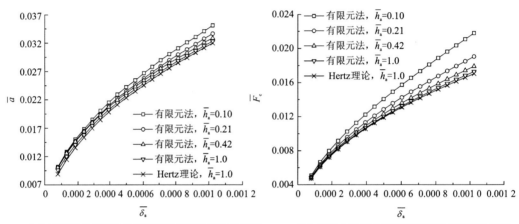

（a）接触圆半径随微凸体高度和压缩量的变化曲线　　（b）接触力随微凸体高度和压缩量的变化曲线

图 10-5　高分子材料微凸体压缩时接触圆半径和接触力的变化曲线

　　综上所述，减小微凸体高度会导致 Hertz 接触理论计算的微凸体和刚性平板间的接触圆半径和接触力误差增大，且压缩量越大误差越大。在计算微凸体接触应力时，微凸体的实际高度 h_a 可能远小于半径 R，需对基于 Hertz 接触理论建立的接触模型进行修正。根据上述仿真结果拟合无量纲量 $\bar{a}$ 与 $\bar{\delta}_a$ 和 $\bar{h}_a$ 之间的近似关系为

$$\bar{a} = \frac{\sqrt{\bar{\delta}_a}}{\bar{h}_a^{\,0.039}} \tag{10-26}$$

将 $\bar{a}$ 量纲化并代入式（10-9）可得

$$a = \frac{\sqrt{R\delta_a}}{\bar{h}_a^{\,0.039}} \tag{10-27}$$

式中：$1/\bar{h}_a^{\,0.039}$ 为接触圆半径的影响系数。

　　$\bar{F}_c$ 与 $\bar{\delta}_a$ 和 $\bar{h}_a$ 的近似关系为

$$\bar{F}_c = \frac{4\sqrt{\bar{\delta}_a}}{3\pi(1-\nu_1^2)(\bar{h}_a^{\,0.039})^2} \tag{10-28}$$

将 $\bar{F}_c$ 量纲化并代入式（10-27）得

$$F = \frac{4}{3}\frac{E_a\sqrt{R\delta_a^3}}{\bar{h}_a^{0.039}} \tag{10-29}$$

式中：$1/\bar{h}_a^{0.039}$ 为接触力的影响系数。由于接触力与半径 R 为线性关系，接触力影响系数与接触半径影响系数相等。

将计入接触圆半径和接触力影响系数后的解析模型计算结果与有限元法结果对比，两者的误差随压缩量的变化关系如图 10-6 所示。可知，接触圆半径 $\bar{a}$ 和接触力 $\bar{F}_c$ 的误差均在 10%以内，且随着压缩量增大，$\bar{a}$ 的相对误差逐渐减小，最终稳定在 1%左右。当 $\bar{h}_a$ 为 0.21 和 0.42 时，$\bar{F}_c$ 的相对误差随压缩量增大而下降；当 $\bar{h}_a$ 为 0.1 时，解析法和有限元法计算的 $\bar{F}_c$ 的相对误差随 $\bar{\delta}_a$ 增大由负值转为正值，变化曲线在 $\bar{\delta}_a$ 为 0.000 6 附近相交，两者的相对误差（绝对值）先减小后增大。

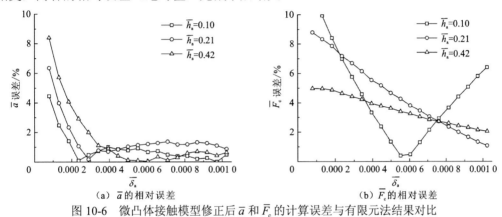

（a）$\bar{a}$ 的相对误差　　　　　　（b）$\bar{F}_c$ 的相对误差

图 10-6　微凸体接触模型修正后 $\bar{a}$ 和 $\bar{F}_c$ 的计算误差与有限元法结果对比

2）基于薄板变形模型的基体材料变形计算

因基体材料具有一定厚度，故采用半无限空间体方法计算的基体材料刚度小于实际情况。可将推力瓦高分子瓦面层看成薄板，应用薄板变形模型，在半径为 r_b 的圆形区域基体表面的法向变形可表示为

$$\delta_b = \frac{(1+\nu_2)(1-2\nu_2)}{E_2(1-\nu_2)}\delta_t p \tag{10-30}$$

式中：δ_t 为基体材料的厚度；$p = F/\pi r_b^2$。

载荷为 0.5 MPa 时，将 THD 模型计算的瓦面压力分布分别代入半无限空间模型（half space model，HSM）、有限元模型（FEM）和薄板模型（thin layer model，TLM），瓦面平均半径圆弧线上的弹性变形结果如图 10-7 所示。

由图 10-7 可知，HSM 严重高估了变形量。FEM 和 TLM 计算的进水区域变形吻合较好；出水区域附近，随着水膜压力增大，TLM 计算的变形量稍小于 FEM 的结果，最大变形处相差约 20%。因此，本小节采用 TLM 计算基体材料变形，不仅可以提高变形计算精度（与 HSM 相比），还可显著降低求解时间（与 FEM 相比）。

将式（10-29）和式（10-30）代入式（10-21）可得计入基体材料厚度后的变形关系式：

$$\frac{4E_a\sqrt{R\delta_a^3}}{3\pi r_b^2\bar{h}_a^{0.039}}\frac{(1+\nu_2)(1-2\nu_2)\delta_t}{E_2(1-\nu_2)} + \delta_a = \delta \tag{10-31}$$

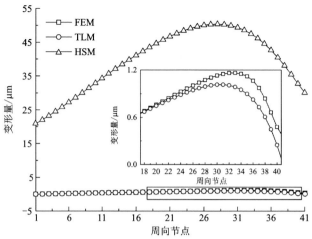

图 10-7 三种方法计算的瓦面平均半径处节点变形曲线

10.2 混合润滑模型

考虑瓦面和推力盘之间可能存在微凸体接触，将瓦面划分为流体润滑区 Ω_f 和固体接触摩擦区 Ω_c。在流体润滑区内，摩擦表面完全被水膜分开，尽管有微凸体干扰水膜流动但不会完全阻断流动；在接触摩擦区，局部接触面积占比较小，雷诺方程仍适用于求解该区域的水膜压力分布；在微凸体接触区，水膜厚度为 0，接触面积和接触力可用微凸体弹性接触模型求解。当接触压力超过材料压缩屈服极限时，接触压力等于屈服极限。

10.2.1 扇形瓦面膜厚分布

为了求解微凸体接触区边缘附近的流体压力 p_f，假设微凸体接触区域边缘的水膜压力等于平均接触压力 $\bar{p}_c$，即当 $h = 0$ 时，$p_r = \bar{p}_c = F/\pi r_b^2$。

不同于动压润滑模型中以虚拟支点处膜厚 h_p 作为参考点求解瓦面各节点膜厚，在混合润滑模型中可能存在固体接触，且接触点最初出现在瓦块水膜出水侧的两个顶点附近，因此以水膜出水侧顶点为参考点求解膜厚分布（图 10-8）。计算时计入表面粗糙度对膜厚的影响，膜厚表达式为

$$h(r,\theta,T,p) = h_c + r\sin(\theta_e - \theta)\sin\beta + [r\cos(\theta_e - \theta) - r_p]\sin\gamma - \delta(r,\theta,T,p) - z(r,\theta) \quad (10\text{-}32)$$

式中：$z(r,\theta)$ 为微凸体高度；h_c 为水膜出水侧顶点处的膜厚，根据瓦块倾角确定。

若 $h_{ci} \geqslant h_{co}$，则有

$$h_c = h_p + R_o\sin(\theta_e - \theta)\sin\beta + [R_o\cos(\theta_e - \theta) - r_p]\sin\gamma \quad (10\text{-}33)$$

若 $h_{ci} < h_{co}$，则有

$$h_c = h_p + R_i\sin(\theta_e - \theta)\sin\beta + [R_i\cos(\theta_e - \theta) - r_p]\sin\gamma \quad (10\text{-}34)$$

式中：R_o 和 R_i 分别为瓦块内径和外径。

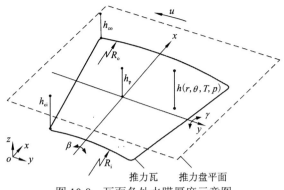

图 10-8 瓦面各处水膜厚度示意图

二维雷诺方程的离散形式中包含 5 个节点压力，表达式[4]为

$$A_{ij}p_{fi-1,j} + B_{ij}p_{fi,j} + C_{ij}p_{fi+1,j} = G_{ij} \qquad (10\text{-}35)$$

式中：$G_{ij} = D_{ij}p_{fi,j-1} + E_{ij}p_{fi,j+1} + F_{ij}$。

在求解过程中，接触区域可根据膜厚确定。当膜厚小于或等于 0 时，雷诺方程中相应节点的压力用平均接触压力 $\bar{p}_c$ 替代。

若 $h_{ij} \leqslant 0$，则 $A_{ij} = C_{ij} = 0$，$G_{ij} = \bar{p}_{cij}$；

若 $h_{i-1,j} \leqslant 0$，则 $A'_{ij} = A_{ij}|_{h_{i-1,j=0}}$，$A_{ij} = 0$，$G_{ij} = G_{ij} - A'_{ij}\bar{p}_{ci-1,j}$；

若 $h_{i+1,j} \leqslant 0$，则 $C'_{ij} = C_{ij}|_{h_{i-1,j=0}}$，$C_{ij} = 0$，$G_{ij} = G_{ij} - C'_{ij}\bar{p}_{ci+1,j}$。

水膜压力和接触压力分别产生的承载力可通过积分方式求得

$$W_f = \iint_{\Omega_f} p_f r\,\mathrm{d}r\mathrm{d}\theta \qquad (10\text{-}36)$$

$$W_c = \iint_{\Omega_c} p_c r\,\mathrm{d}r\mathrm{d}\theta \qquad (10\text{-}37)$$

10.2.2 扇形离散网格上的等效球冠状微凸体

扇形瓦面网格划分后，依据粗糙度模型生成高度满足高斯分布的表面粗糙度。在接触计算模型中将微凸体的形状简化为球冠状，微凸体与基体材料相交的界面为半径为 r_b 的圆。网格划分后的瓦面仍为扇形单元，需将网格节点所在的扇形微凸体单元转化为球冠状的等效单元，如图 10-9 所示。

扇形单元的面积为

$$\Delta S_{ij} = r_{ij}\Delta r\Delta\theta \qquad (10\text{-}38)$$

对应的等效圆的半径为

$$r_{bij} = \sqrt{\frac{\Delta S_{ij}}{\pi}} \qquad (10\text{-}39)$$

球冠状微凸体的球冠半径为

$$R_{ij} = \frac{z_{ij}^2 + r_{bij}^2}{2z_{ij}} \qquad (10\text{-}40)$$

式中：z_{ij} 为该节点处粗糙度高度。当 $z_{ij} < 0$ 时，该节点为凹坑，与推力盘不产生接触，计算时取其绝对值。微凸体接触面积计算参照式（10-12），当 $A_{ij} \geqslant \Delta S_{ij}$ 时，$A_{ij} = \Delta S_{ij}$ 且 δ_a 不再进一步增大。

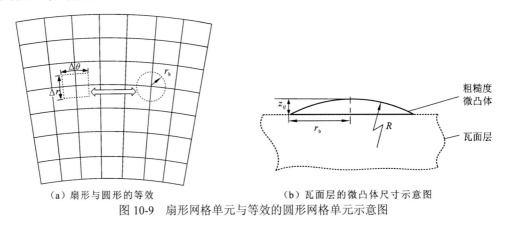

（a）扇形与圆形的等效　　　　　　（b）瓦面层的微凸体尺寸示意图

图 10-9　扇形网格单元与等效的圆形网格单元示意图

10.3　水润滑轴承混合润滑特性

利用上述混合润滑模型开展水润滑轴承混合润滑特性研究，算例将瓦块划分成 129×129 个网格单元，根据扇形离散网格上的等效球冠状微凸体方法生成 16 900 个微凸体或微凹坑。弹支可倾瓦推力轴承混合润滑性能模型求解流程与 THED 模型求解流程一致。

10.3.1　静止状态瓦块接触分析

轴承带载且处于静止状态时，推力盘和瓦面之间并非完全接触，轴向载荷由部分微凸体承担。推力瓦受力后处于倾斜状态，如图 10-10 所示。橡胶垫偏置于瓦基体底部，以过虚拟支点的竖直直线将瓦块周向分为水膜进水侧和出水侧，出水侧的周向宽度小于进水侧。推力盘轴向载荷由瓦块出水侧和进水侧的部分微凸体共同承担，记作 F_o 和 F_i，其力臂分别为 L_o 和 L_i，且 $L_o < L_i$。

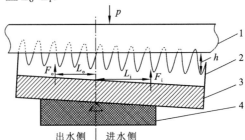

出水侧　进水侧

图 10-10　考虑粗糙度时静止状态瓦块受力后的倾斜状态
1.推力盘；2.瓦面高分子层；3.瓦基体；4.橡胶垫图

瓦块在静止状态受推力盘压力后的倾斜状态与瓦面的粗糙程度有关。当瓦面粗糙度平均高度为 0、粗糙度均方根 S_q 为 0.5 μm、表面粗糙度自相关长度比 λ 为 1、轴承载荷为 0.5 MPa 时，瓦面接触计算结果如图 10-11 所示。由图可知：瓦面粗糙度高度分布较为均匀；微凸体的平均接触压力从出水侧到进水侧呈下降分布，幅值在 1 MPa 附近波动，且各节点处的压力离散分布；基体材料变形趋势与平均接触压力一致；膜厚从出水侧向进水侧逐渐增大，表明瓦块产生周向倾斜，该间隙有利于带载启动过程中建立润滑水膜。

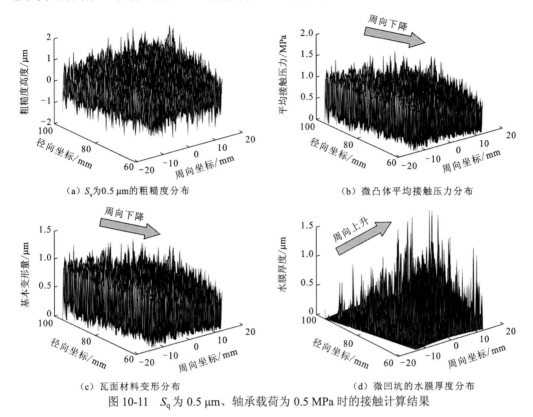

（a）S_q为0.5 μm的粗糙度分布　　　　　（b）微凸体平均接触压力分布

（c）瓦面材料变形分布　　　　　（d）微凹坑的水膜厚度分布

图 10-11　S_q 为 0.5 μm、轴承载荷为 0.5 MPa 时的接触计算结果

周向倾角、接触面积比和平均接触压力随 S_q 的变化规律如图 10-12 所示。由图可知，瓦块周向倾角及接触压力随 S_q 增大而增大，接触面积比随 S_q 增大而减小。瓦块倾角随着粗糙度高度的增大而增大，而与推力盘接触的微凸体数量随之下降，但局部接触压力增大。这表明启动时的磨损风险将会增加，即表面越粗糙，接触摩擦过程中越容易产生磨损。

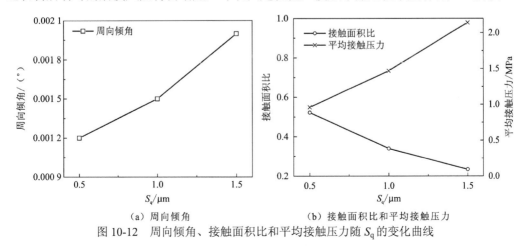

（a）周向倾角　　　　　（b）接触面积比和平均接触压力

图 10-12　周向倾角、接触面积比和平均接触压力随 S_q 的变化曲线

10.3.2 加速阶段润滑性能的变化规律

负载轴承由静止状态加速到额定转速的过程中，随着水膜的逐步建立，推力盘和瓦面间隙逐渐增大，接触面积减少，微凸体接触压力逐渐被水膜压力取代。为研究瓦面各节点压力和膜厚随转速的变化情况，仿真计算了 S_q 为 1 μm、λ 为 1、轴承载荷为 0.5 MPa 时，推力盘由静止状态加速到 600 r/min 的过程中瓦面压力分布和膜厚分布的变化规律，仿真结果如图 10-13 所示。由图可知，当转速为 200 r/min 时，瓦块水膜出水侧有较多的压力尖峰，水膜厚度由进水侧向出水侧逐渐减小，出水区域存在较多膜厚为 0 的节点，

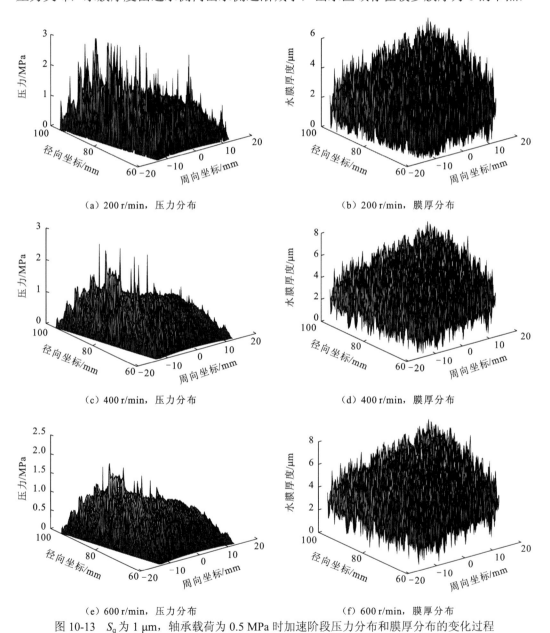

（a）200 r/min，压力分布　　　　　　　　（b）200 r/min，膜厚分布

（c）400 r/min，压力分布　　　　　　　　（d）400 r/min，膜厚分布

（e）600 r/min，压力分布　　　　　　　　（f）600 r/min，膜厚分布

图 10-13　S_q 为 1 μm，轴承载荷为 0.5 MPa 时加速阶段压力分布和膜厚分布的变化过程

说明存在微凸体接触；当随着转速增大，压力尖峰数量和幅值均减少，且膜厚逐渐增大；当转速为 600 r/min 时，只有个别节点处存在微凸体接触。说明随着转速增大，润滑状态逐步得到改善。

混合润滑性能分析过程中，轴承表面粗糙度生成过程中含有随机变量，且轴承存在局部接触的可能，故最小膜厚不再适用于衡量轴承润滑性能。此时，以不计入粗糙度的出水侧两个顶角膜厚 h_c 中的较小值作为最小膜厚，并以此衡量轴承润滑性能。膜厚比 χ 是判断轴承润滑状态的简单判据，定义为

$$\chi = \frac{h_c}{\sqrt{S_{q1}^2 + S_{q2}^2}} \tag{10-41}$$

式中：S_{q1} 和 S_{q2} 分别为推力盘和瓦面粗糙度均方根。

当 $\chi \geq 3$ 时，润滑界面处于完全流体动压润滑状态；当 $1 < \chi < 3$ 时，润滑界面处于混合润滑状态；$\chi \leq 1$ 时，润滑界面处于边界润滑状态。平均膜厚 h_m 为计算获得的所有节点膜厚的平均值。

为了更准确地计算粗糙度对混合润滑性能的影响，针对每一个 S_q，随机生成 5 组瓦面粗糙度分布，分别计算具有这些粗糙度瓦块的润滑性能并求平均。当 S_q 为 1 μm、λ 为 1、轴承载荷为 0.5 MPa 时，推力盘由静止状态加速到 600 r/min 的最小膜厚 h_c、平均膜厚 h_m、膜厚比 χ 和接触面积比随转速的变化关系如图 10-14 所示。由图可知，h_c、h_m 及 χ 均随转速增大而增大，接触面积比随转速增大而迅速下降最终趋于平稳。当转速为

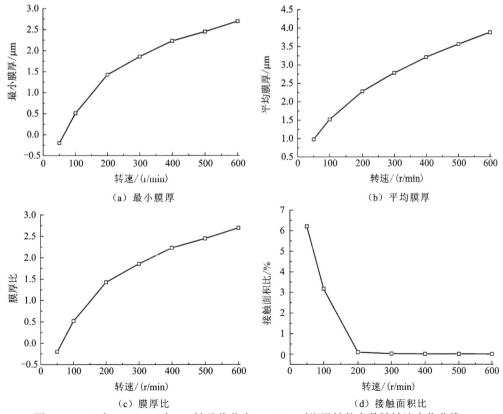

（a）最小膜厚　　　　　　　　　（b）平均膜厚

（c）膜厚比　　　　　　　　　（d）接触面积比

图 10-14　S_q 为 1 μm、λ 为 1、轴承载荷为 0.5 MPa 时润滑性能参数随转速变化曲线

50 r/min 时，最小膜厚出现负值，此时该点处推力盘位于瓦面材料粗糙度高度平均线以下；当转速为 600 r/min 时，$\chi = 2.7$，该转速下轴承处于混合润滑状态。上述结果表明轴承在该粗糙分布及工况下，推力盘的起飞转速约为 200 r/min，且转速低于 600 r/min 时无法形成完全流体动压润滑。

10.3.3 粗糙度均方根对混合润滑性能的影响

粗糙度均方根 S_q 为表面粗糙度表征参数，为研究 S_q 对混合润滑性能的影响，仿真计算 λ 为 1、轴承载荷为 0.5 MPa 时润滑性能随 S_q 和转速的变化关系，结果如图 10-15 所示。由图 10-15（a）可知，在转速为 50 r/min 的低转速工况下，S_q 分别为 0.5 μm、1 μm 和 1.5 μm 时，水膜出水侧瓦块顶角处最小膜厚 h_c 分别为 1.2 μm、-0.2 μm 和-0.7 μm。这表明粗糙度越大，低速状态下推力盘"压入"水膜出水侧瓦块顶点的深度越大，其接触压力也越大，此时，轴承润滑状态较差；随着转速提高，不同粗糙度瓦面上的最小膜厚都随之增大，这表明提高转速能有效改善润滑性能；转速增大过程中，S_q 为 0.5 μm 时对应的最小膜厚始终最大，S_q 为 1.5 μm 时对应的最小膜厚始终最小，这表明转速相同时，粗糙度小的瓦面的润滑性能好于粗糙度大的瓦面；当达到额定转速 600 r/min 时，不同 S_q 的最小膜厚分别为 2.77 μm、2.71 μm 和 2.72 μm，这表明随着转速提高，膜厚随之增大，粗糙度对润滑性能的影响下降。

由图 10-15（b）可知，在 50 r/min 的低转速工况下，推力盘"压入"瓦块顶点的深度随着粗糙度的增大而增大，但不同粗糙度瓦块的平均膜厚较为接近，其值均在 1 μm 左右。其原因在于：①粗糙度越大，微凸体高度越大，相对应位置的膜厚越小，此时微凹坑的深度也越大，两者的作用相互抵消，使平均膜厚与瓦块顶点"压入"推力盘的深度有关；②在低速阶段，粗糙度大的瓦块的周向瓦倾角会增大进水处水膜厚度的平均值，以此提高整个瓦块的平均膜厚。上述两个原因相互影响，使瓦块在不同粗糙度时的平均膜厚较接近。随着转速提高，平均膜厚逐渐增大，但不同粗糙度的瓦块对应的平均膜厚差别不大。这表明改变粗糙度 S_q 值时，平均膜厚 h_m 不能单独作为评判润滑性能优劣的参数。

由图 10-15（c）可知，当转速为 50 r/min，S_q 为 0.5 μm 时，轴承处于混合润滑阶段，而 S_q 为 1 μm 和 1.5 μm 时，轴承处于边界润滑阶段；当转速为 200 r/min 时，随着 S_q 增大，三者分别处于流体润滑、混合润滑和边界润滑阶段；随着转速的继续增大，当转速达到 600 r/min 时，只有 S_q 为 0.5 μm 的轴承处于流体润滑状态，其余两种瓦块均处于混合润滑状态。这表明粗糙度对轴承润滑状态影响较大。粗糙度越大，轴承越难达到流体动压润滑状态。

由图 10-15（d）可知，当转速为 50 r/min 时，三种粗糙度的微凸体接触面积占瓦面总面积的百分比依次为 0.13%、6.2% 和 10.5%；当转速为 200 r/min 时，S_q 为 0.5 μm 的瓦块与推力盘间已不存在微凸体接触，S_q 为 1 μm 和 1.5 μm 的瓦块接触面积比分别为 0.09% 和 2.3%。当转速增大到 600 r/min 时，S_q 为 1 μm 和 1.5 μm 的瓦块仍有少量微凸体接触存在。这表明粗糙度高度对接触面积比影响较大，进而影响润滑状态。说明微凸体接触对瓦块倾角产生了影响，在低速阶段接触引起瓦倾角变大。

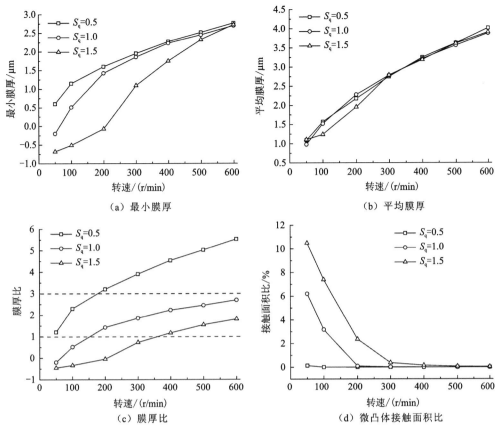

（a）最小膜厚　　　　　　　（b）平均膜厚

（c）膜厚比　　　　　　　（d）微凸体接触面积比

图 10-15　S_q 为 0.5 μm、1 μm 和 1.5 μm，λ 为 1，轴承载荷为 0.5 MPa 时润滑性能参数随转速变化曲线

　　瓦块倾角随 S_q 和转速的变化关系如图 10-16 所示。由图可知，当 S_q 为 0.5 μm 时，瓦块周向和径向倾角在 100 r/min 时出现小幅下降，然后随着转速的增加缓慢升高，说明微凸体接触对瓦块倾角产生了影响，在低速阶段接触引起瓦块倾角变小。

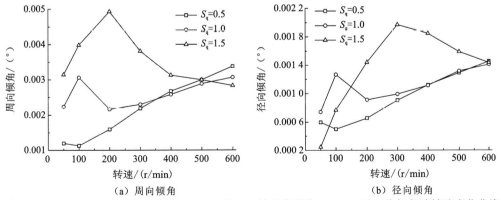

（a）周向倾角　　　　　　　（b）径向倾角

图 10-16　S_q 为 0.5 μm、1 μm 和 1.5 μm，λ 为 1，轴承载荷为 0.5 MPa 时瓦块倾角随转速变化曲线

　　当 S_q 为 1 μm 时，瓦块周向和径向倾角在 100 r/min 时出现较大的波峰，这是由于微凸体接触多集中在水膜较薄的出口处，转速从 50 r/min 增加到 100 r/min 时，尽管出口处接触面积下降，但仍然有较大面积处于接触状态。接触阻碍水流流过，使得接触处变成

瓦块倾斜的支点。这种接触在转速增大时有利于促进在水膜入口侧产生动压，进而加大入口侧的水膜动力矩，使瓦块绕接触点倾斜一个更大的角度。转速由 100 r/min 增加到 200 r/min 时，周向和径向倾角均下降。这是由于随着转速增大，接触面积进一步减小，接触对瓦倾角的影响进一步减弱，推力盘几乎已由水膜动压撑起，瓦块自适应调整倾角能力增强。随着转速继续增加，瓦倾角缓慢增大。当 S_q 为 1.5 μm 时，周向和径向倾角先随转速增大而大幅增大，在转速 300 r/min 时达到最大值，随着转速的进一步增大，它们与 S_q 为 0.5 μm 时的瓦倾角接近。

随着转速的继续增加周向和径向倾角持续减小，当转速为 600 r/min 时，瓦倾角与 S_q 为 0.5 μm 时的倾角接近。这是由于在启动加速阶段，尽管接触面积比随转速的增加而减小，但出水侧仍有较大面积处于接触状态。在加速过程中进水区域水膜动压作用加强，瓦块在水膜动压作用下绕接触点摆动，倾角增大。随着转速继续增加，接触面积减小，接触区域的支点作用减弱，在转速为 300 r/min 时推力盘接近完全浮起，瓦块倾角自适应调整能力增强，并逐渐恢复到流体动压润滑状态时的倾斜程度。此外，在转速为 50 r/min 的低速阶段，当 S_q 由 0.5 μm 增大到 1.5 μm，瓦块周向倾角随之从 0.0012° 增大到 0.0031°，但径向倾角由 0.0006° 下降到 0.0002°，这说明当出现局部微凸体接触时，瓦块周向倾角和径向倾角之间存在相互制约、此消彼长。

综上所述：低转速工况下粗糙度对轴承润滑性能影响较大；随着转速增大，动压润滑性能增强，粗糙度高度对轴承润滑性能的影响下降。由润滑性能随转速和 S_q 的变化规律可以预见，当转速足够高时，在相同工况下不同粗糙度高度特征的轴承润滑性能会趋于接近。此外，低速阶段瓦面粗糙度对瓦块倾角也具有较大影响，但随着转速增大，粗糙度对瓦块倾角的影响减弱，当转速增大到 600 r/min 时，三种粗糙度分布的瓦块对应的周向和径向倾角分别为 0.003° 和 0.0014° 左右。此时 S_q 为 0.5 μm 的轴承处于流体动压润滑状态，而 S_q 为 1 μm 和 1.5 μm 的轴承处于混合润滑状态，但润滑状态接近动压润滑。

10.3.4 表面粗糙度自相关长度比对混合润滑性能的影响

表面粗糙度自相关长度比 λ 是表面粗糙度方向的表征参数，粗糙度方向影响水膜在推力盘带动下沿周向流动与侧泄的难易程度，对润滑性能有一定影响。λ 越趋近于 0，粗糙度的方向越趋近于和周向平行；相反，λ 越趋近于无穷大，粗糙度的方向越趋近于和周向垂直。为研究 λ 对混合润滑性能的影响，仿真计算了 S_q 为 0.5 μm、轴承载荷为 0.5 MPa 时，润滑性能随 λ 和转速的变化关系。λ 为 1/6 和 6 时，瓦面粗糙度高度云图如图 10-17 所示。由图可知，λ 为 1/6 时，粗糙度的微凸峰和凹坑近似平行于周向；而 λ 为 6 时，粗糙度的微凸峰和凹坑近似垂直于周向。

当 S_q 为 0.5 μm 时，针对每一个 λ，随机生成 5 组瓦面粗糙度分布，分别计算具有这些粗糙度分布轴承的润滑性能参数，并将 5 组结果求平均，仿真计算结果如图 10-18 所示。由图 10-18（a）可知，当转速为 100 r/min，λ 为 1/6、1 和 6 时最小膜厚 h_c 分别为 1.15 μm、1.11 μm 和 1.07 μm。以 λ 为 1 时的膜厚为基准，则 λ 为 1/6 时最小膜厚增大 3.6%，λ 为 6 时最小膜厚减小 3.6%。此时轴承处于有局部接触的混合润滑状态。这表明该种润滑状态下，粗糙度方向顺着推力盘旋转方向有利于流体润滑，反之则不利。随着转速增

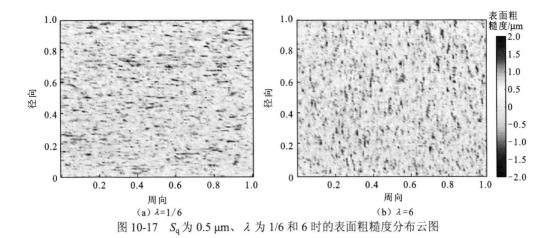

图 10-17　S_q 为 0.5 μm、λ 为 1/6 和 6 时的表面粗糙度分布云图

大,最小膜厚增大,局部接触消失,轴承在 200 r/min 时达到流体动压润滑状态,此时最小膜厚的偏差减小,该现象表明粗糙度方向对润滑性能的影响下降。当转速达到 600 r/min 时,三者的最小膜厚分别为 2.63 μm、2.69 μm 和 2.72 μm,偏差小于 2%。这表明在流体动压润滑阶段,垂直于推力盘转动方向的粗糙度对润滑性能有微弱的促进作用。

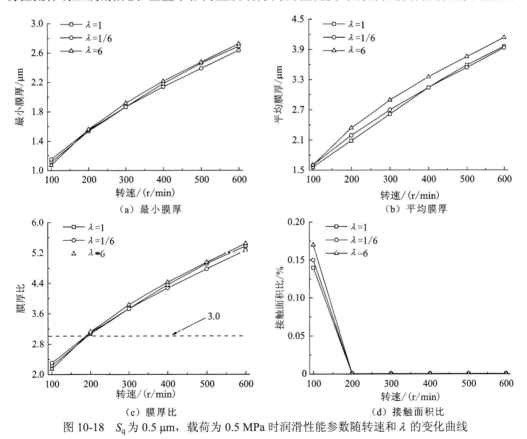

图 10-18　S_q 为 0.5 μm,载荷为 0.5 MPa 时润滑性能参数随转速和 λ 的变化曲线

由图 10-18(b)可知,当转速为 100 r/min 时,三者最小膜厚与平均膜厚较为接近。随着转速增大,轴承进入流体润滑阶段,λ 为 1/6 和 1 时的平均膜厚始终小于 λ 为 6 时的平均膜厚。当转速为 600 r/min 时,λ 为 1/6、1 和 6 时平均膜厚分别为 3.93 μm、3.96 μm

和 4.13 μm。以 λ 为 1 时的膜厚为基准，则 λ 为 1/6 时平均膜厚下降 0.8%，λ 为 6 时平均膜厚提高 4.3%。这表明在动压润滑阶段，垂直于推力盘运动方向的粗糙度有利于增强流体动压润滑性能,而平行于推力盘运动方向的粗糙度对流体动压润滑性能几乎没有影响。

由图 10-18（c）和（d）可知，当转速大于 200 r/min 时，膜厚比均大于 3 而接触面积比均等于 0。这表明无论粗糙度方向如何，轴承都处于流体动压润滑状态。

当 S_q 为 0.5 μm、比压为 0.5 MPa 时，瓦块倾角随转速和 λ 的变化规律如图 10-19 所示。由图可知，粗糙度方向对瓦块周向和径向倾角都有影响。瓦块周向和径向倾角均随转速增大而增大，但 λ 为 6 的瓦块周向和径向倾角始终最大，此规律与平均膜厚变化规律相似。这表明在动压润滑阶段，垂直于推力盘运动方向的粗糙度能增强流体动压润滑效果，其增强流体动压润滑性能的方式是通过增大瓦块倾角特别是周向倾角实现的。

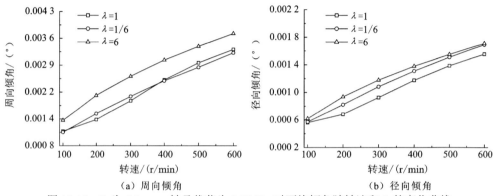

图 10-19　S_q 为 0.5 μm，轴承载荷为 0.5 MPa 时瓦块倾角随转速和 λ 的变化曲线

对比 S_q 和 λ 对轴承润滑性能的影响可知，S_q 相较于 λ 对润滑性能的影响更大，即粗糙程度对润滑性能的影响大于粗糙度方向。在相同工况下表面越粗糙，接触对瓦块倾斜状态的影响越大，轴承难以建立流体动压润滑。但当轴承建立起流体动压润滑后，粗糙度对润滑能的影响开始减弱，当转速足够大时，粗糙度的影响可以忽略不计。

10.4　水润滑轴承起飞转速概念及试验

10.4.1　起飞转速概念

转子旋转时，轴承瓦块与推力盘间存在动压效应，当达到一定转速时，界面产生动压液膜，推力盘从瓦块上起飞。此时的转速为转子的起飞转速，该转速下的膜厚为起飞膜厚。轴承起飞特性与端面密封脱开特性有相似之处，均存在一个从摩擦到液膜润滑的临界特性。不同点在于端面密封属于薄膜起飞，密封脱开后界面工作间隙不能过大，否则会导致较大的泄漏；而轴承厚膜起飞需要一定厚度的液膜用于承载，例如 AP1000 核主泵水润滑推力轴承起飞后额定工况运行时膜厚约为 20 μm。

本小节给出一种基于摩擦学的起飞转速计算方法，起飞膜厚 h_f 表示为

$$h_f = 0.625S(R_{a1} + R_{a2})　　　　（10-42）$$

式中：R_{a1}、R_{a2} 分别为轴颈和轴瓦表面粗糙度的算术平均偏差；S 为膜厚比。

从润滑状态角度看：当 $S \geq 3$ 时，轴承处于弹流润滑状态或完全液膜润滑状态；当 $1 \leq S < 3$ 时，轴承处于部分液膜润滑状态，摩擦磨损概率较大；当 $S < 1$ 时，轴承处于边界润滑状态，存在摩擦磨损。起飞为润滑状态的临界点，取 $S = 3$。推力轴承最小膜厚 h_{min} 表示为

$$h_{min} = \sqrt{\mu \omega B^4 \overline{W} / W} \tag{10-43}$$

式中：μ 为润滑剂动力黏度；ω 为角速度；B 为轴瓦宽度；无量纲承载系数 $\overline{W}$ 主要由轴承结构参数决定。

当转速达到特定值时，轴承起飞，起飞转速 n_f 表示为

$$\begin{cases} n_f = \dfrac{30 W h_f^2}{\pi \mu B^4 \overline{W}} \\[3mm] t_f = \dfrac{n_f}{a_n} \end{cases} \tag{10-44}$$

式中：t_f 为起飞时间；a_n 为转子升速加速度。起飞快慢直接决定了磨损时间。

10.4.2　起飞转速试验

推力轴承起飞试验测试方案如图 10-20 所示，其原理为在轴承座上固定电涡流传感器测试转子轴向位移，该位移减去初值即为转子的浮起量或推力轴承支点处膜厚。本小节提出两种测试方案：方案 1 将传感器置于联轴器下方；方案 2 则将传感器置于推力盘下方。两种方案各有利弊，方案 1 实施简单，但由于联轴器离推力轴承较远，测试值与推力轴承处的振动存在差异；方案 2 能得到更准确的数据，但由于传感器置于水下，需要进行水中标定和接口处密封处理等。此处给出方案 2 的试验数据。径向振动测试方案与之类似，如图 10-20（b），两侧点周向相距 90°。

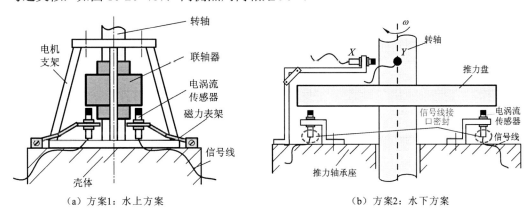

（a）方案1：水上方案　　　　　　　　　　（b）方案2：水下方案

图 10-20　立式转子轴向和径向振动测试方案

起飞转速试验数据如图 10-21 所示。图 10-21（a）为推力轴承支点处膜厚随转速的变化曲线，由试验数据的拟合曲线（平滑处理）可以看出，曲线在转速为 80 r/min 附近出现明显拐点，之后膜厚随转速增加而明显增大；曲线中膜厚数据波动较大，这表明该试验为强动力学耦合下的起飞试验。当推力盘与石墨瓦表面粗糙度分别为 0.8 μm、1.6 μm

时，根据式（10-44）和式（10-45）求得起飞膜厚和转速分别约为 6.3 μm 和 40 r/min。文献[5]指出 AP1000 核主泵水润滑石墨推力轴承起飞转速为 20 r/min，该转速下膜厚约为 5.4 μm。图 10-21（b）所示为试验值与理论结果对比，当转速为 20 r/min 时，测试轴承暂未起飞；当转速为 95.6 r/min 时，理论膜厚值为 9.1 μm，测试膜厚曲线峰值约为 5.8 μm；在转速为 185 r/min 时，测试曲线振动波谷值与理论值接近，约为 13.5 μm。

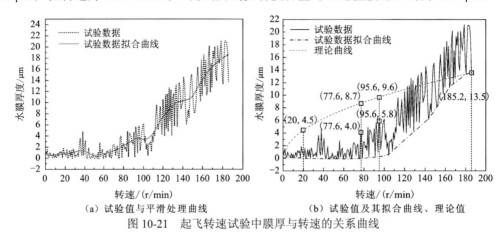

（a）试验值与平滑处理曲线　　　　（b）试验值及其拟合曲线、理论值

图 10-21　起飞转速试验中膜厚与转速的关系曲线

对轴向和径向振动时域数据进行快速傅里叶变换，得到基频振幅随转速的变化曲线，经平滑处理如图 10-22 所示。由图可知，径向和轴向的基频振幅在转速 200 r/min 附近均存在明显拐点，且该现象同时存在于降速过程中。此现象与图 10-21 反映的起飞现象基本一致。因此基频振幅可以作为监测和判断推力轴承起飞转速的辅助手段。

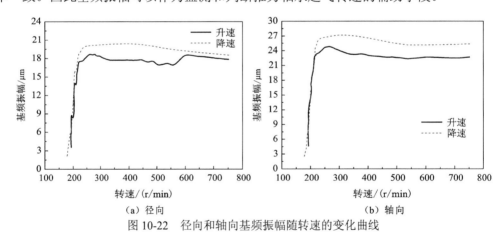

（a）径向　　　　　　　　　　（b）轴向

图 10-22　径向和轴向基频振幅随转速的变化曲线

10.5　混合润滑仿真结果与测试结果对比

10.5.1　不同仿真模型计算结果对比

本小节采用混合润滑模型、THD 模型和 TEHD 模型分别对推力轴承进行润滑性能分析。仿真中，粗糙度和工况：S_q 为 0.5 μm、λ 为 1、轴承载荷为 0.5 MPa、转速为 600 r/min。

在该粗糙度和工况条件下,轴承不存在局部微凸体接触,混合润滑模型的能量方程可解。

采用混合润滑模型和 TEHD 模型仿真得到的轴承润滑性能如图 10-23 所示。由图可知,受粗糙度影响,水膜压力、厚度、温度分布也变得"粗糙",但其变化规律与 TEHD 模型仿真结果相似,不同在于采用混合润滑模型时,在靠近出水侧的内外边缘处,温度增长较快且波动幅度增大。此外,粗糙度导致膜厚和瓦块周向倾角均下降。

对比图 10-23(a)和(c)与图 10-13(e)和(f)可知,图 10-23(a)中水膜压力分布图较图 10-13(e)中更为平滑,而图 10-13(f)中水膜厚度比图 10-23(c)中水膜厚度波动幅度更大。两图对比可直观地展示表面粗糙状态对润滑性能的影响。

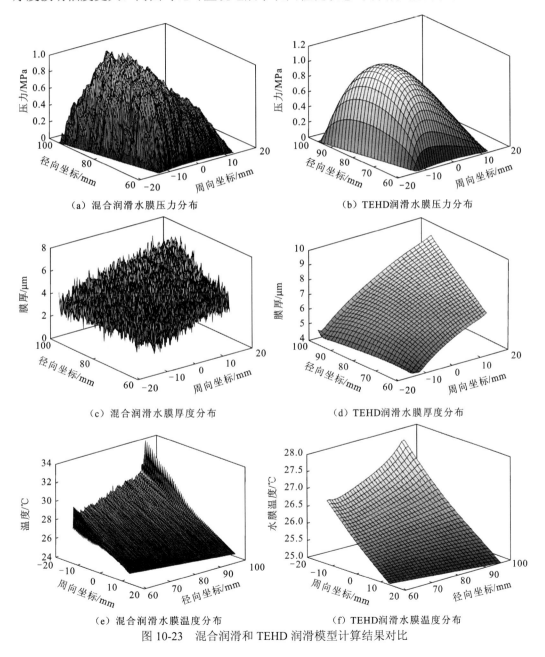

（a）混合润滑水膜压力分布　　　　　　（b）TEHD润滑水膜压力分布

（c）混合润滑水膜厚度分布　　　　　　（d）TEHD润滑水膜厚度分布

（e）混合润滑水膜温度分布　　　　　　（f）TEHD润滑水膜温度分布

图 10-23　混合润滑和 TEHD 润滑模型计算结果对比

相同工况下混合润滑模型，采用 THD 模型和 TEHD 模型仿真所得的轴承润滑性能如图 10-24 所示。由图可知，采用不同模型计算所得的水膜压力分布总体趋势一致；采用 THD 模型和 TEHD 模型计算的径向对称轴上瓦块中间区域的水膜压力高于混合润滑模型的计算结果，后者在瓦块边缘区域产生大于前者的压力分布，以平衡轴向载荷；混合润滑模型计算得到的水膜温度明显高于 THD 模型和 TEHD 模型的计算结果，这是由水膜厚度下降较多所致，水膜内摩擦剪切力增大，摩擦生热增加；TEHD 模型计算的压力、膜厚和温度分布介于 THD 模型和混合润滑模型之间。这表明在给定工况下，瓦面"软"材料的热-弹变形和表面粗糙度对轴承润滑性能有一定程度的影响。

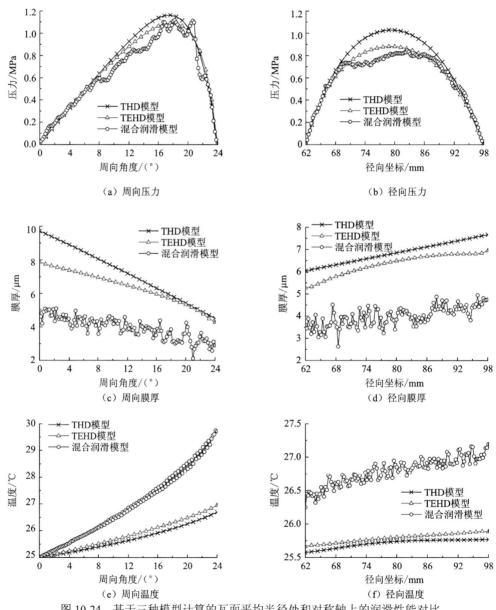

图 10-24　基于三种模型计算的瓦面平均半径处和对称轴上的润滑性能对比

10.5.2 测量值与仿真结果对比

为得到轴承在实际工况下润滑性能，验证 THD 模型、TEHD 模型和混合润滑模型合理性，在不同工况下对轴承进行润滑性能测试。试验时转速为 200 r/min 和 600 r/min，载荷为 0.15 MPa、0.20 MPa 和 0.25 MPa。

不同载荷和转速下 y 轴上水膜厚度 THD 模型、TEHD 模型仿真值与测量值如图 10-25 所示。由图可知，当载荷为 0.15 MPa、转速为 200 r/min 时，瓦块出水侧和中间主承载区域内仿真值与测量值较为接近，三者最大误差小于 1 μm。在瓦块进水侧，研磨时遗留的倒角导致该区域测量膜厚和仿真值误差较大，而 THD 模型和 TEHD 模型在这一区域计算结果也存在差异，这是由于 TEHD 模型考虑了瓦块热-弹变形，瓦块倾斜状态有所改变。当载荷为 0.15 MPa、转速为 600 r/min 时，除进水区域外，THD 模型和 TEHD 模型膜厚仿真值均大于测量值，最大误差小于 2 μm，位于瓦面水膜出水侧周向 4°附近。当轴承载荷为 0.25 MPa 时，低速和高速工况下轴承膜厚仿真值和测量值的变化规律和误差分布与载荷为 0.15 MPa 时相似，瓦面大部分区域内膜厚的仿真值大于测量值，最大误差出现在距离出水侧约 4°的位置，此时该位置 TEHD 模型膜厚仿真值为 7.6 μm，测量值为 5.4 μm，误差为 2.2 μm，是仿真值的 28.9%。在瓦块上其他区域，误差均小于 28.9%，且随着载荷降低而减小。

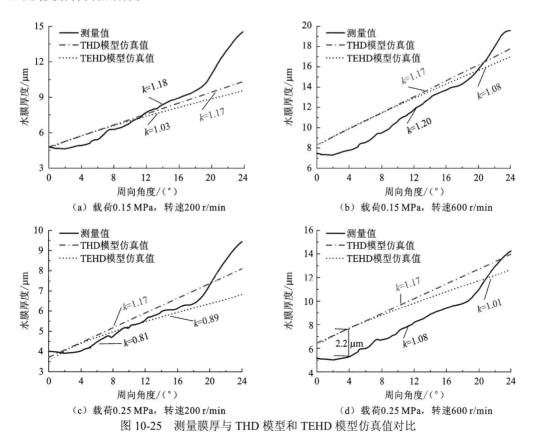

图 10-25　测量膜厚与 THD 模型和 TEHD 模型仿真值对比

图 10-25 中 k 为各周向膜厚分布曲线的水膜厚度比。对比可知采用 THD 模型计算的周向水膜厚度比不随载荷和转速改变，为定值 1.17。采用 TEHD 模型计算的水膜厚度比仿真值和测量值与转速成正比，与载荷成反比。当轴承处于重载低速工况时（轴承载荷为 0.25 MPa，转速为 200 r/min），如图 10-25（c）所示，瓦块热-弹变形对倾斜角的影响较大，测量结果 0.81 与采用 THD 模型计算的 k 值 1.17 的相对误差约为 44.4%，而与采用 TEHD 模型计算的相对误差仅为 9.9%。这表明采用计入瓦块热-弹变形的 TEHD 模型计算的水膜厚度比更能反映瓦块倾斜状态随载荷和转速的变化关系，在轴承设计时应考虑优先采用 TEHD 模型。

不同载荷和转速下 y 轴上水膜厚度混合润滑模型仿真值与测量值如图 10-26 所示。由图可知，相同工况下，水膜出水侧水膜厚度测量值与仿真值吻合较好。但由出水侧向进水侧过渡过程中，水膜厚度误差逐渐增大。以轴承载荷为 0.2 MPa、转速为 200 r/min 的工况为例，仿真和测量的 y 轴上最小膜厚分别为 3.7 μm 和 4.0 μm，两者误差约为 7.5%。结合图 10-25 采用混合润滑性能计算的瓦块周向倾角偏小，因此靠近入水侧膜厚误差较大。这是因为粗糙度使瓦面的膜厚出现波动，求解的压力分布也出现较大波动。周向较高的微凸体之后的节点处容易产生空穴负压，瓦块需要调整倾角使其比光滑瓦面更贴近推力盘，以产生足够的水膜力使瓦块达到受力平衡条件。这也是采用 THD 模型和 TEHD 模型计算的水膜厚度偏大，而混合润滑模型计算的水膜厚度偏小的原因之一。

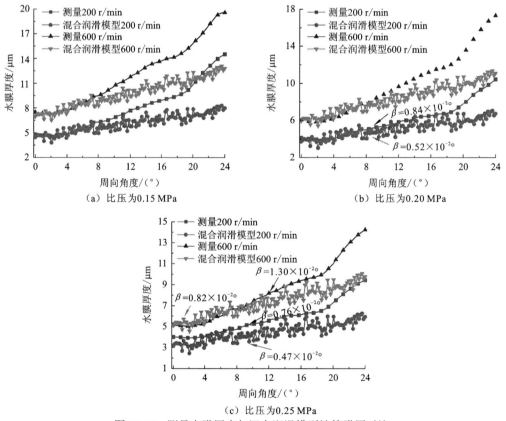

图 10-26　测量水膜厚度与混合润滑模型计算膜厚对比

参 考 文 献

[1] OSTAYEN R. The hydro-support: an elasto-hydrostatic thrust bearing with mixed lubrication[D]. Delft: Technische Universiteit Delft, 2002.

[2] PATIR N, CHENG H. Application of average flow model to lubrication between rough sliding surfaces[J]. Journal of Lubrication Technology-Transactions of The ASME, 1979, 101(2): 220-230.

[3] YEO C, KATTA R, POLYCARPOU A. Improved elastic contact model accounting for asperity and bulk substrate deformation[J]. Tribology Letters, 2009, 35(3): 191-203.

[4] JIANG X F, HUA D Y, CHENG H S, et al. A mixed elastohydrodynamic lubrication model with asperity contact[J]. Journal of Tribology, 1999, 121(3): 481-491.

[5] 林诚格, 郁祖盛. 非能动安全先进核电厂 AP1000[M]. 北京: 原子能出版社, 2008.